『十四五』安徽省重点出版物规划项目

当代徽学名家学术文库　王世华◎主编

徽州社会文化史新探

卞利◎著

安徽师范大学出版社

·芜湖·

图书在版编目(CIP)数据

徽州社会文化史新探 / 卞利著 .— 芜湖 : 安徽师范大学出版社, 2024.6
(当代徽学名家学术文库 / 王世华主编)
ISBN 978-7-5676-5416-7

Ⅰ.①徽… Ⅱ.①卞… Ⅲ.①文化史—研究—徽州地区 Ⅳ.①K295.42

中国国家版本馆 CIP 数据核字(2023)第 015911 号

徽州社会文化史新探

卞　利◎著

HUIZHOU SHEHUI WENHUA SHI XIN TAN

总 策 划 : 戴兆国

责任编辑 : 李　玲　　　　　　　责任校对 : 翟自成

装帧设计 : 张　玲　冯君君　　　责任印制 : 桑国磊

出版发行 : 安徽师范大学出版社

　　　　　芜湖市北京中路 2 号安徽师范大学赭山校区　　　邮政编码 : 241000

网　　址 : http://www.ahnupress.com/

发 行 部 : 0553-3883578　　　5910327　　　5910310(传真)

印　　刷 : 江苏凤凰数码印务有限公司

版　　次 : 2024 年 6 月第 1 版

印　　次 : 2024 年 6 月第 1 次印刷

规　　格 : 700 mm × 1000 mm　　　1/16

印　　张 : 24.75　　　插页 : 1

字　　数 : 392 千字

书　　号 : ISBN 978-7-5676-5416-7

定　　价 : 198.00 元

凡发现图书有质量问题,请与我社联系(联系电话 : 0553-5910315)

总　序

任何一门学科的诞生和发展都是不寻常的，无不充满了坎坷和曲折。徽学也是一样，可谓走过了百年艰辛之路。尽管徽州历史文化的研究从清末就开始了，但徽学作为一门学科，却迟迟没有被"正名"，就好像婴儿已出世，却上不了户口一样。在徽学成长的过程中，总伴随着人们的怀疑和否定，甚至在20世纪末，还有专家发出"徽学能成为一门学科吗"的疑问。其实，这并不奇怪。因为新事物总有这样那样的缺陷和不完善之处，但新事物的生命力是顽强的，任何力量也难以阻挡。难能可贵的是，前贤们前赴后继，义无反顾，孜孜不倦地研究，奉献出一批又一批的研究成果，不断刷新人们对徽学的认识。

"到得前头山脚尽，堂堂溪水出前村。"1999年，教育部拟在全国有关高校设立一批人文社会科学重点研究基地，促进有关学科的发展。安徽大学在安徽师范大学的支持、参与下，申报成立"徽学研究中心"，经过专家的评审、鉴定，获得教育部的批准。这标志着"徽学"作为一门学科，迈入一个全新阶段。

新世纪的徽学研究呈现出崭新的面貌：老一辈学者壮心不已，不用扬鞭自奋蹄；中年学者焚膏继晷，勤奋耕耘；一大批后起之秀茁壮成长，新竹万竿，昭示着徽学研究后继有人；大量徽学稀见新资料相继公之于世，丰富了研究的新资源；一大批论著相继问世，在徽学的园地里，犹如百花盛开，令人神摇目夺，应接不暇，呈现出一派勃勃生机。2015年11月29

日，由光明日报社、中国社会科学院历史研究所、中共安徽省委宣传部、中共江西省委宣传部联合举办的"徽商文化与当代价值"学术座谈会在安徽省歙县召开。2019年6月18日，由中共安徽省委宣传部、光明日报社指导，安徽大学主办的首届徽学学术大会在合肥市召开。2021年10月19日，由中共安徽省委宣传部、光明日报社联合主办，中国历史研究院学术指导，中共黄山市委、黄山市人民政府、安徽大学、安徽省社会科学界联合会承办的第二届徽学学术大会在黄山市召开。国内很多高校的学者都参加了大会。更令人欣喜的是，日本、韩国、美国、法国等很多外国学者对徽学研究也表现出越来越浓厚的兴趣，新时代的徽学正阔步走向世界。可以说，这是百年来徽学迎来的最好的发展时期。这一切都昭示：徽学的春天来了。

在这徽学的春天里，安徽师范大学出版社和我们共同策划了这套"当代徽学名家学术文库"。我们约请了长期从事徽学研究的著名学者，请他们将此前研究徽学的成果选编结集出版。我们推出这套文库，是出于以下几点考虑：

首先是感恩。徽学研究能有今天这样的大好形势，我们不能忘记徽学前辈们的筚路蓝缕之功。这些学者中有的已归道山，如我们素所景仰的傅衣凌先生、张海鹏先生、周绍泉先生、王廷元先生，但他们对徽学的开创奠基之功，将永远铭记在我们心中。这套文库就是对他们最好的纪念。文库还收录了年近耄耋的耆宿叶显恩先生、栾成显先生的研究文集，两位我们敬仰的先生，老骥伏枥，壮心不已，继续为徽学做贡献。这套文库中的作者大多是年富力强的中坚，虽然他们的年龄还不大，但他们从事徽学研究却有数十年的时间，可以说人生最宝贵的年华都贡献给了徽学，堪称资深徽学研究者。正是上述这些前辈们在非常困难的条件下，胼手胝足，荷锄带露，披荆斩棘，辛苦耕耘，才开创了这片徽学园地。对于他们的拓荒之劳、奠基之功，我们能不感恩吗？我们正是通过这套文库，向徽学研究的先驱们表达崇高的敬意！

其次是学习。这套文库基本囊括了目前国内专门从事徽学研究的大家的论著，展卷把读，我们可以从中受到很多启迪，学到前辈们的很多治学方法。他们或以世界的视野研究徽学，高屋建瓴，从而得出更新的认识；或迈进"历史现场"，走村串户，收集到很多资料，凭借这些资料探究了很多历史问题；或利用新发现的珍稀资料，在徽学研究中提出不少新见；或进行跨区域比较研究，得出的结论深化了我们对徽州历史文化的认识；或采用跨学科的方法研究问题，使我们大开眼界；或看人人可以看到的材料，说人人未说过的话。总之，只要认真阅读这些文章，我们就能感受到这些学者勤奋的治学精神、扎实的学术根柢、开阔的学术视野、严谨的治学态度、灵活的治学方法，可谓德识才学兼备，文史哲经皆通。我们为徽学有这样一批学者而庆幸，而自豪，而骄傲。这套文库，为我们后学提供了一个样板，细细品读这些文章，在选题、论证、写作、资料等方面确实能得到很多有益的启示。

最后是总结。这套文库是四十年来徽学研究主要成果的大展示、大总结。通过这套文库我们可以知道，几十年来，学者们的研究领域非常广泛，涵盖社会、村落、土地、风俗、宗族、家庭、经济、徽商、艺术、人物等等，涉及徽州的政治、经济、文化、社会等各个方面，既有宏观的鸟瞰综览，又有中观的探赜索隐，也有微观的专题研究。通过这套文库，我们能基本了解徽学研究的历史和现状、已经涉及的领域、研究的深度和广度，从而明确今后发力的方向。

总结过去，是为了把握现在，创造未来。这就是我们推出这套文库的初心。徽州历史文化是个无尽宝库，徽学有着光明的未来。如何使徽文化实现创造性转化、创新性发展，如何更生动地阐释徽学的理论价值，更深入地发掘徽学的时代价值，更充分地利用徽学的文化价值，更精彩地展示徽学的世界价值，通过文化引领，促进经济与社会发展，服务中华民族复兴伟业，这是我们每一位徽学研究者的光荣使命。"路漫漫其修远兮，吾将上下而求索。"但愿这套文库能成为新征程的起点，助推大家抒写徽学研究的新篇章。

另外要特别声明的是，由于各种原因，国内还有一些卓有建树的徽学研究名家名作没有包括进来，但这套文库是开放的，我们乐于看到更多的学者将自己的成果汇入这套文库之中。我相信，在众多"园丁"的耕耘、浇灌下，我们的徽学园地一定会更加绚丽灿烂。

王世华

二〇二三年六月

前　言

　　如果自1985年撰写完成本科毕业论文《从〈窦山公家议〉看明清时期徽州的封建宗法家族经济》开始，算作自己初入徽学研究之门的话，那么，时至今日，我已在徽学学习、探索和研究方面，走过近40个春秋。其间，尽管曾先后从事过江西赣南和淮河流域两个区域社会经济史的探研，但徽学暨徽州社会经济与文化史始终是我的兴趣之所在和主要研究领域。特别是1999年12月从安徽大学历史系调入新组建的徽学研究中心以来的十余年中，我几乎将全部时间与精力倾注于徽学学科建设与徽州社会经济与文化史的实证研究之中。即使在2017年调至南开大学历史学院工作后，徽学依然是我深爱着的研究主题与主攻方向。

　　2020年1月，承蒙著名历史学暨徽学研究专家、安徽省徽学学会会长王世华教授不弃，邀我提交一部个人徽学研究的自选集，列入由他主编的"当代徽学名家学术文库"之中。我自感学力不及，惭愧不已，虽再三恳辞而不获允准，遂不揣浅陋，将近年来学习和探索徽学的部分成果（含已刊和未刊）结集成《徽州社会文化史新探》，提交给王世华教授暨安徽师范大学出版社。

　　尽管本书是一部个人近年来习学与探讨徽学研究的心得和成果小集，但我还是对收入书中的成果进行了精心选择，并按每项成果的内部逻辑关系，将本书分成13章。现将13章内容说明于下：

　　第一章题为《徽州、徽州文化与徽学》。作为本书的开篇，很有必要对徽学研究的主要地域空间与研究对象徽州及徽州文化进行简要说明和阐释。徽州地处华东腹地，境内万山环绕，溪流纵横，向来是兵燹鲜及之区。自东汉末年以来，历经西晋永嘉之乱、唐代安史之乱、唐末黄巢农民大起义，以及北宋末年的靖康之变，以中原地区为主体的世家大族纷纷渡江南迁，借以躲避绵延不绝的兵火之灾。徽州作为江南地区的一个重要组成部分，成为南迁移民的重要之地。唐宋以降，尤其是南宋以后，徽州文化亦因规模庞大的移民徙入而发生了根本性变革，"右文"之习逐渐取代了徽州地区原始土著居民山越人的"尚武"之风，"程朱阙里""东南邹鲁""礼义之国"及"文献之邦"渐次成为南宋以后徽州历史与文化发展的地域性标识，博大精深、底蕴丰厚的徽州文化亦因此成为南宋以降中国传统社会主流文化的重要组成部分。而自南宋以来，特别是明代中叶以降，为摆脱山多田少、人众地寡的生存危机，寻求谋生之计，聚族而居的徽州人开始大批外出经商，并最终发展成为全国首屈一指的地域性商帮群体。无论是经商人数、经商地域范围和经营方式，还是资本规模与利润投向等，徽商在全国的地域性商帮中都堪称极具典型与范本意义。因此，开展对徽州地域社会与文化的深入探讨和研究，不仅有助于我们更深刻认识徽州地域的发展模式与路径选择，而且对全面观照和重新诠释中国传统文化内涵与特质及其演变与发展历程，都具有极为重要的学术价值和实践意义。

尽管如此，如果缺乏文献与文物史料的支撑，仅仅局限于对徽州地域本身社会、文化及经济等领域的探讨与研究，则徽州研究很难发展成为一门独立的专门学科。正是徽州各地现存的南宋以来数以百万计的各类文书，两千余种方志和谱牒文献，上万余处包括古村落、古祠堂、古民居与古牌坊等在内的地面物质文化遗存，以及新安医学等非物质文化遗产，为我们研究徽州提供了极其丰富而翔实的第一手原始资料。特别是百余万件（册）各类徽州文书遗存的发现与研究，使得徽州研究具有了超越徽州本土地域空间的理论与学术价值。正如前辈王国维先生所云："古来新学问之起，大都由于新发现。"（《最近二三十年中中国新发现之学问》）尽管现存的海量徽州文书来自宋元明清暨民国不同县域、不同部门和不同人群，内容和类型亦有较大差异，但其所反映的当时社会、制度与文化，既有地域性的鲜明特征，又有超越地域本身的一面。它们对研究同一时期中国制度的实施与运行实态，具有难以估量的学术价值，是邓小南教授所称"活"的制度史研究最具代表性和典型性的个案原始史料。举凡鱼鳞图册、赋役黄册、司法诉讼、教育科举、土地买卖租佃以及宗族制度等，都可通过对现存徽州文书的探讨，洞察其在不同时期、地域、社会实施与运行的真实情态。此外，徽州文书还为个案研究、专题研究以及跨学科的综合研究，提供了重要的系统史料支撑。就此而言，徽州文书的发现、流传和研究，是徽学作为一门独立学科产生与形成的最为坚实的学术支撑。

第二和第三章分别为徽州传统村落、民居和古祠堂的研究成果。徽州传统村落、民居和古祠堂等地面物质文化遗存，是徽州人生产与生活（含物质生产与生活和精神生产与生活）的主要空间，不仅存世数量巨大，而且保存相对完整，具有显著的宗族聚居地域特征。它既是徽学极为重要的研究对象，也是徽学研究不可或缺的实物史料。将方志、族谱和文书等文献探讨与地面物质文化遗存考察相结合，重构和再现历史上地域不同阶级、不同阶层人群生产及生活的真实场景，既是徽学研究的重要任务之一，也是当下中国社会史研究中所倡导的宏观史与微观史、文献研究与田野考察有机结合的主流和趋势。

第四至第八章，着重以明清时期村规民约、家训、族规家法和宗族公约等徽州民间规约文书文献为中心，对明清时期徽州地域独具特色的村庄及宗族运行实态，特别是乡村治理及家国关系等问题进行深入分析和研究，有着非同一般的价值和意义。作为规范、约束族众和乡民言行与思想的重要规则及约定，这些类型广泛、内容丰富的民间规约，对明清时期徽州乡村社会的治理与徽州社会既有社会秩序的维系，以及国家与地域乡村社会之间的良性互动，起到了毋庸低估的作用。这是本书篇幅最大也是最具特色的内容之一。

第九至第十一章，则重点围绕明清时期徽州地域文化认同的建构这一主题，从《新安名族志》《新安文献志》等徽州总结性文献的编纂、明清时期徽州本土与域外对徽商形象认同的差异，以及祁门谢氏宗族成员追随著名理学家湛若水而留下的文书资料分析入手，系统论述和阐释了明清时期徽州籍社会与文化精英对徽州地域文化认同建构的努力。研究指出，在徽州地域文化建构的过程中，徽州本土精英与域外精英在对徽商等的认同方面产生了强烈的反差，真实地反映了本土精英在历史认同与文化心理认同之间所普遍存在的罔顾事实、牵强附会现象，深入剖析和揭示了造成这种差异与问题的多重因素。

第十二和第十三章，是对明清时期徽州与韩国安东地区宗族进行比较研究的初步成果。这是我在安徽大学徽学研究中心工作期间，与韩国国学振兴院开展跨国合作交流项目的阶段性研究心得。尽管仅由《清代休宁首村朱氏与安东丰山金氏诉讼比较》，以及《黟县宏村万氏宗族与安东丰山和敬堂柳氏宗族经济活动与经济观比较》两篇论文组成，未能从整体上对历史上徽州与安东地区社会、经济和文化等进行全面比较分析，其所存在的不足是显而易见的，但鉴于当下区域比较研究正在成为区域史研究新的学术增长点，我选择安东与徽州这两个分属东亚地区不同政权统治下的区域进行比较，具有非同寻常的意义。通过扎实的史料挖掘与利用，从诸如宗族之间的诉讼与经济活动、诉讼观与经济观等不同侧面，进行多维视角的分析、比较与研究，找出其中的相同、相似以及不同之处，这不仅对区域史研究是一种推进，而且对跨国家、跨政权的东亚史研究，显然也是一种难度巨大并极富挑战性的尝试。

以上是对本书内容的简单介绍和说明，其中存在的不足乃至讹误之处，真诚期盼徽学界同仁予以批评指正。

卞 利

二〇二三年六月

目　录

第一章　徽州、徽州文化与徽学

徽州是一个层峦叠嶂、溪谷纵横的地区。崇山峻岭遍布徽州境内，湍急的山涧溪流，穿越于万山丛中，最后汇合成为新安江和阊江等几大河流，连接着徽州与外面的世界。

徽州是一个森林茂密、耕地稀少的山区。丰富的林茶资源，为徽商的成长奠定了雄厚的物质基础。从小本经营起家，举凡盐、典、茶、木，乃至日用百货，只要有利润可图，徽商即无不涉足。凭借"徽骆驼"的开拓进取精神、诚实守信和灵活多样的经营艺术，徽商不断把生意做大做强，形成了"徽人以商名天下"[①]和"无徽不成镇"[②]的局面。

徽州还是"程朱阙里""东南邹鲁"[③]之地。底蕴丰厚的徽州文化产生并深深植根于这块并不富饶的土地，重教兴文的良风美俗使这里逐渐成为礼义之邦。"连科三殿撰，十里四翰林"[④]，徽州在历史上曾经谱写了辉煌的科举华章。

[①]（清）刘汝骥编撰，梁仁志校注：《陶甓公牍》卷十二《法制科·绩溪民情之习惯》，安徽师范大学出版社2018年版，第271页。

[②]民国《歙县志》卷一《舆地志·风土》，1937年铅印本。

[③]（明）赵汸：《东山存稿》卷四《商山书院学田记》，《景印文渊阁四库全书》总第1221册，《集部》第160册，台湾商务印书馆1986年版，第287页。

[④]（民国）许承尧撰，李明回、彭超、张爱琴校点：《歙事闲谭》卷十一《科举故事一》，黄山书社2001年版，第355页。

一、徽州的自然环境和物产资源

(一)优美的自然环境

清代阳湖诗人黄仲则在一首题为《新安滩》的诗中写道:"一滩复一滩,一滩高十丈。三百六十滩,新安在天上。"[①]这首诗真实地反映了徽州的自然地理概貌。

地处安徽、浙江和江西三省交界的徽州,在遥远的地质时代,是原始江南古陆的重要组成部分,是一个非常典型的山区。在徽州12000余平方公里的土地上,高山纵横,绵延起伏,峰峦叠翠,举世闻名的世界文化与自然遗产黄山和中国四大道教圣地之一白岳(即齐云山)横亘其间。高低起伏的五龙山系是安徽和江西两省的界山(婺源地处五龙山之南),而位于徽州东部和东南部的天目山系,则是安徽与浙江两省的界山。

绩溪县境内东北走向的翚岭,又称"徽岭",既是该县岭南与岭北的分界线,又是长江与钱塘江水系的分水岭。"徽"字原本就有美好、壮观的含义,徽山、徽水和大徽村,与"徽州"之得名密切相关。

在徽州境内,以黄山山脉为界,黄山以南,有流入钱塘江流域的新安江水系和流向鄱阳湖流域的阊江水系、乐安江水系;黄山北坡,则有汇入长江的青弋江水系。新安江是徽州的母亲河,它由发源于休宁县西部山区大鄣山六股尖的率水和发源于黟县五溪山主峰白顶山的横江汇合而成。两支河流在屯溪黎阳汇合以后,西北向流至歙县浦口,接纳练江,然后折向东南,沿岸分别有珮琅水、桂溪、濂溪、小洲源、棉溪、昌溪、大洲源等大小支流汇入,一直到歙县街口,才流出徽州全境,进入浙江。

"清溪清我心,水色异诸水。借问新安江,见底何如此。人行明镜中,

---

① (清)黄景仁:《两当轩全集》卷九《古近体诗七十二首·新安滩》,清咸丰八年黄氏家塾刻本。

鸟度屏风里。"①这是诗仙李白赞誉徽州大好山水的诗句。的确，众多川流不息的山涧溪流，如同一条条洁白的练带，萦绕在黄山、白岳之间，构成了一幅幅秀美的徽州山水画卷。

徽州属亚热带湿润性季风气候，湿润的季风使这里雨量丰沛，四季分明，温和宜人。这里植被类型丰富，森林茂密。黄山山脉以北多为常绿与落叶混交林，以南则为亚热带常绿阔叶林。整个徽州森林覆盖率，历史上曾高达80%。林木也很早就成为徽州人对外贸易输出的主要商品。南宋时期，徽州就以种杉为业，优质的杉木通过新安江，源源不断地被运往浙江杭州等地销售。旧时徽州人甚至在女儿出生时，就开始为其栽种杉树，待其出嫁时砍伐发卖，以之作为置备嫁妆的资金。

"两水夹明镜，双桥落彩虹。"②徽州秀美的山水、壮丽的景色，曾经引起了上自帝王将相、下至文人墨客的无限向往与赞美称颂。南朝梁时期，远在建康（今南京）的梁武帝萧衍，就曾对身边的新安太守徐摛动情地称赞过"新安大好山水"③。历朝的《徽州府志》也都不惜笔墨，对徽州的大好山水给予赞誉，称其是山水幽奇，"鸟道萦纡"④。宋代著名词人晏殊说，徽州"峰峦掩映，状若云屏，实百城之襟带"⑤。清末黟县文士孙茂宽则在《新安大好山水歌》中，以饱满的热情，用激扬的文字，讴歌徽州的大好山水、旖旎风光，歌云："新安之山宇内奇，山山眺遍神不疲。新安之水宇内胜，水水汇流棹可随。就中山明更水净，绝妙何图竟若斯。一自天都发其脉，一从歙浦合其支。君不见白岳、黄山相对峙，细看从来无厌时。千峰万峰错杂出，嫣然天宇为修眉。又不见练江水色潇湘胜，无

①（唐）李白撰：《李太白文集》卷七《歌诗六十八首·清溪行》，《景印文渊阁四库全书》总第1066册，《集部》第5册，第263页。

②（唐）李白撰：《李太白文集》卷十八《歌诗三十六首·秋登宣城谢朓北楼》，《景印文渊阁四库全书》总第1066册，《集部》第5册，第351页。

③淳熙《新安志》卷九《叙牧守》，清光绪十四年刻本。

④淳熙《新安志》卷十《叙杂说》。

⑤弘治《徽州府志》卷一《地理一·形胜》，明弘治十五年刻本。

冬无春皎镜凝。摇艇江中涵万象，岁月滩上月痕迟。"①

徽州良好生态环境的持续维护，聚居于斯的乡民们可谓功不可没。

在徽州的乡村社会中，保护水口、龙山和森林，建设美好家园，已经成为居住在这块土地上各大宗族的自觉意识和集体行为。不少聚族而居的宗族和村庄在其所制定的族规家法与村规民约中，都把保护和维系良好的居住环境，当作首要之事。祁门文堂陈氏宗族将宅墓、来龙、朝山和水口等皆视为祖宗血脉所在、山川形胜所关，告诫所有宗族成员一定要长养林木，护卫形胜，严禁掘损盗砍。"本里宅墓、来龙、朝山、水口，皆祖宗血脉、山川形胜所关，各家宜戒谕长养林木，以卫形胜，毋得泥为己业，掘损盗砍。犯者，公同重罚理治。"②清代著名学者婺源人江永还将村庄的兴衰与生态环境的好坏联系起来，指出："凡过一村，见其树木浓荫者，其村必富庶悠久，盖水泉回衍，蓄气多而宣泄少也。如斩罚一尽，其水过而不留，地方衰败矣。"③

为禁止人们乱砍滥伐森林，在绩溪、祁门等地，一些宗族聚居的村落还以宗族的名义，制定村规俗约，对盗砍林木行为予以约束和打击。至于每一大村的水口林，更被渲染成该村或该族的龙脉，严禁砍伐。倘若有人盗砍，不仅会遭到村庄或宗族的严厉惩罚，而且还会导致更大的灾祸发生。在徽州，大树有灵的观念深入人心。有的地方认为，人在外地死后灵魂不能归宗，只有在大树下拜一下树神，默求树神开恩，亡灵才能回归故里。在休宁岭南和流口一带，至今还流传着杀猪封山的传说。

新安大好山水在广大民众努力维系下，始终能够持续存在与发展，呈现出旖旎秀美的状态。毕琢之在《巨川毕氏宗谱》中，曾用一年之四季和一日之朝暮，来描绘歙县南乡长陔如画的风景和怡人的生态："若夫村妇早炊，宛如伐鼓；农夫晚归，尝见戴月。夏逢暴雨，川流初分浊清；秋降

---

① 民国《黟县四志》卷十五《杂志·诗录》，1923年蔡照堂刻本。
② 隆庆《文堂陈氏乡约家法·文堂陈氏乡约》，明隆庆六年刻本。
③ 宣统《古歙义成朱氏宗谱》卷首《祠规》，清宣统二年存仁堂木活字本。

严霜，山色如加彩绚；春暖则拾翠寻芳；冬寒则拥炉抱膝。"①其实，何止是长陔，总体上徽州各地的自然环境一直良好，秀丽的山川充满着勃勃的生机，"崇山峻岭，茂林修竹，急湍怪石，随地多有"。在绩溪石家村西的魁星阁墙壁上，曹文渊、宋徵1904年撰写的一篇赞美该村美好景色的散文，更是把徽州优美的村庄环境描绘得如诗如画："石家村，石桥梁，桥头有方亭，祠前有方塘，塘旁青松百尺长。看一村人家，门楼北向，一横带水，流自西方。前有溪鱼可钓，后有山花自芳。背山面水，绝好风光。如此小桃源，乐无量。难得找一支妙笔，描绘此村庄。"②

山水交融，林木苍翠，良好的自然环境，旖旎的徽州风光，曾激起了人们无限的赞美和遐想。1927年，被誉为"人民教育家"的歙县人陶行知，在一篇题为《徽州人的新使命——致徽州同乡的公开信》中，饱含热情地写道："我们徽州，山水灵秀，气候温和，人民向来安居乐业，真可谓之世外桃源。察看它的背景，世界上只有一个地方和它相类，这个地方就是瑞士。"③1934年初春，中国现代著名作家林语堂纵情游览了徽州，他在所作游记《皖南行》中，甚至把歙县的山村三阳坑比喻为"瑞士"。

好山好水看不尽，新安如在图画中。山川秀美、钟灵毓秀的徽州因此赢得了"东方瑞士"的美誉。

(二)徽州历史上的灾难

1. 自然灾害引发的灾难

然而，高山流水造就了徽州优美自然风光的同时，也给生于斯、长于斯的徽州先民们带来了生产与生活上的种种不便与障碍。山隔壤阻，曾一度使他们与外界几乎完全隔离。河川急流，则在山洪暴发时，一次又一次地摧毁着他们赖以为生的庄稼禾苗和美好家园。为了找寻真实的历史，我

---

① 民国《巨川毕氏宗谱》卷二《里居记》，1944年刻本。
② 此碑现嵌于安徽省绩溪县旺川村魁星阁南碑墙中。
③ 华中师范学院教育科学研究所主编：《陶行知全集》第五卷，湖南教育出版社1985年版，第149页。

们翻阅了徽州的府志、县志、乡镇志和宗族的家谱。在各种文献记录的徽州历史灾害事件中，因山洪暴发而摧毁良田、冲坏官舍民居的事件屡屡发生。明世宗嘉靖十八年（1539年）的夏季，徽州突然大面积地暴发了山洪，婺源大水，休宁大水，临近几县也纷纷告急。来势凶猛的洪水引起了山崩，婺源出现了大水漫城的局面，当时县城水高三丈有余，2000多所居民房屋庐舍被水冲倒，300多名男女老幼葬身于茫茫的洪水之中。而发生于清乾隆五十三年（1788年）祁门历史上最严重的一次水灾，使其损失更大。关于这次由山洪暴发而引起的水灾，道光《祁门县志》的作者作了这样真实而细致的记录和描述："五月，大水。初六日，夜间烈风，雷雨大作。初七日清晨，雨止，东北诸乡蛟水齐发，城中洪水陡起长三丈余，县署前水深二丈五尺余，学宫水深二丈八尺余，冲圮谯楼、仓廒、民田、庐舍、雉堞数处，乡间梁坝皆坏，溺死者六千余人。"①

自然灾害引发的灾难，使得徽州良好的生态环境受到了严重破坏，季节性大雨导致的偶发性山洪，使得徽州大好山水顿失其秀丽景色，人民备受水患的折磨，随时都有失去亲人和家园的危险。

2.棚民无序开垦导致的生态环境恶化

自然灾害固然直接导致了徽州生态环境的破坏，而清乾隆中叶至道光初年，接踵而至的安庆、池州、宁国等府和江西等地的棚民大量涌入徽州，开山烧石，种植苞芦等，进行野蛮无序的开垦与开发，则人为地造成了徽州山区生态环境的恶化。

徽州之有棚民，始于明代末年，那时，只有很少的棚民为追逐利润而到徽州山区开荒垦田。清代乾隆中叶以后，来自安庆、池州、宁国等府和浙江、江西甚至远到福建等地的流民，携家挈口，大规模进入徽州山区。他们于深山之中搭棚居住，向当地人租种山场，开山采矿、烧制木炭和种植苞芦，从事种种谋生或营利的生产经营活动。这时的棚民已远远超过明末的人数。

---

① 道光《祁门县志》卷三十六《杂志·祥异》，清道光七年刻本。

棚民的大规模进入和无序开垦与开采烧挖，给徽州山区造成了严重的生态环境恶化。

首先是植被受到了破坏。徽州历史上有着良好的生态环境，境内山峦重嶂，河川纵横，森林植被面积广阔，正所谓"重冈复岭，参天际人；岩谷幽阻，林莽丛茂"①。茂密的山场林木，不仅涵养水源，使徽州一直保持着良好的生态环境，而且还给徽州带来丰厚的财富资源。清代乾隆中叶以后，棚民的大规模入境，进行野蛮无序垦殖，使得徽州大量山场林木遭到砍伐，植被覆盖率急剧降低，特别是在一些棚民聚居较为集中的山村，不少林木丰茂之山被砍削殆尽。"自棚民租种以来，凡峻嶒险峻之处，无不开垦，草皮去尽，则沙土不能停留。……自棚民开山，不但不植不留，而且根株尽掘，甚至草莱屡被烧锄，萌芽绝望。"②

其次是导致了严重的水土流失。乾隆年间，主要来自安庆地区的棚民携带苞芦种子进入徽州，租山垦种，获得丰厚利润，一时间，土著居民纷纷仿效。"其种法，必焚山掘根，务尽地利，使寸草不生而后已。山既尽童，田尤受害。雨集则砂石并陨，雨止则水源立竭，不可复耕者，所在皆有。渐至壅塞大溪，旱弗能蓄，涝不得泄，原田多被涨没。一邑之患，莫甚于此。"③清嘉庆十二年（1807年），休宁浯田程怡仁在受族长程元通派遣赴京控诉棚民罪状时，就曾声泪俱下地控诉棚民对休宁山区生态的破坏。他说："我们住居地方，环抱皆山，祸遭流匪方会中等向无业地棍程金谷等盗租山场，搭棚纠集多人，私行开垦，种植苞谷，以致山倾石泻，涨塞河道，山上坟茔尽行挖掘，山下田庐皆受其害。"④在徽州一府六县棚民聚集人数较多的祁门山区，因棚民租山种植所造成的水土流失等灾难也

---

① 道光《祁门县志》卷三十六《杂志·祥异》。

② （清）方椿：《楚颂山房杂著》，转引自道光《徽州府志》卷四《营建志·水利·道宪杨懋恬查禁棚民案稿》，清道光七年刻本。

③ 道光《祁门县志》卷十二《水利志·水碓》。

④《嘉庆十二年二月十四日左都御史赓音等为安徽休宁贡民程元通呈控棚民占山扰害事奏折》，转引自中国第一历史档案馆：《嘉庆朝安徽浙江棚民史料》，《历史档案》1993年第1期。

非常严重。祁门西乡下箬溪，向为王氏宗族聚居地，在棚民到来之前，这里的居民安居乐业，过着一种相对富足的生活，"我环溪基迁于宋，迹发于明，聚族而居，历年有所。向来田少山多，居人之日用、饮食，取给于田者，不敌取给于山。当年兴养成材，年年拼取，络绎不绝。所以家有生机，人皆乐利"①，"无不衣食余饶"②。然自乾隆三十年（1765年）棚民进入之后，下箬溪的生态环境遭到了前所未有的破坏，居民平静而富有的生活环境也被打破，"自乾隆三十年以后，异民临境，遍山锄种。近日地方效尤已甚，每遇蛟水，山崩土裂，石走沙驰，堆积田园，国课永累。且住后来龙山场，合族公业，亦尽开挖锄种。人居其下，命脉攸关。此日坑河满积，一雨则村内洪水横流，祠前沙石壅塞。目击心伤，人皆切齿。"③

棚民在徽州山区挖山垦种等，毫无节制地无序开发，给徽州环境造成了灾难性后果。它不仅使山区植被遭到大量破坏，造成了水土流失，而且使居民的生活环境也受到严重侵害。

3.战争造成的灾难

除自然灾害和棚民无序开垦造成的林地减少、水土流失严重之外，历史时期，还有战争所导致的灾难。尽管由于所处独特的相对封闭的山区环境，使得徽州历史上很少发生大规模的战争和兵燹浩劫，但是，为数不多的战争，特别是发生在清代咸丰、同治年间的清军与太平军十余年拉锯战，却给一向宁静安详的徽州社会与生态环境造成了极为惨重的破坏。

清末咸同兵燹是明清时代徽州历史上最为惨烈的重大事件，从咸丰四年（1854年）太平军首次攻入徽州开始，在长达十余年的时间里，清军与太平军在这里展开了激烈的战斗，包括徽州府在内的歙县、休宁、婺源、祁门、黟县和绩溪六县县城多次陷落。仅以婺源为例，从咸丰五年（1855年）二月到同治三年（1864年）六月，太平军先后20次攻陷婺源县境，12次占领婺源县城，从南到北，自东而西，清军、乡村团练武装和太平军在

---

① 嘉庆《环溪王履和堂养山会簿·序》（不分卷），清嘉庆十九年木活字本。

② 嘉庆《环溪王履和堂养山会簿·合同文约》。

③ 嘉庆《环溪王履和堂养山会簿·呈词》。

婺源城乡各地展开了空前的厮杀,前后大小战斗达85次之多。婺源受祸之惨烈,波及县境地域之广,在婺源历史上都是空前的。正如民国《婺源县志》所云:"清康熙初,闽寇平定,二百余年,不见兵革。乾嘉以来,士奋于学,农勤于野,商贾牵车遍都会。盛哉,称富庶焉!发逆陷金陵,东南荼毒,郡邑邱墟,贼蹂躏无虚岁。"①咸同兵燹给包括婺源在内的徽州环境和人民生命财产带来了深重的灾难,人口大量死于兵火,繁华市镇和城乡居民被焚劫一空。咸丰七年(1857年)七月,婺源县城弦高镇被太平军攻陷,县治门头及民居被焚毁,许村、港头、寺前等处也次第被焚掠,民居被焚毁殆尽。次年八月,县城公署庙宇尽被拆毁。十年,江湾、汪口民居被毁过半。"婺民遭咸丰兵燹,十室九空,田亩荒废无算。"②"发逆而后,商业衰颓,十室九空。"③在严田,咸丰七年(1857年),李氏宗族惨遭兵燹浩劫,原本美好的家园被焚烧一空,片瓦无存,居民家中收藏的各派宗谱也被焚于战火。

(三)徽州生态环境的修复与维系

为修复和维系良好的生态环境,减少对环境的破坏,建设美好家园,徽州各地官府和民间组织特别是宗族,纷纷从各自的立场出发,充分发挥各自的优势,相互支持,彼此配合,展开了生态环境的修复与重建活动。

自然灾害造成的灾难,尽管是人类所无法避免的,但"天时人事互居"④。天灾是大自然对人类活动的一种警醒,重要的是人类要敬畏自然、尊重自然。因此,为修复和重建良好的环境,徽州各级官府在大灾过后,及时对灾民进行调查和救助,对破坏了的环境和设施进行修复,努力将灾害造成的损失降到最低限度。

对整治棚民滥伐、无序开垦造成的灾难,清王朝和地方政府采取了以

---

① 民国《婺源县志》卷十二《兵戎》,1925年刻本。
② 民国《婺源县志》卷首《重修婺源县志序》。
③ (清)刘汝骥编撰,梁仁志校注:《陶甓公牍》卷十二《法制科·婺源民情之习惯》,第238页。
④ 民国《婺源县志》卷七十《祥异》。

驱逐棚民退山回籍为主、编查棚民入保甲为辅的政策，于嘉庆十二年（1807年）制定了《棚民退山回籍章程》，对在徽居住较久，置买田产，并与当地土著缔结婚姻的棚民，编入当地保甲，使其成为徽州的编户齐民。对其余棚民，则以租典地契内的年限为断，凡是年限已满者，责令其退山回籍。"现在年限已满，及不载年限而承种已久者，令再种二年，于嘉庆十四年退山回籍。其近年承种、不载年限者，应令该抚转饬地方官，谕令严立年限，至迟不得有逾十年各等语，并经修《户部则例》，一并载入在案。"①对租山招棚之山主，清王朝和地方政府则采取了极其严厉的惩罚措施。安徽巡抚初彭龄所制定和颁行的《酌议棚民退还山场章程》就明确规定："应请嗣后如仍有将山场混召异籍之人搭棚开垦至五十亩者，无论公业、私业，均照子孙盗卖祖遗祀产至五十亩者，照投献捏卖祖坟山地例，发边远充军。不及五十亩者，减一等，租价入官。承租之人，不论山数多寡，照强占官民山场律，杖一百，流三千里，为从，各减一等。父兄子弟同犯，以凡人首从论。族长、祠长失于查察，照不应重律科罪。令各该族长、祠长勒石公祠中，俾共知警惕，庶棚民绝迹，土民益臻宁辑。"②这条规定颁布后不久还以例的形式，载到了《大清律例》之中。

在休宁聚居棚民最多的地区——浯田、江田、岭南、牛岭、青山、方圩和璜源七村，以程氏宗族族长程元通、祠长程绍兰为首的乡绅组织，遣命程怡仁不远数千里，赴北京呈控棚民方会中等占踞山场。在祁门，善和程氏宗族以附贡生程国华为首的乡绅，邀集合族父老，以棚民"开垦锄种为虑，嘉庆年间，控请张宪驱逐棚匪五十四座，合境胥安"③，并亲撰《驱棚除害记》，历数棚民给当地造成的九大危害，云"棚匪之害地方也，甚于兵燹"④。在黄古田、环砂、渚口、社景、箬坑等棚民垦山最烈的地区，宗族和乡绅都愤然而起，组织起了规模庞大的乡村力量，对棚民进行

① 道光《徽州府志》卷四《营建志·水利·国朝汪梅鼎驱逐棚民奏疏》。

② 中国第一历史档案馆：《嘉庆朝安徽浙江棚民史料》，《历史档案》1993年第1期。

③ 光绪《祁门善和程氏仁山门支谱》第一本卷十二《东房新春显派泰支昂分世系》，清光绪三十三年刻本。

④ 光绪《祁门善和程氏仁山门支谱》第三本卷一《村居景致·驱棚除害记》。

驱逐。宗族、乡约和会社在这一时期发挥了积极的基层堡垒作用。祁门善和、环砂和休宁浯田的程氏宗族、休宁商山和儒村的吴氏宗族、祁门黄古田的汪氏宗族和下箬溪的王履和堂养山会，祁门侯潭和婺源汪口的乡约，都在徽州驱逐棚民、捍卫家园的运动中，起到了中坚作用。

在咸同兵燹平息后，徽州地方官府、宗族和乡村基层组织及广大民众，积极采取措施并努力恢复被破坏了的环境，致力于经济和社会建设。在官方，徽州府和婺源等县就非常明确地提出了发挥山林之利，鼓励民间广种树木的号召，云："我邑冈峦重叠，其民精神坚忍。窃谓严樵采之禁，则林业可兴；辟风水之谬，则矿业可兴；组织公司，优奖艺徒，则工业、商业可兴。"[①]再如婺源县就明确提出并制定了发展林业、兴办实业、振兴经济的政策。诚如《婺源乡土志》所云："山林之利，我婺独擅，惜农力不勤，半成荒秽。故今日讲求实业，断以提倡林学为先。"[②]

在生产力水平相对低下的农耕时代，徽州的大好山水于普通民众而言，只不过是一种不尽的贫困和苦难而已。正如清康熙三十三年（1694年）婺源知县张绶在为《婺源县志》所写的《序》中所说的那样："余凭轼纵目，其山崒崒而绵亘，其水清浅而迅激，其土田瘠硗而迫隘。"[③]的确，在食不果腹的历史年代，山环水绕的美丽风景，带给徽州芸芸众生的，只能是更加艰辛的劳作和更加窘迫的生活。

为摆脱这种山多田少、灾荒不断的困境与窘状，挣脱贫困与苦难的枷锁，徽州人被迫选择了大规模外出经商和读书入仕的道路，从大山中跨过险滩急流，攀越重重高山，走向了外面的世界。所谓"天下之民寄命于农，徽民寄命于商"[④]，实在是一种迫不得已的无奈之举。

关于徽商形成的时间，有人主张在东晋，有人则认为在宋代，更多学者则把徽商大规模外出并形成独执商界之牛耳的地域性商帮集团，当作明

① （清）刘汝骥编撰，梁仁志校注：《陶甓公牍》卷十二《法制科·婺源民情之习惯》，第241页。

② 光绪《婺源乡土志》第六章《婺源风俗》，清光绪三十四年刊本。

③ 康熙《婺源县志》卷首《婺源县志序》，清康熙三十三年刻本。

④ 康熙《休宁县志》卷七《艺文志·奏疏》，清康熙三十二年刻本。

代中叶之事。笔者在查阅明代成化初年修成的休宁《商山吴氏族谱》和清代光绪年间刊印的《祁门善和程氏仁山门支谱》时，发现早在两宋时期，徽州拥资十万的商贾就已不是单个的个体，而是一种相对较为普遍的现象了。只是到了明代中期以后，徽州人大规模群体外出，并形成了以经营盐业、典当业、木材业和茶业等四大商业领域为主体的地域性商帮集团，徽商才真正成为一种气候。正如《徽商便览》所云：“吾徽居万山环绕中，川谷崎岖，峰峦掩映，山多而地少。遇山川平衍处，人民即聚族居之。以人口孳乳故，徽地所产之食料，不足供徽地所居之人口。于是经商之事业起，牵车牛，远服贾。今日徽贾之足迹，殆将遍于国中。”①是的，正是徽州的大好山水，也许对广大民众来说，是穷山恶水，才最终成全了富甲一方的徽商和博大精深的徽州文化。

徽商是新安大好山水下的产物，同时，徽商又丰富了新安大好山水。他们致富后不忘回报家乡，当一所所学校、书院，一道道水利工程，一座座桥梁，一条条道路，被徽商斥巨资不断修葺的时候，我们委实看到了新安大好山水掩映下的底蕴丰厚的徽州文化。

(四)徽州丰富的物产

钟灵毓秀的徽州，不愧是物华天宝之地，山区优质的林木和茶叶等土特产品，不仅品种琳琅满目，而且质量堪称上乘，驰誉遐迩，远销全国各地乃至海外诸国。

在徽州山区，尽管耕地面积狭小，但是乡民们却能在非常艰苦的条件下，因地制宜，创造出惊人的奇迹。他们在高山之麓，开辟出层层梯田，同为数不多的山间盆地一道，广种水稻和其他农作物，这就是《徽州府志》所称的“大山之所落，多垦为田，层累而上，指至十余级不盈一亩。快牛利剡不得田其间，刀耕火种”②。孙学道在《和施蒙泉明府黟山竹枝

---

① (民国)吴日法：《徽商便览》，转引自张海鹏、王廷元主编：《明清徽商资料选编》，黄山书社1985年版，第6页。

② 嘉靖《徽州府志》卷二《风俗志》，明嘉靖四十五年刻本。

词》中写道:"下田水向上田分,一亩一层五溪归;利剡快牛施不得,刀耕火种自成群。"①相对富饶的休、歙盆地上的精耕细作,与其他山谷贫瘠梯田上的刀耕火种并存,构成了徽州传统农业的一幅独特景观。

水稻是徽州传统农业中的主要粮食作物,多为一年二熟制。徽州乡民们早已认识到山区的土壤适宜于种籼而不宜于种粳,于是,他们便精心地培育出许多种优质籼稻。据道光《徽州府志》记载,籼在徽州被称为"小米",粳则被称作"大米"。故而粳稻品种和种植面积在徽州山区并不占据主流地位,而籼稻则被广泛种植于各地,而且品种繁多,诸如大白归生、小白归生、红归生、桃花红、冷水白、笔头白等。根据其成熟时间和耐旱耐寒程度,《徽州府志》又将这些籼稻进一步细分为早十日、中归生、晚归生、占城禾与寒籼等品种。至于糯米,徽州有青杆、羊脂白、牛虫糯、金钗糯和秧田糯等品种,特别是矮脚品种的白矮,是酿制米酒的绝佳原料。旱作农业在徽州也有一定程度的发展,大麦中的高丽麦、小麦中的长穗以及荞麦在徽州山区都有一定面积的种植。其他如菽、粟、菜籽、火麻等杂粮和油料作物,在徽州山区的种植也很广泛。

值得一提的是,明代中叶传入我国的高产耐旱作物苞芦,即玉米,在清乾隆中叶以后,因毗邻之地安庆等府棚民大规模进入徽州山区,大肆开垦荒山加以种植,以致徽州乡民竞相仿效,纷纷种植,苞芦也因此成为徽州山区一种重要的粮食作物。"手捧苞芦粿,脚踏一炉火,除了皇帝就是我"②,由这句徽州流传的民谣中,可见苞芦实为徽州广大山民的一种主要粮食。正如俞正燮在《徽州竹枝词》中所指出的那样:"两般腾贵米与钱,大业从来说垦田;人众真难为造物,苞芦已植到山巅。"③

徽州山区拥有丰富的林木资源,材木不可胜用,林业亦因此而成为徽

---

①　欧阳发编:《安徽竹枝词征略》,晚遂斋文存2011年印,第67页。

②　休宁县地方志编纂委员会:《休宁县志》卷三十一《谣谚歌谣》,安徽教育出版社1990年版,第560页。

③　(清)俞正燮撰,于石、马君骅、诸伟奇校点:《俞正燮全集·叁》之《四养斋诗稿》卷一《徽州三首》,黄山书社2005年版,第8页。

州传统的支柱性产业，"树艺所以养生也，父母、妻子皆藉乎此"①。徽州的林业产品主要有杉、松、柏等，副业中的茶叶和贡菊以及香菇、木耳等菌类产品尤为知名。果树栽培以歙县三潭枇杷、富岱杨梅、金丝琥珀蜜枣，以及徽州雪梨、徽州猕猴桃最具特色和名气。

"天下名山，必产灵草。江南地暖，故独宜茶。"②徽州是茶叶的著名产区，茶叶是徽州传统的经济作物，早在唐宋时期即有大量种植和交易。据《新安志》记载，宋代就有胜金、嫩桑、仙芝、来泉、先春、运合、华英等优质茶叶品种，又有不及号者，是为片茶八种，其散茶号"茗茶"③。明代前中期，徽州的茶叶品种不断增加，而且依据质量进行分级，细者为雀舌、莲心、金芽，次者为芽下白、走林、罗公，又次者为开园、软枝和大号④。明代中叶以后出现的"松萝"茶更是"名噪一时"⑤享誉遐迩，成为与吴之虎丘、钱塘之龙井相抗衡的全国名茶之一。明末徽州开始炒制青绿茶——屯绿，至太平天国时开始大量外销，因其主要集中于休宁县之屯溪进行加工和运销，故名"屯绿"。晚清黟县余干臣和祁门胡元龙研制的祁门红茶，同屯绿一道，成为徽州对外贸易的大宗商品。

近代以来，经过精心的研制与开发，徽州大体上主要形成了以下几大名优茶叶品种，它们分别是黄山毛峰、顶谷大方和祁门红茶等。

黄山毛峰，是蜚声中外的历史名茶。清光绪元年（1875年）前后，由歙县漕溪人谢裕大茶庄创始者谢静和创制。黄山毛峰主要以汤口、洽舍一带山岭的嫩茶芽为原料制作加工而成。毛峰茶条索紧秀稍弯曲，锋毫显露，分特级及一至三级等级别。特级毛峰是黄山毛峰中的极品，采摘一芽一叶初展肥壮芽叶制成，外形如雀舌，白毫显露，色似象牙，香气扑鼻，滋味醇甜清香。黄山毛峰亦产于歙县富溪、许村、璜田等地。民国《歙县志》亦云："毛峰，牙茶也。南则陔源，东则跳岭，北则黄山，皆产地，

① 万历《营前郑氏家谱》卷五《祖训》，明万历九年刻本。
② (明)许次纾：《茶疏》，转引自胡山源编：《古今茶事》，上海书店1985年版，第87页。
③ 淳熙《新安志》卷二《物产·货贿》。
④ 弘治《徽州府志》卷二《食货一·土产》。
⑤ 万历《休宁县志》卷三《食货志·物产》，明万历三十五年刻本。

以黄山为最著,色香味非他山所及。顶谷言其山高,毛峰言其茶细。"①

顶谷大方,是徽州历史名茶中的又一精品。早在五代十国时期,大方茶已经产于两浙地区并被充作贡品。如今之大方相传是明代隆庆年间由大方和尚创制于歙县老竹岭,故又名"老竹大方"。据民国《歙县志》云:"大方以旱南有大方山而得名,或云仿僧之制法,故以僧名名之。产诸旱南者味极浓厚,为邑产佳品。"②顶谷大方是大方茶中的极品,因其以茶芽和初展的一二片嫩叶制成,故年产量极低。大方顶谷茶芽藏而不露,披满金色茸毛,入水冲泡汤色清澈,香气宜人。

祁门红茶,简称"祁红",由清末的胡云龙和余干臣创制,当时因绿茶销路不畅,胡云龙及余干臣乃筹集资本,改制红茶③。红茶制作工艺较为复杂,仅初制阶段即有萎凋、揉捻、发酵和烘干等程序。祁红叶嫩而薄,清香如兰,以开水冲泡,其汤色红艳透明。因品质优良,祁红又有"茶中英豪""祁门香"之美誉。祁红还在1915年巴拿马万国博览会上获得过金质奖章④。

除茶叶之外,最能反映徽州山区经济民俗特征的是各种山珍等土特产,如香菇、竹笋、木耳、香榧等。另外,徽州独特的工艺品,如文房四宝中的歙砚、徽墨等也都历史悠久,驰名遐迩。

丰富而别具特色的山区物产,使拥有大好山水的徽州更加声名远播。

二、徽州的建置沿革

徽州在夏商时期属九州之中的扬州。20世纪五六十年代在屯溪奕棋发掘出的八座西周至战国早期土墩墓之青铜器中有"闭",据此推测西周时期这里曾经建有闭国。春秋战国时期,徽州整个区域属吴国管辖。公元前

---

① 民国《歙县志》卷三《食货志·物产》。

② 民国《歙县志》卷三《食货志·物产》。

③ 祁门县地方志编纂委员会办公室编:《祁门县志》卷六《茶叶》,安徽人民出版社1990年版,第184—185页。

④ 祁门县地方志编纂委员会办公室编:《祁门县志》卷首《大事记》,第18页。

473年，吴国被越国所灭，徽州全境归越国管辖。公元前306年，越国被楚国吞并，徽州属楚国管辖。公元前223年，楚被秦国所灭，徽州便纳入秦国的版图。

(一)徽州最早设立的县级政权黝县和歙县

徽州历史上最早建立的县级政权，是在秦朝统一六国之后。公元前221年，秦朝统一六国，在地方实行郡县制，率先在徽州地区设立黝（即"黟"）、歙二县，隶属鄣郡管辖。西汉沿袭这一建制，汉武帝元封二年（前109年），改鄣郡为丹阳郡，黝、歙二县亦改属丹阳郡管辖，而使都尉分治于歙。

汉成帝鸿嘉二年（前19年），以黝县为广德王国，立中山宪王弟孙云客于此。这是徽州地区历史上第一次也是唯一一次设置的封国。

(二)徽州郡州级政权新都和新安郡的建立

王莽建立新政权后，废除广德王国，改黝县为愬虏。东汉建立后，光武帝恢复黝县设置。汉献帝建安十三年（208年），吴王孙权派遣威武中郎将贺齐平定黝、歙二县的山越人叛乱，析歙县为始新、新定、黎阳、休阳四县。这样，连同已有的歙县和黝县，共六县，并割丹阳郡，置新都郡，统辖上述六县。新都郡的设置，是徽州地区拥有郡一级地方政权的开端。其后，为避嗣主孙休之名讳，改休阳之名为"海阳"。

西晋武帝太康元年（280年），更新都郡为新安郡，改海阳县为海宁县、新定县为遂安县。东晋沿之。南朝宋孝武帝大明八年（464年），省黎阳县，并入海宁县，新安郡只领五县。梁武帝大同中，析歙县，置良安县，是为绩溪建县之始。

隋文帝开皇九年（589年）改新安郡为歙州，州治在黝县；更始新县为新安县，隶婺州。此时，歙州仅辖有黝、歙、海宁、良安四县。

隋炀帝大业初年，复歙州为新安郡，改海宁县为休宁县，并以休宁县万安山为新安郡治。义宁中，新安郡徙治歙县。唐朝建立后，唐高祖武德元年（618年），例改郡为州，更郡太守为州刺史，新安郡复改为歙州，新安郡太守改称歙州刺史。武德四年（621年），汪华归顺，遂以歙州为总管府，汪华受命持节总管歙、宣、杭、睦、婺、饶六州诸军事。未几，改命王雄诞为使，总管歙、睦、衢三州。武德七年（624年），例改都督府，寻罢良安县。唐太宗贞观元年（627年），罢都督府。唐高宗永徽五年（654年），析歙县地，置北野县。唐玄宗开元二十八年（740年），析休宁县，置婺源县。唐代宗大历元年（766年），以方清起义平定，设归德县，析黟县及饶州之浮梁县，新置祁门县。又以平定宣州旌德县王万敌起事，析歙县之华阳镇置绩溪县。大历五年（770年），罢省北野、归德二县。至此，歙州总计统辖歙县、黟县、休宁、婺源、祁门和绩溪六县，直至南唐至北宋初年，这一格局未有变动。

（三）徽州行政格局的变迁

北宋徽宗宣和三年（1121年），方腊起义被平定，改歙州为徽州，仍辖上述六县。元世祖至元十四年（1277年），徽州被纳入元朝版图，更名为徽州路，隶江浙行省管辖，徽州路所辖六县未变。元贞元年（1295年），升婺源县为婺源州，仍隶徽州路管辖。

元顺帝至正十七年（1357年）即韩林儿龙凤三年，邓愈攻陷徽州，改徽州路为兴安府。吴元年（1366年），改兴安府为徽州府，隶属浙江行省，后直隶京师。明太祖洪武二年（1369年），降婺源州为县，徽州府所辖六县如旧。从此，直到宣统三年（1911年），徽州府所辖的歙县、休宁、婺源、祁门、黟县和绩溪六县行政格局一直保持，没有发生任何变化。

民国元年（1912年），废除徽州府的行政建制，改原徽州府属六县直隶安徽省管辖。三年（1914年），徽州六县属芜湖道管辖。十七年（1928年），又废除道的设置，徽州原属六县仍直隶安徽省统辖。二十一年（1932年），试行首席县长制，徽州首席县长长驻歙县。同年十月，废止首席县长制，改设行政督察专员公署，安徽全省共设立十个行政督察区，徽州原有六县归第十行政督察区统辖，行政督察专员公署驻休宁县。二十三年（1934年），婺源县划归江西省，属江西省第五行政督察区管辖。二十七年（1938年），设立皖南行署，驻屯溪镇。二十九年（1940年）三月，撤销第十行政督察区，歙县、休宁、祁门、黟县和绩溪五县隶皖南行署管辖。八月，第十行政督察区改为第七行政督察区，辖歙县、休宁、祁门、黟县、绩溪和旌德六县。三十四年（1945年），撤销皖南行署，歙县、休宁、祁门、黟县和绩溪五县仍隶第七行政督察区，行政督察专员公署驻地由休宁县城迁至屯溪。三十六年（1947年），婺源县划回安徽省，隶第七行政督察区管辖。三十八年（1949年），第七行政督察区所辖六县相继解放，婺源再次划归江西省管辖，徽州原属歙县、休宁、祁门、黟县和绩溪五县改隶新成立的皖南区人民行政公署徽州专区管辖。

纵观徽州行政区划的建置沿革，自东汉献帝建安十三年（208年）新都郡的设立，徽州六县行政建制初具雏形，到唐代中叶前后婺源、祁门和绩溪县的正式设置，徽州六县格局完全形成，再到北宋徽宗宣和三年（1121年）更歙州为徽州，历经近千年，徽州作为一个完整的行政区域，始终未发生大的变化。这种相对稳定的行政区域，为徽州地区经济发展、社会进步和文化认同，创造了极为优越的政治条件。徽州经济能够走出一条适宜自身发展的道路，徽州宗族组织的建构和对基层社会的有效控制，徽商最终能够由血缘到地缘渐次积累，形成"沿江区域向有'无徽不成镇'"[1]的局面，徽州科第异常发达，以及新安理学、新安医学、新安画派等地域学术和艺术流派的形成，"东南邹鲁""文物之邦"[2]"文献之国"[3]和"礼义之国"[4]等独具特色的地域文化与文明形态的产生，除相对封闭的地理环境之外，大都得益于这一行政区域的稳定维持。

---

① 民国《歙县志》卷一《舆地志·风土》。

② 光绪《绩溪县南关惇叙堂许氏宗谱》卷八《家训》，清光绪十五年木活字本。

③ 万历《汪氏十六族近属家谱·典籍》，明万历刻本。

④ (明)汪道昆撰，胡益民、余国庆点校：《太函集》卷一《黄氏建友于堂序》，黄山书社2004年版，第22页。

三、徽州的人文与社会生态环境

拥有大好山水的徽州在今天已经成为人们神往之地，黄山的七十二峰、奇松、怪石和云海早已驰名中外，齐云山更是以它沧桑遒劲的摩崖石刻、丹霞地貌和四大道教圣地之一而驰誉遐迩。

(一)徽州人的由来与构成

徽州的历史源远流长，早在旧石器时代，这里即有人类活动的足迹。在歙县富竭冯塘村旧石器时代的遗址中，曾出土大量的砍砸器、尖状器、盘状器、船形器、镌刻器、石矛等石器。新石器时代文化在徽州各地更是星罗棋布，举凡歙县的新州遗址、桐子山遗址和下冯塘遗址，绩溪的庵顶上、水楂山、方家园和龟山等处遗址，都是徽州地区较为典型的新石器时代遗址。这些新、旧石器时代遗址的大量发现，有力地说明了徽州很早以前就是人类居住与活动的重要地区之一。在新、旧石器时代，生息与繁衍在徽州这块土地上的先民们是徽州最古老的人类，其所创造的文化是徽州最古老的文化。

进入文明社会以后，徽州的先民们不断在生产和生活中创造着新的更高的文明。屯溪西郊奕棋发掘的8座跨度从西周到春秋和战国早期的土墩墓，具有江南地区吴越族群埋葬制度的典型特征。其所出土的大量造型精巧的青铜器、陶器和原始青瓷器，是南方青铜文化和陶瓷体系中的重要组成部分，显示出越地文化的典型风格。这时的徽州地区先民主要是江南地区百越人中的一支，史称"山越人"。

春秋战国秦汉时期徽州处于早期经济文化初步发展阶段。秦汉时期先后在这块疆土上设立了黟、歙二县，其土著居民的主体依然是山越人。关于山越人，据《越绝书》记载："乌程、余杭、黝、歙、芜湖、石城县以南，皆故大越徙民也，秦始皇刻石徙之。"[1]胡三省在为《资治通鉴》所作的注释中云："山越本亦越人，依阻山险，不纳王租，故曰山越。"[2]事实上，此时的土著山越人已经不是徽州地区的唯一居民。在秦汉鼎革之际，番阳令吴芮部将梅鋗于秦末率兵反秦，并策应刘邦攻下析、郦等地。西汉建立后，梅鋗被封为烈侯，食邑10万户，其封地在今祁门县西15里。也就是说，此时徽州人中已有一部分是属于梅鋗统领的外地人。

北方中原地区的部分世家大族在秦汉鼎革之际，已经开始向徽州地区迁移，以躲避兵燹之苦。东汉、新莽之际，司马长史方纮为远避兵锋，从河南迁居歙县东乡，这支方姓人氏后来成为整个徽州方氏的始迁祖。东汉末年，龙骧将军汪文和也为避乱南迁至徽州，成为徽州大姓望族汪氏的始迁祖。这一时期，土著山越人依山托险，筑石为屋，利用山中出产的铜、铁制造生产工具和武器，刀耕火种，基本上过着一种与世隔绝的生活。《三国志》云，徽州"其幽邃，民人未尝入城邑，对长吏皆仗兵野逸，白首于林莽"[3]。三国时期，因山越人逃避王朝的赋税，且经常出入山林，从背后袭击孙吴，同孙吴政权对抗，所以，为消除隐患，避免曹魏和山越的双重袭击，孙吴政权建立不久即派大将诸葛恪与贺齐率军对山越进行讨伐，最终征服了山越人，将徽州地区纳入孙吴政权的版图。

山越被征服，宣告了一个时代即山越时代的结束，徽州历史从此进入一个新的历史发展阶段。孙吴在此设立了休阳县（即休宁县）和新都郡，西晋又将新都郡改为新安郡。新都郡的设立，标志着徽州地区从此有了地区一级的地方政权。此时，随着中原地区社会动乱规模的不断扩大，自东汉末年以迄东晋、南朝，为躲避战乱，成千上万的北方世家大族开始向江南地区进行大规模的迁徙，形成了中国历史上一次空前的人口南迁高潮。诚如民国《歙县志》所云：

[1] (汉)袁康：《越绝书》卷二《外传记·吴地传第三》，《景印文渊阁四库全书》总第463册，《史部》第221册，第79页。

[2] (宋)司马光：《资治通鉴》卷五十六，中华书局2013年版，第1876页。

[3] (晋)陈寿：《三国志》卷六十四《吴书十九·诸葛恪传》，中华书局1959年版，第1431页。

邑中各姓，以程、汪为最古，族亦最繁。忠壮、越国之遗泽长矣。其余各大族，半皆由北迁南。略举其时，则晋、宋两南渡及唐末避黄巢之乱，此三期为最盛。[①]

据《新安名族志》和其他相关家谱资料统计，西晋永嘉之乱至东晋之初，由中原地区迁徙并定居于徽州地区的世家大族，主要有程、鲍、俞、余、黄、谢、詹、胡、郑等九大姓氏。南朝时期，又相继有闵、任二姓大族迁入徽州。这是徽州历史上第一次大规模接纳来自中原地区的移民。

唐代安史之乱至黄巢农民起义之后以迄五代十国分裂割据时期，又有陆、陈、叶、孙、洪、罗、舒、姚、张、赵、戴、康、施、冯、夏、李、朱、潘、刘、曹、毕、王、吕、江、许、廖、查、何、项、范、仰、凌、祝、梅、齐、卢、邵等近40个大姓家族迁居徽州。这是历史上第二次大规模徙入徽州的移民，也是徽州历史上接纳北方人口规模最大的一次，它奠定了徽州族姓和人口的基本格局。

北宋和南宋政权鼎革之际，为躲避兵锋，柯、宋、周、阮、杨、饶、马、滕、孔、徐、韩、苏、臧、佘、庄、杜、葛、章、游、宗、石等20余个大姓家族迁徙至徽州。这是徽州历史上第三次也是最后一次大规模接纳移民的高潮时期。

除避乱南迁之族外，此时来到徽州的移民，还有为官该地、爱其山水而举家定居于此者，这就是许承尧所说的："又半皆官于此土，爱其山水清淑，遂久居之以长子孙焉。"[②]

截至明末清初，徽州人口的主要构成基本上是被征服的山越土著、主要由北方迁徙而来的世家大族和仕宦徽州退休后定居于该地的官员及其亲属们。此后，直到清乾隆时期，徽州地区的人口基本稳定为上述三大人群。虽然在明清时期随着徽商经营的成功，曾有不少外地游民和商人来到

---

① 民国《歙县志》卷一《舆地志·风土》。
② 民国《歙县志》卷一《舆地志·风土》。

徽州，但对徽州人口的基本结构并未造成太大影响。

不过，值得一提的是，清乾隆中叶以后，因人多地少而迁入徽州山区的棚民，如安庆府怀宁、宿松、潜山、桐城、望江等县和江西北部与徽州接壤地区的棚民，携家挈口，进入徽州的山区，在山中开垦荒地，种植高产稳产作物苞芦等。尽管在清代中央和地方驱逐棚民的运动中，一些棚民被迫离开了徽州，但最终还有一些棚民在徽州各地特别是大山深处生存下来，这是徽州现有居民的一个重要组成部分。

正是生活于徽州大地的山越土著、中原世族、仕宦后裔和山区棚民，在自己的生产、生活实践中，在漫长的历史岁月里，不断地创造和丰富了博大精深的徽州文化。

(二)徽州的人文环境

如果说东汉末年至东晋之初、唐末五代和两宋之交，主要由中原世家大族携家带口、跋山涉水，从战火纷飞、动荡不安的中原地区，来到山隔壤阻的徽州山区，是为了躲避战乱的话，那么经过长期的安定之后，自南宋开始，徽州兴起读书科举之风，并出现了祖籍婺源的大理学家朱熹，则是徽州人文鹊起、郁郁乎盛焉的鲜明标记。正如近代学人许承尧在《歙县志》中所写的那样："尚武之风显于梁陈，右文之习振于唐宋。"[1]

"几百年人家无非积善，第一等好事只是读书。"南宋以后的徽州，无论是繁华的城镇，还是十户之众的偏僻山村，读书向学之风非常盛行，学校和书院遍及各地。徽州宗族把读书提到一个关乎个人素质和宗族兴衰的高度予以强调，指出：

> 世间物，可以益人神智者书，故凡子孙，不可不使读书。惟知读书，则识义理。凡事之来，处置得宜，如游刃解牛，自有余地。其上焉者可以致身云霄，卷舒六合；下焉者，亦能保身保家，而规为措

---

[1] 民国《歙县志》卷一《舆地志·风土》。

置，迥异常流，自无村俗气味。苏子云：无肉令人瘦，无竹令人俗。无竹犹未俗也，无书则必俗矣。人求免于村俗，不可一日无书。[①]

"茅屋书声响，放下扁担考一场。"出自山野乡民之口的这句俗语，反映了徽州人读书风盛的社会现实。

徽州人把祖籍婺源的理学集大成者朱熹视若圣人，奉如神明。无论是读书人，还是普通的乡间百姓，读书要读朱熹注释过的书，非经朱熹注释者，教师不以为教材，学生不以为课本。在日常生活中，从生到死所举行的人生仪礼，徽州都将朱熹的《家礼》作为必须恪守的准则。元代著名学者、休宁商山书院山长赵汸曾在《商山书院学田记》中，不无自豪地写道：

> 新安自南迁后，人物之多，文学之盛，称于天下。当其时，自井邑田野，以至远山深谷，居民之处，莫不有学、有师、有书史之藏。其学所本，一以郡先师子朱子为归，凡六经传注、诸子百氏之书，非经朱子论定者，父兄不以为教，子弟不以为学也。是以朱子之学虽行天下，而讲之熟、说之详、守之固，则惟新安之士为然，故四方谓"东南邹鲁"。[②]

以此为标志，徽州逐渐赢得了"文献之邦""礼义之国"和"东南邹鲁"的美誉。这种读书重文的传统历经千年盛而不衰，一直被后代子孙继承和延续下来，成为今天徽州人依然享之不尽的宝贵财富。徽州父老耳熟能详的一句俗语，"娇子不娇书，娇书变养猪"[③]，至今仍然在徽州广为流传。

---

① 嘉靖《绩溪积庆坊葛氏重修族谱》卷三《家训》，明嘉靖四十四年刻本。
② (明)赵汸：《东山存稿》卷四《商山书院田记》，《景印文渊阁四库全书》总第1221册，《集部》第160册，第287页。
③ 绩溪县地方志编纂委员会编：《绩溪县志》，黄山书社1998年版，第1023页。

徽州的人文底蕴丰富而厚重。在科举时代，徽州一府六县总共产生 1303 名进士。仅休宁一县，宋代至清代，连本籍带寄籍于他乡的进士中，竟然出了 19 位文武状元。一时间，徽州各地到处流传着所谓"父子宰相""同胞翰林"和"连科三殿撰，十里四翰林"[①]的科举佳话。这是徽州人的自豪与骄傲。徽州独树一帜的新安理学、新安医学、新安画派、徽派建筑、徽派刻书、徽派篆刻以及名列全国八大菜系的徽菜，至今仍然备受赞誉，深受世人关注。至于曾在中国商业舞台上独执牛耳 300 余年的徽州商帮，更是以其出类拔萃的文化素质、诚信无欺的商业道德和灵活多样的经营艺术而享誉中外。

做官做廉官，经商做儒商，行医为儒医，这已是汩汩流淌于徽州人的血液里、深深植根于徽州文化中的永恒不变的精神和理念。

我们还注意到，历史上的徽州是一个聚族而居的宗族社会。徽州的家族既有保守的一面，也有积极的一面。徽州宗族注重教育族人，讲求礼义廉耻，恪守做人之道，鼓励族人读书经商。我们在徽州现存的一些家谱中，看到了很多几乎是宗教式的说教，要求子弟"孝顺父母，尊敬长上，和睦乡里，教训子孙，各安生理，毋作非为"。正是徽州的宗族，成全了徽州人读书与经商的不同人生，获得了前所未有的成功与辉煌。

"读书好，营商好，效好便好；创业难，守成难，知难不难"，这是悬挂于世界文化遗产地黟县西递村一户人家厅堂内的对联，这副对联一语道破了徽州宗族对子弟们职业选择上的态度与讲求实效的期许。徽州宗族对族人和子弟从事商业经营，不仅在口头上进行鼓励和支持，而且还在资金上给予资助。徽州宗族这种以众帮众、扶贫济困的精神，在一定程度上而言，是徽州读书科举和商业经营走向最后成功的社会基础。

我们没有理由不为徽州人的开拓进取精神所感动。在想到徽州以县治空间轮廓、山行或县域空间形态而得名的歙县狗、休宁蛇、祁门猴、绩溪牛、黟县蛤蟆和婺源龙等形象比喻的同时，我们还想到了象征徽州人吃苦

---

① （民国）许承尧撰，李明回、彭超、张爱琴校点：《歙事闲谭》卷十一《科举故事一》，第 355 页。

耐劳、任重致远的"徽骆驼"。没有这种"徽骆驼"的进取精神和顽强意志，徽州人便会失去一往直前的动力和源泉；没有"徽骆驼"精神，徽州文化也许会变得一片苍白。正是这种不屈不挠、顽强进取的"徽骆驼"精神，才使徽商"能于人迹罕到之区，找出新的途径；艰难困苦之地，开辟新的领域"[1]，最终成就了富甲一方的徽商的成功与辉煌。

在青山秀水之间和粉砖黛瓦马头墙的徽派建筑背后，我们似乎发现了徽商成功的密码与徽州文化的丰富内涵和厚重底蕴。重教兴文、儒风淳茂的人文环境，为徽州文化的全面发展与繁荣昌盛打下了良好的基础。

这里，我们还是借用胡适为台北绩溪旅台同乡会成立时所作的那句远播遐迩的题词，来说明徽州的人文精神，这就是"努力做徽骆驼"。

（三）聚族而居的社区环境

历史上特别是宋元明清时期，徽州的宗族组织高度发达，其形态具有同一时期中国宗族形态的典型特征，是宋元明清乃至民国时期中国传统宗族制度及其运行实态的活的标本。

1.徽州宗族的基本结构

中国的宗族制度源远流长。宗族是由男系血缘关系的各个家庭，在宗法观念的规范下组成的社会组织。

尽管徽州宗族的起源很早，但其强宗大族主要经历了三次中原世家大族的南迁，至宋元时期才逐步定型，至明清时期才得到繁荣发展。徽州宗族的基本结构有以下几种形式：

第一是一般宗族，其基本结构形式是宗族—家庭；第二是大宗族，其结构形式是宗族—门（支）派—房派—家庭；第三是联宗宗族，它由始居地宗族—迁徙地宗族—门派—房（支）派—家庭等多重结构组成。不同的宗族结构，体现在宗族祠堂上也有不同的类型，其中既有统宗祠，也有一般宗祠、支祠和家祠或家庙。在号称祠堂之乡的黟县南屏，至今仍保存有

---

[1]《徽州人之进取精神及其对学术之贡献》，鲍幼文：《凤山集》，学林出版社1987年版，第82页。

全族共有的宗祠、某姓支派所有的支祠和一家或数家所有的家祠等三种类型的祠堂近10座。在绩溪县，一般小姓宗族只有香火堂而无宗祠。

徽州宗族的族内结构，呈现一种金字塔状。宗族的族长高居于金字塔顶端，拥有对全族事务的处置权与决定权。族长，在徽州各地分别有"户长""家长""族正""宗正"等称谓。族长之下为各房房长，房长一般代表本房，被推选参加协助族长处理重大事务。

江峰青纂修的《济阳江氏统宗谱》，对族长的选拔标准明确提出总体要求和具体规定，那就是："凡为族长者，年必高，行必尊，尤须公而不私，正而不偏，廉而不贪，明而不昧，宽而不隘，耐而不烦，刚而不屈。七者兼备，乃能胜任。若名实相远，怀私徇情，唯唯诺诺，而不能服人者，众共退之，别立齿德俱尊者为族长。"①

作为辈分较尊、处事公正而被族众等推选出来的一族负责人，族长是族权的代表，拥有对本宗族经济财产、成员之间纠纷和打架斗殴等事务的处置权与裁判权。族长还负责协助宗子或亲自主持宗族内的祖先祭祀，制定族规家法，劝化教导族众奉规守法，代表宗族处理本宗族对外交往与交涉事务，维护本宗族成员的共同利益。

在徽州，一般宗族都建有祠堂，作为祭祖与商议宗族事务的活动场所。正如民国《歙县志》所云：族必有祠，"祠各有规约，族众公守之。推辈行尊而年齿高者为族长，执行其规约。族长之能称职与否，则视乎其人矣。祠之富者，皆有祭田，岁征其租，以供祠用，有余则以济族中之孤寡。"②担任族长之职的既有缙绅、平民，也有商人和农民，但基本以缙绅地主为主，毕竟宗族祭田等经济基础主要是靠富户的捐助而建立起来的。

通常，在一些人数较多的宗族，族长之下，还设有协助其开展宗族活动、管理宗族事务的副族长即族副二至三名。族副由宗族公举产生，清乾隆歙县东门许氏宗族即明确制定了"公举族副"的族规，其族副的选举标准和主要职责也有具体要求：

① 民国《济阳江氏统宗谱》卷一《江氏家训·族长》，1919年木活字本。
② 民国《歙县志》卷一《舆地志·风土》。

> 吾族繁衍，有族长以统之，公举族中之贤者以辅之，谓其才足以
> 断事，德足以服众。凡遇族中有不平之事，悉为之处分排解，不致
> 经官。①

族长和族副之下是各门门长或各房的房长和家长，他们出席由族长召集的讨论与商议族中重大事务的会议，拥有对某人、某事的发言权。他们和族长一道，共同组成了以族长为核心，族副、门长、房长、家长共同参与决策的权力集团。族长尽管掌握一族的行政、财政、祭祀甚至司法大权，但在行使权力时，同样受到严格的制约。对此，徽州一些宗族还特别设立了监督人员，负责对族长进行监督。黟县环山余氏宗族就在《家规》中明确规定推选监事，以宗族成员进行监督和制衡。其选拔标准如下：

> 家规议立家长一人，以昭穆名分有德者为之；家佐三人，以齿德
> 众所推者为之；监视三人，以刚明公正者为之。每年掌事十人，二十
> 以上、五十以下子弟轮流为之。凡行家规事宜，家长主之，家佐辅
> 之，监视裁决之，掌事奉行之。其余家众，毋得各执己见。拗众纷更
> 者，倍罚。②

一旦族长不守家规，徇情枉法，不能公正处理宗族事务，将会遭到弹劾、处罚，甚至被更换或罢免。

族众即本宗族有血缘关系的宗族成员，他们是宗族中的主体，是宗族中的大多数。有共同血缘关系的族众们，拥有参加宗族祭祀等活动的权利和遵守族规的义务，享受宗族的赈济、教育与保护。每逢春节团拜祭祖，在祖宗的名义下，一族老少欢聚一堂，一团和气，其乐融融。

然而，隐藏在血缘关系背后的是极为森严的等级制度，尊卑、长幼、

---

① 乾隆《重修古歙东门许氏宗谱》卷八《许氏家规》，清乾隆十年刻本。
② 民国《古黟环山余氏宗谱》卷一《余氏家规》，1917年刊本。

夫妇、兄弟等关系，严格维持在族规家法许可的范围之内。一旦违犯了族规家法，轻则受到罚款或体罚，重则被开除族籍，生不许进祠堂，死不许葬祖坟山。由此可见，表面上宗族的一切活动虽然都围绕着血缘关系的亲疏进行，但实际上，这种温情脉脉的血缘关系，掩盖了宗族内部壁垒森严的等级制度。

2.徽州宗族的基本特征

作为宋元以来特别是明清时期徽州社会中的准基层组织，宗族对徽州社会及其人群还有着极其广泛的影响，几乎渗透到各个领域、各个层面，在长期的宗族活动中逐渐形成一系列区别于其他地区的基本特征。

概括而言，徽州宗族的主要特征有以下几个方面：

第一，千丁之族，未常散处。聚族而居不仅是宋元以来特别是明清时期徽州村落的基本特点，而且是徽州宗族的主要特征。宋元以至明清时期，徽州名门望族大都居于一村或相邻数村，过着一种聚族而居的生活。即使村内偶有外姓，也或为亲戚，或为佃仆。同全国其他地区迥然相异的是，徽州的村落之名与居住于此的宗族族姓几乎是同义语，比如棠樾鲍氏、呈坎罗氏、雄村曹氏、月潭朱氏、商山吴氏、善和程氏、渚口倪氏、文堂陈氏、庆源詹氏、潜口汪氏、西递胡氏等，村庄之名与大族姓氏紧密相连，难以分割。一首竹枝词说得好，叫"相逢哪用通姓名，但问高居何处村"[①]。其实，这就是徽州聚族而居特征最形象的反映。因此，程庭说："徽俗：士夫巨室多处于乡，每一村落，聚族而居，不杂他姓。"[②]正是"吾邑万山中，风俗最近古；村墟霭相望，往往聚族处"[③]。

第二，千载谱系，丝毫不紊。在聚族而居的徽州社会，徽州人十分看重血缘关系。为了维护宗族血缘的纯洁性，体现敬宗尊祖、报本追远的目的，徽州人特别重视家谱的编修。在徽州人的灵魂深处，家之有谱就像国

---

① （民国）许承尧撰，李明回、彭超、张爱琴校点：《歙事闲谭》卷七《新安竹枝词》，第208页。

② （清）程且硕：《春帆纪程》，《小方壶斋舆地丛钞》，杭州古籍书店1985年影印本。

③ 嘉庆《棠樾鲍氏宣忠堂支谱》卷二十二《文翰·同老会诗》，清嘉庆十年木活字本。

之有史、郡之有志一样，家谱成为与国史郡志并列的又一重要的历史记录。"谱者，家之大典，姓氏之统于是乎出，宗祖之绩于是乎章，子姓之绪于是乎传，宗法于是乎立，礼义于是乎兴。"[①]素有重宗谊、讲世好传统的徽州人认为，一家或一族，如果没有家谱，那将是不可想象的。他们始终尊奉朱熹"三世不修谱，罪莫大焉"的训诫，将修谱视为敬祖收宗、振兴礼义之大事，世世修谱、代代相传，"新安居万山中，风淳俗古，城郭、村落率多聚族而居，故于族谊最笃，而世家巨阀尤兢兢以修谱为重务"[②]。且不说徽州许多家谱大都标榜源远流长，就是从现存的家谱而言，徽州宗族也可称为大户，宋元时代的家谱虽所存不多，但国内图书馆、博物馆仍有收藏，明代徽州的家谱更是占据了中国国家图书馆善本谱牒中的绝大多数。

徽州家谱的编纂，大体仿造宋欧阳修、苏洵所创修的两种体例综合而成。就类型与形式而言，徽州家谱既有地域性的望族家谱，如元陈栎纂修的《新安大族志》、明程尚宽等纂修的《新安名族志》和曹叔明纂修的《休宁名族志》等，也有跨地区的某姓家谱，如清乾隆《考川胡氏统宗谱》《歙淳方氏柳山真应庙会宗统谱》和明万历《汪氏统宗谱》等。不过，明清徽州家谱中数量最多的还是某地一宗一姓的家谱或支谱。就家谱的名称而言，徽州也可谓是名目繁多、丰富多彩，既有称宗谱、家谱、房谱、支谱者，也有家记、家典、世典等名目。作为大家谱范畴之内的谱牒，徽州还有所谓的祠谱、祠志、墓谱等名色。

明清徽州谱牒在纂修、保存和使用等环节上也有很多共同的特点。就纂修而言，每个宗族的家谱都有年限的约定，短则十数年，长则三五十年，便要进行修谱。每届修谱之时，宗族都会专门成立谱局等编纂班子，负责筹集钱财、搜集资料、组织撰写和印制发放。家谱修毕后，还要编定字号，颁发给各户人家，妥为珍藏，不得损坏、丢失，更不能轻示于人或贪利出卖。违者，将会受到重至开除族籍的严厉惩罚。乾隆《歙淳方氏柳

[①] 万历《程典》卷首《序·程典自序》，明万历二十七年刻本。

[②] 嘉庆《桂溪项氏族谱》卷首《序·汪太傅公序》，清嘉庆十六年木活字本。

山真应庙会宗统谱》就规定："不肖子孙，或奉守弗谨而失之，或贪牟货利而鬻之。如此者，众声其罪，追出原谱，仍逐出祠。"[1]

总之，徽州家谱之纂修，是徽州宗族文化中极为重要的内容之一，它在一定程度上反映了徽州普遍存在的祖先崇拜之风，"十载谱系，丝毫不紊""百世之远，谱牒昭然"[2]，这是徽州宗族文化严格血缘、尊卑和长幼的最直接反映。

第三，千年之冢，不动一抔。徽州人拥有着强烈的祖先崇拜意识，特别重视人的生死。尤其于先人之死，礼节极为隆重，仅选择坟墓一项，花费即十分惊人。坟墓在徽州被视为祖先遗体所藏之处，对先人墓地的选择和祭祀十分隆重。如清初休宁人赵吉士不惜广延全郡堪舆家二十余人，为安葬父母选择一块风水宝地。

徽州人死后，在寻觅到理想的墓地之前，并不急于立即下葬，而是将尸棺殡厝于郊外，或置于道旁，"富者为屋以殡，贫者仅覆茅茨，至暴露不忍见者，由俗溺阴阳、择地择日拘忌，以故至屡世不能覆土举葬"[3]。这一陋俗虽历代徽州地方官严申禁革，直至清末徽州宪政调查时，浮棺暴露于野的现象依然如故。当耗费巨资选择好风水坟地之后，徽州人才开始举行隆重的营墓下葬仪式，总算让死者入土为安，从精神上了却了一桩心愿。

徽州人重视先人坟墓，不仅体现在墓址的精心选择上，而且表现在年年岁岁的维护和祭祀上。徽州大族的坟墓大都有专门的佃仆或下户看守管护，家族的墓祭则一年四季都有举行。所谓"远近祖墓，献岁有谒，清明有祭，霜降送寒衣。自唐宋以来，树者、封者可无失其故物，过墓思哀，人其省诸"[4]。在一些大族的族规家法中，保持祖先坟墓及其周围环境不受侵犯，是宗族"根本"和"命脉"的头等大事。每年规定的节日，都要

---

① 乾隆《歙淳方氏柳山真应庙会宗统谱》卷一《凡例》，清乾隆十八年刻本。

② 康熙《周氏重修族谱正宗》卷首《序·康熙五十五年郭晋熙序》，清康熙五十五年刻本。

③ 嘉靖《徽州府志》卷二《风俗志》。

④ 乾隆《绩溪县志》卷一《方舆志·风俗》，清乾隆二十一年刻本。

前往坟墓祭扫。"鼓吹喧阗拥不开，牲牷列架走舆台。问渠底事忙如许，唐宋坟头挂纸来。"[1]由于得到长年的维护和四时祭扫，徽州各大宗族的祖墓虽历千年而昭然俱在，人称"千年之家，不动一抔"。

第四，族规家法，系统规范。族规家法是徽州宗族履行族权的一个集中体现，宋元以来特别是明清时期，徽州宗族对社会的影响可以说涉及方方面面，几乎是无处不在、无时不有。在长期的历史实践中，徽州各大宗族逐渐制定和完善了一整套系统规范的族规家法，用以教育子女，净化风气，治理宗族，对徽州宗族成员具有极强的影响力和约束力。

综合各类族规家法的内容与形式，徽州宗族的族规家法大体包括以下几方面内容：

第一，维护封建等级名分制度。这是徽州族规家法的主要内容，也是宗族统治者制定族规家法的首要目的所在。明清时期的徽州社会是一个封建等级社会，官僚与商人、地主与农民、主人与奴仆、长辈与晚辈、男子与女子、族长与族众之间，政治经济地位悬殊，尊卑贵贱等级森严。为使这种等级名分制度长久地维持下去，明清以来，徽州的强宗大族在朱熹理学思想的指导下，致力于制定和完善族规家法，希图通过这种成文法的形式，将宗族内部进而将整个社会纳入一个等级森严、尊卑有序、男女有别、秩序井然的等级社会之中。至于以什么方式来维护宗族内部的等级名分制度，从徽州各大家族的族规家法的内容来看，大体上都是以封建的三纲五常、三从四德为基本准绳。一旦违反这些规条，轻则教训斥责，重则答杖，最严重者则可能被削除族籍，鸣官处置。

第二，维护国法，调整宗族内部的财产关系。作为国法的一种补充，徽州宗族的族规家法一般都对国法条款加以细化，使之成为约束和惩治宗族成员的基本依据。因此，徽州宗族在处理宗族内部的财产时，首先要求宗族成员必须"遵国法"，及时足额完纳封建国家的"皇粮国税"。光绪绩溪南关许余氏宗族，就在《家训》中设有"早完粮"条款，云："百姓无

① （民国）许承尧撰，李明回、彭超、张爱琴校点：《歙事闲谭》卷七《新安竹枝词》，第206页。

君臣之分，只有钱粮是奉君王的，一日完粮，一日太平，一日百姓受福。惟乱世不完粮，苦不忍言。如今太平不完粮，等粮差上门，所费更多，到官受责，甚至破产倾家。每年钱谷，务先完粮，而后做别事，好不安耽。假如少有天灾，未经奉免，亦宜完纳。凡有声名者，切不可抗粮取祸，一时好高，后悔迟了。"①

在宗族内部成员的财产关系上，徽州宗族大多也是以族规加以制约和调整。作为主要生产和生活资料的田宅山场，徽州宗族在遵守国法及传统习惯的基础上，确立了田宅买卖严格遵守宗族亲邻优先购买和析产"诸子均分"的原则。宋元明清时期，徽州宗族严格限制宗族内财产的外流，买卖田宅山场，首先要求先尽宗族成员和亲邻等，然后才能向族外人等出卖。康熙黟县《横冈胡氏支谱》卷下《壮卿公老家规》明确规定："祠内祭田及各处山场庄业，俱系祖宗创遗，务期永远遵守。若私行鬻卖，则破坏体面，滋生衅端，开罪祖宗多矣。违者，立令赎回，仍削其谱名，永不许入祠……近宅冢基地田产，有出卖者，无得变卖他姓，须尽本家商量，从公估值。卖者不得故意高价，买者亦不得借禁嵌谋。违者，责令赎回，仍听族众议妥。"②在宗族贫困成员不得已而鬻产时，宗族族规会从保护弱者的角度，对买卖价格进行调节。雍正《茗洲吴氏家典》即在《家规八十条》中重申："贫困将产业典鬻，此是万不得已。凡受产之家须估时值，如数清缴，不许货物抬算，并不许旧逋准折。此祖宗数百年遗训，违者，天必诛之。"③至于宗族共有的族田、祠产、祀田和山场等财产，徽州的族规家法严禁族外买卖，一旦发觉盗卖，严格以族规家法惩治。

第三，维护社会秩序，强化教育与伦理教化。明清时期徽州宗族族规家法的一个主要目的就是惩戒梗顽，维护社会秩序和基层社会稳定。为达到这一目的，徽州族规家法特别重视子弟教育和教化。在许多宗族的族规

---

① 光绪《绩溪县南关惇叙堂许氏宗谱》卷八《家训》。

② 康熙《横冈胡氏支谱》卷下《壮卿公老家规》，清康熙四十三年抄本。

③ （清）吴翟辑撰，刘梦芙点校：《茗洲吴氏家典》卷一《家规八十条》，黄山书社2006年版，第18页。

家法中，鼓励子弟读书、厉行宗族教化都是首要条款。如清乾隆休宁县古林黄氏宗族在《祠规》就专门立有"敦孝悌""崇信义""明礼让""垂廉耻""尊祖训""礼高年""慈卑幼""恤孤寡""隆师傅""慎交游""戒赌博""息争竞""厚风俗""给祭胙""饬保甲""严禁蓄"等规条①，以期以教化的手段，将宗族纳入一个秩序井然、各安本分的稳定社会。为使这些条款能得到有效遵守，一些宗族规定了宣讲族规的条款。雍正《茗洲吴氏家典》规定："族讲定于四仲月，择日行之。先释菜，后开讲，族之长幼，俱宜赴祠肃听，不得喧哗。其塾讲有实心正学，则于朔望日，二三同志，虚心商兑体验，庶有实得。"②绩溪《华阳邵氏宗谱》则将该族《祠规》视为"整齐一族之法"，要求"每季定期由斯文、族长督率子弟赴祠，择读书少年善讲解者一人，将《祠规》宣讲一遍，并讲解《训俗遗规》一二条。"③

正是依靠强有力的教化手段，明清时期徽州宗族的族规家法得以执行和实施，宗族内部等级秩序和基层社会稳定也由此得到维系。当然，教化并不是唯一手段，族规家法是一把双刃剑。教化只是防患于未然，若怙恶不悛、不听教化，族规家法严厉惩戒的一面即立即呈现。《茗洲吴氏家典》首先立足于对族内赌博、无赖之徒进行教化，教化不成，则视情节轻重层层加以惩处："子孙赌博、无赖及一应违于礼法之事，其家长训诲之；诲之不悛，则痛箠之；又不悛，则陈于官而放绝之。仍告于祠堂，于祭祀除其胙，于宗谱削其名。"④

第四，会祭有常，祠堂森严。如果说坟墓是祖先体魄所藏之地，那么祠堂便是祖先的神灵凭依之所。一年之中，不时开展对祖先的祭祀，是中国传统儒家尊祖敬宗、追本报远的重要规范之一。对此，徽州的一些宗族在族规中明确要求族内成员尊敬祖宗，指出："人既要孝父母，从父母的

① 崇祯《古林黄氏族谱》卷一《谱宗祠·祠规》，明崇祯十六年刻本。
② （清）吴翟辑撰，刘梦芙点校：《茗洲吴氏家典》卷一《家规八十条》，第25页。
③ 宣统《华阳邵氏宗谱》卷十七《家规》，清宣统二年木活字本。
④ （清）吴翟辑撰，刘梦芙点校：《茗洲吴氏家典》卷一《家规八十条》，第19页。

父母代代推上去，便是祖宗。一要修整坟墓以安祖宗之体魄，二要修整祠堂以安祖宗之神灵，三要及时修谱以明祖宗之来历。新择葬地，止要无水、无蚁、无石，藏风聚气，不可惑术士之言，停丧不葬。你想古人不言地理，一样有富贵，有贫贱；今人皆言地理，一样有富贵，有贫贱。可见，阴地不如心地。至于时节祭祀，供仪须熟而有热气，生冷之物，鬼神不得而享。盖鬼神享其气也，纸钱不过表意，使祖宗知此意而已，并非要此作用，不必多也。"[1]祠祭成为与墓祭并行不悖的两种祭祖形式。在徽州，凡是宗族聚居之地，大都建有祠堂，所谓"家构祠宇，岁时俎豆其间"[2]。在一些宗族聚居的大村落，甚至形成宗祠、支祠林立的局面，"奉先有千年之墓，会祭有万丁之祠，宗祐有百世之谱"[3]。祠堂成为徽州宗族和宗族文化的象征，这是徽州之外其他地区很少具有的文化现象。

第五，族产众多，类型广泛。徽州宗族之所以能够长期存在并经常开展各种活动，主要在于其拥有丰厚的宗族财产。这些财产概括起来说主要有两大类，即动产和不动产。不动产包括祠堂、庙宇、学校（私塾、书屋等）、房屋、田地（义田、祭田、学田等）、山场、墓地和塘堨等，动产则主要包括祠堂祭器、部分生产工具和银两钱钞等。

徽州宗族的族产最初来源于众存产业。明代中叶以后祭祀礼仪制度变化，宗族祠堂大量创建之时，徽州的众存产业也随之转化为宗族的族产。这些众存产业和族产共同构成了徽州宗族开展祭祀、救济、资助以及其他宗族活动的主要经济来源。徽州族产中的不动产族田，最初是仿照北宋范仲淹设置的义田以及朱熹《家礼》提出的祭田模式创置的。后来又通过族中徽商的捐助、族众神主入祠入座、族人添丁嫁女娶妇、族人中第任官庆贺等各种机会收取银两，以增加族产和祠产。如明嘉靖年间，歙县东门许禾在经商致富后，慷慨解囊，先后捐资设置义田、义舍、义塾、义冢，又储备资产，用以资助族中贫不能婚者完婚和贫不能葬者安葬。休宁盐商朱

---

① 光绪《绩溪县南关惇叙堂许氏宗谱》卷八《家训》。

② 嘉靖《徽州府志》卷二《风俗志》。

③ 乾隆《绩溪县志》卷首《序》。

钟元，曾经倾囊捐重资，建造宗族祠宇，置买义田、祀产。对扶孤恤寡等义举，朱钟元不遗余力，毫不吝啬。神主入祠入座、族众添丁、嫁女娶妇等大事，徽州宗族都有要求其家人为宗祠捐款的规定。歙县大阜吕氏宗族对族内成员生子、娶媳、嫁女，都要求缴纳喜钱。宗族内进神主和配享神位，许多宗族甚至明码标价，以筹集和积累族产。如道光绩溪县仁里程氏宗族敬爱堂即对进神主和捐配享之家规定了明确捐款数额，并根据捐款数量的多少来排定其享受的待遇。至于捐助膏火田、建祠银等，以维持族内子孙读书学习和宗祠活动者，宋元特别是明清以来，在徽州宗族中更是比比皆是，非常普遍。不唯如此，徽州宗族还将族内公产之动产如银两钱财等作为资本，通过典当和放债的方式，以实现资产的生息和增值，不断扩大宗族的经济基础。

正是商人、仕宦、富室甚至贫苦族众的捐产捐资，以及资产的出租、典当、借贷等生息银两源源不断的输入，使得徽州宗族的族产不断扩大，宗族的经济基础不断稳固，族内弱势成员能够稳定地从宗族的公共族产中获得救济与赈济，"族中节妇、孤儿与出嫁守志，以及贫乏无依者，生有月粮，寒有冬衣，死有棺衾，葬有义冢，嫁有赠，娶有助，莫不一均沾其惠"[1]，从而使宗族控制得到强化。

四、徽州文化的内涵与特质

(一)徽州文化及其特征

徽州文化主要是指历史上由徽州人创造并根植于徽州本土，经由徽州商帮和徽州士人向外传播和辐射，进而影响其他地域文化进程的一种区域历史文化。徽州文化由物质文化和非物质文化两部分组成。

与其他地域文化相比，徽州文化特色鲜明突出，各种文化遗存保存相

---

[1] 乾隆《重修古歙东门许氏宗谱》卷首《许氏总阃族公撰观察公邃园公事实》。

对完好，物质文化遗存和非物质文化遗存相互依存，共为一体，表现出地域文化的完整性和丰富性等特征，具有地域文化的"活化石"与中华传统文化"标本"的重要价值。

徽州是文献之邦、文物之海，"商成帮、学成派"已成为徽州文化的显著特征。据不完全统计，徽州现存各种文献9000多种，其中包括元代家谱在内的各类宗族的家谱达2000种之多。还有自南宋至民国年间保存下来的完整的土地买卖、租佃、赋税、徽商、教育科举、法律等各种原始契约文书逾100万件（册）。在地面文物遗存方面，徽州现拥有世界文化与自然遗产一项——黄山，世界文化遗产一项——皖南古村落黟县西递和宏村，以及古村落、古民居、古祠堂和古牌坊等文物古迹10000余处。徽商曾经在16—19世纪驰骋全国乃至东亚和东南亚地区，独执中国商界之牛耳300余年，并在各地大量建立会馆和公所，创造了"沿江区域向有'无徽不成镇'"①的财富神话。新安理学、新安医学、新安画派、徽州篆刻、乾嘉学派之皖派学术等，都是对当时中国影响巨大的学术流派。而全面辉煌的徽州科技与工艺、徽派建筑和特色鲜明的徽菜菜系，则是徽州文化大观园中一枝枝耀眼的奇葩。

徽州文化中最具特色的是儒商和宗族特质。

徽商崛起于明代中叶，鼎盛于明清两代。明代中叶以来，随着徽州社会经济的发展和社会持续稳定局面的形成，人多地少的矛盾极为突出。为谋求生存，摆脱人多地少的矛盾，徽州人被迫离乡背井，成批地外出经商。一首徽州民谣这样唱道："前世不修，生在徽州，十三四岁，往外一丢。"这些徽商们贾而好儒，在商业领域辛勤开拓，"因地有无以通贸易，视时丰歉以计屈伸"②。凭借这种不畏劳苦、顽强进取和诚实经营的良好作风，徽商获得了巨大成功，成为拥资百万、千万，富甲一方的地域性商帮，活跃于明清商业舞台。徽商这种不屈不挠的拼搏精神、任重致远和勤奋开拓的"徽骆驼"品格，为徽州文化注入了无限的生机与活力，极大地

---

① 民国《歙县志》卷一《舆地志·风土》。

② 万历《休宁县志》卷一《舆地志·风俗》，明万历三十五年刻本。

丰富了徽州文化的内容。徽商"贾而好儒",对桑梓故里文化建设极为投入。他们慷慨解囊,不惜捐输巨资进行教育和文化基础设施建设,支持学术事业,极大地促进了徽州文化的繁荣和发展。就此而言,徽商是徽州文化的酵母和催化剂。徽商所创造的商业文化,本身就是徽州文化的一个重要组成部分。

自东汉末年开始,历经唐末五代和两宋之交,主要由北方中原地区世家大族三次大规模的举家南迁和徽州山环水绕、相对封闭的独特地理环境,为宗族的繁衍生息与发展创造了有利的条件。正所谓"徽州聚族居,最重宗法"①。徽州聚族而居的文化特征,不仅造就了徽州同姓血缘家族的凝聚力,而且由血缘而地缘,形成了浓郁的乡土观念。扶贫济困、兴文重教、勤俭持家、团结互助,已成为徽州宗族文化和乡土文化的重要特征和鲜明性格。这种特色鲜明、性格显著的宗族文化氛围,为儒家伦理思想的弘扬和勤俭持家风气的维系,输入了源源不断的精神动力,使徽州文化的发展充满了勃勃的生机与活力。

由朱熹所开创的新安理学是南宋以后徽州文化发展的指导思想和精神支柱。朱熹祖籍徽州府婺源县,不仅他的《四书集注》成为明清两代科举考试的主要蓝本,而且他的学术思想在徽州被广泛继承、维护和传播。程瞳《新安学系录》卷首序言云:"新安为程子之所从出,朱子之阙里也。故邦之人于程子则私淑之,有得其传者;于朱子则友之事之,上下议论,讲劘问答,莫不充然各有得焉。嗣时以还,硕儒迭兴,更相授受,推明羽翼,以寿其传。由宋而元,以至我朝(指明朝——引者注),贤贤相承,绳绳相继,而未尝泯也。"②不唯如此,徽州人从生到死所举行的人生仪礼,大都无一例外地遵循朱子《家礼》,休宁茗洲吴氏宗族在其《茗洲吴氏家典》中,就曾明确要求全体宗族成员:

---

① 嘉庆《黟县志》卷三《地理志·风俗》,清嘉庆十七年刻本。

② (明)程瞳辑撰,王国良、张健点校:《新安学系录》卷首《程瞳·新安学系录序》,黄山书社2006年版,第1页。

我新安为朱子桑梓之邦，则宜读朱子之书，服朱子之教，秉朱子之礼，以邹鲁之风自待，而以邹鲁之风传之子若孙也。[1]

实际上，在徽州，如民国《鹤山李氏宗谱》卷末《家典》所说："民多读朱子之书，服朱子之教。其所著《家礼》一书，凡冠昏（同婚——引者注）丧祭诸大典，炳如日星，允宜遵而行之久矣。"[2]为证实理学乃徽州特产，甚至有好事者不惜烦琐考证，得出程颐、程灏祖籍亦为徽州歙县的结论，所谓"朱子之学，本之二程；子朱子之生，则本之新安。粤稽程子先世，且自新安徙焉"[3]。"氏族吾乡重本源，程朱故里在篁墩。"徽州亦因此赢得了"程朱阙里"的赞誉。徽州文化特别是其主流文化，始终是在新安理学的指导下发展的，充满着新安学的思想和内涵。正如赵吉士在《寄园寄所寄》一书中所云："新安自紫阳峰峻，先儒名贤比肩接踵，迄今风尚醇朴，虽僻村陋室，肩圣贤而躬实践者，指盖不胜屈也。"[4]新安理学在明代中叶以后遇到了陆九渊和王阳明心学的强烈挑战，尽管一批新安理学的传承者誓死捍卫朱熹的正统思想，但终究无法挽回衰落的颓势。于是，自程敏正开始，"和会朱陆"思想逐渐成为一种主流。延至清代中叶以后，新安理学基本上走向了沉寂，代之而起的是江永、戴震等为首的考据学派。新安理学和徽州的学术思想，在激荡的社会变迁中完成了艰难的转型。

徽州文化中艺术文化绚丽多姿，其中尤以新安画派独树一帜。明末清初以渐江为代表的"新安四家"，以明朝遗民的崇高人品和气节，师法山水，师法自然，倡导枯淡幽冷的画风，作品笔墨超逸，腕力清劲，开创了一代清新的画风，形成了独具风格的"新安画派"。新安画派作为中国山

---

[1] （清）吴翟辑撰，刘梦芙点校：《茗洲吴氏家典》卷首《序·李应乾序》，第3页。

[2] 民国《鹤山李氏宗谱》卷末《家典》，1917年木活字本。

[3] （明）赵滂辑：《程朱阙里志》卷三《考新安程朱二夫子源流记》，清雍正三年紫阳书院刻本，《四库全书存目丛书》总第305册，《史部》第85册，齐鲁书社1996年版，第252页。

[4] （清）赵吉士辑撰，周晓光、刘道胜点校：《寄园寄所寄》卷十一《泛叶寄·新安理学》，黄山书社2008年版，第857页。

水画史上一支重要的流派,承先启后,代代相传,成员众多,自成一家者达数十人。其先驱者有明代的丁云鹏、郑重、詹景凤、李永昌、李流芳和程嘉燧等,他们或道释仙佛,山水花鸟,靡不精妙,兼工诗词;或品行文章,见重于世,文翰之余,雅擅水墨。而渐江之后,鼎盛时期的画家,则有方式玉、王尊素、吴山涛、程邃、汪家珍、戴本孝、吴龙、程正揆、郑旼、汪之瑞、孙逸、查士标、汪洪度和雪庄等人,他们各有专长,屡有变革,但"山林野逸,轩爽之致,未可磨灭,犹胜各派之萎靡,独为清尚之风"[①]。以汪鞠友、黄宾虹为代表的新安画派之后,更在近代中国山水画史上留下了浓墨重彩的一笔,其中尤以黄宾虹的贡献为巨。他继承了新安画派师法自然的画风,提倡师法造化和浑厚华滋。他"以浑厚华滋的笔墨精神、纯全内美的美学品格和民族审美心理的理想高度,超群于20世纪中国山水画画坛,并影响了一代山水画家。将中国山水画继古开今,从传统型推向现代形态,这正是展现了一代大师的精神风采"[②]。黄宾虹堪称传承新安画派的一代宗师。

(二)辉煌的科技成就

徽州物华天宝,人杰地灵,不仅在教育科举、文化艺术、学术思想等领域取得了辉煌的成就,而且在科学技术领域也卓越非凡,创造了令人骄傲的成就。

在数学领域,以徽州为代表的皖南数学曾经在明清时期主导了中国数学的发展潮流与方向。

随着徽商的崛起和鼎盛,实用的商业数学得到了长足的发展。明代著名数学家、珠算算法之集大成者程大位(1533—1606年),休宁屯溪人,本是一个出色的商人,但在经商活动中萌发了对数学的浓厚兴趣。他畅游吴楚,遍访名家,演其文义,审其成法,于万历二十年(1592年),完成

---

① 卢辅圣、曹锦炎主编:《黄宾虹文集·书画编(下)》,上海书画出版社1999年版,第20—21页。

② 崔轲荣:《新安画派与黄宾虹》,《艺术界》1996年第1期。

了《直指算法统宗》的编纂工作。这是一部集珠算算法之大成的珠算学实践著作，对珠算的普及做出了卓越的贡献，在中国数学史上占据着举足轻重的地位。正如英国著名学者李约瑟所指出的那样："在明代数学家当中，最引人注目的是程大位，他的《算法统宗》出现在1593年。这部书在历史上是有重要意义的，因为它虽然问世已晚，但却第一次给出中国算盘的图说，并说明了它的应用。"①清代中叶，来自歙县的数学家汪莱（1768—1813年），再次创造了当时数学史上的奇迹。他所撰著的《衡斋算学》，在方程理论研究领域做出了开拓性的工作。有研究者李兆华在《汪莱方程论研究》一文中指出："在中国数学史上，汪莱第一次将方程作为抽象的数学对象进行研究，在方程的分类、正根判别式、根与系数关系、三次方程解法及近似根求法等方面的成果富有独创性和理论价值。汪莱的工作是中国传统数学的方程论由算法研究到理论研究的转折点。"②与此同时，汪莱在球面三角学、三角学和P进位制及组合数学研究领域，也都取得了令人惊叹的成就。而寄居浙江仁和县与江苏甘泉县的两位歙县籍数学家项名达（1789—1850年）和罗士琳（1789—1853年），则在三角函数研究和对元代著名数学家朱世杰《四元玉鉴》的注疏中，分别取得了重大突破，成为当时中国数学界耀眼的"双子星座"。

在天文学和物理学研究领域，徽州籍学者同样取得了突出的成就。身陷囹圄的钦天监监正、歙县人杨光先（1597—1669年），在与西方传教士的斗争中，尽管所持"宁可使中夏无好历法，不可使中夏有西洋人"③的观点过于偏激，但他提出注重培养本民族天文学家的明确主张，依然在中国天文学史上享有一定的地位。此后，乾嘉学派中的皖派代表人物江永（1681—1762年）、戴震（1724—1777年）、程瑶田（1725—1814年）和俞正燮（1775—1840年）等，在天文学考证与研究中，也都作出了自身独特

① [英]李约瑟著，《中国科学技术史》翻译小组译：《中国科学技术史》第三卷《数学》，科学出版社1978年版，第113页。

② 李兆华：《汪莱方程论研究》，《自然科学史研究》1992年第3期。

③ （清）杨光先：《不得已》卷下《日食天象验》，《续修四库全书》总第1033册，《子部》第103册，上海古籍出版社2002年版，第488页。

的贡献。来自婺源县的齐彦槐（1771—1841年），则在天文仪器制造的理论与实践中获得了前所未有的创新性成果，他所研制的斜晷、中星仪和天球仪等天文仪器，是在广泛地融合了中西天文学成果的基础上完成的，代表了他所处的那个时代天文仪器制造的最高水平。歙县人郑复光（1780—1853年）研制出了我国历史上最早的一台测天望远镜，在光学和望远镜、双反射八分仪等天文仪器的研究领域作出了特殊贡献。他所撰写的《镜镜詅痴》不仅对望远镜的原理进行了深入的研究，而且堪称当时中西光学知识的集大成之作。

在医学领域，以新安医学为代表的徽州医学大放异彩。新安医学产生于宋代，鼎盛于明清两代，在长达近千年的历史发展长河中，徽州先后涌现出了800多位著名医家。他们以儒医自许，视医术为仁术，医德高尚，医术精湛，代代相继，传承有序，全面发展，形成了"天下名医出新安"[1]的现象。在800多位著名医家中，有400余位医家撰写了800余部著作，这些著作涉及医经、伤寒、综合临床、内外妇儿各科、医案、诊法、针灸、本草、方论、养生等各大门类，医学理论与编撰风格各具特色，大放异彩，在中国医学史上具有举足轻重的地位，为中国医学史谱写了灿烂的华章。

（三）巧夺天工的工艺制作

在博大精深、全面发展的徽州文化大观园中，各种出神入化、巧夺天工的工艺制作争奇斗艳，精彩纷呈。

复杂高超的中国传统木结构营造技艺，已被联合国教科文组织列入世界非物质义化遗产项目名录，徽州传统木结构营造技艺系中国传统木结构营造技艺项目的子项目。山水相映的徽州聚落选址，"粉墙矗矗，鸳瓦鳞鳞"[2]的粉壁黛瓦马头墙，自明代弘治年间徽州知府何歆倡导后，很快便得到普及，成为徽派民居建筑的标志性特征。徽派建筑中石雕、砖雕和木

---

① 胡迟：《张一帖内科：新安医学的家族链》，载《江淮文史》2015年第5期。

② （清）程且硕：《春帆纪程》。

雕技艺，各种优美的图案和精细的刀工技巧，令人眼花缭乱，也早已被列入中国非物质文化遗产名录。

徽州能工巧匠不仅在徽派建筑中充分发挥其娴熟的技艺，而且在篆刻技艺、文房四宝制作技艺中也大显身手。早在南宋时期，澄心堂纸、汪伯立笔、李廷珪墨和旧坑石之砚就已被誉为"新安四宝"①而作为皇室的贡品，成为书画家争相追逐的精美工艺品。这些制作工艺精湛的"新安四宝"成为中国文房四宝的前身。

徽州的髹漆技艺起源于唐宋，宋代徽州制作的漆器被称为"宋嵌"，菠萝漆工艺品南宋时期曾被作为贡品进贡给皇室使用。明清时期，徽州髹漆技艺发展到巅峰水平，徽州漆器中的雕漆、漆画、金漆、螺钿、百宝镶嵌等琳琅满目，美不胜收。明代隆庆年间，著名漆工、歙县人黄成撰写的《髹饰录》，全面总结了中国古代的漆器制作经验，对髹漆的历史、原料、制作工具、工艺技法以及漆工禁忌、过失等，进行了系统记录，成为我国目前唯一尚存的古代髹漆学著作。

罗盘是广泛运用于天文、地理、军事、航海领域，以及居屋、墓葬堪舆风水选择的重要仪器，是在中国古代四大发明之一指南针的基础上发展形成的传统实用民俗工艺品。万安罗盘是我国现存唯一以传统技艺手工制作的罗盘，因其诞生地和生产地为徽州府休宁县万安镇而得名。

万安罗盘制作技艺是徽州历史上又一在全国具有重要意义的传统手工技艺。自宋代以来，徽州就有浓厚的堪舆风水信仰和崇拜，聚落的选址、房屋和坟墓的选址与营造，无不广延地师即风水先生进行精心的挑选。休宁县万安罗盘正是适应这一需要而在集成中国传统罗盘制作技艺的基础上产生的。万安罗盘以其精巧的设计、精心的选材、优良的制作技艺和丰富的品种而著称于世，被使用者奉为正宗标准产品，享有"徽罗""徽盘"之称誉。

实际上，早在明万历年间，歙县人王氏就创制了旱罗盘，其被广泛地

---

① (清)赵吉士辑撰，周晓光、刘道胜点校：《寄园寄所寄》卷十一《泛叶寄·故老杂记》，第904页。

应用于堪舆风水选择与勘测。明末清初，在水路交通枢纽的休宁县万安镇，先后出现了方秀水、汪仰溪、吴鲁衡、胡茹易等多家名店，其中尤以雍正年间吴鲁衡制作的罗盘最为精致。万安罗盘的制作流程是：先精选特等木料虎骨树作为罗盘用木，再将其锯成罗盘毛坯，将毛坯车圆磨光并挖好装磁针的圆孔，然后在其上画格，书写盘面，并为罗盘上油，最后是安放磁针。安放磁针是万安罗盘制作过程中最为关键的技艺，一般由经验丰富的店主在密室内完成。按照盘式，万安罗盘可分为三合盘、三元盘和综合盘三种类型。万安罗盘曾在1915年巴拿马万国博览会上获得金奖，其制作技艺对中国古代科技史、经济史、社会史以及徽州历史文化研究具有重要的学术价值。

徽菜是中国传统的八大菜系之一，起源于唐宋时期，繁盛于明清两代，清末和民国时期更是全面进入上海、杭州、苏州、南京和武汉等繁华的大都市，成为中华饮食文化宝库中一颗耀眼的明珠。徽菜以徽州山区盛产的地道的山珍野味为主料和配料，经过精心的炒、溜、烧、炖、焖、炸、蒸、煮等烹调方式，而成为一种色香味俱美的地方名菜。传统徽菜以重油、重色、重火功的"三重"闻名于世。重油，指的是讲究多放油和注重食油品种的搭配，掌握用油的时间和方法。重色，则指重视菜品的颜色，历史上徽菜的颜色偏深，如今，经过革新与改造，徽菜的"三重"也逐渐形成了新的特色，重色也指重视色调的搭配和造型。重火功，则指重视火苗的大小调节，根据不同菜品的烹调要求，调节用火的大小和强弱。徽菜至今仍以色香味美、地域特色显著而受到人们的广泛欢迎。传统的臭鳜鱼、毛豆腐、问政山笋、红烧石鸡、清蒸糟鱼、干咸菜焖猪肉、香菇盒等徽菜佳肴的烹制技艺，依然在新的形势下不断得到继承与创新。

（四）徽州文化的精神

徽州文化就本质而言，还是传统的儒家文化，或者说是儒家文化在徽州山区的厚重积淀和现实实践。两宋以降，特别是南宋以后至明清时期，随着中原地区向徽州三次大规模移民高潮的完成、程朱理学的产生，徽州成为全国名副其实的儒风独茂地区。整个社会的道德伦理、士人追求和民风民俗，都以儒家的道德理想为最高追求，做官要做良相，经商要做儒商，为医要为儒医，敬惜字纸成为全社会的风气。整个社会风俗礼教以朱子的《家礼》为圭臬，修身、齐家、治国、平天下，强调个人的修省，强化家国一体，把尊祖敬宗即对祖先尊长的"孝"，和精忠报国即对朝廷和国家的"忠"，有机地结合起来。一批学者潜心探索，认真钻研，在实践中创造了被称为"新安理学"的地域学术流派，徽州也因此赢得了"东南邹鲁"的盛誉。徽州文化的精神，其实就是中国儒家传统的修齐治平观。而徽商的"徽骆驼"精神——任重致远、开拓创新，则成为徽州文化精神的又一重要内容，这也是徽州文化的时代精神。

1.儒家的传统精神

一是仁心为质，宽厚待人。同中华儒学传统一样，徽州文化特别强调个人的修身养性和楷模示范作用。即以徽商为例，很多科举考试失意者往往被迫弃儒从贾，造就了徽商不为良相即为良贾的品质。在商业经营中，徽商大都拥有宽广仁慈的胸怀，仁心为质，乐善好施，想他人之所想，急他人之所急。他们富甲一方，声名远播，讲求仁义，在力所能及的范围竭尽全力帮助他人。

清代歙县盐商吴嵩堂就是这样一个典范，他一生"仁心为质，视人之急如己，力所可为，即默任其劳"。他在临终前给自己的子孙留下了十二字的遗言，这就是"存好心，行好事，说好话，亲好人"①。徽州人做人、处事和经商，始终恪守传统儒家的"五常"精神，以忠诚立质，长厚摄心，以礼接人，以义应事，礼貌待客，以诚实待人，虽三尺童子不以为欺。

二是贾道儒行，以义为利。徽州文化的儒学精神，还要求社会中的每个人都要恪守儒道，讲求仁义，以人为本，并从自身做起，逐渐形成一种

---

① (民国)吴吉祜辑，吴晓春点校：《丰南志》卷六《艺文志·皇清附贡生诰授资政大夫候选道加四级恩加顶带一级又恩加一级议叙加六级显考嵩堂府君行述》，黄山书社2017年版，第263页。

良好的社会风气。即使是经商为贾，也要贾而好儒，遵循儒道。在变幻莫测的市场中，徽商能够处处以身作则，讲求儒道，义利兼顾，以义为利，诚信经营，赢得了顾客和市场，获得了成功。有关徽商讲求儒道、崇尚信义的案例很多，其中既有行商，也有坐贾；既有经营盐典茶木四大行业者，也有经营棉布百货等其他行业者；既有少年初入商道者，也有搏击商海的老手。清代婺源商人洪辑五虽然身在商海，但为人"轻货财，重然诺，义所当为，毅然为之"[1]。在经商地遇到灾荒，毅然捐资捐粮予以赈济者，更是比比皆是。明末上海发生大灾荒，在该地经商的歙县粮商吴惟禄慨然将所运千余石小麦悉数散发给灾民，救活百姓无数。贾而好儒、义字当头的精神，为徽商赢得了良好的声誉，也为徽商的可持续发展打下了坚实的基础。徽州人捐款捐资，以一己之力，支持架桥、修路、助学、助教和济贫的义行非常多。徽州家族要求家人要做好四务，即"曰矜幼弱，曰恤孤寡，曰周窘急，曰解忿竞"[2]，这都属于义的范畴。

三是诚实为本，信誉至上。徽州文化的价值观中，诚信是最突出的一个特点。诚实守信既是为人处世之本，也是读书经商之本，更是徽商获得利润之源。徽州家谱中的族规家法特别强调做人、治家、交友一定要必诚必信，"至诚无伪，至公无私"[3]。"交朋友要交好人，不可交坏人。待朋友要言而有信，不可口是心非。朋友有善事，当劝他做去；有坏事，当阻挡他不要做，以信义相结，终身不变，叫做朋友有信。"[4]对商人而言，诚信尤其重要，涉及商品的进货、销售、售后服务，以及商品的价格、质量、信誉，是一系列商务活动中的综合素质和修养。徽商依靠吃苦耐劳、积极进取、善观时变法则，艰苦地开拓市场，依靠诚信无欺、以义为利、信誉至上的经营理念打开局面，赢得丰厚利润。

徽商群体中当然不乏为富不仁、狡猾欺诈之徒，但绝大多数还是诚信

① 嘉庆《敦煌洪氏统宗谱》卷五十九《辑五先生传》，转引自张海鹏、王廷元主编：《明清徽商资料选编》，第279页。

② 万历《休宁宣仁王氏族谱》卷六《谱祠·宗规》，明万历三十八年家刻本。

③ 雍正《潭渡孝里黄氏族谱》卷四《家训》，清雍正九年校补刻本。

④ 光绪《绩溪县南关惇叙堂许氏宗谱》卷八《家训》。

经营，依靠劳动致富的。在商业活动中，徽商恪守商业规则，讲求商业信誉，注重商业承诺，不搞价格欺诈。

胡雪岩及其胡庆余堂就是诚实守信的典型代表。在胡庆余堂的大堂内，胡雪岩专门悬挂了一块"戒欺"匾，将正面朝里，所有员工都能看到，内容是："凡百贸易均着不得欺字，药业关系性命，尤为万不可欺。余存心济世，誓不以劣品弋取厚利，惟愿诸君心余之心，采办务真，修制务精，不至欺余，以欺世人，是则造福冥冥，谓诸君之善为余谋亦可，谓诸君之善自为谋也亦可。"[1]对外一面则是给顾客看的，叫"真不二价"。这就是徽商诚实守信的表现。

四是团结和谐，万众一心。徽州文化强调人与自然、人与社会以及人与人之间和谐相处，注重家庭、邻里之间团结互助，主张"孝亲而敬长，和宗而睦邻"；认为"好兄弟即吾好朋友""好邻居就是好伙伴"；强调"勿以善小而不为，勿以恶小而为之"；努力做到"德业相劝，过失相规，患难相救，守望相助"。

五是忠孝两全，家国一体。作为中华儒家文化的范本，徽州文化强调对尊长的"孝顺"和对朝廷国家的"效忠"，做官要做忠臣廉吏，不为五斗米折腰。明代抗击倭寇的统帅——浙江总督绩溪人胡宗宪，一生忠心耿耿，为抗击倭寇侵略，调兵遣将，血洒海疆，最后被奸臣陷害，投入监狱，写下"宝剑埋冤狱，忠魂绕白云"[2]的绝笔而后服药自尽。明末休宁人金声矢志抗击清军，最后于丛山关被俘，不屈而被杀。

孝则是儒家伦理思想的核心。在世界文化遗产地黟县西递，敬爱堂正厅的迎面墙壁上高悬一块3米见方的大牌匾，上有朱熹书写的"孝"字，笔力遒劲，功底深厚，时时警醒着胡氏族人要恪守孝道。

在歙县县城斗山街，一座清代汪氏民宅宽敞明亮，正房前门共有24扇，每一扇门上都饰有镂空门雕，端庄典雅，每一门雕中镶嵌了一幅古瓷彩画，共有24幅，恰好表现了二十四孝的故事。二十四孝可以说是徽州人

---

① 该"戒欺"匾现悬挂于浙江省杭州市胡庆余堂店铺中。

② (明)胡煜撰，(民国)胡嗣运续撰：《忠敬堂汇录》卷六《显亲录》，民国刊本。

的祖训和家风。现在，这座民宅被辟为街道幼儿园，生活在21世纪的花朵们，沐浴在这样一处孝风融融的氛围和环境中，其实正是传统儒家伦理的一种传承与弘扬。它与今天的价值观是统一的，是儒家思想不断得到传承的活的标本。

2. "徽骆驼"的开拓创新精神

徽州文化除了拥有传统儒家精神外，还具有"徽骆驼"任重致远、开拓创新的时代精神。无论是为人处世、读书做官还是经商行贾，徽州人都非常强调忍辱负重、开拓进取。徽州黟县等地的古民居楹联，深刻映射了徽州人忍辱负重的文化心理："世事让三分天宽地阔，心田存一点子种孙耕。""能受天磨真铁汉，不遭人忌是庸才。""能吃苦方为志士，肯吃亏不是痴人。"但是忍辱负重本身并不是目的，而是实现目的的手段。所谓"忍得苦中苦，方为人上人"就是这个道理。徽州文化强调忍辱负重，是为了更好地开拓进取，以便获得最后的成功。有关徽州商人不畏艰险、开拓市场、捕捉商机的记载，比比皆是。不管是大都市，还是偏僻的乡村，甚至"诡而海岛，呆而沙漠，足迹几半宇内"[1]。只要有人迹出没的地方，都有徽商辛勤开拓的身影，真正形成了徽商遍天下、无徽不成镇之势。光绪《祁门倪氏族谱》有一段文字最能体现徽州商人不畏挫折、勇于进取的开拓精神，那就是："徽之俗，一贾不利，再贾；再贾不利，三贾；三贾不利，犹未厌焉。"[2]

徽州文化是中华传统文化的重要组成部分，她生存和发展的空间以及这一空间中存在的物质和非物质文化遗产，作为徽州奉献给全人类的珍贵文化遗产，已经得到了联合国教科文组织和中华人民共和国中央人民政府的高度重视和保护。1990年，徽州的黄山被列入世界自然与文化遗产名录。2000年，皖南古村落——黟县西递和宏村被列入世界文化遗产名录。2019年12月，徽州文化生态保护区经文化和旅游部批准设立，成为我国第一批国家级文化生态保护区，也是我国第一个跨省区的文化生态保护区。

---

[1] 万历《休宁县志》卷一《舆地志·风俗》。

[2] 光绪《祁门倪氏族谱》卷下《诰封淑人胡太淑人行状》，清光绪二年刻本。

五、徽州文书、徽州文化与徽学

自1946年方豪教授在南京首次发现并收购部分徽州义书以来，徽州文书已经历了三次大规模的发现和流传，第三次发现至今还在持续进行之中。由于徽州文书承载着非常丰富的历史文化信息，而且具有来源上的民间性，时间上的连续性，内容上的真实性、具体性和典型性，因此，徽州文书的发现和流传，被认为是20世纪继甲骨文、汉晋简帛、敦煌文书、明清大内档案之后中国历史文化的第五大发现[①]。它的发现，引起了学术界的高度关注和重视。如今，以徽州文书为基本资料研究徽州整体历史文化，进而探索中华帝国晚期社会经济与历史文化的徽学业已成为令人瞩目的新兴研究领域，并呈现出日益活跃的发展趋势。

事实上，徽州文书的发现，不仅促进了徽学的产生与发展，而且推动了明清史研究取得新进展。徽州文书复杂的类型和丰富的内容，为明清史研究带来了新的机遇，对它们展开系和深入的研究，必将在某种程度上改变我们对明清历史的认识。

(一)徽州文书的第一次发现和流传

徽州文书的第一次发现和流传是一次极其偶然的事件。

抗日战争胜利后，一部分流落到杭州、上海和南京等地的徽州人，开始把家中收藏的一些契约文书拿到市场上出售，以换取微薄的收入，接济窘困的生活。这是迄今所知，徽州文书向外流传的最早记录。不过，因时值战后百废待兴之际，这次流出的徽州文书并没有引起有关部门的重视。目前，徽学界依然把徽州文书的最早外传时间视为20世纪50年代之后，这显然是不准确的。事实上，早在1946年春天，时任复旦大学新闻系教授的方豪先生，在赴南京任《中央日报》主笔时，就率先于南京地摊上发现

---

① 参见周绍泉:《从甲骨文说到雍正朱批》,《新华文摘》1999年第8期。

并收购了部分徽州文书。这是目前所见徽州文书最早被外界发现的情形。这批文书后来被方豪发表在1971—1973年台湾复刊的《食货月刊》上，12篇文章全部以"战乱中所得资料简略整理报告"为主要副标题。方豪在《明万历年间之各种价格——战乱中所得资料简略整理报告之一》一文《前言》中，对自己所收这批文书的由来、文书发生地和品相等作了简单说明。他说："民国三十五年暮春，寓居南京，难民充斥，地摊上百物杂陈。有人以大批原始文献求售，本拟全部收买，但财力不足，乃选购若干……全部资料，似均出于皖南；时间则多属明代，而余收购部分中，亦有清代初叶、中叶而末叶者。一切档案，保存情形非常良好。仅少数有残损；惟字迹则有许多为三四百年前商人习惯写法，或亦有地方俗体字。"[①]可见，徽州文书流传于当时南京地摊市场，其数量应当是不少的。

方豪苦于当时财力不济，未能大量收集，在今天看来，这的确是一件非常遗憾之事。至于当时地摊上那些未能被方豪收购的徽州文书，后来下落如何，恐怕永远是一个难解之谜了。这一时期流传出来的包括徽州家谱在内的徽州文书，不仅被一些收藏家和研究者所收藏，而且上海图书馆等国立图书馆和研究机构也开始在上海、杭州等地有目的地进行徽州文书的收购与收藏工作。

（二）徽州文书的第二次发现和流传

徽州文书的第二次发现和流传，是在中华人民共和国成立后的20世纪50—60年代。

1949年4月底至5月初，原属徽州的黟县、祁门、歙县、绩溪、休宁和婺源六县先后解放，建立了人民政权。第二年，轰轰烈烈的土地改革运动便在这里拉开了序幕。从地主家中抄出的失去了现实效用并被当作封建糟粕的大量珍本古籍和可能成为变天账之嫌的文书，被拥有者大量变卖或焚烧。据《徽州地区简志》记载，仅1953年一年，被屯溪和歙县两地的私

---

① 台湾《食货月刊》复刊1971年第1卷第3期。

营土特产信托公司收作纸浆的古籍和文书即达1.5万余公斤。而1956年9月，屯溪市文化馆从屯溪爆竹合作社的废纸堆中，一次就抢救出比较珍贵的古籍400多公斤^①。至于当时人们以为不值钱的大量文书，更多的则是被焚烧了。

徽州各种珍稀文献和文书资料的大量被焚，引起了有关部门的重视。1956年10月，在时任文化部副部长郑振铎的亲自过问下，屯溪新华书店专门开设了古籍书店，负责收购徽州文书和古旧书籍。徽州文书主要是由屯溪的古籍书店收购，直接或经北京中国书店、上海古籍书店卖到全国各地去。据当年古籍书店负责人余庭光介绍："契约主要是从祁门收购的。祁门有个废品仓库，用麻袋装契约，有的竟用竹篓子装。1957年我去祁门收购了好几万份，装了许多麻袋运回来。我们收购的契约总数有10多万件。"^②屯溪市古籍书店把收集到的文书编制目录和价格，分别寄到全国各地的书店、图书馆、博物馆等单位发卖，其中尤以北京中国书店和上海古籍书店为主。通过这一渠道，徽州的契约文书先后流传到了全国各地，中国第一历史档案馆、中国历史博物馆、中国国家图书馆、北京大学图书馆、北京师范大学历史系、中国社会科学院中国历史研究院和经济研究所图书馆、南京大学历史学院图书馆、安徽省博物馆、安徽省档案馆、安徽省图书馆、黄山市博物馆，以及黄山市属各县和绩溪、婺源等县博物馆、档案馆、图书馆，都是徽州文书的收藏大户。1957年1月7日，余庭光以《徽州发现了宋元时代的契约》为题，将发现徽州文书的消息发表在中央媒体《人民日报》上，这是首次向世人披露徽州发现文书的消息。1958年，余庭光又在《文物参考资料》第4期上发表了《歙县发现明代鱼鳞图册》和《徽州地区收集到万余件珍贵资料》两文，将徽州文书的收集情况向外界作了报道。此后，有关徽州文书被发现的报道不断出现。1959年，王咨臣在《文物》第11期上发表了《江西文管会在婺源收集了许多图书资料》一文，对婺源包括文书在内的原始资料的发现作了报道。1961年，

---

① 何警吾主编：《徽州地区简志》，黄山书社1989年版，第320页。

② 周绍泉：《徽州文书与徽学》，《历史研究》2000年第1期。

《文物》第 7 期又刊发了《安徽省博物馆征购到两张明万历年卖身契》一文。

1962 年 2 月，鉴于徽州文书的完整性和重要性被破坏，时任中国科学院经济研究所副所长的著名经济史学家严中平先生忧心忡忡。他经过认真的思考后，专门致信中央档案馆，建议统一派人了解和扩大收购徽州文书的范围，指出："经济研究所在工作中认识到这批文件常常残缺不够完整，需要利用同一地区的多种原件互相补充，但原件现已分散，整理便很困难。我们认为，这批档案文书是国家难得的财产，应保持其完整性，成为皖南这一地区社会经济史资料的一个专藏。所以建议你馆派人了解情况，扩大收集范围，将所得资料全部接收保管。"①中央档案馆收到严中平先生的信函后，国家档案局立即进行了转发。4 月，安徽省档案局在收到国家档案局的文件后，联合安徽省文化局共同制发了《关于收集历史文物、档案资料意见的报告》，指出："根据国家档案局转发中国科学院经济研究所严中平副所长关于收集皖南地区历史文件、档案的建议和省委宣传部、办公厅的指示，我们于四月二十二日进行了专门研究。一致认为这项工作很重要……为了把这项工作做好，我们意见除书面通知各地、市、县文化、档案机构协助收集外，计划由省文化局、档案局各抽一至二人，省历史研究所、文史馆各抽一人，和由省博物馆、省新华书店常驻徽州、安庆地区的古书画文物调查研究、收购小组参加此项工作。"②此后，安徽省博物馆、安徽省档案馆和安徽省科学院历史研究所等单位，相继从徽州购买收集了一大批珍贵的徽州文书和文献。这样，从土地改革到"文革"前，徽州文书的大规模发现和收藏基本完成了，这些珍贵的文书为学术界对徽州社会经济史和中华帝国后期社会经济史的研究，打下了良好的学术基础。

这是徽州文书的第二次发现和流传，也是规模较大、价值最高的一次发现和流传。这次流传出来被各大收藏单位收藏进库的徽州文书有 10 余万

---

① 1962 年 2 月 6 日严中平致中央档案馆的信，原件藏安徽省档案馆。

② 1962 年 4 月《安徽省档案管理局、安徽省文化局关于收集历史文物、档案资料意见的报告》，原件藏安徽省档案馆。

件（册）。目前已知的11件南宋时期徽州文书全部是这一时期发现和流传出来的。

(二)徽州文书的第三次发现和流传

徽州文书的第三次发现和流传是在20世纪70年代末中国改革开放之后，并一直持续到现在。经历了十年"文革"的破坏，徽州文书再次遭受浩劫，被大量焚毁。改革开放后，秘藏于徽州山区民间的部分文书开始引起了海内外学术界的重视，从事文物收购的商贩也认识到这批原始资料的价值，大量进行收购转卖。海内外收藏和研究机构以及研究者个人，也加入了收购的行列。

迄今为止，经过短短的40余年时间，又有约70万件（册）徽州文书流传出来。据目前所知，安徽省图书馆、安徽大学、中国人民大学、中山大学、上海交通大学、黄山市档案馆、黄山学院、祁门县博物馆等单位所收藏的近70万件（册）徽州文书，大都是近些年来集中收购的。一些50年代的收藏大户，在这一时期也收购了不下于5万件（册）徽州文书。另外，据保守的调查估计，目前集中在北京、上海、合肥和黄山等地的私人收藏者，在这一时期也收藏有徽州文书约20万件（册）。现在，徽州文书还在不断地向外流传，乐观地估计，在徽州民间尚未流传出来的徽州文书还有不下10万件（册）。

上面所见记录的收藏单位，加上美国、日本等国家和中国台湾等地区的收藏单位，以及不为人知的个人收藏者，所收藏的徽州文书总数当远在100万件（册）之上。

(四)徽学的产生

1.徽州文书与徽州文化

徽州文书作为徽州历史和文化的载体，记录了极为真实而丰富的徽州历史文化信息，是徽州历史文化研究最直接、最珍贵的第一手资料。

如果说二十四史是经过史家精心剪裁的记载帝王将相等统治阶级政治

史的资料的话，那么，徽州文书则是没有经过加工、主要记录来自民间、反映徽州区域民间历史与文化真实面貌的原始文书档案史料，它的真实性和连续性，为我们复原重构徽州地区整体历史文化，提供了最为直接的坚实史料支撑。

在现存逾百万件（册）徽州文书中，存量最多的是反映南宋至民国时期徽州土地买卖和租佃关系的文书，真实地记录了跨越朝代的徽州民间田宅、山场买卖和租佃的状况、习俗禁忌等历史信息，为我们了解和认识徽州地区历史时期的乡村经济提供了极大的帮助。而徽商留下的路凭、账单、账簿和分家阄书等文书，则为我们全面掌握徽商资本的来源、获取利润的途径、商业资本的出路，以及经营管理的策略与销售手段，提供了最为全面系统的原始资料。

户帖、鱼鳞图册、收推税票、三联串票以及赋役黄册，是历史时期徽州官府执行国家赋役制度，丈量土地、征收赋税及签派差役的原始凭据。这类文书，不仅为我们了解王朝制度和政策在徽州地区实施与执行的动态信息，而且对我们深入探讨和分析中国古代特别是明清时期赋役制度的实施过程与执行效果，提供了一般文献所难以记载的完整内容，是"活的制度史"研究的活的标本。

在现存逾百万件（册）徽州文书中，有关徽州宗族的文书也占据了较大的比重。这些宗族文书涉及宗族的祭祀、谱牒的纂修、宗族的管理、宗族的财产积累与经营、宗族的文化活动等一系列内容。这些数量可观、内容丰富、类型广泛的宗族文书，对我们进一步认识和分析徽州宗族的结构和功能、宗族文化活动，以及宗族与徽州社会的关系，无疑具有其他文献所无法比拟的价值。

徽州的科举与诉讼文书，在徽州文书中占有一席之地。这类文书大多来源于当事人参加科举考试和诉讼活动的真实经历，反映了徽州人参加科举考试的艰辛历程，以及诉讼活动的曲折经过，从一个侧面验证了徽州重教兴文和缠讼健讼传统的客观存在。

徽州的会社文书，是徽州迎神赛会等活动的真实记录，对我们认识明清徽州乡土社会的民众心理和民间文化，具有其他史料所无法替代的作用。其中的文会、诗社文书，则为我们认识明清徽州文会和诗社的组织、活动与功能，提供了最为可信的依据，印证了历史文献中"各村自为文会，以名教相砥砺"记载的真实性。

其他各种类型的徽州文书还有很多。这些文书为我们多角度、全方位复原和重建徽州地区整体的历史与文化，从而更加全面深入地认识徽州文化的博大精深，提供了最有价值的帮助。

徽州文书是徽州历史和文化的载体，徽州文化则是徽州文书得以产生和存在的土壤与空间。如果没有徽州文书，我们对徽州历史与文化的了解和认识，不可能像现在这样深刻、全面与系统。同样，没有丰厚积淀的徽州文化，便不会有遗存至今的逾百万件（册）徽州文书的产生和存在。

2.徽州文书与徽学

自南宋至民国时期，延续近千年的徽州文书，具有多方面的学术价值。

首先，徽州文书在阐释徽州整个明清时期乃至近代社会、经济、历史与文化等方面具有特殊的重要价值。日本学者鹤见尚弘指出，徽州文书的发现"对于中国的中世和近代史研究是一件值得纪念的重要成就，是一件划期性事件，其意义可与曾给中国古代史带来飞速发展的殷墟出土文物和发现敦煌文书新资料相媲美。它一定会给今后中国的中世和近代史研究带来一大转折"[①]。日本徽学研究专家臼井佐知子也在一篇题为《徽州文书与徽学研究》的论文中指出："徽州研究的大特征可以说还是其丰富的资料。它包括徽州文书在内的庞大资料的存在，使我们得以把以往要分别研究的各种课题相互联系，做综合性研究。这些课题包括土地所有关系、商工业、宗族和家族、地域社会、国家权力和地方行政系统、社会地位和阶级以及思想、文化，等等。这种研究也可以纠正局限于具体课题研究中易于产生的失误。而且，上述这些资料是延至民国时期的连续性的资料，给我们提供了考察前近代社会和近代社会连续不断的中国社会的特性及其变

① [日]鹤见尚弘著,曲翰章译:《中国社会科学院历史研究所收藏整理徽州千年契约文书》,《中国史研究动态》1995年第4期。

化的重要线索。"①美国学者约瑟夫·麦克德谟特称，包括徽州千年契约文书和家谱在内的徽州原始资料是"研究中华帝国后期社会与经济史的关键"。他认为，20世纪50—60年代，徽州地区自宋至民国千年契约文书的大量发现，"为了解中华帝国后期的社会与经济状况奠定了基础，从本质上揭示了明清时期该地区社会的土地制形式、地租剥削率、地租与产品变化、典当和经商风俗、资本原始积累、乡村管理以及宗法活动等一系列人所关注的问题。对这些问题，目前我们仅仅能考察或解决其中的很小一部分。此外，我们还可以依据这些资料，将一个个单个家庭、宗族、村庄或县城历史的来龙去脉等问题，置于六百或七百年的范围之内来考察。因此，可以毫不夸张地说，对中华帝国后期特别是明代社会经济史的远景描述，将在很大程度上依赖于徽州的原始资料"②。

其次，徽州文书的发现和研究，直接催生了一门新兴学科——徽学。徽州文书不仅类型多、数量大，而且连续性强，具有真实性、典型性、连续性、具体性等特点，其学术价值之高，是同一时代其他地域文书所无法相比的。它的发现被认为是20世纪继甲骨文、汉晋简帛、敦煌文书、明清大内档案之后中国历史文化的第五大发现。徽州文书构成了徽学研究最基础的资料支撑，是徽学得以成立的学术基础。正是徽州文书的发现和研究，才直接促成了徽学作为一门新型学科研究最终形成。国学大师王国维曾在《最近二三十年中中国新发见之学问》一文中说："古来新学问起，大都由于新发见（同'现'——引者注）。有孔子壁中书出，而后有汉以来古文家之学；有赵宋古器出，而后有宋以来古器物、古文字之学。"他紧接着论及了殷墟甲骨文、敦煌塞上及西域各地之简牍、敦煌千佛洞之六朝唐人所书卷轴、内阁大库之书籍档案和中国境内之古外族遗文等五项发

① ［日］森正夫等编，周绍泉、栾成显译：《明清时代史的基本问题》，商务印书馆2013年版，第473页。

② ［美］约瑟夫·麦克德谟特著，卞利译：《徽州原始资料——研究中华帝国后期社会与经济史的关键》，《徽学通讯》1990年第1期。

现，认为"此等发现物，合世界学者之全力研究之"①，当会产生新的学科。如今，敦煌学、简牍学和明清档案学早已创立了各自的学科研究体系，并为学术界所广泛认可和接受。而徽学作为一门新兴学科，也正处于方兴未艾的发展阶段。

徽学研究的学术价值就在于，它以徽州契约文书为中心，辅之以相关文献和文化遗存，从整体史的宏观视野，对徽州地区的历史文化进行研究，并进而重新检省和认识中国封建社会后期社会、经济、思想与文化等演进历程和发展规律。就此而言，徽学的学术价值已经远远超越了徽州地方史的范畴，而具有了普遍性的意义。正如傅衣凌在为《徽州社会经济史研究译文集》所写的《序言》中所言："我对于徽州研究的发端，应追溯到三十年代。那时对于中国奴隶制度史研究感兴趣，曾从事于这一方面史料的搜集。嗣又见到清雍正年间曾下谕放免徽州的伴当和世仆，唤起我的思索。特别是接触到明清时期的文集、笔记等，发现有关徽商的记载甚多。当时最引起注意的是谢肇淛的《五杂俎》内云：'富室之称雄者，江南则推新安，江北则推山右。'因而决心进行徽商资料的搜集和研究，曾于1947年写成《明代徽商考》一文，发表在《福建省研究院研究汇报》。解放前后，从徽商的研究中，又引起我对于明代其他地区商人的探讨，如山陕商人、洞庭商人、闽粤海商、江西商人，以及其他小地区的商人如龙游商人等。50年代末，徽州民间文约大量流入北京，为徽州研究的深入提供了第一手资料，使我扩大了研究范围，展开了明清时期徽州社会阶级结构、土地租佃关系诸方面的探索。这些研究，使我对于明清时代商品经济在中国经济史上的地位与作用，有了进一步的认识，亦给中国经济史的研究，开辟了一个新天地；并为我以后有关资本主义萌芽和山区经济等方面的研究，提供了可靠的资料。"②栾成显亦先后在《徽学的界定与构建》和

---

① （民国）王国维：《王国维遗书》第五册《静庵文集续编·最近二三十年中国新发现之学问》，上海古籍书店1983年版。

② 傅衣凌：《序言》，见刘淼编译：《徽州社会经济史研究译文集》，黄山书社1988年版，第1页。

《改革开放以来徽学研究的回顾与展望》二文中指出："徽学在阐释整个明清历史文化乃至中国传统文化方面亦有特殊的重要价值"①，"徽学的研究对象虽有一定的地域性限制，但徽学的内涵则是具有普遍性的。它所反映的历史文化性质往往要超出地方本身，具有更广泛的意义"②。

可见，徽学的理论价值正在于通过徽州区域史研究，来揭示中国封建社会后期社会经济和思想文化发展及演变的规律，同时也为我们进行跨区域的比较研究提供了极为典型的范本。

与其他相对较为成熟的学科相比，作为一门新兴而独立的学科和专门的学术研究领域，徽学产生和发展的历史还很短。因此，在致力于徽学基本概念、内涵、研究对象、学科性质和学科体系建构等诸多方面，还存在不少争议和分歧。如何科学地开展徽学研究，建构徽学的学科体系，这就要求我们合徽学同仁之力，力戒浮躁学风，严谨求实，在马克思主义唯物史观的指导下，认真进行扎实的探讨和研究，遵循徽学发展的基本规律，科学地构筑徽学研究的学科体系，明确和把握徽学研究的主体和主导方向，努力把徽学这门尚显幼稚的学科发展成为一个朝气蓬勃的成熟学科，使其真正成为一门适应国际学术发展潮流而成功走向世界的显学。

---

① 栾成显：《徽学的界定与构建》，《探索与争鸣》2004年第7期。

② 栾成显：《改革开放以来徽学研究的回顾与展望》，《史学月刊》2009年第6期。

第二章　徽州传统村落与民居

广义上的"聚落"是指人类聚居和生活的场所，一般可分为城市聚落和乡村聚落两种类型。狭义上的"聚落"则是专指古代的村落，《汉书·沟洫志》云："或久无害，稍筑室宅，遂成聚落。"[1]聚落是聚落地理学的研究对象，聚落的民居建筑是某一特定地域的居民，为适应当地自然环境和便于就地取材而创造出来的。它不仅具有显著的时代特征，还具有鲜明的地方和民族特色。

本书所研究的聚落主要是狭义上的聚落，即村落。

中国传统的农业社会的聚落以村落为基本单元，一个个星罗棋布的村落构成了中国传统乡村社会的基本聚落格局。这些村落往往因自然环境、经济发展、人文环境和社会习俗的不同，而呈现出迥然相异的特征，但就中国历史与现状的整体情况而言，这些传统村落在自然和人文上大多呈现出负阴抱阳与聚族而居的格局。

徽州地处山区，"新安介在名山大谷之中，四面环卫，众水旋绕"[2]。依山傍水、山环水绕的地理环境影响了徽州村落的规划理念和建筑形式，亦必然呈现出背山面水的布局和结构。徽州人素有崇尚堪舆风水的传统，在徽州人的观念中，一个村落的风水如何，直接决定了该村落的经济文化发达和宗族人丁兴旺与否。因此，在徽州传统村落的规划中，选址必须尊

①（汉）班固：《汉书》卷二十九《沟洫志》，中华书局1962年版，第1692页。
②万历《休宁宣仁王氏族谱》卷首《詹沂·休宁宣仁王氏族谱序》。

重当地的现有地形、地貌和地势条件，这是徽州村落规划选址的物质基础和前提条件。同时，在堪舆风水信仰笃行的徽州传统社会，村落的选址还非常注重精神理念。以所谓"卜居"的形式而选择村落的基址与布局，则是徽州人注重堪舆风水精神理念的一种集中体现。在徽州传统村落中，从整体选址到公共活动空间和私有民居布局，再到室内装饰和布置等，都呈现出自身鲜明的地域特征。对它们进行考察和研究，有助于我们更深入地理解和探讨历史上徽州人的生活、生产方式和精神生活，从而促进徽派建筑研究向更深层面拓展。

一、徽州传统聚落的自然特征

作为一个非常典型的山区，徽州传统聚落拥有山区聚落的理想特征，这就是依山傍水，负阴抱阳。同时，在无法实现上述理想特征的条件下，倡导尊重和适应聚落所在地的地形、地势和地貌特点，进行顺势而为的改造。

（一）依山傍水、负阴抱阳的理想特征

在徽州的传统聚落建设中，选址和规划是第一位，也是最重要的一个环节。正如明崇祯年间纂修的休宁《古林黄氏族谱》所云："基址者何？所以聚庐而托处，亦所以宅身而宅心者也。"[①]

从中原世家大族移居徽州历史发展的过程来看，徽州包括村落在内的城乡聚落，几乎无不通过"卜居"的方式确定。现存徽州各地各大宗族的家谱中，大量记载了该族始迁祖最初选择居住空间即"卜居"及宗族繁衍的内容和过程。"自古贤人之居，必相其阴阳向背，察其山川形势。"[②]卜居就是选择聚落的居住环境，如歙县西溪南吴氏始祖、唐朝宣议郎吴光公，在唐懿宗咸通元年（860年），为逃避浙东裘甫之乱，从休宁凤凰山徙

---

① 崇祯《古林黄氏族谱》卷一《谱基址·基址图引》。
② 乾隆《汪氏义门世谱》卷首《东岸家谱序》，清乾隆刻本。

居歙县，精通堪舆风水理论的吴光公先后从三处聚落基址中选择了一处较为理想的居址，世代居住并繁衍了下来。这三块居址各有优劣，用堪舆家的话来说，就是"一曰莘墟，地刚而隘，山峭而偏，居之者主贵而不利于始迁；一曰横渠，地广而衍，水抱，而居之者主富，而或未蓄于后胤；一曰丰溪（一作圭溪），之南，土宽而正，地沃而厚，水揖而回，后世其大昌也，遂家焉"①。位于丰溪之南即丰乐河南岸的西溪南吴氏始迁祖经过精心挑选，最后从莘墟、横渠和丰溪之南等三块基址中，最终选择了西溪南。这不能不说是徽州人选择聚落风水的一个典型代表。

当然，无论是从传统堪舆风水意义上看，还是从人与环境的关系上说，依山傍水、负阴抱阳都是徽州选择聚落聚址的一个最重要前提，前有玉带（即活水），后有来龙，这是堪舆家认为包括村落的聚落兴旺和人文发达的关键因素之一。黟县《屏山朱氏重修宗谱》为我们提供了徽州人对风水好坏与村落人文盛衰之间关系认识的最有价值的文字记录。屏山朱氏作为朱熹后代中的一支，本来是枝繁叶茂、兴盛一时的，"溯紫阳之裔，居屏山之阳，练水聚堂，琴山列案，云仍叶奕，丕振人文。因川岳之钟灵，成新安之巨族"，但明朝嘉靖年间一场山洪，改变了屏山村的风水大势，造成"山之拱者颠之，水之聚者泄之"。屏山朱氏宗族认为，村落风水的破坏，直接导致了该族人文的衰退，"村之人读书者无科名之显，为商者鲜囊橐之充。家业浇，人心涣。此无他，实由于祖冢之蔽悍，明堂之走泄，水口之低塌而致之也"②。为此，该宗族朱廷琏、朱廷瑞等于万历十六年（1588年）动员宗族成员，公呈订立合同，全力修缮风水，以使屏山朱氏宗族再现往日的辉煌。徽州人就是这样笃信风水理论，将其视为聚落和宗族兴衰的关键。

在明清至民国时期的徽州，人们普遍认为，水口和龙山是一个聚落及人丁繁荣发达与否的标志。水口是一个聚落活水进入和流出的起点与终点，俗称"上水口"和"下水口"。为保护涵养和聚落的水口，徽州人在

---

① （民国）吴吉祐辑，吴晓春点校：《丰南志》卷一《舆地志·沿革》，第1页。
② 民国《屏山朱氏重修宗谱》卷八《谱后·请给印簿公呈》，1920年木活字本。

水口周围专门植有树木庇荫，不少聚落甚至不惜在水口上建有大量楼、台、亭、阁和桥梁等建筑设施，如现存的今歙县雄村水口的文昌阁、徽州区唐模村水口的沙堤亭和绩溪石家村水口的魁星阁等，都是明清时期徽州水口亭、台、楼、榭和园林建筑的典型代表。而绩溪县庙子山村的上水口和下水口则分别建有亭阁，供奉和祭祀关羽神像与观音菩萨，"上水口亭祀关壮缪，下水口亭祀观音"[①]。与水口相比，龙山则是一座村落的主要依托，龙山又称"后龙山"，这是聚落的龙脉之所在，徽州人认为它的好坏，直接关系到所在城镇和乡村聚落人群的福祉与灾祸。龙山不仅构成了聚落环境的主体，往往绵延数里、数十里甚至数百里，而且其山脚又往往是该聚落的发源地。在明清时代的徽州，其他林木、矿产、土石等，是可以在许可的条件下砍伐的，但水口林、龙山林以及水口、龙山的土石和矿产，则绝对禁止砍伐和乱挖滥采。一旦砍伐或采掘了它，就等于斩断了这一聚落的龙脉，这是聚居于该聚落的宗族及民众根本无法接受和容忍的。乾隆年间，来自江西的窑工邹国仲，在黟县西北芙蓉嶂租山，采挖泥土，烧制砖瓦。后被全县士民呈词控告到黟县正堂，其理由就是邹国仲开挖泥土烧制砖瓦的芙蓉嶂是黟县全县的风水龙脉。该呈状指出：

> 邑城县治泮宫来龙发脉于西北三都、十二都交界地方，土名芙蓉嶂。山下由此起落，束气深田坑，穿田过峡，展嶂耸顶，铺下五通殿，数里平冈，历黄土岭、新亭、汪王亭、发龙堂、白沙岭等处，起伏曲折，以至东岳山顶左边落脉，城南入首，转折主簿墩而建县治，前起泮宫。自发脉至此一带，十有余里，皆属县龙，实阖邑官民、绅士命脉之所关也。因有江西窑匠邹国仲等于芙蓉嶂山下窝僻之处、县龙正身地方，觅租北向地业，将来龙山塝劈入，造窑烧砖，火灼龙脉。又在来龙山上塝下，租挖泥土，做造砖瓦，有大小数十墚。今春二月，生等为禁深田坑县龙，过峡护石，始见邹国仲开窑挖泥之处，大有伤

---

①　民国《绩溪庙子山王氏谱》卷八《宅里》，1935年铅印本。

害一邑县龙。

这是事关黟县县城风水龙脉可能被挖土烧窑破坏的控告案，其处理结果是知县准案，并判令邹国仲将窑拆去，地业交还汪姓。为避免再有人重蹈覆辙，乾隆四十六年（1781年），黟县知县顾学治专门颁布《保县龙脉示》并勒石严禁，云："呈内所载前项各土名地方，以及南向护山、北向至河，俱属有关县龙之处，永远不得自行出租与人开砌劈挖泥土，烧造砖瓦。附近居民亦不许凿挖有关县龙石土，并种山药、种苔、埋苔窖等项，损伤龙脉，一概禁止。"[①]此外，在棚民日益猖獗之际，嘉庆十年（1805年）和十六年（1811年），黟县知县苏必达和吴甸华还先后颁发了《禁水口烧煤示》《禁租山开垦示》和《禁开煤烧灰示》等告示[②]，借以保护该县的水口和龙脉。

不惟城镇聚落的龙山、水口与县民安危密切相关，而且乡村聚落的龙山、水口亦同村民祸福命运相倚。清代乾隆年间，婺源汪口俞氏宗族俞大璋等人在敦请婺源知县彭家桂颁给该村严禁盗砍龙山向山林木的《告示》中，就曾指出："乡聚族而居，前籍向山以为屏障，但拱对逼近，削石巉岩，若不栽培，多主凶祸。以故历来掌养树木，垂荫森森。自宋明迄今数百年间，服畴食旧，乐业安居，良于生乡大有裨益。""旦旦而伐，山必童赭；事关祸福，害切肌肤。生等协众佥议，酌立条规，重行封禁，永远毋得入山残害。即村内一切公事，均不许藉辞扳摘，以启砍伐之端。"[③]黟县屏山村朱氏宗族也专门敦请黟县知县颁示勒石，保护龙山风水，以"使来脉固而祖冢有安土之敦，荫木茂而水口无倾泻之虞"[④]。

"世家门第擅清华，多住山陬与水涯。到老不识城市路，近村随地有

---

① 嘉庆《黟县志》卷十一《政事志·塘堨》。

② 嘉庆《黟县志》卷十一《政事志·塘堨》。

③《清乾隆五十年十二月婺源严禁盗伐汪口向山林木告示碑》，原碑现嵌于婺源县江湾汪口村旧乡约所墙内。

④ 民国《屏山朱氏重修宗谱》卷八《谱后·龙山禁碑》。

烟霞。"①依山傍水、山环水绕是徽州传统聚落的主要特征，是徽州人寻求人与自然和谐相处的精神理念。歙县沙溪村"紫阳、问政诸峰秀耸，又有西流一曲环抱如弓"，所谓"背东北面西南，平洋爽垲，二水回环，居此，则子孙绳绳，未有纪极"②。绩溪登源龙川村所处的自然环境，是徽州村落山环水绕特征的一个集中代表。这里东有龙川之口，登源之水，"东耸银屏，此为龙峰秀丽，此东方文星之妙也；南方文星天马，贵人北西耸。施如水浪而不高，山居于水口，正如执笏之状"③。正是这样一个山环水绕之地，才为龙川胡氏始迁祖胡焱所选中，成为胡氏世代栖居繁衍之区。祁门营前的村落选址，"山锁紫溪迥不同，如狮如象两排空。千寻直上能降虎，万丈高撑独踞熊"④。营前的村落选址显然亦是依山傍水的上佳风水之地。

"林深村落多依水，地少人耕半是山。"⑤包括村落在内的明清时期的徽州聚落，正是建立在依山傍水、山环水绕自然环境下的自然聚落。不过，徽州各地不少聚落，溪流横穿而过，民居沿两岸呈整齐排列或扇状分布，从而形成所谓"水街"的村落景观，仍然是依山傍水的另外一种形式。这类村落较为典型者有歙县的唐模、婺源的理坑、黟县的屏山和绩溪的磡头等。

（二）尊重自然、顺势而为的改造观念

依山傍水、山环水绕固然是徽州聚落选址中较为理想的环境，但并不是所有明清徽州聚落都拥有和具备这样良好的地形和地势条件。有些聚落不依山，有些聚落则不傍水，在无山可依、无水可傍的自然环境中，明清

---

① （民国）许承尧撰，李明回、彭超、张爱琴校点：《歙事闲谭》卷七《新安竹枝词》，第208页。

② （清）凌应秋撰，邵宝振校注：《沙溪集略》卷一《源流》，安徽师范大学出版社2018年版，第4页。

③ 民国《龙川胡氏祖宗谱·序》，1924年抄本。

④ 同治《营前方氏宗谱》卷二《营前八景七言律诗》，清同治八年崇本祠刻本。

⑤ （清）江中侗、江正心纂：《新安景物约编》卷一《十五删》，清道光十年青云堂刻本。

时代的徽州人特别是聚族而居的徽州宗族群体，并不是消极地面对和适应，而是积极地采取顺势而为的办法与手段，在尊重自然的理念指导下，别出心裁地进行创造性改造和规划设计，使整个聚落看起来依然不减山水俱佳、山环水绕的优美环境。

仅以绩溪县宅坦村为例，北宋初年，胡忠从浙江移居至绩溪县上庄宅坦，宅坦村由此开基。但整个宅坦村的村域位于大会山南支——竹峰山下，境内仅海拔千米以上的山峰就有2座，山势十分陡峭。村庄地貌为含中山的丘陵区，村内无溪水可通可用，仅有一座被称为"龙井"的井水堪资利用。该井"方形，深可三尺，水从石出，味甘而洌。旁有石兔二，骈形而立，作回头状。土人聚族而居，虽甚旱食用不竭"[1]。所以，宅坦村历史上又被称为"龙井村"。实际上，一眼所谓的"龙井"是根本无法解决村庄越来越多的人口生活用水需求的，更谈不上生产用水了。于是，胡氏宗族挖掘内部潜力，通过对村庄的改造，在村中开挖慕前塘，作为一村族人浆洗和淘米洗菜的生活用水来源。这就将本来极度缺水的村庄改造成为水波荡漾、杨柳依依、风光秀美的村庄景观。

顺应聚落地形和地势，并在原有基础上按照风水理论进行改造，这是明清至民国时期徽州聚落顺势而为、尊重自然的经常性做法。明清祁门县北部程氏宗族聚居村——善和村的程复曾真实记录了该村风水因时、因地、因事而不断整治的过程，题名为《风水说》，原文如下：

> 风水之说，由来尚矣。自陶（渊明）、郭（璞）、曾（遣）、杨（救贫）以下，诸君子著书立言，已有证验。如吾善和，号多佳山水，其应验尤可信也。昔洪武、永乐间，吾乡诸公克酷信其说，故于溪南出值鹭茅田降一带高地，栽蒔株木，荫护一乡。又立券约，以图永久。虽后人见利忘义，不知所重，而其故实尚未泯没也。至宣德间，吾祖窦山翁于前山下开塘一所，蓄水养鱼，缭以垣墙，本图有益，而

---

① 乾隆《绩溪县志》卷一《方舆志·封域》。

术者乃谓似为图圄之状。吾祖闻之，立为改正，无待人言。又至正统间，汇贞公兄弟于案山滨溪凿路若干丈，林村中人家，凡见其处者，无不受祸。既有其验，人犹不省。彼石山碣头山垄，堪舆家号为禽星。至成化庚子，吾同居用衡兄凿平其山，造屋于上，应时先兄布政公得暴病而卒于官。又不几时，族叔宪副公感风症而殒于家。于是，一乡之人大骇之，以为风水之验有如是也，遂集众毁其屋而复其山。用衡兄乃不自咎，反奏告多人，经年不解。天灾屡见，数岁不宁，此尤见风水之验不诬也。吾兄用本公大惧风水之损，复鸠一乡贤达，重立议约，申明前言，俾各家爱护四围山水，培植竹木，以为庇荫。如犯约者，必并力讼于官而重罚之。凡居是乡者，当自思省务，守前人之规，悟已往之失，载瞻载顾，勿剪勿伐，保全风水，以为千百世之悠久之业，不可违约，以取祸败于后来也。[①]

可见，程复的《风水说》是在强调风水损害应验之恶果的背景下撰写，并动员全体村民爱护村落居住环境的。实际上，其所蕴涵的尊重村落的自然环境、顺势而为整治和保护村落生态环境和村民生活生态环境的意义，是非常明显的。

最能反映尊重自然、顺势而为的村落自然特征的，还有祁门县的沙堤村。该村位于祁门西部，距县城约80里，因"华峰拥其北，三台列其南，鹊峰立其东，龙山居其西，层峦叠嶂，抱泽环流，佳址也"[②]，而被叶氏始迁祖选中"卜居"。但并不是简单的卜居，而是在尊重现有自然环境的基础上，顺势对其略加改造，使其更符合人居生活与风水理念。叶氏先人"命侍童携杖提筑，寻路探幽，陟华峰之巅，履三台之顶，登鹊峰之际，步龙山之厓。不数日，尽得其胜。华峰之脉，发于历山，分于竹岭，趋百余里，垣于沙堤。峰之下有赵泉，味甘而水洌，可疗病疠，人以为胜。且密迩吾居，因亭其上，以备游宴之乐也。峰之右麓为宇山，旧有土神，祝

---

① 光绪《善和乡志》卷二《风水说》，传抄本。
② 万历《沙堤叶氏宗谱》卷一《筑沙堤记》，明万历七年刻本。

之必应，今建祠祀之，亦以神其灵也。循峰而北，则为百湖，其源数十里，亦能旋舟楫。湖之西为泽山，其巅插云端，眇视天际，如卓笏。然至其所，犹有石鼎丹灶，广容百十人。询居民，则唐隐士所居，其名则与之俱往也。湖之口建小桥，亦亭其上处，渔樵往来之憩息也"①。在尊重现有地形和地势的条件下，叶氏宗族通过对其进行人工改造与雕琢，使沙堤村成为一处风景秀丽、人与自然和谐相处的聚落。

正如婺源中云王氏宗族王子钜所指出的那样，村落的兴衰不仅在于选择的自然环境是否依山傍水、负阴抱阳，更在于居住于此的人群，地与人之间的关系是一种彼此依存和互动的辩证关系，正所谓"地无与于人乎？人不虚生，应地而生。人无与于地乎？地不自显，因人而显。是故地以基之，人以泄之，二者交相成者也"②。"物华天宝，人杰地灵"，的确，徽州传统聚落的选择与村落环境的改造，正是在这样一种尊重自然、寻求人地之间相互依存和良性互动的背景下展开的。

二、徽州传统村落的文化特征

历史上徽州宗族对社会及人群的控制十分严密，加上地理环境的限制，往往形成了一个村落就是一个强宗大族聚居的格局。正是所谓的"相逢哪用通名姓，但问高居何处村"③。"徽居万山中，而俗称易治，缘族居之善也。一乡数千百户大都一姓。他族非姻娅无由附居，且必别之曰客姓，若不使混焉。"④聚族而居构成了徽州独特的文化生态。

---

① 万历《沙堤叶氏宗谱》卷一《筑沙堤记》，明万历七年刻本。

② 康熙《婺南云川王氏世谱》卷一《中云八景记》，清康熙四十五年刻本。

③ (民国)许承尧撰，李明回、彭超、张爱琴校点：《歙事闲谭》卷七《新安竹枝词》，第208页。

④ (民国)许承尧撰，李明回、彭超、张爱琴校点：《歙事闲谭》卷十八《歙风俗礼教考》，第606页。

（一）聚族而居的文化特征

聚族而居既是徽州传统村落的重要文化特征，也是徽州村落文化最为重要的内容之一。我们在大量的村落和家谱等文献中发现，四世同堂、五世同爨的现象在徽州比比皆是，有的大族因多世同居共爨，和睦相处，守望相助，患难相恤，甚至被朝廷旌表为"义门"。

在聚族而居的宗族群体中，商量和议决宗族、村庄事务，祭祀先祖和其他民间神灵等公共活动，是一些必须开展的经常性活动。而开展这一系列公共活动，需要有一个相对较大的公共空间，家庙、祠堂和社屋等均是历史上徽州宗族活动的公共场所。仅以祠堂为例，在明清时期徽州聚族而居的村落中，往往建立和分布着总祠、支祠、家庙等众多祠宇，作为宗族、支族、门房议事、祭祀与进行其他活动的空间。明清以来祠堂还逐渐发展成为宗族成员集体活动、族长发号施令的场所。"宗祠内所以栖先灵、修祀事，所贵尊严，不容亵玩。"[1]这是徽州宗族聚居村落的主要文化特征。

值得一提的是，同村落选址规划重视堪舆风水、卜地而居一样，明清至民国时期聚族而居的徽州村落中的公共建筑设施——祠堂也要进行精心选址。明清婺源县中云村王氏宗祠的选址，就经历卜基和传说中的高人指点等环节，才最终确定下来。据乾隆《婺南云川王氏世谱》云："我族初议建祠，卜基荷花塘。忽有客问曰：'君家作二祠耶？某处数十老人度地矣。'族求指示，果得斯址。"对此，该宗族的族人感慨道："因知萃涣钟灵、保世滋大者，人谋、鬼谋，良非偶也。"[2]"奉先有千年之墓，会祭有万丁之祠，宗祐有百世之谱。"[3]徽州村落的宗族聚居，使得徽州村落祠堂林立，祖墓累累，家谱频修，各类宗族活动非常频繁。当然，明代中叶以降的徽州，随着商人和仕宦群体不断取得巨大的成功，对村庄的整体规划、祠堂等公共空间的营建以及民居的精雕细琢等，都在宗族血缘认同和

---

① 万历《商山吴氏宗法规条》（不分卷），传抄本。

② 乾隆《婺南云川王氏世谱》卷一《宗祠图》，清乾隆二十一年刻本。

③ 乾隆《绩溪县志》卷首《序》。

文化认同背景下，达到了一种繁盛的巅峰状态。

然而，值得注意的是，多姓共居村落，由于土地、溪流、田产、山场、坟墓等边界争执与纠纷，有时亦会不可避免地产生一些矛盾和纷争，严重者甚至会引起宗族成员之间武装械斗，但所幸历史上徽州发生宗族械斗的事件不多，即"间有一二人口角之争，为全族械斗之事，但幸不数见耳"①。

（二）井然有序的村落环境

村落是乡村居民居住和生活空间，也是居住于此的人群的文化空间。如何对村落进行有效规划与管理，使村落成为秩序井然、经济发达和人文昌盛的富裕文明之区，是村落建筑的规划者和管理者面临的重要问题。作为聚族而居的徽州，明清时期的村落规划与管理极富地域特色。

在传统徽州特别是明清至民国时期的徽州，聚居的宗族村落在村庄规划建筑设施与村族事务的管理上，体现更多的还是其浓郁的宗族色彩。规范的宗族族规、祠堂祠规，在"一村无二姓"②的单一大姓聚居村落中，不仅是约束宗族成员的戒条，即"规约者，约同堂之人也"③，也是约束整个村落全体民众的基本规范。休宁县古林黄氏宗族对古林村村落建设的整体规划非常详尽，被堪舆风水师称为绝佳之区。为加强对这一整体规划环境的保护，古林黄氏宗族特地列举曾经旧邻程氏"生齿不广"、人丁不旺，"迨万历间，惜乎后裔而止"的教训，专门定立族规，要求村族成员务必保护和维持这一规划与设计，不得随意增加、改建或破坏建筑设施，云："吾黄氏世承厥土，振振绳绳，非前人种积之深，而能至乎？《书》曰：'天道福善'，其斯之谓欤。为子孙者，当念祖宗一脉，共此土，同此居，礼让相尚，有无相周，患难相援，挽回浇漓之风，谨守先人之业。在

---

① 民国《歙县志》卷一《舆地志·风土》。
② 康熙《藤溪陈氏宗谱》卷七《附录》，清康熙十二年刻本。
③ 雍正《潭渡孝里黄氏族谱》卷四《家训·敦睦堂家规引》。

天之灵，庶妥而慰之乎。敢布愚悰，惟冀共勉。"①特别是村落和宗族的公共活动空间的建筑设施，绝对不许损毁、变卖或破坏。对此，明万历年间祁门县清溪郑氏宗族在《训规》中设立专门条款，明确规定："子孙贫难至鬻基产者，势不能禁，惟承祖众存门面、厅堂、祠屋、庄基、仆舍、墓山、祀产不许变卖，祖有明文，节有戒约。违者，准不孝论。外人谋买，虽富强，众共告官取复。"②同是明万历年间，休宁县茗洲吴氏宗族也对村族的公共设施祠厅屋宇制定了完备的管理制度，规定："管年之房，十日一洒扫。有坏漏处，将公堂银依时修缮，虽时时暂有费，然费少而实宁永也。祠楼下左右，毋许诸妇经布，其匠人经布、杂作使用，听之，但不许租用桌凳。其门阑、屋前庭墀，不许晒谷、晒苎、浆线，放猪于内。违者，罚米三升。"③再如，清代歙县桂溪项氏宗族在遵照祖父遗命、创建救济族众的义仓时，就同时创设了管理的规条，对义仓的救济对象、救济方式、义仓命名和义仓的修理费用等，都进行了规范，内容十分细致："项氏义仓，贮租谷以赡族之四穷无告者，在村心函三堂之右。嘉庆元年，上门二十九世士瀛兄弟等遵祖父遗命，建设仓屋，内进楼堂三间，置重墙，外两庑，设廒六间，每廒可贮谷贰佰伍拾石；又三间，为每秋佃户交谷之所。中门颜曰'丰储乐利'。又外为义仓大门，两傍店屋四间半，出赁收息，以为岁时修理之用。"④祁门县程氏宗族聚居中心——善和村，明代中叶就制定了极为详尽系统的管理村落和宗族的规约《窦山公家议》。该书的《管理议》明确指出："管理众事，每年五大房各一人轮值……凡事属兴废大节，管理者俱要告各房家长，集家众，商榷干办。"⑤在休宁县的茗洲村，聚居于此的吴氏宗族明代即为宗族与村庄的管理制定规条，这些家规不仅适用于吴氏宗族成员，而且适用于全体村民。如为保护村庄环境，

---

① 崇祯《古林黄氏族谱》卷一《谱基址·基址图记》。

② 万历《祁门清溪郑氏家乘》卷四《训规·祖训》，明万历十一年刻本。

③ 万历《茗洲吴氏家记》卷七《家典记》，传抄本。

④ 嘉庆《桂溪项氏族谱》卷二十二《祠祀》。

⑤ (明)程昌撰，周绍泉、赵亚光校注：《窦山公家议校注》卷一《管理议》，黄山书社1993年版，第13页。

家规就明确规定："本族前后山竹木并水口中洲墩上杨木等柴，往往有毁害者。今后倘访获，砍木竹一根者，罚，罚银一两；损枝杈者，罚，罚银一钱，不可轻恕。"①祁门文堂村聚居的陈氏家族，甚至把明朝廷所倡导的乡约推广至宗族和村庄，使村庄事务与宗族事务合为一体。订立于明朝隆庆六年（1572年）的祁门《文堂陈氏乡约家法》，作为文堂村宗族与村庄事务管理的所谓村规民约，就是经过祁门知县廖希元亲自审定批准的，具有地方性法规性质的村庄宗族管理规则。"兹幸我邑父母廖侯莅任，新政清明，民思向化。爰聚通族父老会议，闻官请申禁约，严定规条，俾子姓有所凭依，庶官刑不犯，家法不坠。或为一乡之善俗，未可知也。"②

聚居于婺源江湾村的江氏宗族，在其编纂的《萧江全谱》的《祠规》中，一再谆谆告诫居住于该村的村民，无论同姓异姓，都要"谦和敬让，喜庆相贺，患难相救，疾病相扶持。彼此协和，略无顾忌"③。这些管理规约的制定和落实，实际上正是传统徽州村落秩序得以不断维系的基石之所在。

三、徽州传统村落建筑中民居与村落的关系

作为人类聚落的一种形式，村落是一个重要的有机整体，如果说村落是躯干的话，那么，村落中的各类建筑就是构成村落的"筋""骨""肉"。作为地理学意义上的徽州村落建筑，其起源可以追溯到新石器时代。实际上，秦汉时期，居住于徽州这块土地上的山越人，为了适应山区生活的需要，其聚落建筑形式，即采取的主要是既通风又避潮的"干栏式"建筑。较早的记载可以追溯到南北朝时期，即梁大同元年（535年）歙县永丰乡的向杲院和黟县会昌乡嘉祥里的永宁寺④。此后，随着中原士族的大规模徙入，中原文明与古越文化的融合体现在建筑形式上，则是"楼上厅"建

① 万历《茗洲吴氏家记》卷七《家典记》。

② 隆庆《文堂陈氏乡约家法·文堂陈氏乡约》（不分卷）。

③ 万历《萧江全谱》仁集卷一《祠规》，明万历刻本。

④ 淳熙《新安志》卷三《歙县沿革·僧寺》、卷五《黟县沿革·僧寺》。

筑形式。所谓"楼上厅"，即其屋舍楼下低矮，楼上厅室宽敞，一般建成三间，左右为室，中间做厅，是人们日常活动、休憩之处。这种建筑形式既保留了越人"干栏式"遗风的建筑格局，也与山区潮湿的气候环境有关。

随着经济的发展与人口的增加，人稠地狭，构建楼房扩大住宅空间成为必然，明代中期以后，升高底层逐渐成为一种趋势[①]。又因地形多依山

① 邵国椿在《明清徽州古民居的演变》（黄山市徽州文化研究院编：《徽州文化研究》（第二辑），安徽人民出版社2004年版，第179—202页）一文中指出，"我们习惯上把徽州古民居按时代分为'清代的''明代的'，似乎是因朝代不同才有风格上的不同。这乃是一种笼统的、简单化的划分。实际情况是：典型的明代古民居的重要特征之一，是'楼下比较矮'，到了明末，就基本上不是这样了，即楼下已升高了，升高到清代乃至民国间常见的高度了；而'完美的'清代民居，也只是到清末才出现，民国初年才达到'尽善尽美'的地步。显然朝代的更替并不是影响建筑风格变化的主因"。该文从歙县瑶蔚乡天堂村出土《元墓石浮雕》上的房屋研究明以前的建筑底层，以苏雪痕宅、方光田宅、胡金彩宅、毕德修宅、何振宝宅、方新淦宅、方友珍宅等七栋明代前期建筑的底层高度较矮等特征入手，论证明代中期以前干栏式遗风依然比较明显，而徽州人从楼上走到楼下的主要原因是社会经济文化发达，"将楼下升高，应是历史的必然"，现存遗构最早升高底层的是位于歙县西溪南的老屋阁。"升高后的底层扩大了住宅舒适的空间，它不仅可供堆物，亦可住人，这对缺少建房用地的徽州人乃是一点即通的事。于是进入明代中期以后，升高底层就成了一种大势所趋。"该文还通过对方文泰宅、金汉龙宅、天心堂、罗小明宅、罗来演宅、程正兴宅、燕翼堂宅、汪彝宅等八幢民居底层高度与上下厅的装修分析，指出：明万历前后，徽州民居底层厅堂高度多数能满足居民的生活需求，大体完成了对干栏式风格布局的摒弃。以宽敞的底层作为家庭生活的重要场所，原因除了宅基地缺乏与舒适度要求外，更是发迹后的徽商"要满足精神上的一些深层次的需求"——祭拜天地、顶天立地、脚踏实地、庭训等人伦礼制都是在地面进行的，"地面厅"既是对土地的占用，也满足了"礼"的要求，体现着"天人合一"的理念。"这变化是儒商文化对农耕文化在建筑上的一项重大改造"，"是出于功能上的需求，是商人、文士对社会需求的一种适应性行为"。徽派建筑风格的变化另一个重要表现是"清代后期装饰艺术的细化"。作者通过对清初瞻淇村京兆第、宁远堂、斗山街许氏人宅惠迪堂、吴氏故居与棠樾村毕顺生宅的考察，指出清初的"文字狱"及满族政权与朝廷的励精图治让徽州人产生一种苟且将就心理，缺乏明代的进取精神，建筑表现上漠视对住宅内部装饰，直到乾隆中后期才形成一种雅致、精细的作风。至太平天国后，徽商在重建家园时，将传统的砖、木雕推上极致，在"满足住宅的安全系数、功能需求的条件下，尽量满足个人在家庭生活中的舒适感与追求享受的欲望"。对徽商来说，民居建筑风格的变化源于"环境的、传统的、思想意识的、技术条件的和个人需求的种种方面"。

就势，为适应险恶的山区环境并解决通风光照问题，宽敞有序的中原"四合院"形式演变成封闭的"天井"。木结构为主的房屋易受火灾之患，直接促成了明代弘治年间"封火墙"的发明和推广。在"贾而好儒"的徽商崛起之后，徽州民居的设计、布局、结构、内部装饰和厅堂布置等逐渐形成风格独特的建筑体系——徽派建筑。这种以儒家价值观为主体、强化伦理道德教化的建筑样式和体系，不仅具有广泛的实用性，而且蕴含着丰富的文化内涵。因此，作为文化学意义上的徽派建筑，它不仅是在徽州区域内形成与发展的一种建筑形式，更重要的是，它蕴含着"以强化儒家伦理道德秩序为主要精神特征"[①]的文化内涵。

徽州传统村落的构成要素有两大部分：一是包括水口、祠堂、庙宇、社屋、街巷和桥梁等在内的公共建筑，二是民居等私人建筑。在聚族而居的徽州乡村社会中，祠堂和民居始终是村落建筑的核心。正是以上这些众多的公共建筑和井然有序的民居建筑群的积聚，才最终构成了徽州聚落特别是村落的整体。

(一)徽州传统村落中民居的选址与特征

同村落经过精心选址规划一样，徽州传统民居的选址与规划，也始终贯穿着堪舆风水的理念。

事实上，早在宋代，徽州人就产生了极为浓厚的民居建筑堪舆风水选择观念。这就是所谓的"泥葬陇卜窀，至择吉岁；市井列屋，犹稍哆其

（接上页）关于徽州民居建筑底部变高的问题，陈安生认为是唐初江南西道观察使韦丹在徽州推广砖木结构的瓦房的结果，"随着砖墙防护的安全性和排水系统的畅通，以及室内木板装修的防潮作用明显，徽州民居的建筑才逐渐演变为楼下高大宽敞、楼上简易的形式"。[陈安生：《论徽派建筑形成的几个条件》，黄山市徽州文化研究院编：《徽州文化研究》（第二辑），安徽人民出版社2004年版，第205页。]

① 朱永春：《徽州建筑》，安徽人民出版社2005年版，第2页。朱永春认为徽派建筑草创于宋元，明代为发展兴盛期，清代发展至鼎盛，清末徽派建筑一方面遵循自身的发展衍生逻辑，同时"纳新"，有西化倾向。基本上建筑类的论文对徽州建筑演变轨迹的叙述与划分都是按照这一标准。

门，以俟吉向"①。在徽州人看来，民居建筑周围的环境与风水，不仅决定了房屋主人的健康和前途，而且直接影响子孙后代及家族的兴旺与发达。明清至民国时期，徽州人无论是建房还是择墓，首先都必须邀请风水"地师"进行认真的勘测与选择："堪舆之家，泥于年月，或谓某房利、某房不利。"②有利则建，不利则迁、则避，这是徽州人民居营造观念的一个基本原则与准绳。

与村落依山傍水的选择一样，徽州传统民居建筑的选址也体现在山水和周匝环境的具体分布与走向选择上。《黄帝宅经》指出："夫宅者，乃是阴阳之枢纽，人伦之轨模。"③有山有水，宅前有活水，屋后有龙山，是一幢民居选址的理想环境。这也是传统堪舆风水理论中四兽观念的集中体现："凡宅左有流水，谓之青龙；右有长道，谓之白虎；前有汙池，谓之朱雀；后有丘陵，谓之玄武，最为贵地。"④宋周守中在《养生类纂》一书中还专门对民居的环境进行总结和论述，认为："凡宅不居当冲口处，不居古寺庙，不近祠社、炉冶、官衙，不居草木不生处，不居故军营战地，不居正当水流处，不居山脊冲处，不居大城门口处，不居对狱门处，不居百川口处。"⑤对于房屋基址左右之"青龙砂""白虎砂"（小山包），要求左高右低，即民间谚云"只可青龙万丈高，不可白虎高一尺"，后来，左邻右舍房屋高低也以此等同看待⑥。

然而，由于受到徽州山区具体自然环境的制约，一幢单体民居建筑，往往不可能满足青龙、白虎、朱雀和玄武四兽俱全要求。因此，在选址最基本的要素具备以后，其他一些不理想因素，则可以通过避让、改造和符镇等方式予以禳除。如门的朝向若正好冲煞，则可以通过转移门的方位、

---

① 淳熙《新安志》卷一《州郡·风俗》。
② （明）古之贤：《新安蠹状》卷下《牌票·行六县劝士民葬亲》，明万历刻本。
③ 佚名：《黄帝宅经》卷首《序》，载（清）陈梦雷编：《古今图书集成》卷六百五十一《艺术典·堪舆部汇考一》，中华书局1985年影印本。
④ （明）庄起元辑：《阳宅秘传三书·阳宅玉髓真经》，明天启二年刻本。
⑤ （宋）周守中撰：《养生类纂》卷十一《屋舍》，明成化十年刻本。
⑥ 柯灵权：《古徽州村族礼教钩沉》，中国文艺出版社2002年版，第189页。

形状，或在门楣上方悬挂刀叉、银镜等方式来予以避让、妥协或对抗。在徽州不少村落中，民居的墙角边或墙壁中，镌有"泰山石敢当"的青石随处可见。这实际上就是在民居风水冲煞后徽州人所采取的一种厌镇方式，并以此作为应对和改造不良风水的常用手段。明清至民国时期的徽州，在聚族而居的传统村落中，许多巨家大族对宗族祠堂和民居的风水都采取了订立村规民约或族规家法的方式予以保护。聚居于祁门善和村的程氏宗族就从正反两个方面极言风水的灵验，于是在《善和乡志》中反复告诫村民："重立议约，申明前言，俾各家爱护四围山水，培植竹木，以为庇荫。……凡居是乡者，当自思省务，守前人之规，悟已往之失，载瞻载顾，勿剪勿伐，保全风水，以为千百世之悠久之业，不可违约。"对故意破坏风水者，"并力讼于官而重罚之"①。

清末光绪年间，黟县宏村民汪氏族人在准备建造春晖堂时，首先派人至歙县，向著名堪舆风水先生谢氏问卜，内容包括春晖堂基址和起造、竖础石、架梁良辰吉日等。在得到了歙县谢氏芝兰轩风水师的书面指点后，汪氏族人携带书面文字回到宏村，原原本本地按照谢氏风水师给予的指点进行施工②。

明清至民国时期徽州民居主要是砖木结构的两层楼房，这主要是富商巨贾或高官名流建造居住、精雕细琢的深宅大院；次有寒门小户的板壁房和土墙茅屋。

徽州两层楼民居的建筑结构与风格，主要是基于徽州山多田少的地理条件并进行简单改造而成。对此，谢肇淛在《五杂俎》一书中说："吴之新安，闽之福唐，地狭而人众。……余在新安，见人家多楼上架楼，未尝有无楼之屋也。计一室之居可抵二三室，而犹无尺寸隙地。"③正是山多田少、人多地少的自然条件所限，才使得徽州的民居建筑很少沿周边拓展，

---

① 光绪《善和乡志》卷二《风水说》。

② 清光绪黟县宏村春晖堂建造文书,原件藏安徽大学徽学研究中心伯山书屋,参见刘伯山编:《徽州文书》第二辑,第6册。

③ (明)谢肇淛:《五杂俎》卷四《地部二》,上海书店出版社2001年版,第78页。

而是向空中拓展，整体呈现出立体式的楼房结构。

我们注意到，出于防火的需要，明代弘治年间及其以后，在徽州知府何歆的倡导下，徽州楼房墙壁四周专门砌以高过屋顶的砖墙，所谓"砌墙以御火患"①，俗称"封火墙"，墙角略有翘起，呈马头状，故又被称为"马头墙"。房屋内外墙壁均粉之以白色石灰，形成所谓的白色粉壁，屋顶覆以黑色小瓦。远远望去，高低错落有致，黑白相间，与青山绿水融为一体。清代康熙年间，旅居扬州的歙县岑山渡人程庭在回乡省墓时写下的日记——《春帆纪程》中，对徽州村落的特征进行了描绘，云："粉墙矗矗，鸳瓦鳞鳞，绰楔峥嵘，鸱吻耸拔，宛若城郭。"②的确，粉壁黛瓦马头墙，已经成为明清至民国时期徽州民居的标志性特征。

明清至民国时期，徽州民居大体有明三间、四合屋、三间穿堂式等结构类型。明三间主要是三间朝天井露明，一厅二房，二至三层楼阁，楼梯多设在厅堂太师壁背后。这种房屋结构的开间与进深尺度基本相同或相近，平面呈方形，外表以高墙封闭，形似一颗金印。这是徽州古民居最基本也是最常见的一种结构类型。其他两种结构类型也都各具特色。从居住习惯而言，徽州人明代基本住在楼上，而至清代则主要以居住在楼下为主。还有的徽州大宅第含有一个大厅、六个小厅，各厅自成单元，都有各自的天井和院落，相对独立又有回廊曲槛连成一个整体，如在祁门县的渚口和六都村即有这种被称为"一府六县"结构的民居建筑。

在民居营建的过程中，徽州人还于民居的门楣上方，嵌入精心雕琢的砖雕，高出墙壁，创造出别具一格的翚飞式门楼，形成了外观优美整洁的门罩。对此，来自天津静海的清末徽州知府刘汝骥，曾以非常精练的文字，细致地描述了徽州村落和民居的状况，云："弥望皆瓦屋，他处惟名城巨镇有之，徽歙则小村落皆然，草房绝少。屋多建楼，大家厅事极宏敞。梁用松，柱用杉柏与银杏，皆本邑产。墙用砖，铺地以石，或用砖及

---

① 《明正德元年八月歙县新安碑园何公德政碑》，原碑现存于安徽省歙县新安碑园。
② （清）程庭：《春帆纪程》。

木板。一门颜雕刻，费辄数十百金。"①可见，自明至清，徽州村落中的民居建筑始终保持了自身的地域特色。

(二)徽州传统民居选址和建筑中的禁忌

在徽州传统民居建筑的整体布局中，四兽俱全、山水兼备是最为理想的环境。民居建筑的忌讳有以下几点：

民居的朝向：在民居的选址和整体布局确定后，住宅的朝向就成为至关重要的一环了。"凡造屋，必先看方向之利与不利，择吉即定，然后运土平基。基既平，当酌量该造屋几间，堂几进"②。阳宅讲究纳生气，作为测量房屋朝向的主要工具，休宁万安生产的罗盘被广泛用在徽州各地。风水先生正是借用罗盘指针来观察和确定各地理方位的吉凶与生克原理，从而确定一幢民居最终的方位和朝向的。在确定房屋朝向的过程中，徽州存在不少忌讳，如门前不能有方塘，屋后不能有孤山包或坟包等。歙县芝兰轩风水师谢氏在为黟县宏村春晖堂选址时，就在《大造吉期》文书中第一部分，对春晖堂的宅基方向和禁忌给予了指点与说明，云："一、宅基丑山未向，加癸、丁，辛巳年大利。一、山运壬辰水，忌土，以木制吉，乙、庚干全。天燥火，己亥时；例家煞，戊戌日。宅主：乙酉、癸未；子，丁未、甲寅；媳，乙卯、乙卯；孙，丁丑；孙女，乙亥、己卯。"③另外，徽州人还采用"辨土法"来测量房址的气脉。其操作要领是，由风水地师使用罗盘在准备造房的屋基上选定合适位置，挖一尺二寸左右的土坑，将挖出的土研细，过筛后再倒回坑中，用竹片刮平，第二天观察，土隆起则表示地脉旺，为吉地，反之则凶。凶地连续测三日，若结果相同，就要另换位置重测，或是放弃宅地另择他处。

安门：一幢民居的方位和朝向确定以后，如何安门便成为紧要的问

① (清)刘汝骧编撰，梁仁志校注：《陶甓公牍》卷十二《法制科·歙县风俗之习惯》，第222页。

② (清)钱泳：《履园丛话》卷八《艺能·营造》，中华书局1979年版，第325—326页。

③ 刘伯山编：《徽州文书》第二辑，第6册，《清光绪六年九月歙县芝兰轩立修造房屋吉书》，广西师范大学出版社2006年版，第354页。

题。门是整幢民居建筑的主要入口和气口所在，在民居建筑中占有非常重要的地位。除了提供进出房屋的基本功能外，有关依附于其上的传统标志和审美等象征意义功能也十分强烈。如何根据民居所处的地理方位和周围环境，选择和确定门的位置和朝向，的确是一个不小的学问。对此，一些术数类专书特别强调指出："宅有八卦，卦有九星，星有三吉，而门因之。昔人云：'宁为人立千坟，毋为人安一门。'"①这实际上就是说一幢建筑物正门门向的选择和确定非常困难。在明清至民国时期徽州各地的民居建筑中，门的类型和朝向可以说是类型多样、特色突出和千变万化的。但不管怎样变化，民居建筑物的正门一般都会开在宅前，或位于整幢民居建筑的中轴线，或稍偏向左侧。但受宅基所在地形和地势的限制，徽州民居中又有不少门无法按照堪舆风水师的要求面朝吉向。于是，一些趋吉避凶的假门、斜门以及设而不开的样门便出现在徽州。在黟县西递胡氏宗祠后壁中所特地设置的一门，即为设而不开的样门："西房间壁，置楼梯，其后辟一门，盖行家宣泄之法，然亦虽设常关也。"②乾隆《新安徐氏统宗祠录》也有对假门的说明，云："祸绝之方，开门不利。虽造假门，永不宜开。"正如前文所说，徽州门的朝向还与房屋主人的职业有关，正所谓"商家门不宜南向，征家门不宜北向"，"则商金，南方火也；征火，北方水也。水胜火，火贼金，五行之气不相得，故五姓之宅门有宜向。向得其宜，富贵吉昌；向失其宜，贫贱衰耗"③。这实际上早在东汉时期就已产生的所谓"图宅术"就是众多徽商在建造房屋时对门的朝向的最基本要求。而绩溪石家村"一村人家，门楼北向"④，则又彰显了聚居该村的石守信后代缅怀中原地区先祖的文化情思。

　　附属性建筑的禁忌：在明清和民国时期徽州的民居布局和结构中，除主屋外，还有一些附属性建筑，如门、主房、灶"三要"和门、路、灶、

---

① （明）一壑居士：《八宅四书》卷二，明万历吴勉学刻本。

② 同治《[黟县]明经胡氏存仁堂支谱》卷首《敬爱堂图附记》，清同治八年活字刊本。

③ （汉）王充：《论衡》卷二十五《诘宅术》，上海古籍出版社1990年版，第240页。

④ 文字见安徽省绩溪县石家村魁星阁内匾额。

井、坑、厕"六事"。这些附属性建筑也有许多禁忌，如屋后建小屋、起披孝屋等，禁忌即特别多。《阳宅十书》指出："凡人家起屋，屋后莫起小屋，谓之'停丧'，损人口。若人住此小屋，尤不吉。""凡宅起披孝屋，即后接连披盖是也，主横死人丁、退田产。凡人家盖屋，后不许起仓屋，谓之'龙顿宅'，主家财不兴。凡人住屋拆去半边及中间拆去者，谓之'破家杀'，主人丁不旺。""凡宅天井中不可积屋水，主患疫痢；不可堆乱石，主患眼疾。凡宅侧屋，不可冲大门，触秽门庭，主灾殃。"[1]诸如此类的禁忌，在徽州的传统民居及附属性建筑中可以说是广泛存在。徽派民居建筑的天井所谓"四水归堂"，其实既是徽州人聚财不散观念的外在表现，也是规避堪舆风水理论中"天井中不可积水"观念的内在机理。

徽州传统民居在建造过程中，也逐渐形成了一系列相对复杂的习俗和禁忌。

首先，民居开工建设良辰吉日的选择。《鲁班经》和《黄帝宅经》对民居营建破土、动工、上梁、覆顶等环节，都有良辰吉日选择的记录。在明清时期的徽州，每年一至十二月中，每月都有能否动土和开工吉凶的记录。以五月、三月为例，《黄帝宅经》修房动工吉凶日有着较为具体的记载，云："五月丁、壬日，修吉。北方不用壬子、丁巳日。亥为朱雀、龙头，父命座，犯者害命坐人。三月丁、壬日修，壬为大祸，母命犯之，害命坐人，有飞灾口舌，修巳、亥同。子为死丧，龙右手，长子妇命座，犯之害命，坐人失魄伤目、水灾口舌，修巳、壬同。癸为罚狱勾陈，次子妇命座，犯之害命，坐人口舌斗讼。"[2]徽州各地因地理条件的限制，民居奠基、开工的良辰吉日并不一致，但有一点是可以肯定的，那就是不能触犯太岁，决不能在太岁头上动土。安徽大学徽学研究中心收藏了一批完整的黟县宏村春晖堂起造文书，其中清光绪六年（1880年）九月十六日，房主

---

① (明)王君荣：《阳宅十书》卷三，载(清)陈梦雷编：《古今图书集成》卷六百七十七《艺术典·博物汇编》。

② 佚名：《黄帝宅经》卷下《图说》，载(清)陈梦雷编：《古今图书集成》卷六百五十一《艺术典·博物汇编》。

专程赴歙县，请著名的歙县芝兰轩风水师谢氏拣日子文书弥足珍贵。这件文书原题为《大造吉期》[①]，内容如下：

　　一、动土：平基、安脚，选辛巳年二月十九辛亥日，吉；辰、酉时大吉。忌乙巳、丁巳生人。

　　一、起工：架马、画墨，选辛巳年三月初七乙巳日，吉；辰、未时大吉。忌癸亥、乙亥生人。

　　一、选辛巳年五月初三甲子日，吉；卯、酉时定磉、安门坎，吉。忌戊午、庚午生人。

　　房屋开工后，徽州各地都有这样的传统风俗，即邻里亲族众人齐心出人、出钱、出物、出力，以共同把房屋建好，它体现出了徽州人邻里亲族团结互助的文化传统。

　　其次，竖柱与上梁阶段与过程中的习俗与禁忌。徽州人在建造房屋至竖柱、上梁阶段时，基本上大功告成了，即所谓"扎架竖柱，用车盘梁。纽竿摆列，伺候上梁。钉椽岱屋，盖瓦成堂"[②]。因而，其在这一阶段所举行的仪式也显得特别隆重而热烈。同开工要选择良辰吉日一样，竖柱、上梁也要请风水先生选良辰、择吉日。即将落成的新房主人会遍发请帖，在正式竖柱、上梁那一天，邀请远近亲友前来祝贺，并以丰盛的酒菜大宴宾客。上梁时，要画木梁并披红彩、插金花、挂灯笼及木制棒槌。照壁枋贴上用红纸黑字或金字书写的"紫微高照"或"吉星高照"等对联，照壁柱上也贴满祝贺吉祥发达字样的楹联。从远处望去，一派绯红飘飘、喜气洋洋的景致，十分热闹。上梁时，由木匠师傅喝彩叫好、杀公鸡、放鞭炮，并从梁上抛木槌、撒糖果，而后再牵猪过堂，以祝福主人家未来六畜

---

　　① 刘伯山编：《徽州文书》第二辑,第6册,《清光绪六年九月歙县芝兰轩立修造房屋吉书》,第354页。

　　② 原藏于歙县王村、现藏于安徽大学徽学研究中心特藏室"伯山书屋"的一部由清代无名氏抄写的无题日用四字口诀手册,暂定名为《日用手册》。

兴旺。宏村春晖堂《大造吉期》①文书，对房屋上梁也有专门拣日子的记录，内容如下：

> 一、选辛巳年前七月二十庚辰日，吉；辰、酉时，开柱眼、画梁楣、结筍，吉。忌甲戌、丙戌生人。
>
> 一、大造：上梁选辛巳年八月初六乙丑日，大利；初五夜子丑、卯时，排列堂柱，吉。忌己未、辛未，生人免见。酉时上梁，入筍落砖同，大利。

在以上经过堪舆风水师精心择日、完成所有仪式后，接着便是房屋主人大宴宾客了。

正如在民居选址中遇到不良风水而使用符镇以消灾弭祸一样，明清至民国时期徽州人在民居营建的过程中，如果遇到风水或习俗中的某些禁忌，也往往以符镇的形式予以禳除。《阳宅十书》云："修宅造门，非甚有力之家，难以卒办。纵有力者，非迟延岁月，亦难遂成。若宅兆既凶，又岁月难待，惟符镇一法可保平安。"对住宅外形的一些触凶之处，《阳宅十书》亦列举了多种情形及禳除厌镇之法，如："凡人宅舍有神庙、寺观相冲射者，大凶，用大石一块，朱书'玉清'二字对之，吉；凡有木箭冲射者，凶，用锛斧凿锯柏木版一尺二寸，朱书'鲁班作用'四字，吊中堂，吉；凡宅有探头山，主出贼盗之事，用大石一块，朱书'玉帝'二字，安四吉方镇之；凡宅在寺前庙后，主人淫乱，用大石一块，朱书'天蓬圣后'于宅中，吉；……凡道路冲宅，用大石一块，书'泰山石敢当'，吉。"②

---

① 刘伯山编：《徽州文书》第二辑，第6册，《清光绪六年九月歙县芝兰轩立修造房屋吉书》，第354页。

② (明)王君荣：《阳宅十书》卷四《镇外形冲射》，载(清)陈梦雷编：《古今图书集成》卷六百七十八《艺术典·博物汇编》。

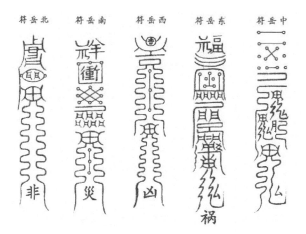

《阳宅十书》中收录的阳宅厌镇符

此外，作为符镇的一种方式，徽州民间不少住宅还采取了某些装饰性图案、雕刻和彩绘等以趋吉避凶，如吉祥图案中的鱼（余）、蝙蝠（福）、鹿（禄）、龟鹤（寿）、狮（辟邪）、荷（平安）、水仙（神仙）、扇（善）、云（祥瑞）、竹（君子）等，都蕴含着丰富的文化内涵，寄托着徽州人期盼美好生活的理想。

总之，明清至民国时期，徽州民居追求人与自然特别是周围环境的和谐相处。"几层小楼傍山隈，六尺地重三户开；游客不知人逼仄，闲评都说好楼台。"[1]徽州人就是在这粉壁黛瓦马头墙的别具特色的民居中，过着一种几乎是世外桃源般的聚族而居的生活。

四、徽州传统村落中民居的构成及其与村落的关系

明清至民国时期，徽州的传统民居建筑从选址、布局、建造到落成，拥有一整套较为完整而独特的规制与习俗，并与整个村落形成一个完美的整体。

明清至民国时期，徽州村落中的民居和村落之间的关系是局部和整体

---

① (清)俞正燮撰，于石、马君骅、诸伟奇校点：《俞正燮全集·叁》之《四养斋诗稿》卷一《徽州三首》，第8页。

的关系。徽州民居建筑的个体单元，在整体上服从于村落的总体规划，一幢幢的民居连成一片或一线，并纵深拓展，鳞次栉比，沿着山脚或河流整齐地伸展和分布，形成了众多的街巷，从而构成了村落的整体。但是，作为村落整体构成中的个体单元，单体民居的选择、布局、形制和群体组织方式，在某种程度上又影响了村落的整体结构形态。

兹以明代休宁古林村整体规划和街巷民居分布为例，阐释明清徽州民居建筑与村落规划的关系。古林距休宁县城海阳镇南约50里，位于休宁至婺源交通要道，其村基址来脉自十八坎从西南奔舞，东起青龙寨，逶迤转西，起钟山落，下撒地梅花，过胡塘脱，下平田起土，阜如船形。面前有腴田数百顷，为之内明堂；田之南有梅源之水入古溪，绕基址之北而东下方塘，前后之水汇于方塘而出大溪。大溪水由黄茅、塔岭而出，从西南绕基址之北，东流汇浙源之水而下桐江。溪之上有石梁，有清漪碣。基址之前有岑山秀丽，为近朝。十八坎有寨峰，有文笔，有天马，罗列为远拱。基址之后有护砂平地数十顷。在这样一个大的环境下，黄氏族人对古林村进行了整体规划：首先建太公祠堂于平地上，北市之路东通西，为萃秀街，市肆广置南北货物，作为四方客商交易之所，市廛稠密，基址赖以为屏。大溪之北有岩山，土屏为远托。颜公山、阳台山，西隅而耸秀；考坑源、金谷源，东隅之幽深；南跋峻岭有云谷庵，北涉漪水有西涌寺。基址之东，有南通北之巷，名"邦达巷"，此为显达荣归、迎亲遣嫁之通衢，巷之北首巷口墙门题额曰"乔木世家"。基址之中心，规划有南通北之巷，额名"永宁巷"，其余南通北之巷共有六条之多。基址后则规划有东通西之巷，一巷之折中处，又规划为"中林里"。邦达巷折中处有古株一株，基址后巷东首有古株二株，丈余榆木一株，基址之上下，掘有公汲井十一口、私室井十口。其环村四周，有众塘以资灌溉农田。沿街巷两边和纵深分别规划建筑民居，其中民居之著名者有友恭堂、存雅堂、中和堂、诚正堂、怀德堂、友于堂、敬义堂、罢锡堂、素履堂、爱日堂、正谊堂、延有堂、复一堂、太和堂、丽泽堂、明德堂、明远楼。堂之左右，寝室燕翼，建有书舍和闲适吟咏之处，计有丛桂馆、天香书院，如芥子居；燕居如怡怡亭，如仰岩楼，如看剑斋，如修竹；门墙如云月楼，如听蕉居，如宜尔居；别墅如雪亭，如倚翠亭，有池蓄鱼，有砌种竹，南亩园如虚游室，如四宜阁，西园如成德堂，如凝华轩，阶前培植花木，时有不断之香。萃秀街之西有楼，额曰"警视"；市之上有平楼三进。水口之上有文昌阁，有德松亭，有书舍，有尼庵，松篁苍翠。同时，古林村的规划还对黄氏之外的叶姓和俞姓民居及伙佃宅居进行了安排，因叶姓和俞姓皆为古林黄姓之赘婿，故其宅居的规划依照外家布局，"社仓相共，庆吊往还，敦姻娅"。伙佃之屋则"星列宅之左右，为外卫"①。

由此可见，明代休宁县古林村街巷、民居和相关公共建筑，是按照古林村落的整体规划依次建造的。当然，不同时代的民居也并不是杂乱无章的，而是"今之宅舍有远近创建，杂处于其间"。这种新旧民居杂处的格局，其实依然是围绕村落的整体规划进行的。

总之，明清至民国时期的徽州村落，民居的规划与建设服从于村落的整体规划，或者说，一幢幢单体民居都是严格按照村落的整体规划依次建造，有序排列，积聚成群，构成了村落的整体。村落的整体规划决定着民居的规划和建设，民居的规划与建设又在一定程度上影响着村落的整体规划。

五、徽州传统村落的典型个案：黟县西递和宏村

2000年11月30日召开的联合国教科文组织世界遗产委员会第24届会议宣布，地处皖南的古村落西递和宏村因独特的建筑形式、同一性及其在景观中的地位，具有突出、普遍的单独或相互联系的建筑群等历史、艺术和科学价值，而被列入世界文化遗产名录。这是徽州也是中国贡献给世界的又一份珍贵的文化遗产。

作为体现历史时期人与自然和谐相处规划与设计理念的古建筑群，皖

---

① 崇祯《古林黄氏族谱》卷一《谱基址·基址图记》。

南传统村落是指安徽省长江以南具有共同地域文化背景的历史传统村落。依山傍水的村落选址、粉壁黛瓦马头墙式的徽派古民居建筑、水口园林和祠堂、牌坊林立等，是以徽州为代表的皖南传统村落的典型特征，是徽州传统村落的最基本构成要素和主要特征。这些特色鲜明的传统村落主要分布在过去徽州府歙县、休宁、婺源、祁门、黟县和绩溪等六县地域范围内。因此，"徽州古村落"或"徽州传统村落"往往又被视为皖南古村落或传统村落的典型代表。黟县西递和宏村由于村落的整体建筑遗存保存完整，且集中代表和体现了皖南传统村落的基本特征，因此，被作为皖南传统村落的代表，申报世界文化遗产并获得批准。

徽州境内高山纵横，峰峦叠嶂，素有"七山一水一分田，一分道路和庄园"之称。这一相对封闭的地理环境，使得历史上徽州很少受到战争的破坏，成为历代人们逃避战乱的理想世外桃源。自东汉末年起，历经东晋南朝、唐末五代和两宋之际等历史动乱时期，中原地区世家大族为躲避战乱，先后掀起了三次大规模的向徽州迁徙移民高潮。三次大规模的人口徙入徽州，奠定了徽州地区人口的基本格局，徽州地区原始居民——山越人也逐渐完成了与移民的同化过程。

历史上的徽州人笃信堪舆风水理论。因此，在村落选址和兴建过程中，徽州人既考虑物质上的因素，也注意精神上的追求。他们十分重视村落地形的选择和整体布局，所谓"依山造屋，傍水结村"，依山傍水、山环水绕、负阴抱阳，尽可能体现天人合一思想的村落选址，显然是徽州传统村落最为突出的特征之一。从人文方面说，徽州传统村落最显著的特征是聚族而居，"大抵新安皆聚族而居，巨室望族远者千余年，近者犹数百年，虽子孙蕃衍至一二千丁，咸有名分以相维，秩然而不容紊"①。如西递就是胡姓宗族的聚居村，而宏村则是汪姓宗族的聚居地，所谓"大江以南，巨族相望，而新安汪氏为魁冕。……其子姓往往散处四方，然新安六邑之间，祠墓不改，岁时腊，彬彬秩秩，具有规条，其于崇本厚始之道

---

① 嘉庆《桂溪项氏族谱》卷二十一《风俗·龙章公梓里遗闻五则》。

最为近古，非他氏可比"①。

徽州传统村落依据其地形特点，大体可划分为山地村落和河岸村落两大类型。山地村落大多坐落于山坞、山麓、隘口和交通要道旁，这样既便于灌溉，又利于排水。像伏岭、山阳、凫峰、豸峰、璜尖、关麓和山背等村名，一看就知属于山地村落。而河岸村落则分布于河曲凸岸、河口、渡口与河流阶地，如北岸、溪口、箬溪、临溪、汪口和江湾等村，则显然属于河岸村落。就黟县的西递和宏村而言，它们都因地形特点，而应归属于山地村落之列。陆林等著《徽州村落》则根据布局形态，将徽州传统村落划分为集居型村落和散居型村落两种②。

随着历史和时代的变迁，传统的山越干栏式建筑也逐渐被粉壁黛瓦马头墙式的徽派建筑所取代。加上唐宋以来至明清时期，徽州经济繁荣，人文荟萃，教育文化发达，特别是明代徽商异军突起和宗族势力扩张，徽州传统村落的建筑特色逐渐发展成型。现存的徽州传统村落，大多是在徽州经济文化最为繁荣发达的明清时期集中兴建和最后定型的。明代弘治年间，徽州知府何歆有感于"徽郡火灾，屡为民患"的惨剧屡屡发生，于是"令民每五家为甲，均贫富，量广狭，出地朋役，砌墙以御火患"③。这就是徽州传统村落民居中封火墙的由来。

作为世界文化遗产中国皖南古村落的杰出代表，黟县西递和宏村在村落自然环境和人文环境的选择与布局建设上，集中体现出了徽州古村落或称徽州传统村落的基本特征与内涵，而且在构成要素上也几乎涵盖了徽州传统村落的水口、古民居、祠堂、牌坊、书院（屋）、家庭园林和亭台楼阁等主要内容。更具典型意义的是，西递和宏村的古建筑构件大都精雕细琢，石雕、砖雕和木雕美轮美奂，体现深厚人文底蕴的各类楹联也几乎遍及各种建筑物。因此，无论就历史、艺术价值还是就科学价值而言，西递和宏村都是徽州传统村落中的光辉典范和杰出代表。

① 乾隆《弘村汪氏家谱》卷首《序·乾隆十二年徐本序》，清乾隆十三年刻本。

② 陆林、凌善金、焦华富：《徽州村落》，安徽人民出版社2005年版。

③ 明正德元年八月《郡侯何公德政碑阴叙》，原碑现存于安徽省歙县新安碑园。

（一）西递村的历史变迁与村落规划

1.胡士良开基西递及西递村的演变

西递地处安徽省黟县东南部，距县城8公里，坐落在世界文化与自然双遗产——黄山南麓，"自石山至慕虞，数十里之中，为一大村落"。该村由北宋元丰年间（1078—1085年）明经胡氏宗族壬派胡士良开基。相传，世居婺源考水的明经胡氏五世祖胡士良在从婺源赴金陵路经黟县西递铺时，见该地"山多拱秀，水势西流"，"其东为杨梅岭，其南为陆公山，其西为奢公山，其北为松树山。山皆环拱，高不抗云。水二派，前仓之水发源于邦坞，后库之水发源于龢祥坞，洞澜双引，皆向西流，人夸山水之钟灵，堪称桃源之盛壤也"①，是一块绝佳的风水宝地。于是，胡士良遂携全家定居于此。宋元时期，西递进入繁荣时期，人文昌盛，族人多以研究理学著名。

经过数十代的生息繁衍，至明代中叶以后，西递不仅成为教育文化发达之区，科举连第，仕宦辈出，而且村内经商也渐成风气。特别是在清代乾隆以后，西递胡氏宗族以胡学梓为代表的巨商迭起，财富迅速积累。西递村规模也在亦贾亦儒的仕宦人家和富商大贾的斥资营建下，逐渐壮大，成为连屋累栋、鳞次栉比的一处气势恢宏、规模庞大的胡氏宗族聚居地。在乾隆末年捐资建造胡氏宗祠时，富甲一方的典当商人胡学梓一次性就捐资白银3859两7分，另助买旧料木屑银100两②。这是胡学梓最富有，也是西递村最为繁盛的时期。因太子太傅、武英殿大学士、上书房行走军机大臣、歙县雄村人曹振镛之女曾嫁入该村，《西递明经胡氏壬派宗谱》纂修完成时，道光六年（1826年）五月，曹振镛亲自为该谱撰写序文。在序文中，曹振镛对该村的繁盛之状，曾有绘声绘色的描述，云："夫胡氏壬派一支，自有宋历元明至今，更七百数十年，积三十余世，族姓繁衍，支丁

---

① 道光《西递明经胡氏壬派宗谱》卷一《村图跋》，清道光六年刻本。

② 《清乾隆五十六年孟冬月黟县西递村乐输建造宗祠碑》，原碑现立于安徽省黟县西递村村口。

近三千人。自非其宗之贤者笃于惇本睦族而相率以保家亢宗之道，乌能寝炽寝昌，久而益盛如是耶。余家于歙，距黟百里而近，囊以事过西递，馆婿家信宿，见山川清淑，风气淳古，弦诵之声，比舍相答。其人类无凉薄之习，而有士君子之行。"①诚如曹振镛所描述的那样，清代乾隆中叶以后，西递村确实进入了一个最为繁盛的发展阶段。

2.西递村的规划理念与布局实践

西递古称"西川"，又称"西溪"，四周绵延群山，被比喻为"前仓后库"的前后两条溪流，使得西递村整体呈现出一艘巨舟出海的形状。据《新安名族志》记载："其地罗峰当其前，阳尖障其后，石狮盘其北，天马霭其南。中有二水环绕，不之东而之西，故名'西递'。"②西递由此而得名。西递村在鼎盛时期的清代乾嘉年间，经过整治以后，村庄规划整齐划一，村落水口、八景、民居、祠堂、道路、街巷有序分布排列。据传，当时西递拥有600多座宅院、99条街巷、90多口水井。前边溪、后边溪穿村绕户，西递人临水筑街，溪上有厚实的青石板小桥，构成"小桥流水人家"的繁华景象，不愧为"桃花源里人家"的赞誉。

"绝妙楼台西递起，月光梅影画东溪。"西递村规划的整体思路，将村庄视为一个整体，并以敬爱堂、追慕堂为中心，沿前边溪和后边溪两岸呈带状向外展开与辐射，以街道和巷弄串联鳞次栉比的古民居和古祠堂等建筑群，依次沿前边溪和后边溪两侧分布的40多条保存完好的古巷辐射全村，大街小巷青石板铺就的道路显得古朴而壮观。在西递村头，明代万历初年修建的胶州刺史胡文光牌坊雕刻精美，即使在今天皖南尚存的137座牌坊中，这座牌坊也堪称是上乘之作。与胶州刺史牌坊相对应的村口大夫第走马楼，是西递最美的人文景观之一，它建于清代康熙年间，是一座典型的临街亭阁式建筑。沿胶州刺史牌坊下进入拱形门后，便进入西递正街和横路街。正街上的追慕堂、迪吉堂，后边溪上的敬爱堂等胡氏宗族祠

---

① 道光《西递明经胡氏壬派宗谱》卷一《曹振镛序》。

② (明)戴廷明、程尚宽等撰，朱万曙等点校:《新安名族志》前卷《胡》,黄山书社2007年版,第316页。

堂，是昔日西递胡氏宗族议事和祭祀的场所。街旁和街后，则是错落有致的古民居和四通八达的幽幽古巷。深入古巷之中，古民居和庭园式建筑随处可见。在众多的庭园式建筑中，尤以西园、东园、瑞玉庭、桃李园、迪吉堂、枕石小筑和亦园为最美。玲珑小巧、布局紧凑、小中见大、雕刻精美、楹联遍布，是西递庭园式建筑的显著特色。参天古树和绽开的花卉，使这些庭园充满了盎然的春色和勃勃的生机。

镶嵌在古祠堂和古民居上的楹联，诸如"几百年人家无非积善，第一等好事只是读书""白云深处仙境，桃花源里人家""读书好，营商好，效好便好；创业难，守成难，知难不难"等，都在一定程度上透射出西递人乐观向上的生活态度和讲求孝悌伦理的处世哲学。

在众多民居、祠堂、牌坊和街巷等公共建筑构成的村落整体中，西递的水口依然是村落规划设计的重中之重。根据周密的规划，西递村的水口在村西的两山夹峙、山水交汇之处，距村约一里之遥。为涵养水源、蓄养真气，使水口成为藏风聚气之所，聚居于西递的明经胡氏宗族在水口旁广植林木，并在水口处开掘面积约一亩的水塘，以水塘聚真气。经过几代人的持续建设，西递村的水口山顶上建起了规模宏伟的魁星楼、文昌阁，庙宇与亭榭金碧辉煌，错落有致。在水口出处，西递人还建有一座石拱桥，作为进村的通道。同时在石拱桥对面，筑数十级台阶，并建关帝庙，供奉关帝塑像，高达丈余。关帝庙大殿右侧，则建有凝瑞堂，堂上悬挂楹联，其文字是："凝鉴涤尘心，左掖右掖水双带；瑞屏环福地，开门闭门山一帘。"凝瑞堂供奉一座观音菩萨及十八罗汉等塑像。关帝庙左侧则建有十将殿，殿前侧立一小庙，供奉医圣华佗。西递人不惜重金，规划和营建水口，其实正反映了水口在整个村落选址与布局中的重要性。

(二)宏村的历史变迁与村落规划

1.宏村的历史沿革

距黟县碧阳镇北11公里的宏村，是徽州传统村落的又一典型代表。宏村同徽州其他古村落一样，无论在地理环境和空间布局上，还是在文化底蕴上，都具有皖南徽州传统村落的典型特征。该村山环水绕，呈坐北面南分布。雷冈山为其后龙山，东、西则有东山和石鼓山为屏障。南面地势相对平坦，系人工开凿的大面积水面——南湖。

宏村，原名"弘村"，因避讳清乾隆皇帝爱新觉罗·弘历之名而改为"宏村"。南宋绍兴年间，宏村雷冈一带山场原属戴氏产业，幽谷茂林，蹊径茅塞，尚无宏村之名。因江东张琪等盗贼剽掠黟县，黟县境内土寇风起，原居祈墅的汪氏宗族300余家民居被战火焚毁，纷纷谋求迁徙重建。汪彦济乃秉承仁雅公遗命，在雷冈山之阳，求购宅基地数亩，卜筑房屋数椽，计有13间，这就是被称为"十三间楼"的宏村最早民居建筑。后因其基址不断扩展，遂成大家之象，故美其名曰"宏村"，汪彦济因此而成为宏村汪氏宗族的开山之祖。

宏村枕高冈而面流水，一望无际。但古滩一溪自南冲北，界划谢村亭（今宏村睢阳亭）于西，水道经下石碣（今宏村前街路）横街东偏（今宏村街口头直路），入东山溪，合石塔水，曲折出祈墅。汪彦济精通堪舆术，曾云："两溪不汇，西绕南为缺陷。屡欲挽以人力，而苦于无所施。"又云："沧海桑田，后先递变，继自今，吾子孙其惟望天工呵护乎？"至宋恭帝德祐元年（1275年）五月望日，雷电风雨大作，迷离若飞山走石、腾蛟翔龙状，宏村一片汪洋，平沙无垠。次日，溪流"顿改故道，河渠填塞，溪自西而汇合，水环南以潴"[①]。

自此，直至元明清时期，宏村汪氏宗族逐渐获得长足发展，科第兴盛，人才辈出，经商成风，大贾迭现，经济实力增强，政治力量崛起，宏村在村落建设上也开始进入快速发展阶段，形成"烟火千家，栋宇鳞次，森然一大都会"[②]。

2.宏村的规划理念与实践

堪舆风水的理念和防火用水的实践，是宏村村落规划始终贯彻的基本主线。早在元末，汪彦济九世孙汪玄卿乐善好义，四方文人墨客过访无虚日。

---

① 乾隆《弘村汪氏家谱》卷二十四《开辟弘村基址》。

② 乾隆《弘村汪氏家谱》卷二十四《开辟弘村基址》。

对来访的堪舆家，汪玄卿尤为厚待之。他曾与堪舆家一道，相望楚景山，堪舆家偶指村中四季泉涌不竭的天然窟穴曰："此宅基洗心也，宜扩之，以潴内阳水而镇朝山丙丁之火。"汪玄卿深信不疑，并将其记录在家谱之中。

至明初，汪思齐拟于窟穴之北建造家祠，但未敢轻易动工。为避免重蹈祖先南宋时战火引起的火灾连绵之切肤之痛，汪思齐、汪升平父子不惜重金，三次登门聘请休宁县号称"国师"的著名堪舆家何可达等前来宏村。何可达等踏遍宏村周围山川，详细审视其脉络，援笔立记。他指出："引西溪水以凿圳，绕村屋，其长川沟形九曲，流经十湾，坎水横注丙地，午曜前吐土官。自西自东，水涤肺腑，共夸锦绣蹁跹；乃左乃右，峰倒池塘，定主甲科延绵。万亿子孙，千家火烟，于兹肯构，永乐升平。"[①]其对宏村进行改造，从而拉开了宏村第一次大规模改造和扩建的序幕。

在汪思齐、汪升平父子出资万余两白银，并亲自带领下，宏村汪氏宗族成员按照"国师"何可达的指点和筹划，接引西溪水入村，开凿百丈水圳，"南转东出，而于三曲处瀹小浦。又分注西入天然窟，窟之四畔，皆公租田，计五十有一砠，沿圳绕村内各户，蓄内阳之水，疏村内之月沼"。万历年间，宏村经济和政治力量更加强大。于是，汪氏宗族大小族长共同出资，购置稻田约30亩，掘深并凿通村南大小泉池滩田，使其成环状水面，这就是宏村的著名景观"南湖"。至此，宏村完整的阴水（泉水）和阳水（河水）水系得以形成，阳水由水圳引入村内，并经月沼流进南湖；阴水则经山涧流入村中，并通过南北向的水圳穿村而过，最后汇入南湖。何可达高足弟子薛道全后来形象地将宏村总结为"牛形村落"。

关于宏村南湖，据《雷冈汪氏家塾记》云，村"南有湖曰南湖，广百余亩，居民以时蓄泄，灌溉之饶，环食其利。堤植花柳，浓荫翳如，夏则菱荷殷然，弥望一碧，游迹之盛，比于浙之西湖。堤外有溪，曰西溪，清风徐动，沧漪自生。湖光映带，与之同白"[②]。

清代中叶至民国初年，是宏村经济最为繁盛的时期。汪氏宗族成员在

① 乾隆《弘村汪氏家谱》卷二十四《月沼纪实》。
② （清）汪云卿:《吾族先贤大略》卷四《典故·雷冈汪氏家塾记》，传抄本。

浙江经营盐业等商业经营的巨大成功，带来了滚滚不竭的财富。于是，宏村最大一次规模的建筑群，也在这一时期开始了建设。紧傍秀美风光的南湖北岸，一座气势宏伟的以文家塾在嘉庆年间落成了；尚德堂、三立堂、乐贤堂和如今宏村最为奢华的承志堂，也先后在道光至宣统年间拔地而起。南湖书院占地15亩，分别由志道堂、文昌阁、启蒙阁、会文阁、望湖楼和祇园等组成，清末翰林梁同书为这座书院题写"以文家塾"的匾额。承志堂是一幢大型徽商住宅，兴建于清末咸丰初年，占地面积2100余平方米。整幢建筑为正厅前后两进回廊三开间结构，左右有东西厢小厅，前有外院、内院，东有花园，另有书房厅、鱼堂厅、排山阁和吞云轩等建筑。承志堂由7个楼屋、9个天井和60个大小房间组成。这些建筑的石雕、木雕和砖雕精美绝伦，楹联遍布，书画高悬。承志堂之名意在缅怀祖先、慎终追远，因此，整个建筑不仅体现出人与自然的和谐，而且体现出皖南古民居的封闭性、内向性和等级尊卑观念，是封建商人追求奢华与铺张的典型代表。

　　在人工开凿的村内月沼四周，分布着务本堂、振绮堂、敦本堂、聚顺庭、望月堂、乐叙堂、敬修堂、根心堂和树志堂等汪氏宗族的祠堂和民居。这些祠堂和民居高低错落有序，宛如众星捧月般拱卫着一弯似月的水塘——月沼。

　　宏村古建筑群不仅拥有优美的山水环境、合理的功能布局、典雅别致的建筑造型，而且与大自然和谐相融，实在是一处既合乎科学又富有情趣的生活居住环境，是中国传统村落的精髓，是中国皖南古村落最为杰出的代表。联合国教科文组织世界遗产考察组专家、日本千叶大学教授大河直躬博士在阐述对宏村的印象时，指出："宏村堪称中国古村落的典型，拥有美丽的南湖景观，许多一流的古居民、宁静的古街巷，以及完美的自然背景。南湖周围的景观，可同意大利的威尼斯、荷兰的阿姆斯特丹相媲美，但它们都是大城市，像宏村这样美丽的乡村景观，可以说是举世无双的。"[1]

----

① 舒育玲主编：《黟县志》卷末《附录·名人履痕》，黄山书社2012年版，第1946页。

类似西递、宏村这种自然与人文和谐相融的古村落，在皖南还有许多，如歙县的雄村、许村、棠樾、渔梁、唐模、呈坎、蜀源，休宁的万安、陈村，婺源的理坑、李坑、汪口、思溪，祁门的渚口、历溪、六都，黟县的关麓、屏山、南屏、卢村，绩溪的湖村、瀛洲等。这些地域特色鲜明、人文与自然和谐、文化底蕴丰厚的皖南古村落，不仅是中华民族丰厚的历史文化财富，而且是世界人类文明珍贵的遗产。它所透露和折射的中国传统文化的深刻内涵，正在被越来越多的世人所了解和认识。

第三章　徽州古祠堂的营建理念与实践

祠堂是宗族祭祖、议事、管理和进行其他宗族活动的场所，也是徽州族权的象征。作为徽州建筑中最具特色的公共建筑之一，徽州的祠堂在村落整体中处于核心的地位，是聚族而居的徽州宗族的"圣殿"，是村落和宗族的精神寄托之所在，"祠，祖宗神灵所依；墓，祖宗体魄所藏。子孙思祖宗不可见，见所依所藏之处，即如见祖宗一般"[①]。

一、徽州祠堂概述

徽州是一个名副其实的祠堂之乡。

在鳞次栉比、宗族聚居的徽州传统村落中，一座座飞檐翘角的五凤楼式祠堂，宛如一颗颗珍珠镶嵌在村落的空间中。"吾乡聚族而居，建立宗祠，以奠系世，以辨昭穆，以肃明禋，法至备、风至醇也。延及苗裔，源远而未益分，后立支祠，各亲其亲。"[②]千余年来，在徽州这样一个聚族而居的宗族社会中，宗族为了团结族人，不仅在经济上广辟族田，而且还在精神和心理上，以建立和拓展祖先魂魄所藏的祠堂为纽带，增强宗族血缘的向心力和凝聚力。徽州的祠堂就是在这样一个大背景下，开始被大规模地兴建起来。历史上，徽州曾经在祠堂兴建最盛的明清时期，建造了六千余座各式

---

① 万历《休宁范氏族谱》卷六《谱祠·统宗祠规》，明万历三十三年补刻本。

② 乾隆《汪氏祠规》(不分卷)，清乾隆抄本。

各样的祠堂。

在徽州某一村庄里，祠堂往往不止一处，它们分别有宗祠、支祠、家祠之分。非同姓聚居的村庄里，多姓祠堂并存的情况在徽州也较为普遍，典型者如黟县的南屏，叶姓、程姓祠堂并存不悖。只是大姓和小姓略有区别，歙县上丰蕃村，既有富丽堂皇的鲍氏宗祠，也有规模较小的许氏家庙。在绩溪，大姓宗族聚居的村庄，除有大姓宗祠之外，还有小姓设立的所谓香火堂。正如乾隆《绩溪县志》云："邑中大族，有宗祠，有香火堂，岁时伏腊，生忌荐新，皆在香火堂。宗祠礼较严肃，春分、冬至，鸠宗合祭，盖报族功、洽宗盟，有萃涣之义焉。宗祠立有宗法，旌别淑慝，凡乱宗、渎伦、奸恶事迹显著者，皆摈斥不许入祠。至小族，则有香火堂无宗祠，故邑俗宗祠最重。"①

据明代嘉靖年间程昌编撰、记录徽州祁门县善和宗族组织管理和地租赋税征收的典籍文献《窦山公家议》记载，每逢重大节日，善和程氏宗族的全体成员不分长幼，一律在族长的指挥下，齐集程氏宗族祠堂"报慈庵"和"崇恩堂"里，祭祀祖先，并聆听族长的教诲，庄严肃穆地向祖宗的容像和灵位跪拜，以期换得祖先的庇荫和施舍。现已破败不堪的崇恩堂，尽管大门左右一对石狮历经数百年沧桑，风化严重，但崇恩堂在数十株木质圆柱撑起的门庭、享堂和寝堂前后三进祠堂中，依然显得阴森庄严。

据不完全统计，在徽州六县林林总总的各类祠堂中，规模最大的几座有歙县郑村的郑氏宗祠、潜口的汪氏金紫祠和呈坎的罗东舒祠，以及婺源黄村的百柱宗祠和绩溪的龙川胡氏宗祠等。

在明清徽州一府六县中，徽州府治歙县包括祠堂在内的各种地面文化遗存应当说是最为丰富的。安徽省和全国重点文物保护单位——歙县大阜潘氏宗祠和北岸吴氏宗祠，也各有千秋。潘氏宗祠建于明万历十三年（1585年），清同治年间重修。其结构为三进五凤楼式建筑，两侧八字墙上

①乾隆《绩溪县志》卷一《方舆志·风俗》。

以细腻的砖雕为装饰，中进五开间，大厅梁柱粗硕，雀替、平盘斗拱等处雕刻有百骏图，俗称"百马图"，月梁上悬有历代名人题写的匾额。后进地面高出中进地面1米有余，七开间，青石檐柱。该祠气势壮观，雕饰精美。距潘氏宗祠东约2公里的北岸村不仅以著名的绵溪廊桥享誉遐迩，而且木石雕刻精致的吴氏宗祠也驰名远近。这座建于清道光六年（1826年）的吴氏宗祠，位于北岸村口，其凌翼翘角的五凤楼气势非凡，大门两旁的石狮怒目以视。该祠八字墙的须弥座石刻与祠檐下砖雕、博缝板木雕，都极尽华美。中进地面高出前进地面达2米之多，石雕栏板上的百鹿图造型生动，憨态可掬。

歙县昌溪的木牌坊背后的吴氏宗族员公支祠，是徽州地区又一座具有代表性的祠堂。本来，徽州的木牌坊能够保存下来的大概不足一二，而以门坊即棂星门的建筑形式出现的祠堂，在徽州目前更是所剩无几。木牌坊门面的祠堂，徽州或只有歙县的昌溪保存了下来。但是，以石质牌坊为祠堂门坊的牌坊，在徽州还有两处，它们分别是歙县郑村的郑氏宗祠和潜口的汪氏金紫祠牌坊。如今的郑村郑氏宗祠及祠坊、潜口的汪氏金紫祠及坐落在田地中的金紫祠牌坊皆已修葺一新。在被誉为"金銮殿"的汪氏金紫祠中，两座龟驮石碑及碑亭还完好地保存了下来，见证着徽州祠堂昔日的辉煌。

祁门渚口的倪氏宗祠——贞一堂，是安徽省重点文物保护单位。渚口是徽州倪姓宗族最大规模的聚居地，贞一堂始建于明初，后毁于兵火，清康熙年间重建，宣统二年（1910年）正月十六日，被元宵节灯火所焚，仅存朝门门楼。民国十三年（1924年），集资重修。整个建筑建筑面积近千平方米，分祠堂与朝门两个部分，主体有前、中、后三进，中进为亨堂，后进为宗族祭祀之处的寝堂。朝门门前一对"黟县青"抱鼓石，雕以龙凤。大堂斗拱较小，层次较多，风格比较富丽。大堂后天井有天池，池上有天桥通步，桥上有狮座桥柱三对。贞一堂构筑讲究，精雕细刻，被誉为皖南地区"民国时期的第一大祠堂"。祠堂门前至今还散落有数十计旗杆石，祠堂亨堂的枋额上，依稀还可以看到当年倪姓宗族成员科举中第时张贴的捷报。三进祠堂中的后进寝堂祖宗灵位上，摆满了左昭右穆的牌位。青石栏板上的浮雕和碑刻文字，不用费多少工夫，即可清晰地辨识。

位于婺源县城紫阳镇西北的古坦乡黄村，是婺源黄氏宗族的聚居中心，其祠堂名曰"经义堂"，因整个祠堂用百余根杉木柱支撑，故又有"百柱宗祠"的美誉。百柱宗祠建于清代康熙年间，前临小桥流水，背倚青山绿树，风景秀丽。整个祠堂为九脊顶五凤楼式建筑，面积约为1200平方米，上等杉木制作的大门，两侧分别雕刻有八仙图案。正厅中央悬挂有清朝文华殿大学士张玉书题写的"经义堂"巨幅匾额。正厅木柱共3排，每排4根，每根粗围有近1米之巨。正厅的梁枋上分别雕刻有鹿鸣幽谷、狮子滚球、鳌鱼吐云和龙凤呈祥等吉祥图案。4个石础上则有凤戏牡丹、仙鹤登云、喜鹊含梅和鹭鸶戏莲等纹饰。从正厅进入寝堂，要登上"九级金阶"。不过，由于担心触犯皇帝之禁，黄氏宗族减少了两阶，只有七级台阶。

明清至民国时期徽州创建和修缮的祠堂还有许多，而且在一些规模稍大的村落里，祠堂的建筑往往不止一处，既有一族一姓的总祠，也有各个房派的支祠，甚至数姓之祠并存的现象也较为普遍。在被誉为"祠堂之乡"的黟县南屏村，至今尚有包括叶姓和程姓等宗族在内的7座祠堂被保存了下来。明代中叶，曾经为创建和讲述乡约、厉行乡民教化的祁门文堂陈氏宗族，至今还有5座祠堂分布在上、中、下文堂村中。

在关注徽州男性为主的宗族祠堂的同时，我们还要特别重视徽州女性专有祠堂的存在。毕竟祠堂向来是男性的专利，专门为女性建造祠堂，在全国大概是不多见的。作为全国重点文物保护单位的歙县棠樾牌坊群后面，除鲍姓宗族的祠堂敦本堂和世孝祠外，作为女性祠堂的清懿堂也是规模雄伟，香火缭绕。该祠建于清朝嘉庆年间，系两淮盐法道员鲍启运筹划和主持兴建的，与敦本堂专奉男主不同，清懿堂则专祔女主。从此，鲍姓宗族中的贞烈女主有了专门被祀的祠堂。类似的女祠堂，在潭渡和呈坎等少数几个村庄还有保留，呈坎罗东舒祠中的"则内"，即是呈坎罗氏宗族的女性祠堂。

作为徽州传统宗族聚居村落建筑群中的重要公共建筑设施，徽州的祠堂在历史上曾经发挥着极为重要的作用。尽管由于地形、地势等自然条件的限制，徽州祠堂在村落中的规划和位置还难以有一个相对统一的界定，但是从解剖徽州传统村落建筑的文化符号以及乡村封建宗法制度运行的视角入手，依然可以直接或间接地透视这些祠堂背后所隐藏的丰富人文内涵。

二、徽州祠堂的兴起和建设

(一)祠堂的起源与宋元时期徽州祠堂的兴建

祠堂的起源与中国古代的宗法制度密切相关。

根据文献和考古资料，早在殷商时期，中国就出现了宗法制度的萌芽，甲骨文中已经有了"大示"和"小示"的文字出现，这是西周时期宗法制中"大宗"与"小宗"的直接渊源。西周实行宗法制和分封制，将宗族血缘与政治统治有机地结合起来，从而形成了早期的宗法制。安阳殷墟已出现了宗庙的遗址，西周时期，宗庙制度进一步完善。《礼记·王制第五》云："天子七庙，三昭三穆，与太祖之庙而七。诸侯五庙，二昭二穆，与太祖之庙而五。大夫三庙，一昭一穆，与太祖之庙而三。士一庙。庶人祭于寝。"这说明，早在西周时期，我国就有了宗庙，但当时的宗庙只有统治阶级的上层才有，一般平民百姓是被禁止建立宗庙的。可以说，西周时期的宗庙等级森严，只有天子、诸侯、大夫和士祭祀祖先的场所，才能称为"宗庙"，庶人百姓则只能祭祀于寝室。天子和诸侯不仅祭祀祖先，而且祭祀祖先和社稷的名称有所区别，"天子、诸侯宗庙之祭，春曰礿，夏曰禘，秋曰尝，冬曰烝。天子祭天地，诸侯祭社稷，大夫祭五祀。……天子社稷皆大牢，诸侯社稷皆少牢，大夫、士宗庙之祭，有田则祭，无田则荐。"①社稷是国家的象征，将祖先的宗庙祭祀与社稷祭祀结合起来，实

---

① 《礼记》第五篇《王制》，载《周礼 仪礼 礼记》，岳麓书社1989年版，第332页。

际上就是将宗族血缘与政权融为一体，这显然成了君权神授的依据。这一制度被之后历代统治者所继承和使用，成为家天下的工具。

显然，宗庙是宗法制度的物化形式，后世的"祠堂"则源于宗庙。"祠堂"一词出现于汉代，原本是士大夫祭祀先人的场所。当时祠堂均建于墓所，墓与祠一体，称为"墓祠"。这种墓祠直到宋元明清时期的徽州依然存在，如清代乾隆初年，歙县徐氏就专门建有墓祠①。宋代的祠堂规制随着宗族形态的改变而发生了较大变化。

北宋中期以后，社会矛盾激化，在政府不抑制土地兼并的政策下，个体小农不仅在财产上而且在人身关系上都缺乏安全感，他们需要有自己的物质依附和精神寄托。而造纸和印刷术的进步，使得程朱理学的纲常伦理思想作为一种大众文化，在基层社会得到了更为广泛的传播，激发起个体小农对以伦理原则相结合的宗法性群体的依赖和需求。对于统治阶级而言，游离性增强的个体小农势必会形成不安定的社会因素，对国家政权造成破坏性的影响。因此，亟需在新的历史条件下确立一种新的社会组织，以便将游离的个体小农容纳于其中，以达到稳定社会秩序、巩固国家统治的目的。适应这种形势变化的需要，宗法组织改变了自身的形态，形成了封建社会后期特有的宗族共同体。从北宋中叶开始，在地主阶级的倡导和扶持下，长江流域及华南各地的地方性宗族组织得到了迅猛的发展。苏州的范仲淹建立的旨在救济宗族中贫困成员的义田，欧阳修、苏洵创修的旨在敬宗睦族的新式家谱，一时为各地所效法。各地宗族组织开始以纂修族谱、设置义田和创建祠堂等方式，强化血缘性宗族组织的功能与作用。对宋代祠堂的规制，朱熹在《文公家礼》中指出：

> 今以报本反始之心、尊祖敬宗之意，实有家名分之首，所以开业传世之本也，故特著此，冠于篇端，使览者知所以先立乎其大者。而凡后篇所以周旋、升降、出入、向背之曲折，亦有所据以考焉。然古之庙制，不见于经，且今士庶人之贱，亦有所不得为者，故特以祠堂

① 乾隆《新安徐氏墓祠规》（不分卷），清乾隆九年刻本。

名之，而其制度亦多用俗礼云。

　　君子将营宫室，先立祠堂于正寝之东。祠堂之制，三间，外为中门，中门外为两阶，皆三级。东曰阼阶，西曰西阶。阶下随地广狭，以屋覆之，令可容家众叙立。又为遗书、衣物、祭器库及神厨于其东，缭以周垣，别为外门，常加扃闭。若家贫地狭，则止为一间，不立厨库，而东西壁下置立两柜，西藏遗书、衣物，东藏祭器亦可。正寝谓前堂也，地狭则于厅事之东亦可。凡祠堂所在之宅，宗子世守之，不得分析。凡屋之制，不问何向背，但以前为南，后为北，左为东，右为西。①

　　作为理学之集大成者，特别是徽州地域学术流派新安理学的创始人，朱熹有关祠堂的论述，基本上建构了祠堂建筑的基本规模与制度，这就是三间制度，明清时期演变为三进，即仪门、享堂和寝堂。尽管宋元时期徽州的祠堂由于受朝廷制度和山区地形地势的严格限制，尚未能完全根据朱熹创立的祠堂规制和结构进行建设，但它仍初步奠定了徽州后世宗族祠堂的雏形。

　　作为徽州宗族统治的象征，徽州的祠堂大约兴起于宋代。据文献记载，早在宋代，在朱熹思想的影响下，向以朱子桑梓著称的徽州便拉开了宗祠建设的序幕。明弘治十四年（1501年）俞芳在为《新安黄氏会通谱》所撰写的《序》中就曾指出："幸而皇宋诞膺景运，五星聚奎。于是吾郡朱夫子者出，阐六经之幽奥，开万古之群蒙，复祖三代之制，酌古准今，著为《家礼》，以扶植世教。其所以正名分、别尊卑，敬宗睦族之道，亲亲长长之义，灿然具载，而欧（阳修）、苏（洵）二子亦尝作为家谱，以统族属。由是海内之士闻其风而兴起焉者，莫不家有祠以祀其先祖，族有谱以别其尊卑。"②在休宁，茗洲吴氏宗族在淳祐年间即创建宗祠观宇，奉

---

　　①（宋）朱熹：《家礼》卷一《通礼·祠堂》，朱杰人、严佐之、刘永翔等主编：《朱子全书》第7册，上海古籍出版社、安徽教育出版社2002年版，第875页。

　　②弘治《新安黄氏会通谱》卷首《俞芳·集成会通谱叙》，明弘治十四年刻本。

祀始祖程氏小婆太夫人①；率口程氏宗族、臧溪汪氏宗族和祁门善和程氏宗族也先后创建了本宗族的宗祠。至此，徽州历史上出现了第一批宗族祠堂。元代至大年间，婺源考川胡氏宗族亦创建了明经祠。此外，宋元时期，婺源清华胡氏宗族、桂岩詹氏宗族、大畈江氏宗族和歙县江村汀氏宗族也分别兴建了本宗族的祠堂。但总的来说，宋元时期，徽州宗族祠堂的兴建还只是个别现象，尚未形成一种社会风气和普遍现象。根据弘治《徽州府志》记载，宋元时期徽州祠堂与庙宇是分不开的，所以，弘治《徽州府志》将记载祠堂和庙宇的内容合为一篇，名之曰《祠庙》，其中所列的不少祠宇是祭祀精英人物的行祠、忠烈祠等，如"忠烈行祠""世宗行祠""定宇先生祠"等。从严格意义上说，这时的祠庙尚与明代中叶以后兴盛的宗族祠堂规制有很大区别。但在一些名门望族的族谱中，确有少量宋元时代宗族祠堂的兴建，不过总体来说，这种墓祠、祠庙相结合的祠堂多数还是仅限于祭祀越国公汪华等少数精英人物的专祠、祠庙或墓祠。

(二)明代中叶以后徽州祠堂的大规模建设

1.明嘉靖时期徽州祠堂建设高潮的掀起

尽管宋元时期徽州开始拉开了宗族祠堂建设的序幕，并创建了一批宗祠，明初至明代中叶延续了这一建祠或重修之势，如祁门善和程氏就在景泰元年至二年（1450—1451年）重修建于宋代的程氏宗祠——最高祠堂，程显在成化四年（1468年）十一月撰写的《重修最高祠堂记》中，描述了善和程氏宗祠的规模，云："景泰间，浮梁之族有名润通者，于尚书为十九世孙，慨先业之不振也，与诸房子姓谋合泉布，抡材鸠工，撤而葺之，以旧祠堂高出寺后，风雨无所蔽障，遂卜地于寺之西北隅建焉。实当尚书长子朝散之墓左，为室凡五，深二丈有奇。其崇视深而加隆，其广亦如之，涂以黝垩，绘以丹壁，中奉尚书之主，而五府君侑焉。始功于景泰庚午九月辛亥，讫事于辛未三月望。修废举坠，焕然一新。"②尽管如此，徽

---

① (明)吴子玉：《茗洲吴氏家记》卷十二《杂记》。
② 嘉靖《善和程氏谱·程氏足征录卷一》，明嘉靖二十四年刻本。

州真正大规模的祠堂建设活动，还是在明代中叶以后，确切地说，是在夏言关于臣民祭始祖、立家庙的奏疏获得明世宗恩准之后。嘉靖十五年（1536年），礼部尚书夏言在一折题为《请定功臣配享及臣民得祭始祖立家庙》奏疏的第二部分，提出了"乞诏天下臣民冬至日得祭始祖"的建议，奏曰：

> 夫自三代而下，礼教凋衰，风俗蠹弊，士大夫之家、衣冠之族，尚忘祖遗亲，忽于报本，况匹庶乎？程颐为是缘情而为制，权宜以设学，此所谓事逆而意顺者也。故曰："人家能存得此等事，虽幼者可使渐知礼义。"此其设礼之本意也。朱熹顾以为僭而去之，亦不及察之过也。且所谓禘者，盖五年一举，其礼最大。此所谓冬至祭始祖云者，乃一年一行，酌不过三，物不过鱼、黍、羊、豕，随力所及，特时享常礼焉尔。其礼初不与禘同，以为僭而废之，亦过矣。夫万物本乎天，人本乎祖，豺獭莫不知报本，人为万物之灵也，顾不知所自出，此有意于人纪者，不得不原情而权制也。迩者平台召见，面奏前事，伏蒙圣谕："人皆有所本之祖，情无不同，此礼当通于上下，惟礼乐名物不可僭拟，是为有嫌，奈何不令人各得报本追远耶？"大哉，皇言！至哉，皇心！非以父母天下为王道者，不及此也。臣因是重有感焉，而水木本原之意恻然而不能自已。伏望皇上扩推因心之孝，诏令天下臣民，许如程子所议，冬至祭始祖，立春祭始祖以下、高祖以上之先祖，皆设两位于其席，但不许立庙以逾分，庶皇上广锡类之孝，臣下无禘祫之嫌，愚夫愚妇得以尽其报本追远之意。溯远祖委，亦有以起其敦宗睦族之谊。其于化民成俗未必无小补云，愚不胜惓惓。[①]

这一奏疏被嘉靖皇帝允准，明王朝放松了对品官之家立家庙祭祀祖先和庶民祭祀始祖、先祖的条件。从此，中国民间宗族祠堂规制和祭祖礼仪发生了重大变化，累世簪缨、名臣辈出的徽州宗族世家，在祭祖礼仪制度

---

① （明）夏言：《桂洲先生奏议》卷十七《请定功臣配享及臣民得祭始祖立家庙》，明忠礼书院刻本。

改革后便以不可阻挡之势开始纷纷建立家庙甚至祠堂，所谓"嘉靖议礼，诏民间聚族者得立始祖祠，于是仁孝之心炁然勃兴，而祖灵亦默为鼓舞"[①]。

明代嘉靖年间，歙县棠樾鲍氏宗族了弟、兵部侍郎鲍象贤在为休宁古林黄氏宗族所撰写的《大宗祠碑记》中指出："夫君子将营宫室，祖庙为先。盖祖宗者，类之本也，尊祖则能重类，重类则能均爱。是故统昭穆之序，致祇事之诚，深肃僾之怀，盛蒸尝之荐，凡以合类明亲也。自礼乐废弛，宗法不立，寄空名于行序之间，饰浮美于谱牒之末，而族义乖违，漫无统纪，议者必欲准古冢嫡世封之重，山川国邑之常，然后推明宗法纲纪。其间则事体难于适从，坠典终于不复，非所谓与世推移、变通尽利者也。若夫缘尊祖之心，起从宜之礼，隆报本之仁，倡归厚之义，则近世宗祠之立亦有取焉。"[②]正是在明中央王朝的政策指导和徽州籍官商士大夫的共同倡导与慷慨解囊襄助下，徽州的祠堂在嘉靖时期出现了井喷式建设高潮。据刊刻于嘉靖四十五年（1566年）的《徽州府志》[③]统计，这一时期徽州府属六县共建有216座宗族祠堂。其具体分布、数量及名称如下表：

徽州府属六县所建宗族祠堂一览

县域	数量/座	名称
歙县	70	克山吴氏宗祠、东门许氏宗祠、江氏宗祠(有二：一在龙舌头，一在桃源坞)、上路汪氏宗祠、上路程氏宗祠、荷花池程氏宗祠、接官亭汪氏宗祠、汪氏宗祠(在城河上)、毕氏宗祠(在穆家巷右)、詹氏宗祠(在北关门外)、府前方氏宗祠(在新安卫前)、朱氏宗祠(在斗山街)、萧江统宗祠(在东察院前)、潭渡黄氏宗祠(有二：一祀黄芮，一祀黄孝则)、下市黄氏宗祠(祀黄芮)、沙溪汪氏宗祠、五里亭程氏宗祠、向杲吴氏宗祠、梅村叶氏宗祠(祀叶敷泽)、岩镇郑氏宗祠、余氏宗祠、孙氏宗祠、阮氏宗祠、上路李氏宗祠、棠樾鲍氏宗祠、槐塘程氏宗祠、沙溪凌氏宗祠(在社左)、罗田上源方氏宗祠、罗田柘源方氏宗祠、石冈汪氏宗祠(有二)、潜川汪氏宗祠(有二：一曹门，一楼下)、洪源洪氏世祠(在坑口)、洪源洪氏宗祠(在竹林里)、西溪南吴氏宗祠、南溪南吴氏宗祠、南溪南江氏宗祠、浯村朱氏宗祠、孙氏慕源宗祠(在百老峰下)、竦塘黄氏宗祠、

---

① 乾隆《婺南云川王氏世谱》卷一《宗祠记》。
② 崇祯《古林黄氏族谱》卷四《谱文苑·记·大宗祠碑记》。
③ 嘉靖《徽州府志》卷二十一《宫室》。

县域	数量/座	名称
歙县	70	石桥吴氏宗祠、雄村曹氏宗祠、陆氏宗祠(在梁下)、萧氏宗祠(在梁下)、项里殷氏宗祠、桂林洪氏宗祠、竦口程氏宗祠、汪氏宗祠、方塘胡氏宗祠、丰塆汪氏宗祠、章祈汪氏宗祠、灵山方氏宗祠、葛塘吴氏宗祠、黄村黄氏宗祠、潘氏宗祠、云雾塘王氏宗祠、托山程氏宗祠(有二:一祀程忠壮,一祀程参军)、瀹潭方氏宗祠、徐村徐氏宗祠(有二)、仇村黄氏宗祠、呈坎罗氏宗祠、澄塘吴氏宗祠(侍郎吴宁建)、杨宗伯祠(在学左)、吕侍郎祠(在水西)、鲍提干祠(在向杲)
休宁	36	南门夏刺史宗祠(祀元康)、珰溪金氏世仕宗祠(在著存观)、率口程氏宗祠、太塘程氏宗祠、流塘詹氏宗祠、玉堂王氏宗祠(在董干垲琅)、板桥杨刺史宗祠(祀杨受)、山斗程氏宗祠、陪郭程氏宗祠、邑前刘氏宗祠(在东门内)、博村林塘范观察宗祠(祀范传正)、金忠肃祠(在崇寿观左)、吴氏节孝宗祠(在董干)、城北苏氏宗祠、渠口汪氏宗祠、上山吴文肃宗祠、孙氏庆源宗祠(在西山麓)、由溪程氏宗祠、东门汪氏宗祠、文昌坊程氏宗祠(在董干)、上溪口汪氏宗祠、临溪程氏宗祠、上溪口吴氏宗祠、黄石程氏宗祠、石岭吴氏宗祠、屯溪朱氏宗祠(在上山头)、汪溪金氏宗祠、溪西俞氏宗祠、南街叶氏宗祠、凤湖汪氏宗祠、新中戴氏宗祠、岭南张氏宗祠、黎阳邵氏宗祠(在阳湖坦)、杨村程氏宗祠、洪方汪氏宗祠、孙氏万荣宗祠(在云溪口,祀孙永秀)
婺源	50	种德程氏宗祠、东溪胡氏宗祠、双溪王氏宗祠、绣溪孙氏宗祠、双杉王氏宗祠、玉川胡氏宗祠、理田李氏宗祠、汪口俞氏宗祠、萧江统宗祠(在中平)、汪征君宗祠(在大畈)、汪睦肥祠堂、济溪游氏宗祠、篁岭曹氏宗祠、外庄叶氏宗祠、官源洪氏宗祠、官源汪氏宗祠、叶村汪氏宗祠、小源詹氏宗祠、陀川余氏宗祠、清华胡氏宗祠(有二:一在上市,一在中市)、桃溪潘氏宗祠、龙川程氏宗祠、桂岩戴氏宗祠、宝石李氏宗祠、甲道张氏宗祠、云川王氏宗祠、丰田俞氏宗祠、丰洛王氏宗祠、龙槎金氏宗祠、沣溪吕氏宗祠、平盈方氏宗祠、横槎黄氏宗祠、太白潘氏宗祠、五镇倪氏道川祠、环溪程氏宗祠、许昌许氏宗祠、疆溪臧氏宗祠、鹏岳汪氏宗祠、港源程氏宗祠、游汀张氏宗祠、凤砂汪氏宗祠、中平祝氏宗祠、镇头方氏宗祠、游山董氏宗祠、符竹汪氏宗祠、太白吴氏宗祠、翀田齐氏宗祠、车田洪氏宗祠、长径程氏宗祠
祁门	31	谢氏宗祠(在邑南柏山)、井亭汪氏宗祠、韩溪汪氏宗祠、梓溪汪氏宗祠、昼绣坊汪氏宗祠(在邑北)、朴里汪氏宗祠(在邑南)、文溪汪氏宗祠、舜溪汪氏宗祠、芦溪汪氏宗祠、润溪汪氏宗祠、楚溪汪氏宗祠、在城工氏宗祠(在邑东鹤山麓)、槐庭王氏宗祠(在邑西石山)、历溪王氏宗祠(在十九都)、高塘鸿村王氏宗祠(在邑东桐冈)、马氏宗祠(在邑东桐冈)、新庄张氏宗祠(在邑南道堂前)、朱紫叶氏宗祠(在重兴寺口)、元魁坊叶氏宗祠(在官沅山)、胡氏宗祠(有二:一在贵溪,一在邑胡源坑口)、桂林胡氏宗祠(在下横街)、方氏宗祠(有二:一在邑北,一在伟溪)、樵遽饶氏宗祠(在石墅源口)、窦山程氏宗祠(在六都程溪)、东溪仰氏宗祠(在七都斜汊)、北蒋宗祠(在八都白塔)、郑氏宗祠(在五都奇峰)、金溪金氏宗祠(在金村)、塔湾陈氏宗祠(在桃源)

县域	数量/座	名称
黟县	11	环山余氏宗祠、义门胡氏宗祠、古筑孙氏宗祠、横冈胡氏宗祠、黄村埄黄氏宗祠、城东王氏宗祠、城南汪氏宗祠、黄陂黄氏宗祠、横梁程氏宗祠、城南许氏宗祠、景溪李氏宗祠
绩溪	18	中正坊程氏宗祠(在南门外)、市南许氏宗祠(在南门外)、北门张氏宗祠、县北张氏宗祠、城北任氏宗祠、仁里程氏宗祠、市西葛氏宗祠(在坦石头)、瀛川章氏宗祠、孔林汪氏宗祠、胡里胡氏宗祠、程里程氏宗祠、龙川胡氏宗祠、涧洲许氏宗祠(在十五都)、上田汪氏宗祠、市西胡氏显义宗祠(在高村)、市南汪氏宗祠(在下三里)、美俗坊胡氏宗祠(在县北)、市东戴氏宗祠

从上表可以看出，截止到嘉靖四十五年（1566年），徽州六县共建有宗族祠堂216座，如果加上9座各类支祠，总量多达225座。在这225座宗族祠堂中，又以徽州府治所在地歙县为最多，数量高达70座。

我们注意到，作为宗族聚居之区的徽州，明代嘉靖年间大规模营建宗祠的活动，除明王朝祭祖礼仪改革的制度改革因素推动外，还与当地社会经济发展以及宗族遇到挑战的形势有密切关系。明代中叶以后，伴随商品经济的发展和社会的急剧转型，徽州宗族子弟大规模外出经商，社会风气日渐浇漓。这一社会现象的出现，对徽州宗族制度和宗族统治造成了剧烈冲击。因此，营建祠堂、强化宗法观念、加强宗族组织、巩固宗族制度，便成为形势发展的迫切需要。与此同时，拥有强烈宗族背景的徽州商帮经营的巨大成功，也为宗族祠堂建设提供了有力的物质保障。他们将经商所得的利润大规模投入祠堂的建设中，在一定程度上促进了徽州祠堂的建设。"宗祠之设，妥祖宗之神，序昭穆之次，致祭祀之礼，此报本之地也。"[①] "大家世族不可无祠，祠祭不可无规。族无祠则无以敦水木本源之念，不足以言仁。"[②]宗族祠堂显然已经成为报本追远、怀慕祖先和彰显大家风范的一个重要标志。此外，明代中叶徽州科第兴盛，人才辈出，一批品官在任和致仕之后，对宗族祠堂建设也情有独钟。于是，徽州祠堂便在这些综合因素的交互作用下，开始了几乎是井喷式的崛起，形成"厅祠林

---

① 嘉靖《休宁邑前刘氏族谱》附录《祠约》，明嘉靖三十八年刻本。

② 嘉靖《休宁西门汪氏族谱》卷一《汪翰林西门汪氏祠规·序》，明嘉靖六年刻本。

立""祠宇相望"的兴盛景象。

整个嘉靖时期，徽州宗族祠堂的建设呈现出以下几大特征：

第一是数量多。在夏言《请定功臣配享及臣民得祭始祖立家庙》奏疏被明世宗批准的嘉靖十五年之后，徽州社会迅速掀起了一次兴建宗族祠堂的高潮。在这次祠堂建设的高潮中，徽州六县境内聚族而居的各大宗族兴建了数以百计的祠堂，其实际数量应当远远超过嘉靖四十五年《徽州府志》所统计的225座，呈现出爆发性增长的特征，即所谓"村落家构祠宇，岁时俎豆其间"[①]成为一种普遍的社会现象。

第二是类型广。嘉靖年间徽州大规模兴建祠堂的类型极为广泛，其中既有合族的宗族祠堂，也有单一合户的祠堂，还有所谓的墓祠、书院等专祠。正如祁门善和程昌编撰的嘉靖《窦山公家议》所指出的那样："追远报本，莫重于祠。予宗有合族之祠，予家有合户之祠，有书院之祠，有墓下之祠，前人报本之意。至矣！尽矣！思报本之义而祀事谨焉"[②]。

第三是规模大。嘉靖时期徽州的宗族祠堂起点高、规模大，而且越到嘉靖后期，随着徽商经营和徽州科举功名的巨大成功，徽州宗祠的规模也更加庞大。建成于嘉靖二十二年（1543年）的婺源横槎黄氏宗祠"寝堂七间，堂后穿堂一间，夹室两厢，共九间。堂之外翼以廊，东西共十间，而会于大门；门七间，庖湢守室称之"[③]。而休宁汪溪金氏宗祠"祠基坐西面东，原系田地山经理，今属为祠基，入深计一十六丈四尺有零，横计阔六丈一尺有零。祠后众存沟一道，从左绕祠前，流入街渠，两畔有地，以俟后裁"[④]。

第四是规格高。嘉靖时期特别是嘉靖中叶以后，徽州祠堂的规制逐渐定型，大体为仪门、享堂和寝堂等二进五开间规制。最具代表性和典型性的当推始建于嘉靖四十一年（1562年）的绩溪龙川胡氏宗祠。该祠堂分别

---

① 嘉靖《徽州府志》卷二《风俗志》。

② （明）程昌撰，周绍泉、赵亚光校注：《窦山公家议校注》卷三《祠祀议》，第19页。

③ 嘉靖《新安左田黄氏正宗谱》卷十九《文献·记类·横槎祠堂记》。

④ 嘉靖《新安休宁汪溪金氏族谱》卷四《墓图》，明嘉靖三十二年家刻本。

由门楼、享堂和寝堂共三进七开间构成，是一座飞檐翘角、雍容华贵的典型五凤楼建筑。第一进是门楼，宽达22米的门楼，由28根立柱和33根月梁构成。第一重门为黑漆色大栅栏门。第二重门中间是仪门（俗称"正门"），两边是边门（又称"旁门"）。仪门前左右各置一个高大的石鼓和威武雄壮的大石狮。最引人注目的是前后8条方梁梁面的精美木雕图案，前面中间上梁是"九狮滚球遍地锦"，后面中间上梁是"九龙戏珠满天星"，下面和左右两边方梁是各种各样的历史戏文。这些木雕内容丰富，雕刻精湛，具有很高的艺术价值。第二进是享堂，这是一座恢宏高大、豪华典雅的宫殿式建筑。它由48根直径53厘米的高大银杏圆柱，架着54根硕大的冬瓜梁构成。在龙川胡氏宗祠建筑群中，享堂是主体建筑。享堂两侧各有10扇高达丈余的落地隔板，上半截为镂空的花格，下半截为平板浮雕。雕刻内容是出水芙蓉。莲花，有的含苞待放，有的花蕾初绽，有的盛开怒放，有的瓣落蓬显；荷叶，有的迎风翻卷，有的平铺水面，有的舒展如伞，有的低垂若帽；池水，有的微波粼粼，有的浪花朵朵，有的涟漪荡漾，有的水流湍急；动物，或有鸟翔蓝天，或有鱼潜水底，或有鸭戏碧波，或有蛙跃荷塘，或有鸳鸯交颈，或有河蚌禽张，或有对虾追逐，或有螃蟹横行。20扇花雕，千姿百态，充满诗情画意[①]。享堂正面是一排大型木雕隔扇。这些隔扇雕刻的主题是梅花鹿。雕工精细入微，不仅雕出鹿身点点梅花，而且细毛都清晰可见。鹿的神态，有的悠游慢步，有的回头顾盼，有的仰首嘶鸣，有的受惊疾奔，有的饮水溪畔，有的口衔花草，有的母鹿舔抚，幼鹿吮乳……件件惟妙惟肖，巧夺天工[②]。第三进是寝室，这是一座高大的楼阁式建筑。这里的隔扇浮雕是静物插花艺术。花瓶造型，有六角、八角、半圆、长颈、大口、菱形等；瓶身图案，有回纹、云纹、细线、挂铃等；瓶内插花，有桃、李、兰、菊、牡丹、海棠、水仙、玉簪等。隔扇上下小木板浮雕，有文房四宝、书案画卷、八仙道具等，堪称艺术精品。

---

① 参见冬生：《木雕艺术的厅堂》，《安徽画报》1986年第2期。

② 参见冬生：《木雕艺术的厅堂》，《安徽画报》1986年第2期。

总之，嘉靖时期是徽州宗族祠堂建设的井喷式发展时期。它不仅在数量、类型、规模和形制方面，继承了宋元和嘉靖以前徽州宗族祠堂发展的态势，而且逐渐形成了以五凤楼式三进五开间的基本规制和特征，并在此基础上进行了改进，成为此后徽州宗族祠堂的基本规制与形态。

2. 万历至明末徽州祠堂的繁荣发展

承接嘉靖时期的发展态势，万历至明末，徽州宗族祠堂在徽商大规模经营成功、积聚了巨额财富的背景下，不仅在数量上继续增加，徽州境内规模稍大一点的宗族大都建立了属于自己的合族或合户祠堂，而且在规模和规格体式上又有了进一步的发展，一些规模庞大、雕栏玉砌极尽奢华的巨姓大族祠堂特别是统宗祠开始出现，并逐步达到了历史巅峰。

我们仅以万历《绩溪县志》为例，来说明万历时期徽州宗族祠堂数量绝对增加这一事实。截止到嘉靖四十五年（1566年），绩溪仅有18座宗祠，到了万历九年（1581年），就增至34座[1]，数量几乎增加一倍。

万历时期兴建的最具代表性的，也是目前堪称规模建制最为宏伟的徽州宗族祠堂，当推位于今歙县潜口和呈坎的汪氏金紫宗祠与贞靖罗东舒祠。

汪氏金紫祠是潜口汪氏宗祠，位于潜口下街，又称"下祠堂"。宋元祐年间（1086—1094年），因聚居潜口的望族汪叔敖四子相继入仕，汪叔敖遂以子贤而被赠以金紫光禄大夫，汪氏宗祠亦由此被称为"金紫祠"。该祠始创于宋，明永乐时汪善一曾修葺之。正德年间，汪弘仁、汪弘义始将祠址迁建于今金紫祠所在之地，但规模不大。嘉靖初，汪文显曾率族众扩大宗祠规模，惜未竟，其子宪使、上林锐意成之。但因宪使以伏节死，夙愿未遂。隆庆、万历之际，汪卜林弃官而归，决意成之。直到万历二十年（1592年），方才仿造明皇宫太和殿建筑式样，鸠工庀材，开始重建金紫祠，历时3年竣工。据大学士许国撰写的《潜川汪氏金紫祠碑记》载，金紫祠"自壬辰迄乙未，越三载而功成"[2]。这座规模宏伟的祠堂，从周

---

[1] 根据万历《绩溪县志》卷四《宫室志·祠宇》统计。

[2] 原碑现立于安徽省黄山市徽州区潜口镇汪氏金紫祠内。

边环境到祠堂布置和装饰，都经过了精心选择、规划和设计。从四周远景观之，"祠故负龙山，蜿蜒叠复而来，形家者最焉。负坎抱离，黄罗为觐，天马屏峙，潜之水曲逆而左带，浮屠锐末而颖插天。松山右环，夭乔而蟠龙虬。形胜之奇，邑中无两……自故址之前，树棹楔者三，署祠额焉。左右夹立而鼎承之，则宋元及贻代贤贵甲科之士胪列焉。坊当康庄之衢，槐棘夹道，浓绿交阴，望之窿如也，廊如也，足以耸观。由坊而入，池方二亩，甃石而桥之，下穿三峡，上施楯焉，命名曰三源桥。盖以潜川岁主祫祭，执牛耳以司盟，若信行，若丛睦，则分支流派三而本源一，桥因以名。渊如也，泓如也，足以探本。由桥而进，属于棂门，栅林立焉。戟门中启，阀阅崔魏，薨革飞动，洋洋乎世族之风。由戟门而抵仪阔，开阈者三，轩如也，洞如也，足以作肃。入门而驰甬道，登露台，两庑回荣，虚明爽垲，九仞之堂，穹窿栋宇，以藏历代天言"[①]。根据上述文字记载，结合现存并已整修一新的汪氏金紫祠规制，我们可以清楚地发现，这座被当地居民称为"金銮殿"的祠堂建筑宏伟壮观。作为一个整体的建筑群，汪氏金紫祠坐北朝南，其结构沿中轴线对称布局，依次为金紫祠石牌坊、侧立一对双脚石坊、方池、三源桥、棂星门、天井、一对石狮、戟门、天井、碑亭、仪门、庭院、两廊、露台、上下大堂、穿堂、天井、三道石阶甬道、寝堂，左廊转后，为汪公殿，总共多达七进，纵深达196米，总面积近7000平方米。就戟门之后的祠堂内部结构而言，汪氏金紫祠共有四进：碑亭、仪门、享堂和寝堂。戟门东西两侧并排建有碑亭各一座，分别存置大学士许国撰写的《潜川汪氏金紫祠碑记》和时任都察院右佥都御史汪应蛟撰写的《潜川汪氏金紫祠碑记》各一通。鼋驮碑亭在徽州宗祠建筑中极其少见。寝堂宽31米，进深10.6米，高约10米，为歇山顶，中为正德年间建造，两侧各3间则为万历时增建，月梁梭柱，荷花柱础，前有轩棚飞檐[②]。

---

① 原碑现立于安徽省黄山市徽州区潜口镇汪氏金紫祠内。

② 黄山市徽州区地方志编纂委员会编：《徽州区志》，黄山书社2012年版，第783—784页。

呈坎罗东舒祠全称为"贞靖罗东舒先生祠"，是为祭祀聚居于呈坎村的前罗十三世祖、宋末元初学者罗东舒而建。该祠堂初创于嘉靖年间，罗应鹤《祖东舒翁祠堂记》云："嘉靖间，宗长老聚族而谋，议建特庙。眂日参景以正方位，水地置臬以相高卑，得善地于左方，面灵金而宸负葛山，南挹五星而北引潈水为带，此山川之奇，足妥先灵矣。伐山刊木，得善材数千章。匠人营之，陶人甓之。后寝几成，遇事中辍。"显然，嘉靖时期，由于种种原因，罗东舒祠建造被迫中断，未能竣工，直到万历四十年（1612年），几近完成的部分建筑已危至圮坏时，方才重新开始继续施工，"诸宗人因谒庙而思祖功，睹遗规而慨缔造之不易。宗之冕衣裳者、缝掖者、衣大布者、父老之杖者、扶掖者、提携者不谋而集，咸曰：'先公有灵，此举日几几望之矣。'于是，考委积于遗人，征力役于司隶。心计者策之，忠勤者督之，素封者劻勤之，千腋一裘，期以不日。中建堂，其颜为'彝伦攸叙'，出云间董太史手笔。堂上度以筳，堂崇四筳，广八筳，深近六筳。寝度以寻，广十寻，深四寻。中奉翁及祖姚，左右按礼分曹，东西为夹室，东崇有德，西报有功，祔祠之主序列焉。寝因前人草创，益之以阁，用藏历代恩纶。由堂之前，甃石为露台，从台两旁而前，各有庑，为楹二十有四。转而趋则为正门，将将洞启、容大扃者三，其颜为'贞靖罗东舒先生祠'，为太和郭大司马题识。左右各有厅事，以备聚食待馂之所。门之外，列碑亭二座，翼然前趋，总竖以棂星门，缭以周垣，为一百七十六堵。经始于壬子秋，落成于丁巳岁，为费亦不资矣"[1]。可见，罗东舒祠从草创至最后落成，前后历经了70余年。对照现在遗存相对完好的罗东舒祠，我们不难发现，这座规模仅次于汪氏金紫祠的罗东舒祠，也是一座非常壮观华美的宗族祠堂，被誉为"江南第一祠"。该祠堂坐西朝东，四进四院，由棂星门、仪门、碑亭、甬道、丹墀、厢廊（房）、露（拜）台、享堂和寝堂等部分构成。面宽26.5米，进深78米，占地面积3300平方米。整个工程由二十二世祖户部侍郎罗应鹤主持，原先建成的主

---

① （明）罗应鹤：《祖东舒翁祠堂记》,（明）罗斗,（清）罗所蕴、罗大章辑, 吴晓春点校：《潈川足征录》卷六《记》, 黄山书社2020年版, 第65—66页。

干部分寝堂，在保持木结构建筑的同时，改成三道石台阶上堂，总工程由二十三世祖罗邦耀综理监督，开始于万历四十年（1612年），落成于万历四十五年（1617年），前后历时近6年。宗祠全部竣工后，发现寝堂被中进享堂遮蔽，二十三世祖罗人忠又主持在寝堂屋顶加盖一阁，名曰"宝纶阁"。这样，整座罗东舒祠显得巍峨壮观。值得一提的是，在罗东舒祠的整个建筑中，还有专门的女祠，名曰"则内"。

万历至明末，徽州祠堂建设确实达到了一个高峰。正如吴子玉在《沙溪凌氏祠堂记》中所云："寰海之广，大江之南，宗祠无虑以亿数计，徽最盛；郡县道宗祠，无虑千数，歙最盛。自歙水之东，无虑百数，凌氏祠巨丽最盛。盖我郡国多旧族大姓，系自唐宋来，其谱牒可称已，而俗重宗义，追本思远，俭而用礼，兹兹于《角弓》之咏。以故姓必有族，族有宗，宗有祠，诸富人往往独出钱建造趣办，不关闻族之人。诸绌乏者，即居湫隘，亦单力先祠宇，毋使富人独以为名。由是，祠宇以次建益增置矣。"[1]

3. 清代康熙至乾隆时期徽州祠堂建设的鼎盛发展

经过明末清初战乱洗劫，富庶的徽商和徽州在清初经历了沉寂和低迷发展之后，至康熙中期再度崛起，特别是徽州盐商在两淮和两浙盐业中，几乎取得了压倒性的垄断地位。拥有巨额利润和资本的徽商对徽州故里的教育、文化和宗族事业，慷慨解囊，捐助巨资纂修家谱、创建祠堂，进而实现光宗耀祖的理想，使得康熙、乾隆年间，徽州的宗族祠堂在经历了明末的一次建设高峰之后，再度兴盛，并发展到了巅峰地步。对此，许承尧撰修的《歙县志》云："田少民稠，商贾居十之七，虽滇、黔、闽、粤、秦、燕、晋、豫贸迁无不至焉，淮、浙、楚、汉又其迹焉者矣，沿江区域向有'无徽不成镇'之谚。……邑中商业，以盐、典、茶、木为最著，在昔盐业尤兴盛焉，两淮八总商，邑人恒占其四，各姓代兴，如江村之江，丰溪、澄塘之吴，潭渡之黄，岑山之程，稠墅、潜口之汪，傅溪之徐，郑

---

[1] （明）吴子玉：《大鄣山人集》卷二十二《沙溪凌氏祠堂记》，《四库全书存目丛书》总第914册，《集部》第141册，齐鲁书社1997年版，第511页。

村之郑，唐模之许，雄村之曹，上丰之宋，棠樾之鲍，蓝田之叶，皆是
也。彼时盐业集中淮、扬，全国金融几可操纵，致富较易，故多以此起
家。席丰履厚，闾里相望。其上焉者，在扬则盛馆舍、招宾客，修饰文
采；在歙则扩祠宇、置义田，敬宗睦族，收恤贫乏。"①

正是在以盐商为代表的徽商迅速致富并慷慨捐巨资创建和修缮本宗族
祠堂的背景下，以及徽州籍官员和士绅的助推下，康熙至乾隆时期，徽州
再次将祠堂建设推向了一个高峰。徽州不少规模宏大、富丽堂皇的祠堂，
多是在明代万历之后，特别是清代康乾时期得以创建和维修的。

规模宏敞的休宁县古林黄氏宗祠创建于元代、重建于明嘉靖元年
（1522年）、重修于清代乾隆年间的典型祠堂建筑。嘉靖元年，古林黄氏宗
族"前代建有祠宇，合其族姓，以奉蒸尝。元末兵兴，鞠为墟烬，岁时展
序，惟次第相率就其私家，汔可成礼而已。嘉靖壬午，其宗老某等议以齿
聚益繁、祠宇久废、无以称安远宁宗之意，乃即所居东偏拓地一区，广若
干丈，深且倍之，中为享堂，后为寝室，廊庑洞达，门闼宏深，内有厨
藏，外有泡湢，而珍守宗器，陈饬祭仪，涤洁牲牷，各有其所"②。从这
段文字记载中，我们不难看出，当时的古林黄氏宗祠规模是很大的，但基
本上是仪门、享堂和寝堂三进两院的五凤楼式建筑。至明末，宗祠正堂颓
坏，"族议重造，以崇祯之壬申告竣，庙貌壮观"③。

延至清代乾隆年间，古林黄氏宗祠再度倾圮。于是，乾隆三十年
（1765年），族议进行重建。重建后的黄氏宗祠坐东朝西，整座宗祠为三进
五开间，仪门依然为五凤楼式建筑，仪门左右为一对抱鼓石，门前为一对
石狮。仪门后为天井，纵深约20米，两侧建有廊庑厢房各五间。中为享
堂，高耸宽阔，雕梁画栋，拱顶飞檐。出享堂后门为天井，天井尽处即为
寝堂，是供奉黄氏历代祖宗牌位的场所。如今，这座历经风雨的祠堂仅存
一二进厅堂，被易地搬迁至休宁县万安镇古城岩景区。

① 民国《歙县志》卷一《舆地志·风土》。
② 崇祯《古林黄氏族谱》卷四《谱文苑·记·大宗祠碑记》。
③ 崇祯《古林黄氏族谱》卷一《谱宗祠·宗祠图引》。

婺源县汪口俞氏宗祠也是清代乾隆年间建造的一处规模宏大、保存完好的徽州宗族祠堂。据载，汪口俞氏宗祠始创于宋大观年间（1107—1110年），明嘉靖十一年（1532年）重建。现存汪口俞氏宗祠位于汪口村东，坐北朝南，占地面积1116平方米，系清乾隆元年（1736年）由朝议大大俞应纶主持建造。整座祠堂建筑群由祠堂、花园和书院三部分构成。祠堂为该建筑群的主体，系歇山顶式建筑，共有三进，前后进各五间，中进三间，中间由两个天井所构成的院落相连。第一进为仪门，系徽州典型的五凤楼式建筑。第二进为享堂，两侧有直径约0.5米的四根石柱支撑。第三进即最后一进为寝堂，上下两层，第一层系饼台，第二层则为阁楼，是供奉汪氏历代祖先神位之所。汪口俞氏宗祠规模较大，气势恢宏，布局严谨。其最显著的特色是祠内木雕斗拱、脊吻、檐椽、雀替和柱础，无不考究形制，凡木质构件均巧琢细雕，有大、中、小各种形体和各种图案100余组。刀法有浅雕、深雕、透雕、圆雕，细腻纤巧，精美绝伦，堪称清代徽州祠堂木雕建筑的集大成之作。

康熙至乾隆时期，徽州祠堂得到了广泛的发展，达到了巅峰的地步。主要反映在以下几个方面：

第一，数量急剧增多。据乾隆《绩溪县志》和道光《休宁县志》记载，截止到乾隆二十一年（1756年）和道光初年，绩溪和休宁县境内分别建有各类宗族祠堂116座和294座[①]。绩溪和休宁若此，徽州其他四县亦是如此。即使是某一村落，也出现了一村多祠现象，仅歙县江村乾隆年间就有34座各类祠堂[②]。正如嘉庆《黟县志》所云："新安家多故旧，自唐宋以来，中原板荡，衣冠旧族多避地于此。数百年来，重宗谊，讲世好，上下六亲之施，村落家构祠堂，岁时俎豆其间。小民亦安土怀生，虽曩日山贼、土寇时窃发，犹能相保聚焉。祠堂始载于嘉靖《府志》，云宗祠，以

---

① 根据乾隆《绩溪县志》卷五《祀典志·族祀》和道光《休宁县志》卷二十《氏族志·祠堂》所载祠堂资料统计。

② （清）江登云辑、江绍莲续编，康健校注：《橙阳散志》卷八《舍宇志·祠堂》，安徽师范大学出版社2018年版，第132—136页。

奉尝祖祢，群其族人，而讲礼于斯，乃仅见吾徽而他郡所无者"①。康熙至乾隆时期，徽州祠堂建设数量的绝对增加，是这一时期徽州经济、社会、文化特别是徽商和徽州宗族鼎盛发展的重要标志。

第二，类型更加广泛。经历了明代嘉靖、万历时期的繁荣发展，明末清初的低迷徘徊和清代康熙、乾隆时期的鼎盛发展，徽州宗族的祠堂建设不仅数量呈急剧增加的态势，而且祠堂的类型更加广泛，跨越地域统宗祠、支祠、家祠、家庙等众多不同类型的祠堂拔地而起，并显示出规模宏大、富丽堂皇和日益繁盛的局面。正如乾隆《绩溪县志》所指出的那样："邑中大族，有宗祠，有香火堂，岁时伏腊，生忌荐新，皆在香火堂。宗祠礼较严肃，春分、冬至，鸠宗合祭，盖报族功、洽宗盟，有萃涣之义焉。宗祠立有家法，旌别淑慝，凡乱宗、渎伦、奸恶事迹显著者，皆摈斥不许入祠。至小族，则有香火堂无宗祠，故邑俗宗祠最重。"②祠堂林立，类型广泛，是这一时期徽州宗族祠堂发展的最典型的特征。

第三，规模更为庞大。与明代嘉靖、万历时相比，清代康熙、乾隆时期徽州宗族祠堂规模更加庞大，而且这些庞大的宗祠数量更多，规格更高。这主要是由于徽商和徽州科第仕宦在经历嘉靖、万历至明末的繁盛发展后，至康熙、乾隆时期再次强势崛起。徽商在两淮盐业、两浙盐业、典当业、茶叶和其他经营领域全面开花，科第联袂，创造了"连科三殿撰，十里四翰林"③的科举佳话。而正是这些富甲一方徽商的鼎力相助和徽州仕宦的全力支持，使得徽州的宗族祠堂建设规模更为庞大，世界文化遗产——皖南古村落的黟县西递村，有一座宗祠（已毁）和现存两座规模最大的支祠追慕堂、敬爱堂，都是由当时号称"江南六大首富"之一，拥有"三十六家典当铺""七条半街"和"家产五百万金"的典当巨商胡学梓捐助巨资建造的，其中仅为创建胡氏宗祠，胡学梓就一次性捐资白银3859两

---

① 嘉庆《黟县志》卷十一《政事志·祠堂》。

② 乾隆《绩溪县志》卷一《方舆志·风俗》。

③ (民国)许承尧撰，李明回、彭超、张爱琴校点：《歙事闲谭》卷十一《科举故事一》，第355页。

7分，外加旧料木屑银100两①。创建于乾隆二年（1737年）、落成于乾隆九年（1744年），前后历时7年方才建成的歙县江村江氏宗祠——贲成堂规模十分宏敞，规格相当高。据《橙阳散志》记载，该江氏宗祠"除旧祠木石、陶冶外，共用费二万九十一百九十两零，堂为楹五，颜曰'贲成'，仍旧额也。堂之后为享堂，以妥先灵；上为诰敕楼，供奉国朝恩赐诰敕宸翰暨前代墨宝。堂之前为仪门，再前为大门，额标'济阳'，溯本始也。祠旧有石坊，大书曰'古良臣'，今移大门之前。自石坊至享堂后壁，纵三十三丈六尺，横十一丈。堂之左为明巷，立甲门二，从形家言也。大门左为更衣盥荐之所，有亭，有阁，有榭，有花木竹石，颜以'树滋'，劝懋修也。再后为厅事，以膺福胙，为祀谷仓，为庖厨，为守祠人栖止处"②。由此可见，在徽商和徽州籍仕宦的助推下，徽州宗族祠堂建筑远超明代万历时期的规模与规格，达到了巅峰的地步。

第四，祠堂祭祀和维修经费更有保障。康熙至乾隆时期，徽州宗族祠堂不仅在数量、类型、规模和形制上都超越了以前任何一个时期，而且在徽商和徽州籍仕宦的捐助和支持下，祠堂祭祀和维修经费更是成倍增加，从而使祠堂祭祀和维修有了充足的保障。"祠之富者，皆有祭田，岁征其租，以供祠用。有余则以济族中之孤寡，田皆族中富室捐置。"③歙县江村江氏宗祠建成后，为保证宗族祭祀和维修费用，江承珍一次性捐助购置了祀田、义田百数十亩，"以供祀事，以周贫困"，江允昉也捐助祀田，"以供春秋二祭"④。

总之，清代康熙至乾隆时期，徽州宗族祠堂的建造达到了一个巅峰的状态，这既是徽商、徽州科第繁盛的一个集中反映，也是徽州宗族与社会

---

① 《清乾隆五十六年孟冬月黟县西递乐输建造宗祠碑》，原碑现立于安徽省黟县西递村口。

② （清）江登云辑、江绍莲续编，康健校注：《橙阳散志》卷十《艺文志一·重建贲成堂碑记》，第166页。

③ 民国《歙县志》卷一《舆地志·风土》。

④ （清）江登云辑、江绍莲续编，康健校注：《橙阳散志》卷十《艺文志一·重建贲成堂碑记》，第166页。

繁荣发展的一个缩影。

4．"咸同兵燹"与同治、光绪时期徽州祠堂的重创与重建

经历了康熙至乾隆时期的鼎盛发展阶段以后，随着清王朝盐法的改革和随之而来的鸦片战争，特别是清军与太平军在徽州进行的十余年拉锯战（即咸丰、同治兵燹，简称"咸同兵燹"），徽州宗族祠堂受到了严重破坏，一批规模宏伟、富丽堂皇的祠堂被战火焚毁。对此，光绪《绩溪县南关惇叙堂许氏宗谱》云："自咸丰庚申粤寇窜绩邑，焚掠几无虚日。及同治甲子，贼平，各姓祠宇，多为灰烬。"①同治《黟县三志》亦云："近年兵燹，祠堂存毁略半。"②但事实上，黟县在咸同兵燹中被毁的祠堂远远不止一半。据载，咸同兵燹以前，黟县全县共有祠堂404座，而兵燹之后仅剩下104座，祠堂被毁率达74%，近2/3的祠堂毁于兵燹③。"洪、杨起义，由湘鄂蔓延江南以及浙江数省，烽火连天，士农工商，不能各安其业，兄弟妻子，转徙流难，房屋俱焚，人将相食，后由曾宪将兵戡乱，而生人已十亡其八，所有编简半付（红）[洪]、（羊）[杨]矣。……咸同间逃出在外，不知几何。"④受创较深的绩溪县旺川村，"自咸丰十年粤匪蹂躏，祠宇被毁，谱籍皆成灰烬。数年间，殁者甚多，无庙可祔"⑤。在绩溪宅坦村，龙井胡氏宗族也遭到重创，"洪杨之乱，久战江南，吾乡无一片干净土，公私焚如，百不存一。虽同治中叶大难削平，而疮痍满目，十室九空"⑥。

咸同兵燹后，徽州宗族开始了宗族记忆的恢复与重建工作，其中除了纂修家谱、整理祭祀和修缮祖墓之外，最重要的就是重建或修缮被焚毁或破坏的宗族祠堂。毕竟祠堂是祖先神灵魂魄之所和宗族权力的象征。绩溪宅坦胡氏宗族祠堂——亲逊祠刚在道光时期整修一新，但因"乱后宗祠后

① 光绪《绩溪县南关惇叙堂许氏宗谱》卷九《祠堂图附祠堂记》。

② 同治《黟县三志》卷十一《政事志·祠堂》，清同治十年刻本。

③ 根据同治《黟县三志》卷十一《政事志·祠堂》所列祠堂数字统计。

④ 民国《绩邑柳川胡氏宗谱》卷首《历代旧谱序·同治八年胡绍曾序》，民国刻本。

⑤ 民国《曹氏宗谱》卷一《旧序》，1927年旺川敦睦堂木活字本。

⑥ 民国《明经胡氏龙井派宗谱》卷首《明经龙井派续修宗谱记》，1919年刻本。

进全堂经贼残毁",亟待修缮。三十六世胡业（1818—1871年）不忘母亲嘱托，亲自率领诸弟"出资专修，躬亲董理，焕然一新"①。不唯如此，胡业之子三十七世胡佩玉（1837—1918年）还出资整修了亲逊祠前道路，同时又命其子"出资重建祠碓"②。"以助饷平乱授都司衔，晋封二品"的三十六世胡道升（1832—？年）也加入了整修秀山亲逊祠的行列③。经过整修，至同治十年（1871年），亲逊祠再次焕发了新姿。绩溪南关许氏惇叙堂虽"岿然灵光"，未全部毁于战火，但亦"神座壁衣，无复存者"，于是在同治六年（1867年）对祠堂进行重修，并于光绪元年（1875年）竣工④。

但是，咸同兵燹后，无论是徽商、徽州宗族，还是徽州本土社会与经济都遭受了前所未有的重创，除极个别宗族外，整体上再也无力恢复和建造规模宏大、极尽奢靡的祠堂建筑了。

如今，经过沧桑巨变，徽州历史上曾经数以千计，规模宏敞、精雕细琢、造型精美的宗族祠堂，能够完整遗存下来的只有不到500座了。这一数字与全国其他地区相比，依然数量众多。今日所幸被保存下来的祠堂中，最著名的有歙县呈坎的贞靖罗东舒祠、潜口的汪氏金紫祠、郑村的郑氏宗祠，歙县的棠樾鲍氏宗祠敦本堂和女祠清懿堂、郑村的郑氏宗祠、北岸的吴氏宗祠、大阜的潘氏宗祠、绍村的张氏宗祠、韶坑的徐氏宗祠、叶村的洪氏宗祠等，休宁的古林黄氏宗祠、溪头汪氏宗祠三槐堂，婺源的黄村百柱宗祠经义堂、汪口的俞氏宗祠、浙源的查氏宗祠，祁门渚口的倪氏宗祠贞一堂、历溪的王氏宗祠合一堂、环砂程氏宗祠叙伦堂、六都的程氏宗祠承恩堂，黟县的西递胡氏支祠敬爱堂和追慕堂、屏山的舒氏宗祠庆余堂、南屏的叶氏宗祠叙秩堂、宏村的汪氏支祠敦本堂，绩溪的龙川胡氏宗祠、瀛洲和湖村的章氏宗祠、华阳镇的城西周氏宗祠、荆州的明经胡氏宗祠等。

---

① 民国《明经胡氏龙井派宗谱》卷八（一）《龙井宅坦前门相公派》。
② 民国《明经胡氏龙井派宗谱》卷八（一）《龙井宅坦前门相公派》。
③ 民国《明经胡氏龙井派宗谱》卷八（一）《龙井宅坦前门相公派》。
④ 光绪《绩溪县南关惇叙堂许氏宗谱》卷九《祠堂图附祠堂碑记》。

三、徽州祠堂的布局和规制

(一)祠堂在村落中的空间布局

作为宗族成员祭祖和议事的公共活动空间，与其他公共空间相比，祠堂在聚族而居的村落建筑中处于至高无上的地位。因此，其布局大多位于村落的中轴线上或村庄较为开阔的空间内，或依山傍水而建，或在地势相对较高之处，以使祠堂建筑地势凸起，在村落中显示祠堂的威严。还应指出的是，在村落建筑中，祠堂一般与普通民居保持一定距离，这不仅能够突出祠堂与其他建筑的区别，同时还可通过祠前坦地或道路街巷，将其与民居等建筑维持一种相互依托的互动关系。

以黟县南屏叶氏宗祠和支祠为例。宗祠叙秩堂，祀始祖伯禧公，系叶氏宗族思聪公派创建于明代成化年间，位置处于南屏村心。"正屋基坐东朝西，系经理称字号，于康熙十三年（1674年）改造祠楼。乾隆十五年（1750年）重修，三十九年（1774年）又重修。乾隆四十三（1778年）年，殷瑞府邑侯名潘哲以'安分乐业'匾额表闾。"支祠奎光堂，祀四世圭公，系由叶氏六世祖廷玺公等始建于明代弘治年间，空间位置也是处于南屏村心，坐西朝东，"系经理称字号，于雍正十年改造祠楼及大门。乾隆五十二年，重建前堂，并改门楼"[①]。世界文化遗产——皖南古村落中的黟县西递敬爱堂坐北朝南，处于村落中轴线的中心位置，所有民居通过纵横交错的道路与街巷连接起来，形成一个整体，使村落宛若航行中的巨舟，祠堂则位于巨舟的中心。同样，坐北面南的歙县棠樾鲍氏支祠——宜忠堂，也是位于棠樾村中背山临街之处。再就是呈坎贞靖罗东舒祠，为坐西朝东方位，棂星门与仪门之间，有一条道路穿院而过，作为村民出入呈坎村庄的公共道路。祁门县六都村的承恩堂也是处于坐西朝东位置，祠堂对面为

① 嘉庆《南屏叶氏族谱》卷一《祠堂》，清嘉庆十七年刻本。

村前的和溪。

从上述文献记载和田野调查来看，在包括村落在内的徽州传统聚落中，宗族祠堂大体上呈现出坐北朝南或坐西面东的布局。但由于徽州地处山区，受地形、地势和周围环境的限制与影响，也有不少宗族的祠堂（含统宗祠、支祠、家庙等）并非按照坐北朝南或坐西面东方位选址和建造的。如歙县北岸吴氏宗祠就不是坐东朝西而是坐东朝西偏南的。类似坐东朝西而非通常坐西朝东的徽州宗族祠堂，还有休宁县汪村镇沅里村现存三进三开间的清代建筑汪氏宗祠——世德堂、清代创建的龙田乡桃林村坐东朝西南的张家祠堂等。

那么女性宗祠在聚落空间布局中的朝向如何呢？同男性宗族祠堂一样，女性宗祠大部分是单独建祠，成为聚落中的单体建筑，如创建于清代的歙县潭渡的都壶德祠、棠樾的清懿堂等；也有建于男性宗族祠堂内部，是男性宗族祠堂建筑群的重要组成部分的，如位于歙县呈坎村贞靖罗东舒祠内的"则内"祠等。那么，徽州女性祠堂的坐落朝向是不是与男性祠堂通常的坐北朝南、坐西朝东相反，呈现出坐南朝北、坐东朝西呢？从现存的歙县棠樾女祠清懿堂坐南朝北和呈坎村贞靖罗东舒祠内的则内祠坐东朝西的坐落朝向看，通常女祠多是坐南朝北或坐东朝西的，但并不是所有的女祠都是按照这样的坐落朝向规划和设计的。就规模和形制而言，从现存的棠樾清懿堂来看，徽州女祠的规制丝毫不亚于男性宗族祠堂。

(二)徽州祠堂的规制

《礼记·月令记载》，仲春之月，"耕者少舍，乃修阖扇，寝庙必备"。郑玄注曰："凡庙，前曰庙，后曰寝。"

徽州的祠堂规制继承和沿袭了西周以来的宗庙或家庙的规制与风格。

从家谱的记载和现有徽州祠堂的遗存来看，除极少数家庙和祠堂以外，绝大多数徽州宗族祠堂为三进五凤楼式砖木结构建筑。所谓"五凤楼"，主要取"有凤来仪"和"五凤朝天，四水归堂"之意，主要用于祠堂第一进即仪门屋顶装饰，五凤楼有10个角，呈5对展翅之状。五凤楼下正中的祠堂大门，即被称为"仪门"。仪门，亦称"大门""门厅""过厅"等，这是徽州祠堂建筑的入口。

第二进为"享堂""室""正寝"等。享堂是宗族进行祭祖活动、举行祭祀礼仪和商议宗族大事的地方，是由古代的"庙"演变发展而来。

第三进为"寝室"，亦称"寝堂"，是供奉祖先神主牌位的地方。通常，徽州宗族祠堂的寝室中供奉的祖先神位，主要有百世不迁之祖以及左昭右穆四亲。明代休宁林塘范氏宗祠寝室供奉牌位的神龛顺序依次为"百世不迁之主巍然中龛，分支考妣左右享焉"①。

其实，徽州宗族祠堂建设和使用的理念就是在尊祖敬宗的名义下，"序昭穆、辨尊卑、萃涣散、联属人心"②。在徽州人看来，祠堂是一个非常神圣的地方，是祖先的魂魄之所在，"祠，祖宗神灵所依；墓，祖宗体魄所藏。子孙思祖宗不可见，见所依所藏之处，即如见祖宗一般。时而祠祭，时而墓祭，皆展亲大礼，必加敬谨"③。

为了加强对祠堂的管理，徽州宗族还制定了非常繁琐而苛刻的祠规，对违犯祠规的人员进行严厉的惩处，使祠堂始终保持森严肃穆，以强化宗族的社会控制。

下面，我们仅以清雍正年间休宁县江村洪氏宗族的《祠规》为例，来说明徽州宗族对祠堂的保护与维系。

一、宗祠当时常洒扫洁净，几席无尘，祖灵始安。平常皆封锁门户，无事不得擅开。各家亦不许于祠内私用匠作、堆积物件，并居住优人，以取亵慢之罪。违者，公议重罚。

一、管办祠事，每岁以二人督理，自长而下，依序顺行接值，不得推诿。祭祀诸物，务必丰洁，以尽诚敬。祭日，支裔毕集，每人给胙肉一斤。如不到者，罚银三钱。

① 万历《休宁范氏族谱》卷六《谱祠·林塘宗规附新安林塘范氏宗规序》。
② 万历《重修休邑城北周氏宗谱》卷九《宗规》，明万历二十四年刻本。
③ 万历《休宁范氏族谱》卷六《谱祠·统宗祠规宗规》。

一、狂风暴雨，管祠人便须入祠看漏。如有损蠛，即议修葺，其费悉于祠匣内出支。任事者须以敬祖为心，务重其事毋忽。

一、祀田，每岁管祠人收租，以供蒸尝之用。每年所该官粮，亦系本年收租人完纳。其田乃百世祀产，颂世守勿失，不许不肖者轻弃。违者，呈处。

一、元旦，入祠谒祖毕，众序尊卑团拜，每人给大巧饼一双，族长、斯文加倍。

一、新岁拜坟，年定期初十日。如不到山者，罚银一钱。

一、每月朔望，祀首清晨开门，洒扫陈设，以便支裔入祠拜谒。

一、冠礼，分上、中、下三等，上等五钱，中等三钱，下等一钱。其银交本年管祠人收。

一、新娶妇者，古有庙见之礼，当择吉日，新郎同新妇入祠拜谒。其拜坟俗例，勿行可也。

一、嫁女例接九五色银一两，其银以存黄石标祀之需，不得生放。今众公议，归入祠匣，交管年人收贮。交下之日，查盘交清。如有所失，坐及经手赔偿。

一、生子者，分上、中、下三等，上等一钱，中等五分，下等三分。其银交管年人收。

一、入主，分上、中、下三等，上等一两，中等六钱，下等三钱。其银入匣，预存为修葺之资。该祠首查明交下，毋得侵渔。违例者，逐出。

一、各祖墓山地，不许不肖者盗卖丝毫，其上蓄养荫木，不许擅伐。虽有枯树，亦听其自倒，其既倒之树，收取入众公用。违者，逐出宗祠，仍行呈处。

一、支裔有不忠不孝、烝淫败类，及婚姻庆吊与奴隶相为俦伍者，一概逐出。

一、异姓螟蛉养子，不许混入祠堂祀先。如有强挨进者，族长同房长押令扶出。

一、凡支裔取名，不得与前辈同行列讳，则世数不致混淆，亦即所以尊祖也。

闔族公定。[①]

洪氏宗族《祠规》虽是相对较为简单的管理宗祠的规约，但已涉及宗族族内事务的管理和规范问题，可以说，明代中叶以后，徽州宗族的祠规内容越来越细化，大有取代宗族族规家法之势。正是这些繁琐而严厉的祠规，使得徽州宗祠祠堂能够得以遗存至今。

不过，我们也注意到，尽管徽州宗祠的建筑规制主要以五凤楼式的建筑为主，但并非所有宗族祠堂都是按此规制规划、设计和建造的。相比之下，政治地位显赫、经济实力雄厚的宗族祠堂，大都以富丽堂皇的五凤楼式建筑为主，且规模庞大，要素俱全。而社会地位较低、经济实力不济的宗族，其祠堂建筑规制则极为简单。在歙县上丰乡蕃村，一村之内居住的鲍氏宗族和许氏宗族地位悬殊。在祠堂建筑上，鲍氏宗祠为规模宏伟的五凤楼式建筑，祠堂门前场地宽阔，而许氏宗族由于地位较低，仅以规模较小的房屋形式建设，甚至连名称也称为"许氏家庙"而非"许氏宗祠"。对此，我们必须有一个足够而清醒的认识。

总之，徽州祠堂的规制是复杂而丰富的，其规模的大小、规格，与徽州科第兴盛、徽商经营成功密切相关。但无论哪一种规制的祠堂建筑，都体现了徽州宗族报本追远、尊祖敬宗的理念和实践。

四、徽州的女性祠堂

明代嘉靖以后，兴起了以男性血缘关系为主的宗族祠堂建设热潮。与此同时，女性宗族祠堂也受到关注并得到一定程度的建设与发展。

女性祠堂俗称"女祠"或"母祠"。在嘉靖年间创建的贞靖罗东舒祠

---

① 雍正《江村洪氏家谱》卷十四《祠规》，清雍正八年刻本。

内，罗氏宗族即已同时建立名为"则内"的女性专祠，附属于罗东舒祠建筑群中。至清代康熙五十六年（1717年），歙县潭渡黄氏宗族有感于女性在家庭和宗族中的地位，本着报本追远之意，创建了母祠——壸德祠。潭渡十二世孙黄以正在《新建享妣专祠记略》[①]中指出：

> 母氏之劬劳有倍切者，而吾乡僻在深山之中，为丈夫者或游学于他乡，或服贾于远地，尝违其家数年、数十年之久，家之黾勉维持，惟母氏是赖。凡子之一身，由婴及壮，抚养、教诲、从师、受室，以母而兼父道者多有之。母氏之恩，何如其深重耶！正幼恃母慈，长承母训，以有今日。不幸而不逮养，风木之悲，杯棬之感，未尝少释于心。至王母年二十五而矢志守贞，抚先君子五岁之孤，至五十有八而终，毕生苦节。当未邀旌典之前，先君于易箦之际，谆谆以旌门、建祠二事为谕。先君子之欲报于王母，与正之欲报于母，其情均也。

正是在缅怀母氏养育之恩的背景下，康熙二十六年（1687年），在统宗祠落成之后，潭渡黄氏宗族即倡议创建享妣专祠——壸德祠，"丁酉之春，爰集族人，共商其事，而叙升诸君皆欣然从事，互相倡和。凡支下之子孙，则听其力之有无与助之多寡，其余皆正任之"。于是，黄氏宗族各支子孙踊跃响应，有钱出钱，有力出力，最后捐款和集资白银30000两，鸠工庀材，进行壸德祠的建设工作。壸德祠于康熙五十七年（1718年）竣工，落成后的壸德祠规模相当宏伟，"为堂五楹，前有三门，后有寝室，与祠门而四。堂之崇三丈五尺，其深二十七丈，其广六丈四尺，前后称是，坚致完好。凡祠之所应有者，亦无不备，阅载而后成，计白金之费三万两。由璋公之先妣而下，敬作三十六世，主诹吉日而奉安于寝室，鼎俎陈列，焚燎氤氲。凡属后人，莫不欢忻，正岂敢言孝思，亦以慰先君子于泉下耳。"为保证壸德祠祭祀活动的正常运转，潭渡黄氏宗族还专门制定

---

① 雍正《潭渡孝里黄氏族谱》卷六《祠祀》。

了修缮的规则，即"宜时加修葺，毋致为风雨所侵，期以五年，则一加葺，十年则工倍之，成而无毁，隆而不替"①。

为进一步深入了解壶德祠的建造过程，我们谨将礼部尚书王揍撰写的《潭渡黄氏享妣专祠记》②全文照录于下：

在昔圣王缘人情而制礼，后世行之，凡有可以义起者，皆礼之所不禁也。《记》曰："礼也者，反其所自生。"言报本也，报本之礼，祠祀为大。为之寝庙以安之，立之祏主以依之，陈之笾豆以奉之，佐之钟鼓以享之。登降拜跪，罔敢不虔。春雨秋霜，无有或怠。一世营之，百世守之，可云报矣。其或孝子慈孙之心，犹以为未足，则援所有以及所无，因所生而及所配者，虽出于一时之创举，揆之于义，安焉，洵君子所乐道也，若今潭渡黄氏之新祠是已。

黄以国氏著望于江夏，东晋时，有讳积者守新安，葬于黄墩，子孙家焉。至唐，有孝子讳芮者，庐墓于潭渡，遂望其地。其派下之子孙则以讳芮者为别祖，聚族千余年，宗祠之巨丽，甲于歙之一邑。裔孙以正笃于孝思，自以年甫艾而母氏未登耄耋，早不逮养，慈思罔极，尝捧栖楎而泣，睹遗像而悲，夙兴夜寐，图报其亲。又以王母郑二十余而守贞，抚五岁之遗孤，历三十三年之久。凡今之所有，皆王母一身之所留也。虽已得与旌门之典，而于仰报之私犹有所未伸。更念宗祠所承祀者，自讳璋者之考而下，逮今三十有六世，然皆祀祖而不及妣，历代之配主阙如。诚得作为专祠，则敬其所尊，上祀先妣，世次相承而递至于己之王母与母，庶几可少惬于心矣。于是，咨于族众，佥以为然，则度地居材，程工召役，作祠五楹，外为祠门，次为堂之三门，中为享堂，后为寝室，弘敞洞达，与祖祠相望，丹艧之饰，瓴甋之具，悉皆坚好，其尺度视祖祠有杀而规模无弗从同。既落成，将诹吉纳主，以永世报慈，特因予所知而以祠记为请。

---

① 雍正《潭渡孝里黄氏族谱》卷六《祠祀》。
② 雍正《潭渡孝里黄氏族谱》卷六《祠祀》。

　　古者，庙制自天子至于命士，降杀以两世而祧。迁祭之日，朝事于堂，馈献于室，左尸右主，阴统于阳。《传》有之"自外至者，无主不立；自内出者，无配不行"，此之谓也。至东汉，而同堂异室之制定，已变于古，万世从之。故后世之言庙者，必口府君、夫人共为一椟，然鲜有专庙者。《周礼》："大司乐奏：夷则歌小吕、舞大濩以享先妣。"郑注曰："先妣姜嫄也，特立庙而祀之。"斯其专庙之所昉乎？礼非由天而降，非从地出，人情而已矣。今以孝子慈孙之心不忘其母与王母，等而上之，追报及于世世，同庙而聚主，合食于一堂，补先世之阙遗，兴后人之仁孝。其受享于专祠，犹之配食于群室也。斯亦礼之所不违，而义之所允协者耳！又不观之都邑间乎？彼孝妇贞姬、义姑烈女之祠且遍天下，历永久而犹不废。在于异姓，凡有血食者皆宜然，而况于后裔乎？吾知礼成之际，乡之彦士，里之父老，相率来观，必动色称美。凡为姑与妇者闻之，谅无不憬然感动，而自知其人之皆在此列也，必一出于贤慈贞顺而家道以昌，又不独劝于男子矣。

　　黄之始望于江夏者，汉孝子也。一传而为邡乡忠侯琼，三传而为阳泉乡侯琬，积善余庆之效，贵至三公，遂为百世著族。而唐之庐墓于潭渡，为今别祖者，又孝子也。乃若今裔孙之所为，复出于孝思之不能已，何黄氏之孝踵出于古今之久而未替乎？噫，其可述也已！江以南，大郡数十，惟新安之俗尚礼，其宗祠、茔墓、谱牒之用心多，可为他郡法。今又得黄氏之专祠以为之倡，必有起而效之者，则皆隆于祠祀，报于恩慈，化于仁孝，新安之俗将益臻于醇厚。然非生于佚乐之世，有财以为悦，苟力不足以副心，则亦不暇于举礼矣。予故特原其义之所得为者而记之，所以深为美也。

　　清康熙年间，歙县潭渡黄氏所建的享妣专祠，在徽州的女性祠堂中具有代表性意义。尽管由于种种原因，我们今天已无法见到这所女性专祠的完整原貌，但现存规模较大、旷敞宏丽的棠樾鲍氏宗族女性祠堂——清懿堂，可为我们了解明清徽州女祠的建设及其规制提供最有价值的第一手资料。

清懿堂建于清嘉庆年间，是由两淮盐商鲍启运捐资建造的。相传鲍启运幼年失母，兄鲍志道又往江西鄱阳县学做生意，家中生活全由其姐维持。为抚养幼弟，姐姐终身未嫁。故鲍启运发达后，为纪念亲姐，专门捐款创建了女祠——清懿堂。女祠竣工后，鲍志道之妻汪氏将积蓄的百余亩田产全部捐赠给清懿堂作为祀产。

清懿堂位于棠樾村东部、鲍灿孝子牌坊西南方，坐南朝北。全祠规模较大，共由五开间、三进两天井组成，面阔16.9米，进深48.5米，占地面积近700平方米。由西北角入口处进入女祠，依次为仪门、中厅、享堂和寝堂。整座清懿堂建筑群以硬山式马头墙为主要外观特点，后进为歇山式阁楼，寝堂五间九檩。有曾国藩题写的"清懿堂"三字牌匾悬挂在享堂照壁正上方。"清懿堂"女祠建筑规模在目前遗存的女性祠堂中规模最大，整座祠堂布局严谨，庄严肃穆，多方清朝表彰棠樾贞节妇女的牌匾悬挂于享堂门楣上方。

明清至民国时期，徽州大量女性专门祠堂的出现和建设，并不表明女性取得了与男性平等地位。相反，它恰恰是女性地位卑下的反映。之所以建设女祠，主要还是为了传承和强调"三从四德"的封建礼教。所以，赵吉士说："新安节烈最多，一邑当他省之半。"[①]正是由于封建统治阶级的提倡，徽州妇女的节烈风气才更加深入人心，以致渐成风俗，"歙为山国，素崇礼教，又坚守程朱学说。闺闱渐被，扇淑扬馨，殆成持俗"[②]。据清末光绪三十一年（1905年）建成的徽州"孝贞节烈坊"统计，徽州一府六县被表彰的节烈妇女人数多达65078人。女祠的出现，并不能说明徽州妇女地位的提高，大量遗存的贞节牌坊反而从另一个侧面说明徽州妇女地位的低下。

---

① （清）赵吉士辑撰，周晓光、刘道胜点校：《寄园寄所寄》卷二《镜中寄·孝》，第62页。
② 民国《歙县志》卷十一《人物志·列女》。

第四章　明清徽州的民间规约与社会秩序

"官有正条，各宜遵守；民有私约，各依规矩。"①在中国传统社会中，先秦萌芽、秦汉魏晋南北朝初步发展、隋唐定型、宋元至明清特别是明清时期达到鼎盛、近代开始转型的民间规约，广泛存在、深深植根于中国社会之中，并与国家法律及地方性法规共存，相互补充，彼此互动，维持着国家机器的正常运转和社会经济的有序运行。正如马克斯·韦伯在《社会学的基本概念》一书中所云："一种导引管理组织行动的秩序，可称作'行政秩序'。而一种规范约束其他的社会行动，并保证行动者享有由此一规则所开启的机会的秩序，则称为'规约式秩序'。"②

本章拟对处于鼎盛时期的明清徽州民间规约与明清徽州社会秩序之间的关系进行探讨，并借此认识和深化中国古代国家与社会、国家法律与民间规约之间复杂的互动关系。

一、明清徽州民间规约的概念及类型

何谓民间规约？或者说民间规约的内涵和外延是什么？民间规约中

---

① 《清道光十八年仲秋月安徽省祁门县滩下村永禁碑》，原碑现立于安徽省祁门县渚口乡滩下村内路旁。

② [德]马克斯·韦伯著，顾忠华译：《社会学的基本概念》，广西师范大学出版社2005年版，第69页。

的"民间"主要相对于"官方"而言，它是指某一特定地域、组织或群体，按照当地的风土民情和社会生产与生活习惯，由一定组织、人群共同商议制定的、某一共同地域组织或人群在一定时间和范围内共同遵守的自我管理、自我服务、自我约束的共同规则或约定。民间规约由"规"和"约"两部分构成，在特定时间和空间背景下，"约"则是"规"的具体化。或者说"约"是在"规"的指导下，因事、因地、因时和因人而制定与达成的一种约定。还须特别指出：被某一组织或人群推举或公认的精英人物所制定的规约，也在民间规约范围之内，如明嘉靖年间四川按察使程昌为祁门县善和程氏宗族撰著的《窦山公家议》①、南京吏部尚书余懋衡与其兄余启元合订的明天启元年（1621年）婺源县《沱川余氏乡约》②等。

　　明清时期徽州的民间规约内容丰富，类型复杂。尽管对民间规约类型的划分有着不同的视角与标准③，但从内容上看，民间规约主要有以下不同类型：

　　其一是村规民约。村规民约亦称"乡规民约"，是明清徽州民间规约的主体，在众多内容丰富的民间规约中，占据着主导性和支配性地位。村规民约同样由"村规"与"民约"两部分组成。这里的"民约"既不是"民间规约"的简称，也不是私人约定的"私约"，而是乡村居民公共的"规则"或"约定"即"公约"。根据这一界定，我们将村规民约分为综合类、生产类和生活类三大类型，其具体包括村规俗例、森林保护规约、村庄动产和不动产管理规约、村民议事规约、村庄劝善规约、村庄防御性和奖惩类规约等。

　　其二是宗族规约。"宗族规约"是指某一宗族组织或人群在其特定活

---

　　①（明）程昌：《窦山公家议》，明万历三年刻本。

　　②（明）余懋衡、余启元撰：《沱川余氏乡约》，明天启刻本。

　　③ 参见刘笃才、祖伟：《民间规约与中国古代法律秩序》，社会科学文献出版社2014年版；卞利：《国家与社会的冲突和整合——论明清民事法律规范的调整与农村基层社会的稳定》，中国政法大学出版社2008年版；卞利：《明清徽州社会研究》，安徽大学出版社2004年版。

动范围内，按照当地风俗习惯与本家族实际情况，由宗族内的头面人物即宗族精英共同商议制定，该宗族组织或人群在一定时间和范围内共同遵守的自我管理和约束的共同规则与约定。在长期的历史和社会实践中，明清时期徽州各地宗族逐渐形成和发展了一整套包括祖训、家训、庭训、家规、族规、祠规、家法、公约、条例乃至族谱编纂凡例及谱规在内的宗族规约，这种以民间成文法形式而出现和存在的宗族规约，对村庄中具有血缘关系的同姓宗族成员具有极强的约束力，即所谓"规约者，约同堂之人也"①。有些宗族规约甚至经过当地官府的钤印颁发，成为得到国家认可的规范，如明隆庆年间的祁门县《文堂陈氏乡约家法》②即是得到时任知县廖希元钤印批准而刊刻的宗族规约类乡约，这类宗族规约亦因此成为国家法律和地方性法规的一个重要补充和延伸③。从存在形态上看，这些宗族规约既有独立成册的单行本家训和族规家法，如明万历年间休宁县林塘范涞撰著的范氏宗族《统宗祠规》《林塘宗规》和清康熙年间休宁县茗洲吴氏宗族的《茗洲吴氏家典》，以及清道光初年歙县程禹龢的《训子侄记》等，也有各类谱牒中收录的祖训、家规、祠规、族约等，还有大量单行本的家族公约类文书。基于宗族规约数量庞大这一事实，我们谨将其细分为家（祖、庭）训、族（宗、家、祠）规家法、家典家议、家政家范和家族公约五大类型。

其三是会馆、公所暨行业类规约。会馆和公所是明清时期城市（镇）由同乡或同业人员组成的组织，行业门类众多，有所谓三百六十行之称。我们谨依据明清时期徽州商帮会馆暨不同行业规约文献的留存状况，依次

---

① 雍正《潭渡孝里黄氏族谱》卷四《家训·敦睦堂家规引》。

② 隆庆《文堂陈氏乡约家法·文堂陈氏乡约》云："兹幸我邑父母廖侯莅任，新政清明，民思向化，爰聚通族父老会议闻官，请申禁约，严定规条，俾子姓有所凭依，庶官刑不犯、家法不坠，或为一乡之善俗，未可知也。自约之后，凡我子姓，各宜遵守，毋得故违。如有犯者，定依条款罚赎施行，其永毋怠。"明隆庆刻本。

③ 参见瞿同祖：《中国法律与中国社会》，中华书局1981年版；[日]滋贺秀三著，张建国、李力译：《中国家族法原理》，法律出版社2003年版；朱勇：《清代宗族法研究》，湖南教育出版社1987年版。

将其细分为会馆、善堂、行业公所规约，官方和私人兴办的私塾、书院及学校内部管理规约，以及农、工、商业类管理规约等类型。其中农业类管理规约部分，个别内容与村规民约或有交叉与重叠。

其四是会社类规约。民间组织或团体的会社广泛存在于社会生产与社会生活各个领域，存在于社会的各阶层，在政治、经济、文化和教育等各个方面曾经发挥了重要的规范、约束与指导作用。根据会社活动内容和性质，我们谨将明清时期徽州会社类规约细分为政治性会社公约、经济性会社公约、军事性会社公约、宗教性（含秘密宗教）会社公约、文化娱乐性会社公约和慈善公益性会社公约六大类型。

其五是寺庙宫观等宗教设施管理类规约。寺庙宫观等宗教设施管理类规约，是指管理与处理本寺庙宫观事务的规则和约定。这些规约包括丛林规约、斋醮规约、祠庙宫观规约、寺产规约、坟茔规约、祭祀规约、请神规约、朝觐规约、送神规约、禁忌规约、慈善规约、团合规约等，具有教派性、区域性、民间性等特点。包括明清时期徽州在内的中国历史上各类宗教组织机构和设施，如佛教的寺庙庵院和道教的宫观等，这些寺庙宫观都专门制定有各类内容丰富的规约，作为管理与处理本寺庙宫观事务的规范和准则，约束各类人群在寺庙宫观及其内外设施的行为。同一般的宗教清规戒律相比，尽管寺庙宫观等宗教设施管理类规约亦有与之相同或相通的一面，并与宗教的清规戒律相互补充，但因寺庙宫观等宗教设施管理类规约并不针对各类宗教教义和清规戒律本身，因此，两者之间的区别和差异非常显著。

其六是日常生活类规约。我们将以上五大类民间规约中的衣食住行、分家和家庭财产处置以及家庭或宗族仪礼等日常生活类规约单独分离出来，并独立分类，主要是基于明清时期徽州这类民间规约往往因与各类规约交叉这一实际情况而进行的，但它也往往容易造成各自分割进而形成一些综合性规约无法归类的现象。

明清时期徽州的民间规约，是实现徽州地域社会或旅居外地徽州人群体社会或组织秩序稳定，经济、教育发展和文化认同以及制定民间规约者其他目的的重要方法与途径，是传统社会特别是基层社会治理、经济管理活动和教育文化发展中不可或缺的重要规范之一。在传统社会特别是在礼法合治的中华法系架构内，徽州的民间规约本身即具有"法"的性质和作用，这就是所谓"因俗而治"的民间法。它规范着被规约覆盖的徽州人群的集体行为方式及社会经济的基本秩序。在国家与社会保持良性互动的条件下，良好而完备的民间规约有助于维系社会经济秩序，有助于维护社会经济稳定，促进社会经济的健康发展，陈腐而落后的民间规约则只会起到相反的作用。同样，在国家政治相对黑暗腐朽的背景下，处于相对权力真空中的地方基层社会或组织单位也常常会采取主动调整民间规约某些内容的办法，以尽可能地维护其自身的权利。

应当说，明清时期徽州的民间规约是明清时期徽州经济、社会、教育和文化等领域长期发展所形成并发挥作用的规则与约定。这些民间规约有的是在中央和当地官府的指导下制定和执行，并对中央和地方官府的某些政策予以细化和分解，且与当地社会、经济、教育、文化或组织群体的具体实际相结合，因人制宜、因事制宜、因时制宜和因地制宜地加以调整，以适应不断发生变化的实际，其实这正是民间规约内涵的拓展和延伸。明代中叶全国各地所倡建的乡约，本身虽然是一种官方的行为，但是，在具体执行的过程中，包括徽州在内的许多地区根据自身的客观实际，因地制宜地制定了更为细化且易于操作的乡约条款，如明隆庆年间的祁门县文堂陈氏乡约和天启年间的婺源县沱川余氏乡约等，徽州各地的乡约事实上都显示出了各自不同的特征与差异。通过乡约的倡导和实施，国家意志变成了乡民的实践，国家和徽州地方乡村社会由此而实现了良性的互动，这一实践本身即具有民间规约最鲜明的本质特征。

还应指出的是，作为基层社会治理和经济、文化管理的一项非制度性设置，明清时期徽州的民间规约本身带有一定的自治性质。在明清极端专制主义中央集权的统治下，基层社会特别是像徽州这样相对封闭的内陆山区乡村基层社会，基本上处于一种天高皇帝远的权力真空状态，封建专制政权难以伸展到这些地区，行使其直接具体的统治。加之明清时期中国大部分地区的乡村社会处于聚族而居的状态，宗族与乡村基层政权之间相互渗透，彼此配合，甚至互相重叠。因而，聚居于徽州乡村社会中的大姓名族所制定和施行的各类族规家法与宗族合约、议约，显然具有民间规约的功能与性质。包括乡村在内的基层社会中，除了普遍存在的宗族以外，还有各类形形色色的会社等组织。明清时期，大量创建和广泛存在于徽州城乡各地的文会诗社、慈善公益性和宗族祭祀性会社及其规约，同样具有民间规约的性质和功能，它们被会社成员群体广泛认同，对稳定基层社会秩序、规范会社成员的行为方面，具有其他规约所不可替代的作用。此外，由基层社会群体制定，并经当地官府批准颁示的各类保护群体利益免受侵害的"告示"，无论就其所规范的范围，还是其所涉及的内容而言，都应被视为是当地基层组织和民众主动邀请国家或地方权力进入的民间规约范畴，是民间规约的重要组成部分。

明清时期徽州各地出现了以"合同"议约名义规范部分人群行为的文本式规约。这类规约涉及赋税钱粮征收，里役佥派，土地山场租佃，地界或山界划分，山林、坟墓与水利保护，祖先祭祀，公益设施兴建与管理，家产分析与继承，诉讼调解与息讼，公平交易等各个层面。这些种类繁多、类型丰富的合同议约，所涉及的当事人和事项范围非常广泛而复杂。这类合同议约不同于习惯上的商业类合同，而是具有协调个体（少数人）与整体关系、规范"合同"当事人权利和义务的"民约"，显然亦应纳入民间规约的范畴来予以考察。

总之，明清时期的民间规约内涵相当丰富，类型也极其广泛。尽管我们将明清时期包括徽州在内的民间规约按照内容和性质作如上分类，但是，并不是所有的民间规约都如上述分类那样呈现出相对独立的特征。恰恰相反，这些民间规约往往是你中有我、我中有你，表现为相互交叉与彼此渗透的综合性特征。

二、明清徽州民间规约的特点与功能

明清时期徽州的民间规约尽管内涵丰富、类型复杂，涵盖范围相当广泛，但概括而言，主要有以下几个特点与功能。

首先是地域性。任何民间规约都是存在于某一特定地域并在这一地域空间的界限内发挥着作用，村规民约自不待言，如清乾隆二十五年（1760年）六月婺源县漳村竖立的《婺源县正堂养生维风杜患禁示碑》，即明确规定了其所适用的地域范围，即"漳溪一带，上至滩头，下至滩尾，毋许仍前日集河干，灰网鱼竿，肆行杂沓，以及裸体水洇等事。如有故违，许该业主协同约保，立即指名赴县禀报，以凭严拿究处，决不轻贷"①。即使是跨地域的会馆、公所等同乡或同行业组织的规约，尽管所涉及地域范围较广，但也只是局限于规约中所列举的地域，并不涉及规约规定以外的地域。如清末徽商于汉阳建立隶属于汉口新安书院的笃谊堂，作为暂存和运送客死武汉三镇同乡的公益性组织，在运送棺椁返乡时，即要经过湖北、江西和安徽三省之地，由于可能会遭到所经道路和码头的刁难、讹索和阻挠，急需当地官府予以协调与配合，"惟自汉登舟，中途水陆兼行，杠抬船载，起驳过山，由汉而饶，出饶而婺、而祁、而黟，直达休、歙、绩溪各邑。诚恐埠夫、船户揹勒讹索，致使承揽信足恒多梗塞之虞，是以酌议定章，价归划一。枢到埠头，克日转运，不得延搁河岸，另索钱文"②。因此，新安书院分别将《规约》粘附，禀请湖北汉阳府、江西饶州府和安徽徽州府，汉阳府、武昌府、鄱阳县和祁门县分别同时在清光绪元年（1875年）给予批准，并颁布告示予以晓谕。显然，地域性是明清时期徽州民间规约显著的基本特征。

其次是时效性。任何民间规约从制定到颁发和施行，都具有非常明确的时间限制。即使相对较为稳定的村规民约、宗族规约和日常生活规约，

---

① 原碑现嵌于江西省婺源县思口镇漳村一古庙前墙上。

② 光绪《新安笃谊堂·进汉阳府请移文禀稿》，清光绪十三年刻本。

也都有自身的时效性，并在有效时间内发生作用。失去了时效，便不再有任何约束力。清嘉庆二十三年（1818年）松江府娄县义园修订的《规条》，在将旅榇"前议三年为限"，"自辛巳年起，公议一年为限"[1]，逾此时限，前一《规条》的规定便自动终止，不再发挥作用。有些民间规约为了强调其时效性，甚至严格规定了规约的起始和终止时间。如清道光十四年（1834年）歙县北京会馆的《公议孝庄条规》就明确作出"每年兴工结账之后，必须重立银钱收支账目，载为一簿，以便稽查，并逐细开一清单，悬贴义庄西厅内，俾同乡往庄者人人共见。定于四月初一日，各行经手所收厘头、门面各钱，交值年收管，不得迟延"[2]的规定。

再次是保守性、封闭性与排他性。基于维护、规范和约束特定地域、组织与人群的权利、责任和义务这一宗旨与原则，明清时期徽州的各类民间规约从发起者、协商者、制定者、执行者、监督者五个层面来看，都具有非常强烈的保守性、封闭性和排他性。无论是村规民约、宗族规约、会社规约、社会生活规约，还是书院、学校以及会馆、行业公所乃至宗教规约等，其保守性、封闭性和排他性的特征都非常显著。如清康熙八年（1669年）徽州《黄墩程氏保墓公启》就明确规定："非我族类者，不得混入。"[3]清同治年间，苏州安徽会馆《规条》中所限定的"非同乡不准留居"[4]条款，也直接表明其保守性、封闭性和排他性诉求。而这种保守性、封闭性和排他性，往往直接导致规约本身在维护所在地域、组织和人群的权益时，触犯国家法律和地方性法规，进而引发与国家法律及地方性法规之间的对立和冲突，严重者甚至会导致难以收拾的后果。特别是在明清时期徽州部分宗族规约中，有的甚至出现对违犯宗族规约的族人给予剥夺生命的"处死"条款，如明万历年间祁门县清溪郑氏宗族《祀产条例》即规

---

① 光绪《新安义园征信录·增议规条》，清光绪刻本。

② （清）徐上镛辑：《重续歙县会馆录·公议义庄条规》，清道光十四年刊本。

③ 光绪《绩溪仁里程继序堂专续世系谱》卷末下《杂录》，清光绪三十三年木活字本。

④ （清）阚凤楼：《苏垣安徽会馆志》卷上《程公祠暨会馆续行增禀规条》，清光绪六年刊本。

定："如有敢恃强梁，听众立文排名花押，告祖捶杀之。"①针对宗族族规家法严重悖礼违法的现象，已经深刻意识到问题严重性的安徽绩溪县南关惇叙堂许氏宗族，为避免与国家法律相对抗而可能导致不可预知的严重后果，在清光绪年间制定《家法》时即重申："家法治轻不治重，家法所以济国法之所不及，极重，至革出祠堂、永不归宗而止。若罪不止此，即当鸣官究办，不得私行。山乡恶俗，有重责伤人及活埋者，此乃犯国法，非行家法也。"②

复次是灵活性与变通性。明清时期徽州的民间规约无论是商议制定还是实施过程，都不是一成不变的，而是会根据变化了的形势，因事、因时、因地、因人而适时予以调整，特别是因形势变化而不断增订的民间规约及其条款，其实正是民间规约区别于国家法律和地方性法规的一个显著特征。如清道光十四年（1834年）二月祁门县桃源洪氏在其《永济仓引》中，即特别强调因时、因地予以变通，指出："天无恒足之岁，人有恒备之理。自古救荒无奇策，惟任事者因时与地熟筹其便而行之。"③北京安徽歙县会馆的《增议规条》，亦是在原有《条例》规约的基础上进行增损而形成的："建立之初，原有条例，今复因时制宜，就原例公同商酌，增损详悉，共二十条，刊刻刷印。凡寓会馆者，各送一册，务期遵守，毋致紊乱，庶全公所，亦洽乡情。"④可以说，对规约内容和形式的每一次修订与增删，都是对此前规约的补充与完善，并以最新修订与增删后的规约作为依据。灵活性与变通性真实地反映了明清时期包括徽州在内的民间规约的本质特征。

最后是民间规约的严肃性、合法性、权威性和震慑性。尽管明清时期包括徽州在内的民间规约，是特定地域、特定组织和特定人群为自我管理、自我服务、自我约束而订立的民间规则与约定，但为了强调其严肃

---

① 万历《祁门清溪郑氏家乘》卷三《祀产条例》。

② 光绪《绩溪县南关惇叙堂许氏宗谱》卷八《家法》。

③ 光绪《桃源洪氏宗谱》卷一《永济仓引》，清光绪二十六年木活字本。

④ （清）徐上铺辑：《重续歙县会馆录·乾隆二十八年增议规条》。

性、合法性、权威性和震慑性，民间规约的发起人、制定者或执行人，往往会借助当地官府或社会的力量，并通过请求当地官府渠道，以所在地官府颁发告示的名义与方式，予以发布和施行。清道光五年（1825年）六月，鉴于棚民野蛮开垦对伦坑等村生态环境造成严重破坏，祁门县伦坑村贡生汪会渠、生员汪德滋、耆民汪德种、监生汪新泽、职员汪元灏等，即"合族商议旧规前禁，重立合文，禀请赏示，永远遵照"。是年六月初六日，祁门县知县王让接受呈文，并以祁门县正堂名义发布告示，严厉申明："自示之后，毋得纵火以及私行偷窃。如敢故违，许即指名禀县，差提究处，决不宽贷，各宜凛遵毋违。"①伦坑村这种以主动邀请祁门县知县介入的方式，以祁门县官府颁发告示的形式，实施其禁约，是明清时期徽州民间规约的一种常见形态。事实上，明清时期徽州各地的会馆、行业公所暨各个行业制定和实行的各类规约，亦多以请求所在地官府颁发告示的形式予以发布，其目的都是为了强化民间规约的严肃性、合法性、权威性与震慑性，进而为规约的畅通无阻实施提供有力的政治与权力保障。

明清时期徽州各地各类民间规约，不仅具有以上五个基本特征，而且具有多重功能。但其基本功能主要还是为了规范与保障特定地域、组织和人群的利益，约束其思想观念和言行举止，并进而维持所在地域和组织的政治秩序、经济秩序、社会秩序、法律秩序、文化教育秩序和伦理道德秩序。具体而言，这些功能主要表现在以下三个方面：

第一，规范与约束功能。规范和约束特定地域、组织和人群的群体行为，协调个体与群体关系，这是明清时期民间规约最基本也是最主要的功能之一。所谓"祠之有规，犹治国之有律令，制器之有规矩准绳。故规矩准绳具而后方（员）[圆]平直可按而成，律令具而后纪纲法度可援而治，祠规具而后道德风俗一始成"②，正是真实而明确地表达了民间规约的性

---

① 《清道光五年六月祁门县箬坑村奉祁门县正堂严禁垦山种植苞芦保护环境碑》，原碑现嵌于安徽省祁门县箬坑乡八一伦坑敬敷堂墙上。

② 乾隆《济溪游氏宗谱》卷二十五《艺文志·重刻游氏祠规》，清乾隆三十三年木活字本。

质与功能。在国家法律和地方性法规的指导下，明清时期徽州各地与各行各业及其组织，为了维护地域、行业和组织群体的秩序，保障其利益，大都会制定并实施处理自身各种事务的规则与约定。但法律毕竟是宏观的国家大法，民间规约则仅仅是某一特定地域、组织和人群内部的行为规范与行动准则，只是国家法律和地方性法规的补充与延伸。在"礼法合治"的中国传统礼俗社会中，无论是村规民约、宗族规约与会社规约，还是会馆、公所暨行业类规约乃至宗教暨民间信仰规约，以及各种议墨合文与合同文约，这些民间规约最基本也是最主要的功能，就是规范和约束特定地域、组织、人群的思想观念与行为举止，维护某一特定地域、组织、人群的各种权益，调解各种矛盾与纠纷，进而发挥惩恶扬善、趋利避害的作用，它是个体行为服从群体行为的集中体现。只有将特定地域或组织群体成员的言行举止、权利、责任和义务以规约的方式予以明确规范与约束，并在国家法律和地方性法规的指导下，才能真正维持特定地域、组织和人群的既定利益和既有秩序，才能实现国家与基层社会或民间组织的良性互动。正如休宁县《富溪程氏中书房祖训家规》所云："家国一道也，国有法，家有规，均所以制治防危而不可废焉者也。"[1]明清时期，徽州的民间规约与国家法律、地方性法规各有其自身明确的分工，民间规约只有依照和遵守国家法律与地方性法规，才能发挥其功能与作用。

第二，互助和救济功能。从明清时期徽州各类民间规约丰富的内容中，我们不难发现，抚恤、扶持、互助与救济类规约，始终占据了较大比重。且不说宗族规约和村规民约中的族田、义田、义庄、义仓、学田和膏火田等管理规约本身，即是为救助和接济本宗族生产与生活困难成员以及资助子弟读书科第而创设的，即所谓"或有贤而贫，不能糊口者，不能婚嫁者，不能敛葬者，无辜被侮者，通家量助，不得怀私阻挠"[2]，即使是会馆、善堂、公所暨行业类规约，其互助和救济功能亦是显而易见的。如

---

① 宣统《富溪程氏中书房祖训家规封丘渊源考》(不分卷)，清宣统三年抄本。

②《南明弘光元年清明重订敦本会规则》，转引自周向华编:《安徽师范大学馆藏徽州文书》，安徽人民出版社2009年版，第139页。

清嘉庆年间松江府娄县新安崇义堂，即系"专为徽人旅榇而设"①"帮贴盘枢旋里之费，酌路之远近，定钱之多寡。在松加给下船之费，到徽加给上山之费，俾得早归故土"②。道光十八年（1838年），在《公议续增规条》中，新安崇义堂呼吁各商，谨守规条，慷慨解囊，共襄善举："堂中经费浩繁，现在捐资有限，凡我同人，务祈各就相好，互劝解囊，以垂久远。"③总之，"出入相友，守望相助，疾病相扶，患难相恤"④，始终是明清时期徽州民间规约恒久存在并保持活力的一项基本功能。

最后，奖励与惩罚功能。"善者奖之，恶者戒之。"⑤对严格遵守规约、认真履行规约所赋予的权利、责任和义务者，给予奖励；对违犯和触犯规约条款者，予以惩戒，并实行奖励与惩罚相结合的方式，以彰善瘅恶，历来是徽州各类民间规约的基本功能。如清乾隆十四年（1749年）、四十三年（1778年）和嘉庆十四年（1809年），黟县南屏叶氏宗族多次重申严禁赌博规约，对族内参与赌博成员予以严惩，同时对举报和访拿者给予重奖，规定："族中邪僻之禁至详，而所尤严者赌博。赌博之禁业经百余年，间有犯者，宗祠内板责三十。士庶老弱，概不少贷。许有志子弟访获，祠内给奖励银二十两。"⑥至于宗族规约、村规民约、日常生活或社会生活规约，以及会馆、善堂、公所暨行业类规约，其奖惩规定与功能，亦大都完善具体。于奖惩之中"寓防微杜渐之意"⑦，充分发挥奖惩相结合的功能，其实正是明清时期徽州民间规约维系特定地域、组织和人群权利、责任和义务，进而维持基层政治、经济、社会、文化与教育秩序的最基本功能，是民间规约贯彻落实国家法律与地方性法规，维护基层社会与国家政权良性互动的重要方式之一。

---

① 光绪《新安义园征信录·规条》，清光绪刻本。
② 光绪《新安义园征信录·崇义堂公议规条》。
③ 光绪《新安义园征信录·公议续增规条》。
④ 道光《锦营郑氏宗谱》卷末《祖训》，清道光元年刻本。
⑤ 万历《沙堤叶氏家谱》卷一《松岩公家训》。
⑥ 嘉庆《黟县南屏叶氏族谱》卷一《祖训家风》。
⑦ 万历《休宁宣仁王氏族谱》卷六《谱祠·宗规》。

总而言之，明清时期徽州民间规约内容包罗万象，类型纷繁复杂，形式灵活多样，其功能也是多方面、多层次的，它对维护既有的社会秩序，维系国家与基层社会的良性互动关系，进而实现基层组织与社会的长治久安，起到了举足轻重的作用。

三、明清徽州民间规约对社会秩序的维护

在关注明清时期徽州不同类型民间规约本身的同时，我们还要特别关注其背后所隐藏和表达的社会信息，即规范社会秩序，维持社会稳定和经济发展。这是包括徽州在内的明清时期民间规约的应有之义，亦是其制定者所要达到的目的和实现的功能。

就规范社会秩序的载体而言，明清时期徽州的民间规约，既有广泛存在的规范家庭和家族组织及其成员言行、维持家庭和家族的家训、祖训和族规家法等，也有规范社会组织及其成员行为的诸如村规民约及会社、信仰和会馆暨行业秩序的民间规约。在法律规范即"上遵国法"①的前提下，按照既定的规则与约定，社会成员被纳入一定的社会关系体系，置于特定的社会地位和社会关系之中，受到特定的约束，从而形成了"礼法合治"的局面。

明代中叶以后，随着徽商大规模外出经营的成功，以及徽州本土商品经济的发展与繁荣，徽州民间规约亦呈现出日益增多和不断细化的趋势，小自个人和家庭，大到国家与社会，其几乎渗透到社会的各个角落和组织的各个层面。但无论内容、类型和形式如何复杂多样，但在维护社会经济、伦理道德和日常生活秩序方面，其作用都是共同而相通的。

首先，维护社会的伦理道德秩序。历史上特别是明清时期徽州的民间规约，尤其是其中的村规民约和宗族规约，大多以明太祖的《圣谕六

---

① 万历《祁门清溪郑氏家乘》卷四《家规》。

条》①和清圣祖的《圣谕十六条》②为指导思想和最高准则，将维护社会的伦理道德秩序，实现"父子有亲，君臣有义，夫妇有别，长幼有序，朋友有信"作为最终的目的。明万历《休宁宣仁王氏族谱》的《宗规》指出："圣谕当遵：孝顺父母，尊敬长上，和睦乡里，教训子孙，各安生理，毋作非为。此六句包尽做人的道理，凡为忠臣，为孝子，为顺孙，为圣世良民，皆由此出。一切贤愚，皆通此义"③。而明崇祯年间休宁县叶氏宗族在《重伦理以教家》的《家规》条款中所规定"父子亲、夫妇顺、长幼序、朋友信，此等人出而事君，必为忠臣，为良臣。总之，伦常原于天性，不事娇饰，本慈孝以为亲，率唱随以为顺，根友恭以为序，祛虚假以为信。合亲、顺、序、信以事君，伦理重而家教立矣"④，则正是在贯彻明太祖《圣谕六条》的前提下，希冀以此来维系宗族内部的伦理道德秩序。清光绪年间纂修、民国刊印的祁门《京兆金氏宗谱》，甚至索性将明太祖《圣谕六条》和清圣祖《圣谕十六条》的文字悉数录载于族谱扉页之后，并以套红的龙纹方框予以刊刻⑤。可见，明清两代最高统治者之圣谕显然已成为各地宗族制定宗族规约的最高指导。因此，在社会伦理道德秩序方面，历史上特别是宋明以来的最高统治者和民间规约的制定者，其根本目标是完全一致的。

其次，维护社会的尊卑名分等级秩序。"名分乃天序大秩，人所共由，

---

①《明太祖实录》卷二百五十五，洪武三十年九月辛亥条云："上命户部下令：天下民每乡里各置木铎一，内选年老或瞽者，每月六次持铎徇于道路，曰：'孝顺父母，尊敬长上。和睦乡里，教训子孙。各安生理，毋作非为。'"

②《清圣祖实录》卷三十四，康熙九年九月癸巳条，上谕礼部曰："朕今欲法古帝王，尚德缓刑，化民成俗。举凡敦孝弟以重人伦、笃宗族以昭雍睦、和乡党以息争讼、重农桑以足衣食、尚节俭以惜财用、隆学校以端士习、黜异端以崇正学、讲法律以儆愚顽、明礼让以厚风俗、务本业以定民志、训子弟以禁非为、息诬告以全良善、诫窝逃以免株连、完钱粮以省催科、联保甲以弭盗贼、解仇忿以重身命，以上诸条，作何训迪劝导，及作何责成？内外文武该管各官督率举行。"

③万历《休宁宣仁王氏族谱》卷六《谱祠·宗规》。

④崇祯《休宁叶氏族谱》卷九《保世·家规》，明崇祯四年刻本。

⑤民国《京兆金氏宗谱》卷首《圣谕》，民国十年刻本。

尊卑之礼，秩然而不可紊者也。宗族原乎一本，理当和睦，五服虽尽，尊卑名分犹存，于礼不可干犯，行坐之际，亦当谨守，不可违越次序。"①作为民间规约的重要内容和类型之一，历史上特别是宋明以来的宗族规约多是在族长等族内精英人物主持下制定，并用以维系宗族内部长幼、尊卑、上下、男女之等级秩序，从而达到"尊卑上下，秩然不紊；吉凶宾嘉，有典有则；视听言动，蹈矩循规，则身修而家亦于是齐矣"②这一目的。为此，不少宗族还在宗族规约中，阐明维系尊卑等级和名分制度的道理："大抵宗法之立，无非尊祖睦族，劝诫子姓，共成善族，各宜遵守。毋玩毋狎，则昭穆由此而序，名分由此而正，宗族由此而睦，孝悌由此而出，人才由此而盛，争讼由此而息，公道由此而明，私忿由此而释。不惟光耀宗祖，且垂训后世于无穷矣。"③在严格规范和遵守尊卑名分和等级秩序的条件下，历史上特别是宋明以来的民间规约将每一个地域或组织的成员都纳入一定的社会组织体系中，并通过具体的规约条款，规范和约束该特定地域空间或组织人群的行为举止，从而使其保持井然有序的"礼法合治"局面。

再次，维护经济秩序，规范生产、交易、分配和消费行为。俗话说：无规矩不成方圆。无论是农业、手工业还是商业经济，只有在生产、交易、分配和消费的每一个环节，都进行科学的管理与规范，才能使其始终保持健康可持续发展状态。中国传统社会包括村规民约和行业规约等在内的各类民间规约，在规范与维护生产、交易和分配秩序中，发挥了毋庸低估的作用，成为维护经济健康发展的有力保障。明隆庆年间，祁门县文堂村陈氏宗族的《文堂陈氏乡约家法》，就曾设置专门条款，对本村的山林生产进行了规范，规定："本都远近山场，栽植松杉、竹木，毋许盗砍盗卖。诸凡樵采，人止取杂木。如违，鸣众究治。"④从而为该村的林业生产

① 万历《重修休邑城北周氏宗谱》卷九《宗规》。

② 同治《华阳舒氏统宗谱》卷一《庭训八则》，清同治九年叙伦堂木活字本。

③ 万历《商山吴氏宗法规条》(不分卷)。

④ 隆庆《文堂陈氏乡约家法·文堂陈氏乡约》。

提供了强有力的保障。为规范茶叶交易秩序，维护交易双方的经济利益，婺源县洪村于清道光四年（1824年）专门制定了本村的村规民约——《公议茶规》，并将其以刻碑勒石的形式予以公布施行，曰："凡买松萝茶客入村，任客投主，入祠校秤，一字平称。货价高低，公品公买，务要前后如一。凡主家买卖，客毋得私情背卖。如有背卖者，查出，罚通宵戏一台、银五两入祠，决不徇情轻贷。倘有强横不遵者，仍要倍罚无异。"[1]清代嘉庆年间，汉口的新安会馆（又称"紫阳书院"）为规范和维护买卖秩序，亦曾以公议《条规》的方式规定："照墙新街及本码头，曾经请官示严禁，毋许摆摊、挑水。祠役随时查察，毋得疏惰。"[2]正是凭借"定法则，严约禁"[3]，依法守规经营，汉口徽商所主持的紫阳书院才得以保持健康运行和发展。而嘉庆年间歙县棠樾鲍氏《体源户规条》对每年食粮分配的规范，则有力地保证了鲍氏宗族内部救济与分配维持公平合理的原则："一、谷系给本族鳏寡孤独四穷之人，须合例者，不得徇情滥给；一、四穷及废疾，与例相符、应给谷者，执事之人知会督总，给与经摺，孤子注明年庚，以备查考，再行给谷，以专责成；一、四者之外，有自幼废疾、不能受室、委实难于活命者，一例给发；一、鳏独年至六十岁，给领食谷。后有愿继与为子者，亦一体给领，全其宗祧。其子年至十八岁停止，其父母仍照例给发。"[4]这里，需要特别指出的是，中国传统民间规约是在严格遵守国家法律即"上遵国法"[5]的前提下，按照既定的规则与约定而制定和施行的，它严格规范了经济秩序，为经济发展保持活力与繁荣提供了保障。

最后，强调治生，要求组织成员各司其职，各谋其事，维护职业秩序。正如明嘉靖时绩溪县积庆坊葛氏宗族的《家训》所云："人之处世，以治生为急务。何以言之？方人之胎育成形，即吮母血；及其有生，即求乳食，则知饮食之需、俯仰之费，诚为急务而不可缓者。否则，非惟不能

① 《清道光四年婺源县洪村公议茶规》，原碑现嵌于江西省婺源县洪村祠堂东墙壁中。

② （清）董桂敷：《汉口紫阳书院志略》卷八《杂志·旧规十六条》，清嘉庆十一年刻本。

③ （清）董桂敷：《汉口紫阳书院志略》卷首《增订汉口紫阳书院志略序》。

④ 嘉庆《棠樾鲍氏宣忠堂支谱》卷十七《祀事》。

⑤ 万历《祁门清溪郑氏家乘》卷四《家规》。

保其妻子，将不能保其身，故当努力自强，各为资生之计。谚有之曰：男儿不吃分时饭，女儿不着嫁时衣，言其当自强也。苟徒仰祖父之遗，逸居享成，不知千金之家分为百，又自百金而为十，所入者止于十，而所费者不减于千，其不至枵腹而待毙者鲜矣。为子孙者，必知稼穑艰难，辛勤干家，乃克有济。"①万历时休宁县城北周氏宗族也在《家训》中强调："盖士、农、工、商，各有本业。士者，勤学好问，必至登名；农者，力耕苦种，必至于积粟；工者，专心艺术，必至于精巧；商者，夙兴经营，必至于盈资。各勤其职，理之正也。俭乃治家之本，一俭则胜于求人，其有布帛、菽粟，未常不是俭中蓄也。男子务生理，勤于外；妇人务纺织，勤于内。如此，未有不成家也。"②中国传统社会的四民观，至宋明以后特别是明代中叶以后，随着商品经济的繁荣和社会的变迁与转型，士、农、工、商的传统秩序被破坏，在诸如徽州等地区商甚至成为了首要的职业，所谓"古四民异业，至于后世，而士与农、商常相混。今新安多大族，而其地在山谷之间，无平原旷野可为耕田，故虽士大夫之家，皆以畜贾游于四方"③。但不管四民观和士、农、工、商的传统秩序如何变化，选择一种适合自身发展的职业，是人生的首要抉择，重要的是各司其职，各谋其事。对此，一些宗族甚至规定："治家不可不立纲纪。所谓纲纪者，犹网之有纲也；所谓纪者，犹裘之有挈领也。治家无纲纪，则泛而无统，岂为门户之福？改立主事者一人，副事者二人，束辖弟侄，令出入有常，各司其职，毋相渎伦。"④除徽州的宗族规约对组内成员治生及其职业进行规范和约束外，其他诸如会社、寺庙宫观和日常生活类规约，也都要求其成员按照约定的事宜，各司其职，各谋其事，依法守规，履行其责任和义务，享受其权利，并不得违犯规约的规定。对违犯规约者，则进行严厉的惩罚，以维护既有的社会秩序。

① 嘉靖《绩溪积庆坊葛氏重修族谱》卷三《家训》。
② 万历《重修休邑城北周氏宗谱》卷九《宗规》。
③ (明)归有光著，周本淳校点：《震川先生集》卷十三《白庵程翁八十寿序》，上海古籍出版社1981年版，第319页。
④ 同治《武溪陈氏宗谱》卷一《家法三十三条》，清同治十二年敦厚堂刻本。

总之，包括徽州在内的明清时期中国传统民间规约，涉及社会的各个组织、各个领域、各个层面，其对社会秩序的维护，主要体现在尊卑等级秩序、伦理道德秩序、经济秩序、组织秩序、生产和日常生活秩序等方面，所谓"名分者，世教之大防，人伦之要领也。名不正则情不顺，分不明则理不足，情与理亏，而措之天下，何者非背谬之行？盖尊卑、长幼之间，不别之为尊卑、为长幼则名失。名既失，遂不循尊尊、卑卑、长长、幼幼之节，而分亦失。若是者，总由僭侈之习与亵狎之私，渐而干之，遂至目无法纪者有然，甚矣，人而不顾名分。自古弑逆大故，类皆由此酿成"①。客观地说，民间规约在上述各个领域，多能与当时的国家法律和地方性法规紧密配合，在"遵国法"即不违犯国法的前提下，确实发挥了维护社会秩序的作用。所谓"家法治轻不治重，家法所以济国法之所不及，极重至革出祠堂，永不归宗而止。若罪不至此，即当鸣官究办，不得僭用私刑"②。

但我们也注意到，在包括徽州在内的中国传统社会中，毕竟民间规约与国家法律之间并不总是互相配合、协调一致，并始终保持彼此良性互动的。其矛盾、抵牾、对立甚至冲突之处往往在所难免，但"律设大法，理顺人情，因地制宜，难以拘泥成法"③。无论是国家法律、地方性法规，还是官方规章条例，在不危及其根本与核心利益的前提下，通常多会对民间规约采取妥协与让步的方式，对其予以接受和承认，从而使民间规约转化为官方意志。而民间规约为取得权威性和震慑性地位，也经常会采取主动邀请国家法律或国家、地方权力介入的方式，来伸展自己的意志。两者就是在这样一种相互配合与彼此互动的情况下，共同支撑和维系着历史上特别是包括徽州在内的明清时期中国的传统社会秩序。

---

① 宣统《古歙义成朱氏宗谱》卷首《祖训十二则》。
② 宣统《仙石周氏宗谱》卷二《周氏宗谱家法》，清宣统三年善述堂木活字本。
③ （清）戴兆佳：《天台治略》卷六《告示·劝谕买产人户速循天台旧例了根找绝以斩葛藤以清案牍事》，清康熙刻本。

第五章　明清徽州的村规民约与乡村治理

在一个以农业为主的农耕国家中，乡村社会的治理与稳定，是政权稳定的基石。明清时期是封建专制主义中央集权发展的高峰阶段，如何强化对乡村社会的治理，探索稳定乡村社会的方略，直接关系到政权的安危，这是摆在最高统治者面前一件十分重要而迫切的任务。

明清时期的最高统治者总结和汲取了历代乡村社会的治理经验，从当时的实际出发，采取了集权于上、分权于下的治理模式，充分利用地方政权，并在地方政权的控制下，积极发挥包括宗族、会社、里甲、乡约和保甲等在内的乡村社会基层组织的功能，鼓励各级基层组织制定符合当地实际的村规民约，并以此教化和约束广大乡民，使整个乡村社会维持在一个基本稳定的状态，形成"邻里和睦，老幼相爱"①的局面。明清时期徽州乡村社会虽然偶有动荡，但就整体而言，秩序相对较为井然，整个社会依然处在一种相对稳定的状态。那么，维系这种社会秩序的规则是什么？或者说，其乡村治理的深层次原因是什么？尽管其中的规则和因素很多，但作为众多因素和规则中最为重要的一种，村规民约显然在徽州的乡村社会治理中发挥了其他许多规则和约定所难以替代的功能。

本章将对明清时期村规民约和乡村治理之间的关系进行探讨，并在此基础上，对明清时期村规民约的主要类型、基本内容、制定与执行，以及

① 张卤：《皇明制书》卷八《教民榜文》，《北京图书馆古籍珍本丛刊》第46册，书目文献出版社1998年版，第293页。

村规民约的特点和功能，进行初步的分析和研究。

一、明清徽州村规民约的主要类型和基本内容

作为乡村治理、规范乡民行为方式和稳定社会秩序的基本规则，明清徽州的村规民约不仅具有丰富的内容，而且还拥有极其繁多的类型。

从制定者的角度划分，明清徽州的村规民约大体可分为行政和自然村村规民约、宗族类村规民约、会社类村规民约和某一特定群体或组织制定的诸如合同文约、乡约等类型的村规民约。行政村在明清时期主要是指图里、乡约、保甲等官方规定的乡村基层组织，而自然村则是指分布于徽州广大地区自然形成的村落。应当说，自然村的村规民约在整个徽州的村规民约中占据了主体地位，其数量最多，内容和形式也最为丰富。而宗族类村规民约在聚族而居的徽州乡村社会中，有时呈现出与自然村村规民约重合一体的状态。

就内容而言，明清徽州的村规民约大体上可以划分为宗族的族规家法、森林保护规约、宗族族产和坟墓禁约、各类议事合同、各种会社规约、民间劝善公约（含乡约）、民间禁赌公约、村庄或宗族兴办学校和教育公约等；若从形式上看，明清徽州的村规民约又可分为告知性村规民约、禁止性村规民约、劝善类村规民约、奖励类村规民约、惩戒类村规民约和议事类村规民约等类型；而就载体而论，明清徽州的村规民约则可分为纸质类村规民约、金石类村规民约、木质类村规民约以及非文字载体村规民约等。应当指出的是，从载体上看，包含以上所有内容的纸质类村规民约是明清徽州村规民约的主体。而金石碑刻类村规民约在徽州各地现存1000余通（处）有关明清徽州村规民约碑刻中占据了一定的比重。木质类村规民约，则主要有诸如宗族祠堂中的木质粉牌等。至于大量存在于徽州、反映民间生产与生活的约定俗成的各种乡例、旧规和俗例等，则构成了明清徽州非文字载体村规民约的主体。

明清徽州村规民约的类型划分，还有许多不同的标准和角度。但值得

注意的是，明清徽州各类村规民约往往呈现出综合交叉的特征，如宗族类村规民约和行政或自然村庄的村规民约往往是合为一体的。明清徽州的乡村社会是一个典型的宗族社会，聚族而居成为明清徽州乡村社会普遍的社会现象。正如莫里斯·弗里德曼所指出的那样："在福建和广东两省，宗族和村落明显地重叠在一起，以致许多村落只有单个宗族，继嗣（agnatic）和地方社区的重叠在这个国家的其他地区也已经发现，特别在中部的省份。"①同福建、广东以及中国中部地区一样，地处中国中部山区的徽州乡村，宗族和村落也呈现出彼此重叠的格局。"今寓内乔木故家，相望不乏，然而族大指繁，蕃衍绵亘，所居成聚，所聚成都，未有如新安之盛者。"②在聚族而居的徽州村落，宗族和村庄呈现出重叠的特征，宗族的族规家法往往与村庄的村规民约相重叠，也就是说，在大姓宗族聚居的单姓村庄中，由宗族族长和族中精英所制定的管理与约束同姓宗族成员的族规家法，事实上也具有管理和约束村民的功能与作用。因此，其村规民约的性质是不言而喻的。

　　至于明清徽州乡村发达的会社组织等，其规约往往也呈现出既是宗族的族规家法，也是村庄的村规民约性质，如祁门善和村清代即创建了33个会社组织，而善和恰恰是祁门程氏宗族聚居势力最为强大的村庄之一③。清康熙年间，婺源庆源村保留下来的会社有近十个之多，而这些会社在詹氏宗族聚居的僻远山区庆源村，则亦多为宗族性的组织④。当然，这些宗族聚居村庄会社组织的会规，显然兼有宗族和村庄的双重性质。有的甚至是跨越村庄范围和界限的，如休宁县十三都三图明末崇祯至民国年间以祭祀为目的而成立的祝圣会，即是以休宁西南旌城汪氏宗族为中心，联合吴姓、王姓等宗族跨越若干个村庄的民间会社组织，而祝圣会的会规即会社

---

① ［英］莫里斯·弗里德曼著，刘晓春译，王铭铭校：《中国东南的宗族组织》，上海人民出版社2000年版，第1页。

② 崇祯《重修古歙城东许氏世谱》卷首《旧序》，明崇祯七年家刻本。

③ 《徽州会社综录》，原件藏厦门大学历史系。蒙郑振满教授慨予复印，谨此致谢。

④ 詹元相：《畏斋日记》（稿本），原件藏安徽省黄山市博物馆。

类村规民约，则显然也是跨宗族和跨乡村地域范围的[①]。事实上，即使是清代善和的33个会社，其参加会社的成员也不仅仅限于程氏宗族成员本身，其中个别会社还是有外姓参与者的，只是在程氏宗族聚居的善和，外姓成员实则只占整个村庄成员中的极少数。显然，无论是宗族族规家法还是会社的规约合同，在宗族聚居的村庄，都具有村规民约的性质，这是我们在探讨和研究包括徽州在内的明清村规民约时必须要特别加以关注的。

我们还注意到，作为一种一定组织、人群共同商议制定的某一共同地域组织或人群在一定时间内共同遵守的自我管理、自我服务、自我约束的共同规则，明清徽州的村规民约往往经过当地封建官府钤印批准，并以官府的名义发布。这一类型的村规民约，更像是封建官府的地方性行政法规。但褪去其形式上的合法外衣，无论就其内容还是适用地域范围而言，这类官府的告示，都应当不折不扣地划归村规民约的范畴。如《清乾隆十四年三月初十日歙县应二十八都四图候选县丞洪钟等颁行严禁在岑山渡秤钩湾洪姓祖坟盗砍侵害等告示》，看似是歙县官府颁发的官方文件，但其告示内容具体，禁示地域范围明确，显然，这是歙县岑山渡一种典型的村规民约。为说明问题，我们谨将该件"告示"的内容照录如下：

　　特授江南徽州府歙县正堂加三级、记大功二次唐［惟安］为吁恩示禁，坟荫得保、存殁感戴事。据二十八都四图候选县丞洪钟，监生洪秉政、洪溥，生员洪元印、洪玉玑、洪泰来抱呈，洪福具呈前事。呈称：生家祖墓，坐落二十八都八图岑山渡秤钩湾地方，山地之上，蓄养荫木柴薪，以护风水。屡被无知棍徒欺生居隔写远，觊觎肆行戕害，或横加斧锯，或暗里摧残，或掘根株，或纵牛羊。种种侵害，生死攸关。若不恩示勒石严禁，诚恐棍徒得志，鹰视愈张，坟墓余荫，势难保全。为此，沥具下情，吁叩宪天，俯赐西伯之仁，广施泽枯之德，恩准给示严禁，俾贼匪奸徒得知畏敛，而坟冢荫木得赖恩全。不

①《崇祯十年——康熙四十九年祝圣会簿》，原件藏南京大学历史学院资料室，编号000055。

但生者衔恩，即亡祖九泉感激，顶祝无疆，望光上禀等情。据此，合给示禁。为此，示仰该处保甲、看山及居民人等知悉：自后，敢有不法棍徒在于洪姓岑山渡秤钩湾地方祖坟山地之上蓄养荫木柴薪，盗砍掘根，纵畜残害。违者，许该保甲、看山人等指名赴县禀报，以凭立拿究处，各宜凛遵毋违。特示。

乾隆拾肆年叁月初十日示

告示押　仰[1]

同全国其他地区一样，明清时期徽州的村规民约因制定者的目的不同，其主要内容亦千差万别，用内容丰富多彩、形式纷繁多样来概括，是丝毫不为过的。

撇开制定者来看，明清时期徽州的村规民约涉及某一特定地域乡村社会、民间组织和不同人群在经济、社会、文化、教育和法律等不同领域的内容。

就经济方面而言，明清时期徽州的村规民约涉及对山场农田的保护、水利设施的兴修与维护、乡村社会中经济事务的规则、赋役征收和金派的约定，以及违反规约的处罚等。如制定并颁行于清嘉庆十九年（1814年）的祁门县箬溪村的《环溪王履和堂养山合同文约》就规定："本村税田，其塍畔并靠山脚，无论公私，凡锄挖有害于田亩者，概行止种。亦不得兴养树木，致防禾稼。如违，听凭拔毁无说。若系沙积，按其多寡，酌计挑复工食，处罚钱文。恃强不尊者，呈官处治。"[2]类似这种合同文约的村规民约，明清时期的徽州还有许多。

就社会方面而论，明清时期徽州的村规民约几乎涵盖了徽州乡村社会和地域群体之间所有的社会关系，如组织与个人以及群体与个体之间的关系、日常生活的安排、道德伦理规范的维系与约束、成员之间权利与义务

---

① 王钰欣、周绍泉主编：《徽州千年契约文书》（清民国编）卷一《乾隆十四年歙县告示》，花山文艺出版社1993年版，第310页。

② 嘉庆《环溪王履和堂养山会簿》。

的规定，以及违反规约的处置等，无不在村规民约的规范之中。从宗族族规祖训中的"凡尔子孙，谨时祭，念祖德，保世业，振家纲，孝父母，敬长上，友兄弟，教子孙，务生理，勤学业，力树艺，肃内外，谨火烛，和邻里，礼宾亲。须早完国课，毋好争讼，毋放利弃义，毋欺天罔人，毋习赌博，毋作非为。甚者为犯奸、为上盗，为娼优以伤化，为奴隶以辱先，四者有一焉，生不齿乎族，殁不入乎祠，念之戒之"[①]，到乡约家法中的"自约之后，凡我子孙各宜遵守，毋得故违。如有犯者，定依条款罚赎施行，其永毋忽"[②]，从合同议墨中的"所有在山松杉杂木，俱要长养，毋许私自盗砍。如有私自盗砍者，甘罚银一两；如违，送官理治，毋许知而不报，知者一体同罚。自立合同之后，各不许悔，各房子孙永远遵守"[③]，到会社规约"倘有会内人不遵合同，争论等情，鸣公理说。如有不遵者，众会内人等送官究治"[④]，所有这些村规民约，在其所能制约与发挥作用的时间、空间和人群范围内，对当地乡村社会秩序的确起到了维系与稳定的作用。

就文化和教育领域的村规民约来看，其内容涉及乡村文化传统的规定、乡村或宗族教育的维持与发展等。这类村规民约包括宗族组织对文化和教育设施的兴办、乡村社会或宗族与会社组织对兴办文化与教育事业的具体规定，如涉及迎神赛会的会规、兴办乡村或宗族教育事业的公约和族规等。清代婺源汪口村的养源书屋膏火田禁示，就是由汪口徽商俞光銮捐助并恳请婺源知县吴鹗颁布禁止子孙盗卖、保护学校教育经费不受侵蚀的村规民约式的告示。告示规定："或不肖之子孙，敢于霸吞私卖，抑或附近居民知情，私相质买情事，准随时禀由地方官，分别追还治罪，挂示

---

① 万历《祁门清溪郑氏家乘》卷四《祖训》。

② 隆庆《文堂陈氏乡约家法·文堂陈氏乡约》。

③《明万历四年二月二十九日祁门三四都陈春保等四大房立安葬合同》，原件藏南京大学历史学院资料室，编号000058。

④《清嘉庆二十三年十月黟县汪大旺等立出雷祖神会会租议墨合同》，原件藏安徽大学徽学研究中心特藏室。

外，合行给示遵守。"①清雍正年间编纂的休宁县《茗洲吴氏家典》在《家规八十条》中即对本宗族成员的教育有着相当具体而详细的规定："族中子弟，有器宇不凡、资禀聪慧而无力从师者，当收而教之，或附之家塾，或助以膏火。培植得一个两个好人，作将来模楷，此是族党之望，实祖宗之光，其关系匪小。"②又云："子孙自六岁入小学，十岁出就外傅，十五岁加冠入大学。当聘致明师训饬，必以孝悌忠信为主，期底于道。若资性愚蒙，业无所就，令习治生理财。"③这些关于文化和教育方面的村规民约，对明清徽州文化和教育的健康发展，应当说发挥了积极的作用。

就法律领域来说，明清时期徽州的村规民约作为国家法的必要补充和延伸，其本身就具有民间法的性质。当然，在村规民约中，更多体现的是如何在国家法的意志下，适应不同地域、不同组织和不同人群所采取的诸多举措。如在国家禁赌法的前提下，明清时期徽州的乡村社会就以宗族族规家法、戒赌公约等村规民约的形式，对其贯彻执行和实施，制定了各自不同的条文。如清雍正《茗洲吴氏家典》就在《家规八十条》中明确规定禁止赌博，并对赌博之徒规定了严格的处罚措施："子孙赌博无赖，及一应违于礼法之事，其家长训诲之；诲之不悛，则痛箠之；又不悛，则陈于官而放绝之。仍告于祠堂，于祭祀除其胙，于宗谱削其名。能改者，复之。"④显然，宗族的族规家法之类的村规民约，事实上起到了与国家法相辅相成的礼法合治的作用。

明清时期徽州的村规民约就其形式而言，一般都规定有明确而具体的应当遵守的条款和违反条款的处罚措施，亦即规定了乡民的权利、义务和违约责任。明隆庆祁门《文堂陈氏乡约家法》的《会诫》中就对参加文堂村乡约组织的会众规定了具体的权利、义务和违约的责任："乡约大意，惟以劝善习礼为重，不许挟仇报复，假公言私，玩亵圣谕。……约所立纪

① 《清光绪十年三月二十三日婺源县永禁霸收霸吞和私相典卖养源书屋膏火田碑》，原碑现嵌于江西省婺源县汪口村养源书屋入门墙壁中。

② （清）吴翟辑撰，刘梦芙点校：《茗洲吴氏家典》卷一《家规八十条》，第18页。

③ （清）吴翟辑撰，刘梦芙点校：《茗洲吴氏家典》卷一《家规八十条》，第20页。

④ （清）吴翟辑撰，刘梦芙点校：《茗洲吴氏家典》卷一《家规八十条》，第19页。

善、纪恶簿二扇，会日共同商榷。有善者即时登记，有过者，初会姑容，以后仍不悛者，书之。若有恃顽抗法、当会逞凶、不遵约束者，即是侮慢圣谕。沮善济恶，莫此为甚，登时书簿，以纪其恶。如更不服，遵廖侯批谕，家长送究。"①而且这些村规民约还体现出了权利、责任和义务相统一的规则和意志。清代道光年间，绩溪县某村唐、胡二姓恢复乾隆年间被中断的太子神会活动时所定的会规，其实就是清代徽州村规民约中权利、责任、义务相统一的最为典型的个案之一。该会规共由七项条款组成，其内容如下：

　　一、定本会内人等，毋许私自强借。其有强借者，毋许入会，断不徇情。

　　一、定本会分为十二股，一年一换，轮流值守，毋得推挨。

　　一、定十八朝办祭，值年者董事。其祭仪等物，十二股均吃均散。若有不到者，毋得散胙。妇人、小厮，毋许入席。

　　一、定递年收租，值年者与前岁值年者二人收管。若有刁佃强吞等情，十二人同收。公议。

　　一、定递年晒谷上仓，十二股齐到。如有不到者，公罚米六升交众，毋许入席。其在外生理者，不到亦可。后又定十二股分为两班，六股管一年。再有不到者，公罚同前。

　　一、定晒谷之日，众出谷二行秤，以付六人收晒平伙之资。其请神纸箔在内。

　　一、定十八朝庆寿，值年者办祭，要荤仪十二碗、素仪十二碗、果子十二盒、汤三盏、饭三盏。如有不齐者，公罚青香一把，对神焚化。其鸡、鱼、鸭子，众买众散。②

---

① 隆庆《文堂陈氏乡约家法·会诚》。

② 《清道光十年正月太子神会流水账簿》，传抄本，原件藏南京大学历史学院资料室，编号000115。

从上引绩溪县西隅唐、胡二姓合办的太子神会会规中，我们不难看出，该会规作为村规民约中的一种，实际上是由总则、分则（含责任、义务和权利等）和罚则三部分组成。参加太子神会的十二股成员的责任、义务和权利是统一的。该会规的第一条和第二条，规定了太子神会的会产管理和神会值守制度，我们可以视之为该会纲领性的文字即"总则"。会员即十二股成员，义务、责任和权利依次在会规的第三至第七条给以规定，对不按会规履行义务和责任的成员，会规有着明确的处罚条款即"罚则"："十八朝办祭，值年者董事。其祭仪等物，十二股均吃均散。若有不到者，毋得散胙。……递年晒谷上仓，十二股齐到。如有不到者，公罚米六升交众，毋许入席，其在外生理者，不到亦可。后又定十二股分为两班，六股管一年。再有不到者，公罚同前。"这些条款可谓十分周严，体现了明清徽州村规民约权利、责任和义务相统一的原则与精神。

二、明清徽州乡村村民或特定组织成员资格的获取

在对明清徽州村规民约的类型和内容进行了基本分析与概括之后，下一步要开展的工作，便是分析这些不同类型村规民约中村民或特定组织成员的资格问题，也就是不同村规民约的受益人和约束人问题。

就宗族族规家法类型的村规民约而言，其适用范围是该宗族的全体成员，其受益人和约束人都是该宗族的成员。具备宗族成员资格的人，首先是具有本宗族以男性血缘关系为主导的、未被削除族籍的人；其次是肩负传宗接代、延续宗族血缘香火的嫁给本宗族男性成员的异姓妇女；还有就是他姓的入赘者和为宗族成员提供各方面服务的佃仆和奴婢等特殊成员。

实际上，宗族成员的资格问题，本身就是一个族籍问题。一般来说，明清时期徽州宗族成员族籍的获得，主要有出生和婚姻两条途径。由于宗族是以男性血缘关系为其内部构造的联结纽带，因而，出生显然是获取族籍的最主要途径。关于出生获取族籍问题，明清徽州的宗族谱牒通常都有较为详明的规定，那就是预先设立红簿，统一格式，婴孩一出生或某一特

定时间即予以填写，并由有关方面监督公证。歙县棠樾等鲍氏三族《重编宗谱凡例》即规定："设立红、白二簿，置各派祠匣内。其红簿定于春祭前三日，凡去年至今春诞子之家，开明某人第几子、婴孩名讳及乳名、生年月日，送司祠公处登载于簿。如有犯祖讳者，可令更名。娶来新妇姓名、出某处某人之，又生年月日，亦如之。"①一旦登记入簿，即取得了该族的族籍，成为该族的族众。现存清代嘉庆年间祁门善和的《衍庆录》，即属此类红簿的标准样式，其内容尽是善和程氏宗族仁山门各家出生婴孩、新娶媳妇之姓名登记。关于如何填写，该书卷首专门辟有《书法格式》，其要点如下："以二十一世日字行人领分，凡某分生人，则记于某分之下。待后，此簿录满，其生更繁，又宜分出某支，各记其下，庶益瞭如。……今此统记生名，逐年登录，则以世从年，不能以年从世，只于其名之上记明某世可也。"②此红簿所记，实际上即是下届修谱的主要依据。在徽州，类似的红簿现存很多，甚至还有书至今天者。所以，出生是徽州人取得族籍的最一般途径。而通过婚姻以取得族籍者，上述棠樾鲍氏《重编棠樾鲍氏三族宗谱·凡例》即已道明了新娶之妇进入本族族籍的途径。不过，进入本族族籍的新娶之妇，并不在于婚姻本身，而在于新娶之妇能为本族繁衍子孙，延续香火。取得族籍的方式还有过继、入赘等方式，不过，过继入籍受到许多限制，对此，徽州宗族大都采取了较为谨慎的做法。如歙县桂溪项氏宗族即对异姓来继者一概不书于谱："他如水盆抱养，赘婿为子，皆为异姓乱宗，一概不书。"③歙县和淳安《歙淳方氏柳山真应庙会宗统谱》即对过继入籍作出这样的规定："继嗣必以序承，间有世系差紊者，已从改正。于本生父下书曰'嗣某后'，于所后父下书曰'某子承继'。无子者于图内书曰'止'附，于父志下书曰'某无嗣、无传'，旧谱未明载者曰'失考'。其异姓承桃，无裨宗祊，徒乱宗脉者，已削不

---

① 乾隆《重编棠樾鲍氏三族宗谱》卷首《重编宗谱凡例》，清乾隆二十五年一本堂刻本。

② 嘉庆《衍庆录·书法格式》，清抄本。

③ 嘉庆《桂溪项氏族谱》卷首《订正款言附凡例》。

录。"①异姓来继者既然不被允许书入家谱，显然也就无法取得该姓宗族成员即族籍的资格。当然，还有不少宗族对异姓来继者采取了较为宽容的举措，允许其入籍，来继者亦即由此取得了族籍。如歙县临溪吴氏宗族，对来继者即采取了允许入籍的办法："异姓来继者，书'入继'。"②

歙县呈坎罗氏宗族对过继入籍及异姓过继是否入籍，前后曾有过从宽到严的变化。据民国二十一年（1932年）《罗氏历代宗谱》（抄本）之《续谱凡例》云："继子同宗相应者，小传内所生父下书曰'出继某人'，所继父下书曰'以某之第几子某继'，其继子名下则书'本某之第几子继某为子'。其继异姓者，书曰'出继某姓'，其支派不续。异姓来继者，旧谱书'来螟他姓子'，今悉不载。"③祁门历溪王氏宗族向以"一脉流传，清白传家"自居，其《王氏统宗谱》更是严格声明"义子、异姓不得紊乱宗支"，清代咸丰年间，族人王清池抱来异姓子，甚至被"控告在案，不能入谱"④。由此足见徽州人对紊乱宗支、朦胧入籍的严禁程度。

还有就是宗族的佃仆和奴婢，作为宗族的特殊成员，他们和整个宗族上自族长、下至族众所有成员之间，都保持有很强的人身依附关系。在法律和社会地位上，他们属于卑贱者阶层，和主人拥有较强的主仆尊卑的等级关系。把他们列为宗族的特殊成员，是考虑到许多拥有大量佃仆和奴婢的宗族，往往会在自己的族规家法中，对他们的行为和言论进行规范。一部休宁县茗洲吴氏宗族的《葆和堂冠昏丧祭及扫墓差遣各仆条规》，实际上就是明清时期一部徽州各地乡村治理与统御佃仆和奴婢的村规民约。其适用范围和各仆所承担的责任、义务及其所享有的权利，该《条规》都规定得十分具体详瞻。《条规》规定："葆和堂众仆，各家己仆，所有本身及其父母，并一切有关于祠堂正务者，家主从其宽，尔等守其分。毋犯上，毋怠慢，采山耕田，安居乐土。"《条规》要求葆和堂内各仆、各家己仆必

---

① 乾隆《歙淳方氏柳山真应庙会宗统谱》卷一《凡例》。

② 崇祯《临溪吴氏族谱》卷首《凡例》，明崇祯十四年刻本。

③ 民国《罗氏历代宗谱·续谱凡例》，传抄本。

④《清咸丰六年九月初二日祁门历溪王洪锦等同心合文契》，转引自张海鹏、王廷元主编：《明清徽商资料选编》，第32页。

须"遵国法""严巡夜""严保甲""尊家主""禁害坟林荞山""禁立神会"等，否则将会遭到严厉惩处，落得"有田不得种，有山不得葬，有屋不得居"的结局。在严格按照《条规》完成主人派给的各项差役后，各仆享有得到饭食酒水的权利，如葆和堂用工抬轿，"其抬轿之人另给使用钱七十文、饭米一筒半、饭肉二两、寿桃一双、旦一双、酒一乎〔壶〕。如遇路远，即每日加使用钱七十文，房伙路上伙食酌给"①。因此，将佃仆和奴婢列入宗族的特殊成员之内，并不意味着他们和宗族其他成员权利、地位、责任和义务就是平等的，恰恰相反，他们只是宗族中的、与该宗族没有任何血缘关系的、地位最为卑贱的、受剥削和压迫最重的被奴役阶层。

　　由于明清时期徽州乡村社会聚族而居，乡村和宗族往往呈现出一体化的特征，因此，许多强宗大族聚居村的宗族族规家法，实际上往往也兼有村庄规约的性质和功能。但是，我们也要看到，居住在村庄的村民毕竟还有少数杂姓，有些村庄更是二姓或多姓聚居，这就使得某一宗族的族规家法对另一姓或多姓的村民缺乏约束力。尤其在个别二姓或多姓宗族无论人数还是财力、地位都势均力敌的村庄中，某一姓宗族的族规家法便只能适用于宗族内部成员。还有一类村庄，经历了历史的沧海桑田，村庄居住的人群发生了重大变化，宗族势力出现消长。这样，某一姓宗族的族规家法就很难在另一姓成员中发挥作用。歙县瞻淇村，由章氏宗族"一统天下"时称"章祈"到汪姓宗族居支配地位时易名"瞻淇"，两姓宗族长期不和，一姓宗族的族规家法不仅不能在另一姓成员中发生效力，反而成为阻力。歙县的江村也有类似情况，据乾隆该村村志《橙阳散志》记载："村地故橙子培也，字之以姓，实自宋始。"②"村以江名，江氏实世居之。然上塘聂氏来自宋初，汪氏肇居元季，新屋下程氏来自有明。此外曰萧、曰黄，皆旧族也。顾聂与萧、黄仅延一脉，汪则宗于慈川，程则宗于槐塘，其居

---

① 光绪《葆和堂需役给工食定例(功善抄存)》,转引自叶显恩:《明清徽州农村社会与佃仆制》,安徽人民出版社1983年版,第329—330页。

② (清)江登云辑、江绍莲续编,康健校注:《橙阳散志》卷十五《别志·村考》,第303页。

吾村，若寄籍然。"①由此可见，虽然江村以江氏宗族为主体，但江村同时还有聂、萧、汪、程、黄诸姓。尽管这些姓氏成员人数不多，但江氏宗族的族规家法显然是不适用于他们的。只有整个村庄的村规民约，对他们才发挥效用。因此，适用于整个村庄的村规民约，显然要比某一宗族的族规家法更具有约束力。因此，探讨村庄的村规民约，就涉及村庄成员即村民的资格问题了。

解决了村籍问题，实际上也就解决了村民的资格问题。大体上说，凡是居住在某一特定村庄的居民，只要在村庄的边界范围之内，不论职业、身份和地位若何，都具有村民的资格，都拥有该村的村籍。即使是外出务工经商的工者、商人、学子，只要进入本村所辖地域，都可视为该村的村民。关于村庄的边界即地域范围，不同时期会有不同的变化，但在一定时期内，这边界是相对固定的。对此，徽州一些村志和家谱于村庄之疆界，大都有着明确的界定范围。乾隆《橙阳散志》对"江村"的边界是这样记录的："村地直歙城北七里，邑九都一图、二图、十五图、十六图地也。古称德政乡归化里，一作居化里。东至锦里亭，东南至清塘界，南至小溪钱亭，西南至长湖，西至三里亭，西北至田干，北至庆安桥，东北至仁和亭，周十五里有奇。北障飞布，南带练溪，其间山田交半。顾平冈土阜，胥可筑屋，中夹平原，颇开朗。自宋歙州倅江公卜居，历七百载，烟户三千余家。分三派：西里村州倅公孟派居焉，东外村仲派居焉，中介塘亦孟派，出绍蜀源程氏，还居于村。通名其地曰'江村'。"②祁门县《善和乡志》对善和村的疆界亦有明确界定："善和乡居江南万山间，今隶祁门县之六都。……东为本都之秀溪，相去十里；西为二都之石墅，相去如秀溪；南为五都之韩村，相去九里；北为本都之章溪，相去二十里；东南达县治焉，相去二十里。"③聚居于休宁县泰塘村的程氏宗族，在明代万历年

① (清)江登云辑、江绍莲续编，康健校注：《橙阳散志》卷十五《别志·氏族》，第303页。

② (清)江登云辑、江绍莲续编，康健校注：《橙阳散志》卷一《村地志·地界》，第3页。

③ 光绪《善和乡志》卷一《志境》。

间编纂的家谱《程典》中，设有专门的《地理志》，对泰塘村的疆界进行界定，并在《风俗志》中再次强调："我泰塘之于海阳，在郡国县道之间，地连乡井，东西接臧溪、临溪之壤，不过十五里；南北接汊口、阳湖、尧山之壤，不过三十里。为乡幅员十五里，径七八里，提封田不过万亩。其民屋、道路、山川、林泽不可垦者十六，其可垦者十四。民户以百数，口以千数。"①绩溪县庙子山村的王氏宗族，在其家谱中，也对庙子山村的疆界进行了界定："村在绩溪七都东部，东南至绩溪县城四十里，东距坦头三里，西距七都汪村前三里，南距中潭二里，北距正觉寺一里有半。约当经度东二度偏东，纬度三十度偏北。"②不仅如此，该家谱还专门设置了《沿革》一节，对庙子山村自先秦至清代的地理沿革进行了详细的考证，并列表以志之③。

可见，明清时期，徽州各地乡村每一个自然村庄，都拥有自己相对较为固定的疆界和地域范围。而居住于该村的地域疆界范围之内的人群，显然应当归属于该村的村民。该村的村民及其所自然繁衍的后代，都拥有该村的村籍。如果说宗族只是一种组织和人群的话，那么，村庄特别是自然村庄，则主要是由居住人群所构成的地域共同体。宗族的族规家法，作为一种宗族式的村规民约，其所覆盖和适用的人群范围，主要限定在宗族成员这一特定的村民，而非宗族成员的村民，则较少受其限定和约束。在这种情况下，只有整个村庄地域范围内的村规民约，才对全体村民具有适用性和约束力。

为说明村庄的村规民约和宗族族规家法类村规民约的适用人群范围，我们仅将清代乾隆二十七年（1762年）五月由在婺源县思溪村居住的王文、王敦伦等为首的王姓宗族成员，以单彬华、单笃庆等为首的单姓宗族成员，以及以俞兴灿等为首的俞姓宗族成员共同请示婺源知县胡玉瑚颁布的《思溪村合村山场禁示碑》文字照录于下：

---

① 万历《程典》志卷四《风俗志》。
② 民国《绩溪庙子山王氏谱》卷八《宅里略·位置》。
③ 民国《绩溪庙子山王氏谱》卷八《宅里略·沿革》。

特授婺源县正堂加三级纪录五次纪功一次胡［玉瑚］为公吁赏示永禁杜患事。据王文、王敦伦、单彬华、□□□、单笃庆、俞兴灿等具禀前事，词称：身村四户公置俞师坦茶坞、里田坞，面前山、下坞、西培、□坞、头下坞、上培、板门桥、林子坑、黄培山、仓坞培等处山场十二局，乃一村之来龙，面前水口攸关。栽种杉松竹木，掌养保护，屡被无知小民入山侵害。今村佥议，业经唱戏鸣约加禁，但恐人心不一，未沐示禁，仍蹈前辙。为此，公叩宪太老爷恩准赏示，勒石严禁，俾愚民知有法究，而山场永无侵害，合村感戴上禀等情。据此，合行示禁。为此，示仰附近居民人等知悉：嗣后，王文等公置俞师坦等处山场杉松竹木，乃一村攸关，□□□□□山侵害。倘有不法棍徒擅敢砍伐，许业主同约保指名，据实赴县具禀，以凭严拿，大法重究，断不宽贷，各宜凛遵毋违。特示。遵。

乾隆二十七年五月初十日示

仰勒石永禁[①]

显而易见的是，作为王、单和俞姓多姓村民共居村，王文、王敦伦、单彬华、单笃庆和俞兴灿等代表思溪全体村民请示婺源知县胡玉瑚所颁示的这通《思溪村合村山场禁示碑》，绝不是王姓或单姓、俞姓某一宗族约束本族成员的族规家法，而是以上三姓全体村民协商议处、共同遵守的村庄村规民约。

乡约和会社组织的村规民约，其适用范围是乡约和会社组织的全体成员。在徽州，乡约自明代倡行以来，其主要类型大体有地缘性乡约和宗族血缘性乡约两大类，"乡约会依原编保甲。城市，取坊里相近者为一约；乡村，或一里、或一图、或一族为一约，其村小人少附大村"[②]。因徽州山区村落聚族而居，许多村庄成立的乡约都呈现出宗族化的特征。与此同

---

① 原碑现嵌于江西省婺源县思口镇思溪村一古庙前墙上。

② 嘉靖《徽州府志》卷二《风俗》。

时，宗族的乡约化趋势也更加显著①。不过，明清时期徽州确实存在地缘性和宗族血缘性两类乡约，两类乡约的成员也各有不同。地缘性乡约一般以地域疆界为限，凡是在乡约统辖地域范围内或一里、或一图、或小村附大村的村落联合体的村民，都属于该乡约的当然成员。明代嘉靖二十三年（1544年）和嘉靖三十四年（1555年），歙县岩寺分别建立起来的"岩镇乡约"和"岩镇备倭乡约"，就是这种按照地域疆界划分的乡约，如岩镇乡约的地域范围和管理人员，即"仿蓝田吕氏之约，以束一乡，而首端士习，每月定期讲论于南山之阳，喜有庆，哀有吊。习业有会，彬彬然"②。岩镇乡约把"巨室云集"③的岩镇地域"一镇分为十八管，有纪有纲；每管各集数十人，一心一德"④。这就从地域上，对乡约的范围进行了界定。至于宗族血缘性乡约，其成员则主要来源于该宗族的全体成员。徽州最为典型的宗族性乡约，为明代隆庆六年（1572年）建立的祁门文堂陈氏乡约。该乡约的同立人共25人，约正、副28人，约赞7人，全为文堂村陈姓宗族成员，其成员范围当然亦全部系陈姓宗族成员。陈明良在隆庆六年（1572年）中秋书写的《文堂陈氏乡约序》中指出："惟阖族遵依，归而月朔，群子姓于其祠，先圣训以约之尊，次讲演以约之信，次之歌咏以约其性情；又次之揖让以约其步趋。不知孝顺尊敬者，约之孝顺尊敬；不知和睦、教训者，约之和睦、教训；不知安生理、毋作非为者，约之使安生理、毋作非为。"可见，作为村规民约的一种，宗族类乡约所调整的成员范围，主要局限于拥有共同血缘关系的本宗族内部成员。也就是说，在宗族血缘性乡约中，即使是该村的村民，如果不是该宗族的成员，那么他们也就不能成为该宗族所建立的乡约中的成员。尽管村庄中的异姓村民，在

---

① 参见常建华：《明代徽州的宗族乡约化》，《中国史研究》2003年第3期。

② 雍正《岩镇志草》亨集《名贤传·郑佐》，《中国地方志集成》乡镇志专辑第27册，第146页。

③ 雍正《岩镇志草》卷首《志草发凡》，《中国地方志集成》乡镇志专辑第27册，第100页。

④ 雍正《岩镇志草》贞集《艺文下·岩镇乡约叙》，《中国地方志集成》乡镇志专辑第27册，第229页。

一定条件下也受到乡约的限制和约束，如文堂陈氏宗族血缘性乡约，对该村租种该族成员土地的异姓佃户，即采取了不直接由佃户、小户参与乡约，而是从佃户或小户中编立选举甲长的办法，由甲长负责对佃户或小户的管理与监督。《文堂陈氏乡约家法》规定："本都乡约，除排年户众遵依外，仍各处小户散居山谷，不无非分、作恶、窝盗、放火、偷木、打禾、拖租等情。今将各地方佃户编立甲长，该甲人丁，许令甲长约束。每月朔，各甲长侵晨赴约所，报地方安否何如。如本甲有事，甲长隐情不报，即系受财卖法，一体连坐。如甲下人丁不服约束者，许甲长指名禀众重究。每月朔日，甲长一名不到者，公同酌罚不恕。"①但他们通常并不在乡约的调整范围之内。他们的行为和乡约中要求的陈氏宗族成员"人人同归于善"的行为②，没有必然的关联。他们不参加陈氏宗族成员每月一次的乡约家会，每月朔日，由佃户中的甲长赴乡约所"报地方安否何如"。至于文堂村其他非陈氏宗族佃户的村民，更与文堂陈氏宗族乡约的活动无关。也就是说，文堂陈氏宗族乡约调整的只是陈氏宗族内部成员的关系，它的成员范围当然也就局限于陈氏宗族成员，而非全体文堂村村民。

会社类村规民约的成员资格，通常限于参加会社活动的全体成员尤其是出资办会的会首。由于明清时期徽州的会社类型繁多，且具有一定的地域性特征，因而，会社的成员既有宗族性的，也有非宗族性的。就祭祀祖先类的清明会等组织而言，清一色的宗族成员显然是其成员结构的最基本特征。而祭祀类似土地神、文昌帝的会社以及金融性和乡绅文人所结成的会社，则又往往是非宗族性的居多。明代洪武三年（1370年），明太祖"诏天下乡民立社"③。嘉靖五年（1526年），应天巡抚陈凤梧再次要求各地立社。于是，为响应明太祖和陈凤梧的号召，明代徽州各地几乎每一村庄都建立起了自己的社，个别村庄甚至建有数所甚至十数所社的组织。如

①隆庆《文堂陈氏乡约家法·文堂陈氏乡约》。

②隆庆《文堂陈氏乡约家法·会诫》。

③（清）江登云辑、江绍莲续编，康健校注：《橙阳散志》卷六《礼仪志·祭祀》，第121页。

到清雍正年间，歙县岩寺即建立有永兴义井社（明嘉靖五年，奉应天巡抚陈行本县各里立社，当日社首12家，立簿12册，编号智、仁、圣、义、忠、和、孝、友、睦、姻、任、恤，家收一册，分别为智字方尚、仁字胡沧、圣字胡积佑、义字陈朝伟、忠字汪宗龙、和字方桂柏、孝字龚然达、友字俞嘉贞、睦字胡光德、姻字吴仕圣、任字吴自成、恤字汪时复。崇祯十年重修，康熙六年，增入徐日学一家，并立元字号簿）、长兴祖社（其社户昔为阎氏，今为龙池胡、上新街汪、柳塘巷程、尚义孙、佘家巷汪、一管王，清雍正九年，汪成材修）、四义井社（唐元和间，闵公合龚、黄、胡4姓共立，洪武六年，闵君子寿欲重建，龚、黄、胡多他徙，因另联汪、方、吴三姓，仍成四义，时同社者60户，后废。正德元年，合众公议重建）、龙潭社（南山郑氏明万历年间建）、义成祖社（明洪武初，诏天下立社，岩镇众姓同建，故曰"义成"。嘉靖年间遭灾，万历二十三年，汪氏合族重建）、宁寿祖社（明万历十年，众姓建）、长塘祖社（又名"庆寿会"，明万历七年建。崇祯八年，社户19姓同修）、长兴社（明万历七年，佘姓合族建）、龙潭祖社（岩寺方氏七门之社）、镇东祖社（宋咸淳六年，徽州提刑节度同知致仕邱龙友、钱塘知县致仕王英杰奏请奉准立社。明洪武初，社为兵毁，龙友公曾孙邱焕文捐资复造。万历年间，邱大用、程茂麟、宋必勉、吴仕㔥等倡众重修。清康熙三十一年新之）、崇仁兴义社（初建于明嘉靖、隆庆之际，万历三十年，曹祺等重建。康熙二十六年，张之燧等重修）、龙潭社（鲍汝璋于康熙十五年创建）、尧源社（不知建于何时，为南北十四管人户所祀。明万历三十三年重建）和晋昌社（明成化年间建）等15所社。在这15所社中，文字记载明确的多姓共建的地缘性而非宗族血缘性的社就有8个之多[①]。一村多社现象，在歙县蕃村现存的遗存中，还有宁丰大社和许家社屋两座社屋。显然，就社而言，主要有宗族血缘性社和村庄地缘性社两类，且以村庄地缘性社占多数。通常宗族血缘性社的成员限于宗族内部，而村庄地缘性社的成员则包括居住于该村地域

---

① 雍正《岩镇志草》元集《祠社坛宇》，《中国地方志集成》乡镇志专辑第27册，第134—136页。

范围内的所有村民。会的情况和种类更加复杂，大体上，既有宗族血缘性的会，如清明会等，也有地缘性的会，如歙县岩寺的南山文会等。规模大者有跨村庄地域的数村联合性会，如以休宁县十三都三图旌城为中心的祝圣会，即是上自上庄、下至下岭，跨越旌城、溪口、山背和金竹数村的会社组织，规模小的甚至还有由小家庭成员组成的家会等。根据不同类型会社和会社规约的规定，会社的成员也各有不同。

关于合同和告示类村规民约，其成员范围一般依合同和告示内容的不同而定。大体上，订立和签署合同的成员，是合同类村规民约的当然成员。告示类村规民约，则主要以告示类型和内容规定的范围而定。

总之，明清时期徽州村民和特定组织成员资格的认定和确立，大体上可按地域和组织两大类别进行划分。除居住在村庄内的全体成员可以比较明确地认定为村民以外，其他组织的成员资格确立和认定则相对较为复杂。就宗族成员资格而言，被削除族籍的成员，显然不能被认定为该宗族的成员。同样，会社组织中自愿脱离的成员，显然自脱离之日起，便不在会社组织成员之列。相反，新增加的会社成员，则自加入之日起，在恪守会社规约、履行会社规定的责任和义务的前提下，成为会社组织的当然成员。

三、明清徽州村规民约的制定与执行

那么，徽州的村规民约是如何制定与执行的呢？

先来分析一下村规民约的制定。与国家法由国家权力机关按照一定的法律程序制定并具有一定的强制性效力不同的是，明清时期徽州村规民约的发起者和制定者则主要是来自乡村社会中的某一地域组织或人群，其任务和作用，主要是配合与协助国家法，对某一特定组织（包括自然和行政村落、宗族和会社等）或特定人群进行自我管理、自我服务和自我约束以维护乡村社会现存社会与经济秩序，进而达到稳定乡村社会的目的。明清时期徽州地区村规民约的制定者，大多是居住于乡村社区中的精英，这些精英既包括国家法定的村庄行政负责人，也包括宗族的头面人物，还有大量的乡绅群体。

就明清时期徽州村落的村规民约而言，一般是由居住于该地域范围内的法定行政组织里甲长、乡约、保长以及乡绅阶层共同发起、协商制定的。如清乾隆十九年（1754年）闰四月徽州某县十八都四图吴德嗣、朱允公、戴才志、蔡思志、范吉振、叶在田等16人共同发起订立的《轮充均役合同》，就是由居住于十八都八图乡约叶为美和钱运宝、保长叶圣宠参与发起并与上述16人一道签署制定的一份专门为轮派甲长差役事务的村规民约。该合同指出："十八都四图立议约合同人吴德嗣、戴才志、范吉振及众姓等，本图保甲长，今值事务繁重，难以承充。众等齐集各姓，公同酌议：置有产业，及图内居住，公同轮充均役，料理、照管、监察、争竞、斗殴，及毋藉匪类，不许容留居住。稽查安辑，宁静地方。此系公务，对神阄定月日，轮者充当。凡遇一切在公及图内事，本人承值，毋得推委。"[①]

以宗族名义制定的族规家法类村规民约，则是"以族长为核心的房长缙绅集团"[②]等共同商议制定的。明万历十四年（1586年），祁门清溪郑氏宗族的《家规》，初定于嘉靖三十五年（1556年），在族老和族首等郑氏宗族的缙绅集团共同参与下不断斟酌商议完善后颁行。为说明问题，谨将万历十四年（1586年）由郑氏宗族族老和族首共12人联名制定和颁行的郑氏《家规》告示文字照录于下：

> 吾家自祖以来，其奉先睦族遇下，各有定额。但行之既久，不能无敝，其通变损益以趋时者，今口不得不然也。于是上遵国法，远稽祖训，近采众议，酌成家规。夫规之为言戒也，又言式也，事有不趋于时，不合于理，不可纵也，故戒之。戒之而趋于时、合于理，可世

---

① 《乾隆十九年闰四月徽州某县十八都四图吴德嗣等轮充均役合同》，原件藏南京大学历史学院资料室，编号000056。

② 赵华富：《两驿集》，黄山书社1999年版，第308页。

守矣，故式之，此规之所由立而人之所当遵也。其或有干于此者，则礼罚炳炳在也，条陈于后，期毋犯。

右家规立自嘉靖三十五年，屡经佥议，逐条斟酌，至后益加详妥。兹因家乘既成，摘其要略，附梓于末，以便观守云。

时万历十四年丙戌孟冬月吉旦，族老：之珍、之锡、应祥。

族首：奇保、端阳、之汶、之琦、应绶、

应龙、一治、伯昱、伯洪共立①

雍正歙县《潭渡孝里黄氏族谱》的"族规"则是由潭渡黄氏宗族族长和八堂尊长联合文会共同商议制定的。"公议宗祠规条计三十二则，乃八堂尊长暨文会诸公于康熙甲午仲春下浣七日议定，自当永远遵守。"②无论是万历祁门郑氏宗族家规，还是雍正歙县潭渡黄氏宗祠规条，其制定者都来自宗族内部的族长、族老、文会等头面人物和乡绅等精英阶层。正如明万历二十六年（1598年）袁国侗在为休宁城北周家坞《周氏宗规》所写的《序》中所云："盖闻俗奢示之以俭，俗俭示之以礼，所以明礼以维风，正身以范俗，胥于族长、宗子责也。"③肩负宗族风俗教化重任的族长、宗子和乡绅等缙绅集团，显然在族规家法的制定过程中，发挥着比其他宗族成员更大的作用，或者说，他们就是宗族族规家法类村规民约的忠实倡导者和实际制定者。

各种会社的规约则由会社的发起者和会首联合会社成员共同讨论制定，如大部分文会规约即是如此。但宗族血缘性会社的规约，则和族规家法一样，也是由宗族的族长出面负责制定的。如明天启元年（1621年）休宁某村友义堂程氏宗族所建立的旨在祭祀祖先、祭扫祖坟的清明会，其会规即是由聚居该村的宗族族长程宏等联合"各房长议定"设立的④。清代

① 万历《祁门清溪郑氏家乘》卷四《家规》。
② 雍正《潭渡孝里黄氏族谱》卷六《祠祀·附公议规条》。
③ 万历《重修休邑城北周氏宗谱》卷九《宗规》。
④ 王钰欣、周绍泉主编：《徽州千年契约文书》（宋元明编）卷八《天启元年休宁程氏立〈清明挂柏簿〉》，第192页。

绩溪县高迁村高氏宗族，有感于该族清代文教不及于前，乃在宗族头面人物的倡导下，创立了所谓的"学愚文会"，即"合族兴立文会，名曰'学愚'。非特不忘先烈，且以愚者可学，而智者愈无不可学也。吾愿后之愚者学而不自以为智，尤望后之智者愿学而直自以为愚"①。还有一些跨地域性的会社，甚至由乡村基层社会的里甲长牵头发起制定，如成立于明崇祯年间一直持续至民国三十年（1941年）的休宁县西南部十三都三图祝圣会，其会规就是由乡村社会的基层组织发起并制定和不断修改完善的，"住居十三都三图里长吴文庆、保长汪宗公及士农工商各户人等旧议祝会事"②。而创建于明嘉靖中叶的歙县呈坎溪川文会，其会规则是由文会发起人等共同制定的③。至于一些以祭祀祖先为宗旨的清明会和以祭祀土地神为目的的春祈秋报性质的社等，其会社规约的制定和调整，在宗族聚居的徽州乡村社会，宗族族长无疑起到了不可替代的作用。

还有一种村规民约，系由少数人发起、部分人参与的完全出自某一特定事项而制定的。诸如护山保坟禁约合同、禁止赌博告示和调解民间纠纷的和息文约等，其制定者基本上来自当地乡村基层组织的里甲、保长、乡约和宗族会社以及纠纷当事人等群体。如清嘉庆八年（1803年）十月，休宁县二十五都五图浯田村，敦请休宁知县曾守一颁示的《严禁棚民入山垦种告示》，即是由聚居该村的程氏宗族族长程元通，保长程敬培，房（门）长程伊志、程良吉、程象符，监生程步鳌，生员程其经，司祠程汇公等精英共同发起的。可以说，宗族族长、村落保长、乡绅等村庄头面人物所组成的精英集团，在制定该村规民约中，发挥了极其重要的作用④。清同治九年（1870年）三月祁门县知县周溶颁行的文堂村禁赌告示，也是由聚居该村的陈氏宗族的族长陈龙生、监生陈寿长、陈光门和陈光斗联合村民共

① 光绪《梁安高氏宗谱》卷十一《学愚文会序》，清光绪三年木活字本。

②《明崇祯十年—清康熙四十九年祝圣会簿》，原件藏南京大学历史学院资料室，编号000055。

③（清）罗斗：《溪川文会簿》，传抄本。

④《清嘉庆八年十月休宁浯田岭严禁私棚民入山垦种碑》，原碑现嵌于安徽省休宁县龙田乡浯田村一宗祠墙中。

同制定和请示颁布的①。

同村规民约制定紧密相连的是村规民约的执行问题。由于任何村规民约都有一定的施用范围、施用人群和时间效力，因此，明清时期徽州的村规民约执行和承续，就存在一个执行者和执行时间问题。

原则上，就村落地域范围内的村规民约而言，其执行者显然是该村落法定的行政官员，如里长、甲长、保长和乡约等。如违反村规民约的规定，又不服执行者的处罚，那么执行者则可直接呈官理治。如清乾隆十六年（1751年）四月，徽州休宁县项凤仪等所立的《排年合同》即规定："合同十排集议，嗣议之后，各甲排年催管各甲完纳，不得遗累现年。立此合同存据，永不拖累。倘有抗欠、不依合同反悔者，甘罚白米三石。如有不遵，十排呈官理论。"②在祁门县文堂村，佃户被编为若干甲，设立甲长，所有佃户即受甲长的约束和处置，而甲长则又受乡约控制。"本都乡约，除排年户众遵依外，仍各处小户散居山谷，不无非分作恶、窝盗、放火、偷木、打禾、拖租等情。今将各地方佃户编立甲长，该甲人丁许令甲长约束。每月朔，各甲长侵晨赴约所，报地方安否何如。如本甲有事，甲长隐情不报，即系受财卖法，一体连坐。如甲下人丁不服约束，许甲长指名，禀众重究。每月朔，甲长一名不到者，公同酌罚不恕。"③在这里，乡约的约正和约副显然是文堂村村规民约的最高执行者和裁判者，而甲长则是次一级的执行者和裁判员。对实在无法执行者，送官处治，则是明清时期徽州村规民约执行过程中的最终环节与处置手段。事实上，明清时期徽州许多类型的村规民约都有违犯者被呈官处置的记录。

就宗族族规家法类的村规民约而言，其执行者则是宗族的族长、由宗族族长委托的管理人员和宗族中的乡绅集团。明万历休宁《茗洲吴氏家记》在其族规《家典》中，不仅明确了族长是族规家法的执行人，而且对

---

① 《清同治九年三月十八日祁门文堂奉宪严禁赌博碑》，原碑现铺于安徽省祁门县闪里镇文堂中村敦本祠地面上。

② 《清乾隆十六年四月徽州休宁县项凤仪等立排年合同》，原件藏南京大学历史学院资料室，编号000059。

③ 隆庆《文堂陈氏乡约家法·文堂陈氏乡约》。

违犯族规家法者采取了最为严厉的革除族籍的惩罚措施。"倘有户婚、田土，事不得已，尊长不恤，以至抱屈，亦当禀请族长，以分曲直，亦毋得愤激，轻自犯逆。……婚配不在财富，须择门楣相对之族。如或彼族素无姻娅，一旦轻与婚聘，门第不对，乡鄙诟笑，是人自以奴隶待其身，以卑下待其子孙，我族即不当与之并齿。生不许入堂，死不许入祠。"①明代休宁《商山吴氏宗法规条》即指出："祠规虽立，无人管摄，乃虚文也。须会族众，公同推举制行端方、立心平直者四人，四支内每房推选一人，为宗正、副，经理一族之事。遇有正事议论，首家邀请宗正、副裁酌。"②在祁门善和村，聚居于该村的程氏宗族推选五大房轮值管理族务，执行族规家法，遇有重大事务，管理者必须禀明各房家长，由家长集众公议。初刻于明嘉靖年间、续刻于万历初年的《窦山公家议》规定："凡事属兴废大节，管理者俱要告各房家长，集家众，商榷干办。如有徇己见、执拗误事者，家长、家众指实，从公纠正，令其即行改过。如能奉公守正者，家长核实奖励，家众毋许妄以爱憎参之，以昧贤否。各房如有不肖子孙，妄将众共田地、山场、祠墓等件盗卖家外人者，管理者访实，告各房家长，会众即行理治追复，或告官治罪，以不孝论。"③不过，宗族族长执行族规家法类村规民约时，一般被要求在家法许可的框架内进行，不得违背国法。"家法止于杖责、驱逐，若罪不止此，则送官究治，不得私立死刑。杖责、驱逐之法，尊长可施于卑幼，卑幼不得施于尊长。行家法者，必以是为准。"④

以会社等组织名义制定的会社规约类村规民约，其执行者是轮值的会社首领，即所谓的会首、社首等以及会社规约规定的人员。清道光三十年（1850年）九月，休宁县十三都三图祝圣会，对入会佃户不能遵守会规欠交地租行为，即制定了由会首邀请会众行使处置权的会规，云："会内各

---

① 万历《茗洲吴氏家记》卷七《家典记》。

② 万历《商山吴氏宗法规条》（不分卷）。

③ （明）程昌撰，周绍泉、赵亚光校注：《窦山公家议校注》卷一《管理议》，第13—14页。

④ 光绪《梁安高氏宗谱》卷十一《家法》。

佃户设或抗租不交司年者，即行通知上下会首，同往催讨。如有刁佃梗顽，颗粒不交，即应邀同在会诸公商议公允，再行公举。而管年之家亦不得藉公报私。"①不过，宗族血缘性会社规约的执行，宗族的族长和家长、房（门）长依然是主要的执行者和裁判人。清嘉庆十九年（1814年），祁门环溪王履和堂养山会对触犯《条规》者，即规定了由宗族族长和各家房长依家法进行处罚的条款："兴山之后，各家秩丁必须谨慎野火。倘有不测，无论故诬，公同将火路验明查出，罚银十两，演戏全部。如不遵罚，即令本家房长入祠，以家法重责三十板。元旦，祠内停饼十年。妇女失火，照例减半，咎归夫子。如无夫与子，咎归房长，公同处罚。外人，另行理治。"同村落和宗族的村规民约一样，会社规约也规定了对处罚对象不服闻官治理的条款，如王履和堂养山会的会规即规定，对"恃强不遵者，呈官处治"②。明清时期遍布徽州乡村的会社组织——文会，在执行会规、调处民间纠纷方面，起到了十分重要的作用，诚如方西畴在《新安竹枝词》中所云："雀角何须强斗争，是非曲直有乡评；不投保长投文会，省缺官差免下城。"③

明清时期徽州的村规民约还有乡约等组织制定的规约，其负责执行者主要是来自乡约的约正、约副等乡绅阶层组成的核心成员④。乡约自明代中叶至清前期不断得到统治阶级的倡导和施行。明嘉靖年间，徽州知府倡行乡约，各地纷纷响应，嘉靖四十四年（1565年）绩溪县令郁兰"奉府何东序《乡约条例》，令城市坊里相近者为一约，乡村或一族一图为一约。举年高有德一人为约正、二人为约副，通礼文数人为约赞，童子十余人歌诗。缙绅家居，请使主约。择寺观祠舍为约所，上奉圣谕碑，立迁善改过

---

① 《清道光二十四年至三十年祝圣会簿》，原件藏南京大学历史学院资料室，编号000116。

② 嘉庆《环溪王履和堂养山会簿》（不分卷）。

③ （民国）许承尧撰，李明回、彭超、张爱琴校点：《歙事闲谭》卷七《新安竹枝词》，第208页。

④ 参见卞利：《明清时期徽州的乡约简论》，《安徽大学学报（哲学社会科学版）》2002年第6期。

簿。至期，设香案，约正率约人，各整衣冠，赴所肃班行礼。毕，设坐，童子歌诗鸣鼓，宣讲孝顺父母六条。有善过彰闻者，约正、副举而书之，以示劝惩。每月宣讲六次。万历间，知县陈嘉策奉府遵行，以善人胡瑭、张时顺申府，各旌'为善最乐'四字"。清初继承明朝旧制，清圣祖于康熙九年（1670年）亲颁"上谕十六条"，令各地成立乡约进行宣讲。"雍正二年，增颁《乡约法律》二十一条。乾隆十九年，知县较陈锡奉府太守何达善札，令坊乡村镇慎举绅士耆老足以典刑闾里者一二人为约正，优礼宴待，颁发规条，令勤宣化导，立彰善瘅恶簿，俾民知所劝惩。"①现存最为完整的明代隆庆六年（1572年）祁门文堂陈氏乡约文本，即赋予了约正和约副负责执行的权力："择年稍长有行检者为约正，又次年壮贤能者为约副，相与权宜议事。在约正、副，既为众所推举，则虽无一命之尊，而有帅人之责。……约正、副，凡遇约中有某事，不拘常期，相率赴祠堂议处，务在公心直道，得其曲直。"②

至于明清徽州乡村社会中部分人群为某一目的而专门订立的合同文约等村规民约，其执行者和监督者，则主要是由参与订立合同文约的当事人和中人负责。一旦出现违约行为，则允许遵守者按照合同文约规定的款项即罚则，对违约人进行处罚。明嘉靖十八年（1539年）六月，祁门三四都詹天法、刘记保、潘万昌、汪华等所立的养山合同就明确规定："议约之后，各人不许入山砍斫。如违，砍斫一根，听自众人理治，甘罚白银二分，与众用无词。"③对经过县府钤印并以县正堂名义颁发的各种告示类村规民约，其执行者基本上仍是当地村落或宗族成员。不同的是，一旦出现违犯此类告示行为者，执行者可以此为依据，恳请官府进行处罚。如清康熙五十三年（1714年）四月，祁门县民盛思贤为保护注家坦等处山场免遭盗伐，就曾专门恳请县令陈诗颁给告示。这纸钤有祁门县印的告示指出：

①乾隆《绩溪县志》卷三《学校志·乡约附》。

②隆庆《文堂陈氏乡约家法·文堂陈氏乡约》。

③《明嘉靖十八年元月初七日祁门县三四都詹天法等立长养树木合同》，原件藏南京大学历史学院资料室，编号000058。

"嗣后，本业主蓄养树木，一应人等不得妄行强伐盗砍。如敢有违，即鸣邻保赴县呈禀，究治不恕。"[1]乾隆四十六年（1781年）三月，黟县知县殷濬哲亦曾应监生姜世铨、村民姜尚仪等请求，专门颁发告示，对位于长瑶庵受侵害的姜氏合族祖坟予以保护："示仰该处地保山邻人等知悉，所有姜世铨等长瑶庵山地，照界执业，附近人等，毋许再行侵挖。如敢故违不遵，许原禀人指名赴县具禀，以凭拿究。该地保、山邻人及原禀人等，不得藉端滋事干咎，各宜凛遵毋违。"[2]

总之，明清时期徽州类型多样、内容丰富的村规民约，其制定者和执行者一般都有着明确的界定。为保证这些村规民约能够得到有效执行，达到制定者的目的，一些地区的乡村基层组织、宗族、乡约和会社等，还专门设立了监督人员，以加强对村规民约的执行。鉴于村规民约的约束范围有时可能超过本地域、组织和人群范围，为强化其权威性和严肃性，一些乡村和各类组织还"需要'邀请'国家进入，并提供资料或对方要求的帮助"[3]。明清时期数量颇丰的徽州府县应民间要求制作颁发的各类告示，就是乡村社会组织和人群在不能独立解决问题时，主动邀请国家权力介入的一种极为重要的路径。对此，我们必须将这类地方官府的告示纳入村规民约的体系来考察，并对其制定者和执行者进行深入系统的研究。

四、明清徽州村规民约的基本特点和主要功能

明清时期徽州的村规民约类型繁多，内容丰富，但就其总体而言，一般具有以下几大基本特点。

首先，是它的地域性。作为民间规约的一种，任何村规民约都具有特

---

① 《清康熙五十三年四月初六日祁门县严禁盗砍汪家坦等处山场树木告示》，原件藏安徽省祁门县博物馆。

② 《清乾隆四十六年三月初五日黟县正堂告示》，原件藏南京大学历史学院资料室，编号000184。

③ 张静：《村规民约体现的村庄治权》，《北大法律评论》第2卷第1辑，法律出版社1999年版，第5页。

殊的地域性空间，"代表了一个相对独立的生活共同体"①，或者说只在其所覆盖的地域范围内才具有效力，超过了该村规民约规定的特定地域范围，即相对独立的乡民生活共同体，其便失去了应有的效力。可以说，地域性是村规民约的主要特征。明清时期徽州的村规民约地域性特点相当突出，不同县域、不同村庄，其村规民约之间都具有独特的地域性色彩。除非是数村联合制定，否则，即使像歙县棠樾、郑村、槐塘和稠墅等邻村之类的某村单独施用的村规民约，在另一村落也无任何约束力。清道光十一年（1831年）仲春，祁门桃源村所制定的"奉宪示禁"《严禁强梗乞丐入境碑》，即对该规约划定了明确的村域界限，"里至天井源，外至横岭下宝山殿"，就是该村规民约效力所覆盖的地域范围②。超出了这一地域范围，桃源村的这一村规民约便失去了其应有效力。即使是宗族血缘性的村规民约，一般亦仅适用于宗族成员所聚居的境域范围之内，更何况徽州村庄本身就具有宗族聚居的传统呢？

其次，同民间规约一样，明清时期徽州的村规民约还具有较强的时效性。任何村规民约都有其施用的时间限制，尽管村规民约作为乡村社会中一种重要的地方性知识和文化传承的载体，往往具有延续时间较长的特点，但是，无论何地何类村规民约，其所拥有的时效性则是毋庸置疑的。我们看到，从明末至民国年间延续数百年之久的休宁县西南山区十三都三图以旌城为中心的祝圣会，其《会规》就因不同时代的变化而因时制宜进行过多次调整，淘汰一些过时的内容，增加一些新的规定。再如，明代祁门文堂的乡约《会诫》，到清代就失去了其存在的现实价值。同样，明清时期徽州各地的村规民约，在今天看来，除了具有历史研究价值和借鉴价值外，应当说基本没有现实的约束力了。宗族的族规家法类村规民约，在宗族发生重大变迁之后，也完全丧失了其原有的效力。正如清乾隆时婺源县江湾村江如松所云："事有宜于古而不利于今，法有行于前而不善于后。

①　张静：《村规民约体现的村庄治权》，《北大法律评论》第2卷第1辑，第35页。

②《清道光十一年仲春月祁门县桃源村严禁强梗乞丐入境碑》，原碑现嵌于安徽省祁门县闪里镇桃源村廊桥墙壁中。

祖宗立言，如箴铭训诫，宝若鼎彝，百代遵守可也。至于作法处置，虽古人具有深意，然有不能行于今者，不得不为之变通焉。"①徽州许多乡村社区中宗族族规家法在历代谱牒编纂的过程中，如同婺源江湾萧江氏宗族复七公房派一样，都处在一种不断充实和调整的动态过程之中，在某种程度上说，都是基于这些族规家法失去时效性而不断进行因时制宜变通这一主要目的。

再次，是它的宗族血缘性。明清时期徽州的村规民约不同于其他地区的一个突出特征就是它的宗族血缘性，无论是村庄规约、宗族规约、会社规约、族规家法，还是乡约、合同、告示，由于其成员大多为聚族而居的村民（含乡绅等），因此，这里的任何一种类型的村规民约，都被深深地打上了宗族血缘的烙印。清乾隆五十年（1785年）婺源汪口村恳请婺源知县颁布的《严禁盗伐汪口向山林木告示》，其实就是由聚居该村的俞姓宗族联合发起的。该告示内容如下：

奉县主示禁

特授婺源县正堂加五级纪录十次、记功二次彭［家桂］为吁恩给示、申禁杜害事。据东乡六都汪口生员监俞大璋、俞芝秀、俞镇玑、俞麟祥抱呈，俞本禀称：生乡聚族而居，前籍向山以为屏障，但拱对逼近削石巉岩，若不栽培，多主凶祸。以故历来掌养树木，垂荫森森。自宋明迄今数百年间，服畴食旧，乐业安居，良于生乡大有裨益。乾隆四十三年，无藉之徒，盗行砍伐，当经捉获。适值张主［善长］仙逝，迫禀军厅，已蒙究详在案。奈日久玩生，复萌觊觎。旦旦而伐，山必童赭；事关祸福，害切肌肤。生等协众佥议，酌立条规，重行封禁，永远毋得入山残害。即村内一切公事，均不许藉辞扳摘，以启砍伐之端。布帖于乡，咸称善举。但恐愚氓无知，非请法禁，终肆梗玩。恭际太父师莅任以来，严明相济，威德并施，雷厉风行，家

---

① 乾隆《萧江复七公房支谱》卷四《手泽·清归旸田坟地山税记》，清乾隆三十七年刻本。

喻户晓。为此，吁恩准给示禁，永远杜害。煌煌金诫，谨镌诸石，以垂勿朽。俾斧斤不入于山林，则宪泽且及于草木矣。一乡戴德，万祀铭恩等情，据山合行示禁。为此，示仰该地约保及村内居民人等知悉：尔等各宜自爱，毋得借公残害，永远蓄养向山。倘有故违，一经该生等控告，定即拿究，决不姑宽。各宜凛遵毋违。特示。

乾隆五十年十二月　日示[1]

这通告示告诉我们，在明清时期聚族而居的徽州乡村社会中，村规民约所具有和显示出的宗族血缘性特征是极其突出的。事实上，明清时期徽州许多地区即使是多姓共居的村庄，尽管我们还不能武断地得出徽州村规民约呈宗族化趋势这一结论，但其村规民约多呈保护势力较大的宗族利益的倾向还是显而易见的。

最后，是它的模糊性和变通性。明清时期徽州的村规民约，作为一种民间法，毕竟不同于国家法，在进入地方官府司法领域之前或之外，会对与国家法相矛盾甚至是相抵触的内容，因人、因事、因地进行调整。尽管明清时期徽州的村规民约在大多数情况下是在国家法的框架下制定的，但与国家法之间的细微矛盾与冲突还是经常存在的。因此，一旦进入正式的国家司法领域，这类村规民约即可能会采取某些模糊的变通方式，来寻求与国家法的吻合与一致。当然，一些户婚、田土和斗殴等民间细故，国家法一般亦会采取尊重并向村规民约让步或妥协的方式，来达到稳定乡村社会的目的。如清代中期以后，徽州各地乡村土地买卖中普遍存在的"小买"问题，作为一种民间约定俗成的"乡例"，其与国家法的规定就是互相矛盾和抵触的。"歙邑买卖田地之契约，有大买、小买之区别。大买有管业收租之权利，小买则仅有耕种权，对于大买主，仍应另立租约。"[2]由

---

①《清乾隆五十年十二月婺源严禁盗伐汪口向山林木告示碑》，原碑现嵌于江西省婺源县汪口村旧乡约所墙内。

②《民商事习惯调查录》，《第九章　安徽省关于物权习惯之报告·第一节　歙县习惯·不动产之大买小买》，司法部1930年刊行，第407页。

于小买俗例普遍存在，经常导致各种纠纷。因此，徽州知府早在嘉庆四年（1799年）即为此专门颁布严禁告示，对此行为进行严厉禁止："徽州府太爷竣为严禁小买名色以清田业、以息讼端事。"①但代表国家权力立法的徽州知府严禁小买的告示，并没有发挥作用，在此法令公布之后，徽州各地乡村的小买行为，依然按照当地的俗例有条不紊地进行。而此后甚至到了民国年间，这种小买俗例一直存在着，而且地方官府在处理民事纠纷和诉讼时，往往还据此作为证据。在这里，代表国家行使权力执行国家法或制定地方性法规的徽州各地地方官府，显然是向村规民约让步和妥协了。

明清时期徽州村规民约的基本功能，就其本质而言是为了维护既有的社会秩序和乡村社会的稳定。具体来说，其功能主要体现在以下几个方面。

第一，规范乡民行为、协调个体与群体关系的功能。国有国法，村有村规，这是包括明清时期在内的中国封建社会的基本政治。但国法是宏观的国家法律法规，而村规则是具体的，是国法在某一乡村地域范围内的具体表现，是国法的具体化，或者说是国法的必要补充和延伸。就村规民约中的族规家法而论，其与国家法的关系，正如清光绪绩溪县南关许氏惇叙堂《宗祠规约》所云："作奸犯科，国家有例，犯国法者，鸣官治之，非家法所当治也。家法祇以祖宗前杖责为止，以上则非宗祠所可预闻。乡蛮宗党往往有活埋、活葬惨情，妄谓家法尔尔。不思治人家法，自己已罹国法。即家法杖责、跪香、革逐，亦必悖伦逆理、盗卖祀产等情有关宗祠乃可。非关宗祠者，宗祠为之排解，不得妄施家法，开宗族以强欺弱之衅。"②体现礼法合治的村规民约，在大山阻隔、宗族顽固的明清时期徽州社会中，其实更具有规范乡民言论、行为、生产、生活和思想的作用。无论是村庄的村规民约、宗族的族规家法、乡约会社的会规戒条，还是各种合同文约的规定，其本身都具有协调一定村庄地域范围、组织内部和特定

①《清嘉庆年间黟县孙正望等为小买纠纷禀状》，原件藏安徽大学徽学研究中心特藏室。

②光绪《绩溪县南关惇叙堂许氏宗谱》卷十《宗祠规约》。

人群惩恶扬善的行为规范功能，是个体行为服从群体行为的基本体现。清乾隆二十六年（1761年）四月二十日，祁门县知县吴嘉善应该县三四都康良耀等之请颁行的《严禁盗砍侵害康姓等山业告示》，即是典型的规范三四都村民、山邻不得盗砍山林树木、盗挖柴笋和放火纵焚行为的村规民约。该告示全文如下：

> 祁门县正堂加三级、纪录三次吴［嘉善］为委实祀山，叩恩给示、以杜砍挖事。据康良耀、康启炎、康兴仁、康良贤、康良淳等具禀前事，词称：切身南乡三四都潘樟村地方，所有祀众祖坟冢山及青山，屡遭不法棍徒魆入身山，盗砍青苗树木，盗挖柴桩，放火故焚，勿问身家祖脑坟冢及税山等产。目击心伤，深为痛恨。屡奉上宪示谕兴禁，国课、民生有赖。身等蓄树保冢，余山及青山，栽养松杉、杂木，供课办祀。诚恐梗顽之徒复效前辙，为此禀明，恳恩给示，以杜砍挖故焚，课祀两赖，万代朱衣，顶祝上禀等情。据此，合行示禁。为此，示仰该处约保、业户、居民、山邻人等知悉：嗣后，如有不法棍徒擅入康姓祀山，盗砍青苗树木、盗挖柴桩、放火故焚者，许即查实，指名赴县禀报，以凭严拿究处，断不姑宽。各宜凛遵勿违。
>
> 特示。
>
> 乾隆二十六年四月廿日示[1]

通过这样一纸告示以及诸如村庄、会社或宗族规约等类的村规民约，居住于某一乡村社区或某一组织的村民，其行为举止便得到了法规的规范，村庄或组织的各种关系也得到了协调。事实上，只要这一规范明确并能得到有效的执行，国家与乡村基层社会良性互动便能得到真正的实现。正如《文堂陈氏乡约家法》所云："立约本欲人人同归于善，趋利避

---

[1] 王钰欣、周绍泉主编：《徽州千年契约文书》（清民国编）卷一《乾隆二十六年祁门县告示》，第336页。

害。"①而制定宗族规约也正是基于这样一个家国一体的目的，即所谓"治国本乎齐家，以是见家国之通也。……太史公谓'礼禁于未然，而法治于已然'。治国如斯，治家无异术也；治家如是，治国无异术也"②。

第二，互助的功能。从明清时期徽州村规民约的类型和内容中，我们不难看出，在山多田少、人众地寡的徽州山区，生产和生活上的互助在为数众多的村规民约中占据了很大的比重。创建于明嘉靖年间的歙县岩镇乡约，其宗旨就是"庶患难相恤之义复敦，而仁厚相成之俗益振"③。明代休宁城北周家坞周氏宗族的《宗规》告诫族人要互相周恤，"凡遇吉凶庆吊，无论贫富，吉则庆，凶则吊，谅力资助，以尽其敬"④。清道光休宁县《孙氏支谱》的《家规》对孙氏宗族亲邻互助作了多方面的安排，告诫族众："邻里乡党及异姓亲友，皆以义相合。尊于我者，如我尊长之礼敬之；少于我者，亦如我之卑幼爱之。若遇危急患难，量力周济。田土相连，逊让界畔；借挪财物，不得稍吝；节序期会，毋嫌菲薄，切勿遗忘。遭盗贼、水火，协力救护，不可乘机掠取。有来假借，随力给与，而假者亦须切记偿还，但不可计利。毋得以强凌弱，以众暴寡，以富欺贫。而居弱寡贫者，亦毋得妒嫉他人之隆丰，妄起私心。他家有孤弱之幼，不能成立，委曲扶持。或以小事争竞，从中相劝，调和解释，语言嫌隙，不必介怀。佃仆、儿童相犯，各治之；六畜相践，各收之。以此相劝勉，自成仁厚之风矣。"⑤类似休宁县孙氏宗族这种族规家法类村规民约的成员内部互助与周恤安排，在其他相关类型的村规民约中基本都有所体现。即使是明清时期徽州会社的许多规约，也几乎都含有或具备成员之间互助周恤的功能。如建立于明万历十五年（1587年）的徽州某村程氏余庆堂清明会，其建会目的主要是为了报本祭祀先人、标挂祭扫祖墓，但其生息会银用作周

① 隆庆《文堂陈氏乡约家法·会诫》。
② 光绪《梁安高氏宗谱》卷十一《家政叙》。
③ 雍正《岩镇志草》贞集《艺文志下·岩镇乡约叙》，《中国地方志集成》乡镇志专辑第27册，第229页。
④ 万历《重修休邑城北周氏宗谱》卷九《家训》。
⑤ 道光《新安孙氏宗谱·孙氏支谱》卷六《家规》，清道光十五年抄本。

恤族人的行为一直贯穿于清明会的始终："每年多余，周恤要公议，该周者与，不得顺情，以致争端。倘多余，存积生息，又可周殡葬之需。每人以二斗为止，随时量其出入。孤子以十六岁止。"①重建于清道光五年（1825年）的祁门善和村利济会，其根本目的就在于"利物济人"，正如《重新议定（利济会）会规》所云："复兴此会，原为继志贻谋、利物济人之事。"②明清时期徽州乡村社会中村庄或各类组织、各种类型的村规民约，其互助与周恤的功能，由此可见一斑。

第三，奖惩的功能。明清时期徽州的村规民约还具有奖励和惩戒的功能，对认真遵守村规民约规定的事项，履行村规民约所赋予的各项责任和义务的成员，村规民约一般都列有专门的奖励条款予以奖励。编纂于清同治年间刊刻于民国初年的绩溪宅坦村《明经胡氏龙井派宗谱》，为鼓励宗族子弟锐意向学，专门设立了奖励制度，对考取各级功名者，分别给予不同的奖励。该宗族的《祠规》规定："凡攻举子业者，岁四仲月，请齐集会馆会课，祠内支持供给。……其学成名立者，赏入泮贺银一两；补廪，贺银一两；出贡，贺银五两；登科，贺银五十两，仍为建竖旗匾；甲第以上，加倍。至若省试，盘费颇繁，贫士或艰于资斧，每当宾兴之年，各名给元银二两，仍设酌为饯荣行。有科举者，全给；录遗者，先给一半，俟入棘闱，然后补足。会试者，每人给盘费十两。"而对赴会无文或当日不交卷者，《祠规》还设有专门的惩罚条款："赴会无文者，罚银二钱；当日不交卷者，罚一钱。"③同样，对不能履行甚至违反村规民约者，则规定有具体的惩罚措施。如清雍正年间，婺源县上溪源程氏乡局为保护村庄环境，防止有人入山盗矿滥伐林木，特别制定了《乡局记规》，规定："一、后龙护龙朝山、水口，祖宗定界，立墨掌养荫木，护庇乡局，各宜凛遵。若斧刀入山者，罚银一两，捉获者，赏银五钱；折取枯枝，爬取松毛者，

①《程氏东隐房清明会簿·顺治十四年丁酉岁清明后程时达自执笔批》，原件藏于上海图书馆。

②《徽州会社综录·重新议定（利济会）会规》。

③民国《明经胡氏龙井派宗谱》卷首《祠规》。

罚银五分，给赏获捉人员；通同隐伪者，同罚。强梗，合族呈治。至将屋基卖出外姓者，逐黜。一、后龙为一乡命脉攸关，朝山、水口为一乡关键所系，只宜培养助护，岂容剥削挖毁？以后，紧要处，恃其己业，擅行剥削挖毁，戕害乡族者，立责培复。强梗，呈治。一、遇外变、兵乱，有财力者，有才能者，须协心维持调护，使一乡安堵如故。若乘机勾引，戕害全族者，究治除之。一、上、下桥为往来切要津梁，因取树无所批助，牛轩培山付搭桥之家封禁掌养，永为取用。如无知侵盗及纵火延烧，依后龙、朝山例罚，梗众，究治。"①清道光六年（1826年）三月祁门文堂村《合约演戏严禁碑》，作为规范村民采茶、拣拾苞芦桐子、入山挖笋、纵放野火和松柴出境等行为的村规民约，其奖惩规定也十分明了具体。该约规定："一、禁茶叶迭年立夏前后，公议日期，鸣锣开七，毋许乱摘，各管各业；一、禁苞芦、桐子，如过十一月初一日，听凭收拾；一、禁通前山春冬二笋，毋许入山盗挖；一、禁毋许纵放野火；一、禁毋许松柴出境；一、禁毋许起挖山桩。以上数条，各宜遵守，合族者赏钱三百文。如有见者不报，徇情肥己，照依同罚备酒二席、夜戏全部。"②不唯如此，就是诸如赋役轮充合同、养山禁山合同抑或戒赌文约之类的村规民约，其奖惩功能也是一应俱全。至于宗族族规家法类村规民约，其奖惩规定与功能，与其他类村规民约相比，甚至更加完善具体。它体现了明清时期村规民约在维护乡里社会稳定方面的基本作用，是明清时期徽州村规民约贯彻执行国家法律法规、展开乡里社会与国家政权良性互动的最基本方式之一。

总之，明清时期徽州的村规民约内容是丰富多彩、包罗万象且特点鲜明的，它几乎涉及徽州山区乡村社会村民物质和精神、生产与生活的各个方面，是规范和约束乡民行为和思想的极为重要的规则。在功能上，明清徽州的村规民约也是多方面、多层次的，它对维护乡村社会既有社会秩序，维系国家与乡村社会的良性互动关系，进而保持明清时期徽州乡村社

---

① (清)程�：《新安婺源程氏乡局记·乡局记规》(不分卷)，清抄本。

②《清道光六年三月初八日祁门文堂村合约演戏严禁碑》，原碑现嵌于安徽省祁门县闪里镇文堂村大仓源祠堂前照壁中。

会的稳定，起到了毋庸低估的作用。

五、明清徽州的村规民约与乡村治理

明清时期徽州的村规民约所调整的关系和规范的对象，主要限于制定和认可村规民约的组织者与村民群体。它所规范的是一定组织、地域和人群之间既定的社会等级秩序和经济文化秩序。而且更为关键的是，就整体而言，它是在国家法的整体框架下，或者说是在不违犯国家法的前提下制定和执行，并与国家法并存的一种民间习惯法，是国家法的必要补充和延伸。正如美国学者昂格尔所强调的那样："与这种核心的法律秩序（即国家制定法——引者注）并存的，是一种非正式的习惯法体系，它体现了传统主义社会的占优势的意识并支撑着该社会的等级秩序。正如传统的机构被似乎与其不相容的发展所利用一样，核心的法律秩序与非正式的习惯之间经常出现一种共生的关系……人们发现官方的法律制度使争诉求助于非官方的调和方式，或依赖于习惯性认识，或通过官方自己的普遍性条款或无固定内容的标准来解决争诉。相反，习惯法受到了核心法律制度的影响，它的非正式的程序通常日益增加地合法化。"①

国家立法的宗旨是为了维护和巩固统治阶级的统治，镇压敌对阶级的反抗，维持既有的政治经济利益和既定的社会尊卑等级秩序，是统治阶级意志的集中体现。而制定村规民约的目的和宗旨，显然也是为了贯彻统治阶级的意志，维系乡村社会的稳定秩序，是乡村社会治理的重要举措和手段之一。村规民约和国家法两者的目的、宗旨是一致的，是一种互为补充的关系，即所谓的"家法所以治轻不治重，所以济国法之所不及"②。

我们知道，"以礼入法，礼法合治"不仅是明清而且是整个中国古代封建王朝立法的指导思想，也是中华法系的重要特征之一。"人无礼则不

① R.M.昂格尔著，吴玉章、周汉华译，《现代社会中的法律》，译林出版社2001年版，第220页。

② 宣统《仙石周氏宗谱》卷二《家法》。

生，事无礼则不成，国家无礼则不宁。"①"安上治民，莫善于礼。"②对此，明清两代封建政权的最高统治者是有着充分认识的，"德主刑辅，明刑弼教""防恶卫善"③，是明清封建统治者立法置刑的主要目的。明太祖朱元璋就曾毫不隐讳地说："制刑之道，圣王所以法至仁辅礼教也。"④因此，明太祖在相继制定和颁布《大明律》《大明令》《大诰三编》《大诰武臣》等律令，强化法律打击和镇压功能的同时，还专门颁行《圣谕六条》《教民榜文》等诏谕，大力倡导教化。"明礼以导刑，定律以绳顽"⑤，所谓"法者，辅治之具，当以教化为先。……民不习教化，但知有刑政，风俗难乎其淳矣"⑥。他在《圣谕六条》中，明确告诫全国百姓，要求他们在既定的封建统治秩序下，"孝顺父母，尊敬长上，和睦乡里，教训子孙，各安生理，毋作非为"⑦。清圣祖在其所颁行的《圣谕十六条》中也重申："敦孝悌以重人伦，笃宗族以昭雍睦，和乡党以息争讼，重农桑以足衣食，尚节俭以惜财用，隆学校以端士习，黜异端以崇正学，讲法律以儆愚顽，明礼让以厚风俗，务本业以定民志，训子弟以禁非为，息诬告以全善良，诫匿逃以免株连，完钱粮以省催科，联保甲以弭盗贼，解仇忿以重身命。"⑧明清两代最高统治者所颁行的这些礼法并重的法令，在某种程度上说，都是从以礼为主、以教化为先和明礼导刑的立场和原则出发，进而希冀借此实现乡村治理、维护社会稳定特别是维护乡村基层社会稳定的根本

① 梁启雄：《荀子柬释》卷一《修身篇》，商务印书馆1936年版，第13页。

② 《孝经·广要道章第十二》，郭超、夏于全主编：《传世名著百部·诸子百家第18卷》，蓝天出版社1999年版，第95页。

③ 《明太祖实录》卷六十五，洪武四年五月辛巳条，"中央研究院"历史语言研究所，第1233页。

④ 《明太祖实录》卷一百五十二，洪武十六年二月辛丑条，"中央研究院"历史语言研究所，第2389页。

⑤ 《明太祖实录》卷二百五十三，洪武三十年五月甲寅条，"中央研究院"历史语言研究所，第3647页。

⑥ 薛瑄：《薛文清公从政录》，刘俊文主编：《官箴书集成》第一册，黄山书社1997年版，第245页。

⑦ 隆庆《文堂陈氏乡约家法·会仪》。

⑧ 《清圣祖实录》卷三十四，康熙九年九月癸巳条。

目的。

为厉行教化、维护社会稳定特别是农村基层社会的稳定，明太祖朱元璋还在全国城乡广泛建立了申明亭和旌善亭制度，以为两亭的设立"可以儆昏晨，可以达民隐，可以牖民聪，可以弥眺望，可以宣德化，可以一心志"①，并要求各地"每乡每里，各置木铎一个，于本里内选年老或残疾不能理事之人，或瞽目者，令小儿牵引，持铎巡行本里。如本里内无此等之人，于别里内选取，俱令直言叫唤，使众闻知"，以达到"劝其为善，毋犯刑宪"②的目的。明代中叶以后，随着乡约的普遍建立，活跃于各地的乡约，更是把教化人民"劝善习礼"当成首要任务。僻处皖南徽州山区的祁门县文堂陈氏乡约，就是以"人人同归于善，趋利避害"为指导思想，设置"圣谕屏"，以当地通俗的语言形式，对明太祖的《圣谕六条》进行定期宣讲，以达到人人向善的目的③。清世祖更是将清圣祖的《圣谕十六条》加以注解，要求各地建立乡约，认真进行宣讲，"勿视为条教号令之虚文，共勉为谨身节用之庶人，尽除夫浮薄嚣凌之陋习"，希望以此来实现"间阎相保，营伍相安；下以承家，上以报国"④，以从根本上实现稳定乡村基层社会的目的。

乡饮酒礼是明朝统治者为加强对乡村基层社会统治、维护乡村社会稳定所创立的又一法律制度。明太祖朱元璋来自元末社会的最底层，经过南征北讨、群雄角逐的元末大动乱的洗礼，建立了大明王朝。在长期的流离和征战过程中，他深切地体会到，要维持来之不易的社会稳定局面，必须从乡村基层民众的教化抓起，利用村规民约的力量，真正建立起一个尊卑等级分明、长幼秩序井然的等级社会。他认为实行乡饮酒礼是维护社会稳定的一个较好的方式，"乡饮酒礼本以序长幼、别贤否，乃厚风俗之良法"。为大力推行这一良法，明太祖亲自颁降法式仪制，"令民间遵行"，

① 万历《江浦县志》卷五《建置志·公署》，明万历七年刻本。

② 张卤：《皇明制书》卷八《教民榜文》，《北京图书馆古籍珍本丛刊》第46册，第290页。

③ 隆庆《文堂陈氏乡约家法·会诫》。

④ 向燕南、张越编注：《劝孝·俗约》，中央民族大学出版社1996年版，第246页。

并一再重申各级、各地官员"务要依颁降法式行之,长幼序坐,贤否异席",以为"如此日久,岂不人皆向善避恶,风俗淳厚,各为太平之良民"①。明清时期徽州村规民约中劝导乡民向善的许多规定,其实都是渊源于当政的最高统治者各项旨在治理乡村、稳定乡村社会的思想和法律。也就是说,村规民约是在"遵国法"的基础上制定和执行的。

的确,作为一种民间习惯法,同样是遵循"礼法合治"精神的明清时期徽州村规民约与国家法之间经常保持着高度的和谐与一致。如与国家法特别是其中的民事法律规范,其大体内容和精神基本上是一致的,民间村规民约在某种程度上说是国家法有关条款的细化。它是在国家法架构许可的范围之内调整和处置诸如土地田宅、婚姻、继承、借贷和争斗等民间细故的。从村规、乡例、乡约、会社规约,到族规家法和宗族公约,其主要内容大都贯穿着"遵国法"这一基本精神和前提。以宗族的族规家法为例,我们看到,几乎所有明清时期徽州的族规家法,都将明太祖的《圣谕六条》和清圣祖的《圣谕十六条》视为最高的指导思想,推崇备至。万历《休宁范氏族谱》的《统宗祠规》第一条即为"圣谕当遵",云:"孝顺父母,尊敬长上,和睦乡里,教训子孙,各安生理,毋作非为。这六句包尽作人的道理。凡为忠臣、为孝子、为顺孙、为圣世良民,皆由此出。无论贤愚,皆晓得此文义,只是不肯著实去遵行,故自陷于过恶。祖宗在上,岂忍使子孙辈如此?今于士族会祭统宗祠时,特加此宣圣谕仪节,各宜遵听理会,共成美俗。"②乾隆《古林黄氏重修族谱》的《祠规》云:"孝顺父母,尊敬长上,和睦乡里,教训子孙,各安先理,毋作非为。噫,作人的道理尽之矣。这六句话虽深山穷谷,愚蒙之人都晓得,其实,诵诗读书,贤智之士不曾体会躬行。我祖诗礼传家,后人日习而不察,故首列家规,宜时将圣谕多方指示,俾习俗返朴还淳,忠孝贞廉,皆从此出。"③如

---

① (明)张卤:《皇明制书》卷八《教民榜文》,《北京图书馆古籍珍本丛刊》第46册,第291—292页。

② 万历《休宁范氏族谱》卷六《谱祠·统宗祠规》。

③ 乾隆《古林黄氏重修族谱》卷下《祠规》,清乾隆三十一年刻本。

果说，国家法强调的是"忠"的话，那么，包括族规家法在内的村规民约所强调的则是"孝"，而无论是"忠"还是"孝"，只要恪守在封建统治者所倡导的"礼法"范围之内，两者则又可以完全相辅相成地统一起来。明清时期徽州宗族在这里所规范的家与国、忠与孝关系，实际上就是徽州许多宗族所标榜的"家国虽殊，忠孝则一"①的道理。

村规民约"遵国法"，还要求它在所管辖权限范围内的乡民触犯国法时，要及时配合国法予以惩处，从而实现家法和国法的协调一致。当然，在聚族而居的明清徽州，包括族规家法在内的村规民约，其处置乡民的最高权限是"治以不孝之罪"，其最重的处置方式是驱逐出村或驱除出族。民国绩溪《鱼川耿氏宗谱》于《祠规》之"惩戒规则"中，对犯有以下五种事项者，即"一不孝不悌者，二流为窃盗者，三奸淫败伦者，四私卖祭产者，五吞众灭祭者"，均予以"斥革，不许入祠"②的惩罚。明崇祯十一年（1638年）二月二十四日，徽州某县某村胡氏义和堂，就曾因族众胡五元、胡连生"不务农业，不安生意，小木走跳，来往踪迹不定，难为稽查"，在胡五元、胡连生被告官拘提并连夜逃脱之后，由该族胡天时等二十二位族人联名订约，将其驱逐出村，从而实现了村规民约"遵国法"的宗旨。该文约全文如下：

> 明崇祯十一年二月二十四日徽州某县胡天时等立遵旧家规
> 将族犯逐出村族文书
>
> 立文书人胡义和堂，本族人等齐心遵祖旧规，今因五元、连生不务农业，不安生意，小木走跳，来往踪迹不定，难为稽查。旧因詹三阳以贼禀官，差捕快汪礼、李太、周标、方资同里长汪毛，旧腊廿七日拘提。讵五元、连生诡计，至焦坑，将□□□四分钱二百文、布一匹、雉二只，贿差脱放，本族人等，并不知情。今期清明节届，人丁近出生意者，皆齐拜扫祖茔。是以内有闻风者通众相议，合族人等，

---

① 万历《祁门清溪郑氏家乘》卷三《祀产条例》。

② 民国《鱼川耿氏宗谱》卷五《祠规》，1919年刻本。

遵旧家规，捉拿送县主老爷台下法治。其五元等连夜逃走，是以众议，如有见者并知信者，即报众捕捉送理，家口遵祖旧规，赶逐出村，庶免败坏门风，枉法累连。如有知信见者不报，众罚银三两，入匣公用。如有卖法徇情者，亦赶逐出村，不许在族坏法无间。众立文书，连名歃血，永远存照。

崇祯十一年二月二十四日，立文书人

胡天时（押）　胡天节（押）　胡天喜（押）　胡天明（押）

胡天晓（押）　胡高孙（押）　胡宗朝（押）　胡有珊（押）

胡五毛（押）　胡有瑚（押）　胡有瑞（押）　胡有相（押）

胡大儒（押）　胡有象（押）　胡六毛（押）　胡大瑢（押）

胡天侃（押）　胡有琼（押）　胡七毛（押）　胡大任（押）

胡大有[1]

由这件将犯国法的胡五元、胡连生驱逐出村的宗族公约来看，只要是违犯国法的族众或村民，明清时期徽州的村规民约一般都是十分响应并配合国法，对犯法之人追加处罚，进而达到村规民约和国家法的高度统一。宗族公约如此，族规家法更是如此。正如《清道光十八年仲秋月祁门滩下村永禁碑》所指出的那样："官有正条，各宜遵守；民有私约，各依规矩。"[2]村规民约和国家法二者，其实就是这样一种既有分工合作，又有高度统一的密切关系。

村规民约和国家法之间偶尔也会有抵牾、对立和冲突，但在治理乡村、维护乡村社会秩序和社会稳定这一根本目的下，是高度统一的。除非村规民约具有明显危及封建国家政权的内容，否则，国家法以及执行国家法的地方官员对此是采取睁一只眼、闭一只眼的态度，这实际上是一种默

---

① 王钰欣、周绍泉主编：《徽州千年契约文书》（宋元明编）卷四《崇祯十一年胡天时等立遵旧家规文书》，第433页。

②《清道光十八年仲秋月祁门滩下村永禁碑》，原碑现置于安徽省祁门县滩下村路旁。

认的办法。包括明清在内的中国历代统治者充分发挥"以良民治良民""以乡民治乡民"的政策作用，利用乡村基层组织及其村规民约进行治理，表面上看好像类似于近代的乡民自治，但这种"自治"的权限是在国家政权许可的范围之内的，或者说，更多的是将村规民约、乡民自治纳入国家和地方政权的管辖范围之内的。尽管这种所谓的"自治"在统治政权削弱之时曾经有过失控，但就整体而言，这种"自治"还是在政权的掌控之中的。因此，我们在肯定村规民约在乡村治理中起积极作用的同时，也要看到其被掌控于国家和地方政权之下的事实，避免无限夸大村规民约自治的功能与作用。

第六章　明清徽州的家训

　　自东汉末年至南宋之初，徽州在先后接纳了三次大规模的中原地区世家大族移民之后，逐渐形成了较为稳定的聚族而居局面，社会的风尚也由过去的崇尚武力开始向重教崇文转变，出现了所谓的"尚武之风显于梁陈，右文之习振于唐宋"①现象。聚族而居的徽州名门望族在新的历史形势下，为继续保持和巩固自身的强势，拓展自己的发展空间，以科举考试跻身仕途作为光宗耀祖的主要手段。在长期的历史发展实践中，特别是祖籍徽州婺源朱熹及其集大成的理学思想的形成，并在南宋后期成为王朝和国家的意识形态后，徽州次第形成了重教兴文、读书入仕的新风尚。传统家训、家教和家风也在适应形势发展需要而勃兴，并以儒家伦理的修齐治平为中心，强调"三纲五常"教条，强化"五伦"秩序，希望在既有的家族声名背景下，继续强化家族的和睦、兴盛与壮大，以期"和气致祥，家道永昌"②，光宗耀祖，壮其声威。经过良好家训和家教的熏陶，一些名门望族逐渐形成了良好的家风，并为徽州社会所普遍接受，成为当时的主流价值观。

---

① 民国《歙县志》卷一《舆地志·风土》。
② 民国《鱼川耿氏宗谱》卷五《家族规则》。

一、修身家训

"夫家训者，乃教家之要约，齐族之准绳。"[1]作为中国传统文化的重要组成部分，家训是指一个家庭或宗族内部的尊长对子孙立身处世、行为举止和持家治业等方面的教诲与训诫。"家训"又有"祖训""宗训""箴训""规训""遗训"和"庭训"等称谓。尽管名称略有不同，其内涵亦略有差异，但它们都是一个家庭或宗族的先辈代代相传积累而成，是一个家庭或宗族的宝贵精神财富，是家风形成的重要方式。在号称"东南邹鲁"和"儒风独茂"的徽州地区，传统家族的家训不仅数量巨大，而且内容丰富，形式多样。它从教育子女做人、问学、治生入手，强调个人的修身养性，主张"家国一理"[2]，强调修身、齐家、治国、平天下，恰到好处地把公权至上和私权至上的两种文化有机地统一起来，创造了人类社会发展的一个新模式。

（一）关于读书

徽州人重视读书，希望通过读书入仕的途径，壮大家族声威，跻身望族之列，维系良好的家族传统。即使不能达到做官的目的，读书也能丰富知识，明知义理，开阔视野，避免流于世俗。明代绩溪积庆坊葛氏家族在《家训》中一再告诫族人："世间物可以益人神智者书，故凡子孙，不可不使读书。惟知读书，则识义理，凡事之来，处置得宜，如游刃解牛，自有余地。其上焉者，可以致身云霄，卷舒六合；下焉者，亦能保身保家，而规为措置，迥异常流，自无村俗气味。苏子云：'无肉令人瘦，无竹令人俗。'无竹犹未俗也，无书则必俗矣。人求免于村俗，不可一日无书。"[3]因此，徽州不少宗族都在家训中明确制定了鼓励子女接受教育的条款，并

---

① 民国《河间凌氏宗谱》卷一《家训条款》，1921年刻本。

② （明）程昌撰，周绍泉、赵亚光校注：《窦山公家议校注》卷一《管理议》，第13页。

③ 嘉靖《绩溪积庆坊葛氏重修族谱》卷三《家训》。

分年龄阶段因材施教。明代休宁县古林黄氏家族的《祠规》云："古人有胎教，有能言之教，又有小学之教、大学之教，是以子弟易于裁就，彬彬蔚起，有由然也。为父兄者，须知子弟之当教，又须知教法之当正，又须知养正之当豫。七岁便宜入乡塾，随其资禀，学字学书。渐长有知觉时，便择端悫师儒，日加训迪，使其德性和顺，自不失为醇谨。"①

对延请教师授课，徽州家族特别强调要慎重选择教师，尊重教师，以免误人子弟。清末光绪年间，绩溪南关惇叙堂许氏家族在《家训》中规定："凡请师，第一要有品行老成之人，礼貌必须周到。"②民国歙县吴越钱氏家族对择师和尊师再三要求家长、族长切勿为节省钱财或碍于亲友面子，而不加选择地聘任无德无能的教师，指出："最重尤在择师，今时之弊，往往初学成童，甫离村校，于书理字义、文章规矩，曾未涉其藩篱，辄慨然为人之师，不责多俸，但图糊口。而求师者利其省费也，或取诸家族之近，或徇于戚友之情，懵而延之。冬烘村塾，积月累年，卒于无就，而坐以终废者，十之八九。迷以传迷，误以传误，深可浩叹。"③

传统徽州家训对子女教育方面的规定还有很多，诸如德育、职业教育等，限于篇幅，这里就不一一罗列了。

（二）关于做人

徽州传统家训非常重视对子女做人的规范，强调家长言行的楷模与示范效应。

民国初年，祁门河间凌氏家族在其《家训》中指出："家范者何？修身是也。家长之身，系一家观仰。尔身不正，孰克有正？故曰：身不行道，不行于妻子。使人不以道，不能行于妻子。妻子尚不能行，而余可知矣。家之淑慝，系于一身，故修身继焉。谨言语：家长之言，家人之承听也。古之君子，居丧不言乐，祭祀不言凶，公庭不言妇女。对父兄，则言

---

① 崇祯《古林黄氏族谱》卷一《谱宗祠·祠规》。
② 光绪《绩溪县南关惇叙堂许氏宗谱》卷八《家训》。
③ 民国《吴越钱氏七修流光宗谱》卷一《家训》，1914年木活字本。

慈爱；接卑幼，则言孝敬。推而至于语臧获下走，亦必以道。非徒寡口过，亦以示家法也。苟为不然，启口容声，少有不钦，则己先轻躁，何以责人之沉默？是故齐家者，谨言语之为贵。慎举动：家长之举动，家人之模范也。古之君子，上堂则声必扬，入户则视必下。以头容则直，以手容则恭，以足容则重。推而至于饮食起居，莫不以礼。非徒寡身过，亦以示家则也。苟为不然，出入进退，少有不臧，则己先轻率，何以责人之持重？是故齐家者，慎举动之为贵。"[1]只有家长言行举止端正，遵守和符合儒家的伦理纲常，以身作则，率先垂范，才能教育子女堂堂正正做人。毕竟"小成若天性，习惯如自然。身为祖父，不能教训子孙贴，他日门户之玷，岂是小事？但培养德性，当在少年时。平居无事，讲明孝悌、忠信、礼义、廉耻的道理，使他闻善言又戒放言、戒胡行、戒交匪类，无使体披绸绢、口厌膏粱。其有天性明敏者，令从良师习学。不然，令稍读书，计力耕田亩，毋误终身可也。"[2]

明初，明太祖向全国颁布的《圣谕六条》指出："孝顺父母，尊敬长上，和睦乡里，教训子孙，各安生理，毋作非为。"这是贯穿于明清以来徽州家训的指导思想和规矩准绳。

那么，徽州家训是如何教育子女做人的道理呢？

首先，要孝顺父母。俗话说，百善孝为先。对此，徽州家训对孝顺父母有着超乎寻常的重视。明嘉靖时期，休宁县富溪程氏家族在《祖训》中指出："事奉父母而不忤逆，便是孝顺。父母生身养身，劬劳万状，恩德至大，无可报答。为人子者，当于平居则供奉衣食，有疾则亲尝汤药，有事则替其劳苦，和颜悦色，以承顺其心志，务要父母身安神怡，不致忧恼。父母偶行一事，不合道理，有违法度，须要柔声正气，再三劝谏，务使父母不得罪于乡党。如或不从，越加敬谨，或将父母平日交好之人请来，婉词劝谏，务使父母不得罪于乡党，不陷身于不义而后止。此孝顺父母之道，为百行之本，万善之源。化民成俗，莫先于此。故圣祖首举以教

---

① 民国《河间凌氏宗谱》卷一《家训条款》。

② 民国《平阳汪氏族谱》卷首《家规》，1929年裕元堂刻本。

民，欲我民间各尽事亲之仁，辈辈为孝顺子孙也。"①隆庆初年，祁门县文堂陈氏家族甚至以演绎体的形式，对"孝顺父母"的家训进行宣讲和演唱，云："人生世间，谁不由于父母，亦谁不晓得孝顺父母。孟子曰：'孩提之童，无不知爱其亲者。'是说人初生之时，百事不知，而个个会争着父母抱养，顷刻也离不得。盖由此身原系父母一体分下，形虽有二，气血只是一个，喘息呼吸，无不相通。况父母未曾有子，求天告地，日夜皇皇。一遇有孕，父亲百般护持，母受万般辛苦。十月将临，身如山重。分胎之际，死隔一尘。及得一子入怀，便如获个至宝，稍有疾病，心肠如割。见子能言能走，便欢喜不胜。人子受亲之恩，真是罔极无比。故曰：父即天，母即地。人若不知孝顺，便是逆了天地，绝了根本，岂有人逆了天地、树木绝了根本而能复生者哉？故凡为人子者，当常如幼年时，一心恋恋，生怕离了父母。冬温而夏清，昏定而晨省，出则必告，反则必面，远游则必有方。又要常如幼年时，一心嬉嬉，生怕恼了父母，好衣与穿，好饭与吃，好屋与住，好兄弟姊妹同时过活。又要常如幼年时，一心争气，生怕羞辱了父母。读书发愤，中举做好官；治家发愤，生殖置好产业。间或命运不扶，亦小心安分，啜菽饮水，也尽其欢，也留个好名声在世上。凡此许多孝顺，皆只要不失了原日孩提一念，良心便用之不尽。即如树木，只培养那个下地的些种子，后日千枝万叶，千花百果，都从那个果子仁儿发出来。"②

清乾隆初年，歙县东门许氏家族甚至对不孝子孙予以严厉惩处："今后，于不孝不悌者，众执于祠，切责之，痛治之。"③为了强调绝对孝顺父母，绩溪南关惇叙堂许氏家族在《家规》中规定，即使父母有不是，有过错，也不能责怪父母，父母在也不得分家："倘父母有过，当怡声下气以几谏，不可陷亲于不义。父母在，不许各居烟爨。"④孝顺父母，是儒家伦

---

① 宣统《富溪程氏中书房祖训家规封丘渊源考·圣训敷言》。
② 隆庆《文堂陈氏乡约家法·文堂陈氏乡约圣谕演附》。
③ 乾隆《重修古歙东门许氏宗谱》卷八《许氏家规》。
④ 光绪《绩溪县南关惇叙堂许氏宗谱》卷八《惇叙堂旧家规》。

理关系即"五伦"中最为重要的内容之一："五伦是父子当头,人人皆父母所生,以孝为本。古人说孝为百行之原,人不孝父母,虽有别样好事,都是假的。如果行孝之人,决不肯做坏事。如古人扇枕温席、求鲤哭竹,非必富贵容易行孝,就是贫贱,只要尽心竭力以养父母,便是孝子。凡孝子,第一是爱父母,第二是敬重父母,第三要守身,存善心,行善事,扬名以显父母,这才是个真孝子。所以孝能感动天心,孝子必定有后。至如妇人,在家如果是个孝女,出嫁必定是个孝妇,必能守贞,断不肯以清白身体受人污染,玷辱父母。可见,天下好事都从'孝'字做起。"①因此,一个人做人首先从对父母的"孝顺"开始,这是一个人做人的根本。

其次,要尊敬长上。从血缘和亲缘上看,长上有很多类型:"有本宗长上,有外亲长上,及有爵位官长、乡达先生,皆当加意尊敬,谦卑逊顺,奉命听教,隔坐随行,让席让路。毋侮老成,毋恣强性,毋伤体面,盖人孰不做长上?我卑幼时,皆尊敬长上,我做长上,人亦皆尊敬我,是谓尊敬长上。"②崇祯休宁叶氏家族还从反面训诫家族成员:"今世上知尊敬的,多是假粧,便与长上作个揖,也是勉强低头;与长上施一个礼,也是习个虚套。傲慢轻薄,乡里谁不恶你、远你?纵才高发达去了,亦终做不得人品。你们各各思量,快要拔去那个不尊敬的真病根。且我能凡事守礼,谦谨一分,尊长必然爱重,乡党必然称誉,后生必然效慕,终身才做得个好人。"③对家族中故意干犯长上者,清道光年间婺源龙池王氏家族的《家法》有着严厉的惩罚规条:"有故干长上,先责以礼。抗而不服者,闻诸公庭,依律治之。"④尊敬长上即是五伦中的"长幼有序","一房一族,都要有大有小,才是长幼有序。"⑤

再次,要和睦乡里,慎重交友。俗话说,亲不亲,故乡人。作为生活在同一或相邻村庄的居民,有的系同一家族,成员保持有共同的血缘关

① 宣统《仙石周氏宗谱》卷二《石川周氏祖训》。
② 万历《萧江全谱》之《附录》卷五《贞教第七》。
③ 崇祯《休宁叶氏族谱》卷九《保世》。
④ 道光《龙池王氏宗谱》卷首《家法》,清道光二十六年刻本。
⑤ 光绪《绩溪县南关惇叙堂许氏宗谱》卷八《家训》。

系；有的则是姻亲关系。即使是非同族、非姻亲关系，相邻的居民也构成了邻里关系。因此，和睦邻里在徽州传统家训中也有深刻的反映。正如明崇祯休宁叶氏家族所指出的那样："乡里虽不是亲眷，到比那隔远的亲眷更相关；虽不是兄弟，到比那不和好兄弟更得力。有等不知事的人，只道各门别户，有甚相干？不知田地相连，屋宇相接，鸡犬相闻，起眼相见，那一件能瞒得他！是非也，是乡里间易得生；冤家也，是乡里间易得结。大凡人家灾祸，多是与人不和睦起，亲戚不和睦，他还顾些体面。只有乡里不和睦，决定有灾祸。所以乡里关系最紧，决要和睦。"①为此，道光祁门《锦营郑氏宗谱》云："邻里居之相近也，凡事须要相接以礼。盖出乎尔者反乎尔也，必出入相友、守望相助、疾病相扶、患难相恤，方为仁厚之俗。"②守望相助、过失相规、患难相恤、疾病相扶，务必要"休戚相关，不忌不妒"③。

总之，和睦乡里即可维系最基本的社会秩序，维护社会稳定。至于交友，尤其要慎重，须择人而交处："朋友，纪纲、人伦所关最重。近世外则相与如饴蜜，内则相视如寇仇；名则游戏、饮食相征逐，实则阴险、鼓舞媒田宅。曾未闻有德业相劝，过失相规。此后务须择人而交，谨厚者，明白正大者，有所严惮切磋者，则交之。否则，绝之。择地而处，青楼翠馆，茶坊酒肆，鞠场赌局，勿往焉。虽强之往不可，则虽未必能纪纲、人伦，亦未必喙于饴蜜，媒于阴险。不为父母僇，不为天地弃人矣。"④这是五伦中"朋友有信"的重要规范。

最后，要教训子孙、各安生理、毋作非为。教训子孙，前文已有论述，惟各安生理、毋作非为，向是传统徽州家训非常关注的重要内容之一，也是所谓的"治生之道"。"人之处世，以治生为急务。"⑤在山多田

---

① 崇祯《休宁叶氏族谱》卷九《保世》。
② 道光《锦营郑氏宗谱》卷末《祖训》。
③ 万历《新安吕氏宗谱》卷五《休宁松萝门凤湖街祭祀家规》，1935年重印明万历刊本。
④ 康熙《周氏重修族谱正宗》卷一《宗训》，清康熙五十五年刻本。
⑤ 嘉靖《绩溪积庆坊葛氏重修族谱》卷三《家训》。

少、人众地寡的徽州，无论聪明与否，也无论职业高低贵贱，都必须掌握最基本的生计本领，不能不事生业、游手好闲，甚至为非作歹。为此，清乾隆歙县东门许氏家族在《家规》中一再强调："生业者，民所赖以常生之业也。《书》之所谓'厚生'，文正之所谓'治生'，其事非一，而所以居其业者有四，固贵乎专，尤贵乎精，惟专而精，生道植矣。士而读，期于有成；农而耕，期于有秋；工执艺，期于必售；商通货财，期于多获，此四民之业，各宜治之以生者也。上而赋于公，退而恤其私，夫是之谓良民。出乎四民之外，而荡以嬉者，非良民也，宜加戒谕。其或为梁上君子，族长正、副访而治之。不悛者，鸣官而抵于法。"①徽州人尤不惮为商贾，但其家训中严格规范子弟诚信经营，不得制售假冒伪劣商品，不得掺杂使假，不得缺斤短两："商贾货值，亦治生之一助。古人谓之废举，谓物贱则人皆废而不举，我则举之而停贮之，贵则卖之也。又谓之人弃我取，即废举之义，大要先存心地，及于货物之真，勿以水和米、灰插盐、油乱漆，大称小斗，轻出重入。如此，则坏了心术，纵然得利，而造物者之不饶人也。"②学术界在论及明清徽商诚信经营、以义为利时，往往列举很多案例。其实，徽商诚信经营并不是一时一地个人的孤立行为，而是其家族始终强调与恪守的家训使然。若违犯之，将可能遭到家族的严厉惩罚。祁门河东冯氏家族就在其《家训条款》中明确规定："男子学业，务出于正，凡诸庸下，皆不可为。圣贤传、礼、乐、射、御、书、数，此为正者。其次医卜、地理，或可以资身备用。乐惟琴可学，以其资德而养性，他如琵琶、箫管、一切俳优之类，切须禁戒，毋令习也。又如弈棋、摸牌、双陆、骰子，凡诸无益之事，既足以废学丧志，又足以荡产败家，为蛊之大者，后生尤宜痛绝之。"③民国时期，祁门河间凌氏家族对不事生业、胡作非为者，就采取了严厉的惩处措施："凡人之艺，一则精，二则杂，三则废。故曰'智多则愚，技多则拙'，必然之理也。人而无恒，不

---

① 乾隆《重修古歙东门许氏宗谱》卷八《许氏家规》。
② 嘉庆《中井河东冯氏宗谱》卷一《家规》，清嘉庆九年木活字本。
③ 嘉庆《中井河东冯氏宗谱》卷一《家规》。

可以作巫、医。工于艺者,必精致坚固为上。日计不足,岁计有余,虽佣工之人犹然,况自佣工而上者乎?自今工艺不止一途,但当各守己业,终身不变,庶几为治生之长策矣。无常业者,罚之。"①

总之,徽州的传统家训对家族子女做人,有着非常明确而细致的规范,这是儒家传统伦理中"修身"在徽州社会实践中的直接体现。它有力地说明,在号称"东南邹鲁"的徽州,修齐治平并不仅仅是口头上的强调或文字上的规定,而是活生生的社会实践。

二、齐家家训

家庭是社会的细胞,是由夫妻关系与亲子女关系结成的最小的社会生产与生活共同体。"齐家"即追求家庭的和谐与家庭成员的和睦,这是维系社会稳定的基石。因此,在徽州传统家训中,有关"齐家"的规条也极为具体而详尽。

强调家长的权威,维护家庭的尊卑长幼秩序,是徽州传统家训中关于"齐家"的最基本规范。祁门善和程氏家族在《窦山公家议》中开宗明义地指出:"家国一理,齐治一机,况国易而家难,家之齐者尤难乎。"②为使家庭保持稳定,维护家长的权威,就显得特别的重要而迫切。为此,程氏家族特别强调家长的权威,要求家族所有成员:"凡事属兴废大节,管理者俱要告各房家长,集家众,商榷干办。如有徇己见执拗误事者,家长、家众指实纠正,令其即行改过。如能奉公守正者,家长核实奖劝,家众毋许妄以爱憎参之,以昧贤否。"③家长对内管理家庭成员的共同生产与生活秩序,维持家庭成员之间的和睦相处;对外以家庭名义处理各种日常事务与邻里之间的纠纷,承担封建国家的赋税和差役。家族成员以及寄养在本家的佃仆等成员,一律在家长的统辖下,按照尊卑、长幼、男女的等

① 民国《河间凌氏宗谱》卷一《家训条款》。
② (明)程昌撰,周绍泉、赵亚光校注:《窦山公家议校注》卷一《管理议》,第13页。
③ (明)程昌撰,周绍泉、赵亚光校注:《窦山公家议校注》卷一《管理议》,第13页。

级次序，各司其职。

既然家长如此重要，对家长的要求也相应较为严格。明万历歙县谢氏家族在《家规》中规定："一家之中，大小事务，悉主于家长。为家长者，所系甚重，故弟兄、叔侄同居同事，自冠至老，不过五七十年之久耳。光阴如白驹过隙，必须立心公正，慎守礼法，以御群子弟，分之以职，受之以事，而责其成功。钱谷出入，务须明白；饮食衣服，务在均一。凡为少者所为，必资禀于家长，不可妄行，同心协力，以助朝夕。饮食，除仆从外，共一爨，须要同食，坐者、立者各依次序。妇女集于户内，饮食亦然。事碍不能赴者，从便。若得一异味或时物，不拘多寡，俱均享之。"①

绩溪章氏《宗训》对"齐家"也有着非常经典的论述，云："传家两字，曰读与耕；兴家两字，曰俭与勤；安家两字，曰让与忍；防家两字，曰盗与奸；亡家两字，曰嫖与赌；败家两字，曰暴与凶。"②耕读传家，是中国传统社会传家的主要法宝。兴家则在于勤和俭，明崇祯休宁叶氏家族在其《家规》中，引经据典，对勤俭持家作了非常精到的规定："务勤俭以成家。先哲云：'大禹圣人，尚惜寸阴，矧兹吾人，当惜分阴。'又云：'一岁之计在于冬，一日之计在于寅。'盖言勤也。礼奢宁俭，不逊宁固。圣人惓惓以俭教人，老氏三宝，俭居一焉。盖士农工商，业虽不同，皆是本分内事，惰则职业隳，勤则职业修。纵然富贵自有命定，饥寒断然可免，内可以慰父母妻子倚赖，外可以免姻里姗笑。然勤俭原相表里，勤而不俭，奢靡浪费，勤亦无用。不思人生福分有限，若饮食衣服、日用起居一一节啬，留有余不尽以还造化，随缘随分，自然享用不尽，可以优游天年。勤而能俭，家道成矣。故欲成家者，不可不务勤俭。"③

如何维持家庭内部的和谐，以达到秩序平安祥和的目的？如何能做到家庭和睦与稳定？这就需要各个家庭成员各司其职，各安其分，各守其道。即使遭受不公，也必须学会"忍让"。所谓"'忍'之一字，诚处家

---

① 万历《古歙谢氏统宗志》卷六《家规》，明万历三十二年刻本。
② 万历《章氏世家源流族谱》卷二《传·太傅仔钧公家训》，明抄本。
③ 崇祯《休宁叶氏族谱》卷九《保世·家规》。

睦族之道。夫'忍'字，义理最大，合族之人，凡有长短是非，若大若小，当痛加隐忍，以消怒气，以释恶念，以德报怨，用全亲亲之谊。"①明崇祯休宁叶氏家族在对"忍让"解释时，指出："盖忍非强忍、姑忍，让非推让、故让。念念纲常伦理，知有义，不知有利，躬自厚而薄责人。有此真念存于中，自然不期忍而忍，不期让而让，参不得一毫人为意想。暂如是，久如是，常如是，变如是，方谓之'忍让'，方谓之'敦忍让'。一人忍让，一家自然耻忿而耻争，家道雍睦而和矣。故欲和家者，不可不敦忍让。"②这就是"敦忍让以和家"的道理。

家庭秩序井然，和谐稳定，是社会秩序井然和社会稳定的基础。在家庭中，父子、夫妇、兄弟以及妯娌之间因性情、利益甚至兴趣爱好不同而产生的琐碎小事和口舌之争是不可避免的，预防家庭纠纷和内讧就显得十分必要。对这一点，徽州家族特别是名门望族的家长或族长心知肚明。因此，在家训中，他们都专门设置了防患于未然的措施："大抵风闻之误，皆起于嫌疑之际。通族子姓，皆当防微杜渐。"③此即"端不可开，渐不能长"之道。

如何预防家庭不睦、败家甚至亡家的命运？徽州传统家训从父子、夫妇、兄弟、朋友"五伦"大义之四伦入手，进行规范。

第一，要正名分。名不正则言不顺，维系家族特别是大家族中的尊卑、长幼、夫妇关系，使其在既定的秩序框架内运行，是防家的要领。为此，歙县义成朱氏家族在《祖训十二则》中明确指出："名分者，世教之大防，人伦之要领也。名不正则情不顺，分不明则理不足。情与理亏，而措之天下，何者非背谬之行？盖尊卑、长幼之间，不别之为尊卑、为长幼，则名失。名既失，遂不循尊尊、卑卑、长长、幼幼之节，而分亦失。若是者，总由僭侈之习与亵狎之私，渐而干之，遂至目无法纪者有然，甚

---

① 万历《古歙谢氏统宗志》卷六《家规》。
② 崇祯《休宁叶氏族谱》卷九《保世·家规》。
③ 民国《河间凌氏宗谱》卷一《家训条款》。

矣人而不顾名分。自古弑逆大故，类皆由此酿成。"①可见，正名分是维系家族内部秩序必不可少的首要环节。

第二，对家中子弟，徽州传统家训在强调父子有亲、长幼有序的同时，还特别要求父兄要恪尽自己的义务，对子弟严加管束。不少家族的家训规定："凡为父兄者，务须严约束，谨关防，毋许偷惰习馋，毋许亲近恶少，毋许性狂气傲，毋许游荡嬉戏。"②徽州家族还深知，嫖赌、奸盗和凶暴是乱家之源、败家和亡家之根。为此，在家训中对家族中犯奸盗者，他们都采取了极为严厉的惩处措施，不仅将触犯者削除族籍，生不许入宗祠，死不许进祖坟，而且还要送官究治，严惩不贷。明隆庆祁门《文堂陈氏乡约家法》就规定："凡有奸盗诈伪、败坏家法，众所通知者，公举逐出祠外，不许混入拜祭，玷辱先灵。"③万历休宁林塘范氏家族也在《宗规》中规定："吾家伦理，上赖祖宗垂训，礼法森严，子姓雍肃，向来并无不孝不弟、暴横败伦、酗酒撒泼、引诱唆讼、奸盗诈伪等事，故能祔食一堂，共享祭拜。以后，子孙如有经犯前项过恶，即系忤逆祖宗，非我族类，除奸盗听族长、房长率子弟以家法从事外，余犯与众黜之，生不得齿于宗间，殁不得祔于家庙。其有自悔自愤、改行迁善者，众仍收录，以开自新之门。"④

第三，败家与亡家不外乎是嫖赌、凶暴所致，徽州传统的名门望族也是非常清楚的。所以，为了防止家族子弟陷入嫖赌与凶暴而不能自拔，大部分家族都在家训中制定了非常苛刻的预防措施，一旦触犯，家族将依照家训、家规和家法予以严惩，决不姑宽。歙县潭渡黄氏家族在《家训》中列举了嫖赌等犯罪行为，告诫家人："子弟不得私造饮馔及入肆扛酿平伙，以徇口腹之欲，尤不得引进娼优，讴词献伎，以娱宾客。并不得好勇斗狠及与打降、闯将、匪类等来往，不得沉迷酒色，妄肆费用，以致亏折资

---

① 宣统《古歙义成朱氏宗谱》卷首《祖训十二则》。

② 光绪《绩溪东关冯氏家谱》卷首《祖训》。

③ 隆庆《文堂陈氏乡约家法·文堂陈氏乡约》。

④ 万历《休宁范氏族谱》卷六《谱祠·林塘宗规》。

本。至若不务生理，或搬斗是非，或酗酒赌博，或诓骗奸盗，或党恶匿名，一应违于理法之事，当集众诫之。如屡诫不悛，呈公究治，不可姑容。"①乾隆歙县东门《许氏家规》在历数凶暴无耻的种种危害后，指出："世之凶暴无耻者，欺人之孤，虐人之寡，恣贪饕之惨而夺其资。其孤寡者含恨饮忿，而卒于无所控诉也，彼人之心忍乎哉？殊不知天道昭明，殃庆各以类至。积恶，余殃不于其身，必于其子孙。"②对家族中这种嫖赌与凶暴之徒，徽州家族在家训中毫无例外地对其进行挞伐和革除族籍的处治。光绪绩溪高氏家族罗列了五种违犯家法的行为，即"成人以上得罪父母尊长""窃取族内物件""在族外有奸淫事迹""与族内妇女笑谑""聚赌"。对以上五种行为，采取严格的惩罚举措，规定："以上由分长或族长引入支祠或宗祠祖前，杖以竹板。杖之轻重多寡，视其罪之大小、身之强弱。既责，仍诫心化导，务期悔悟。"对家族内部成员"在族外行窃者""素性凶暴、殴斗伤人者""行止诡异、交结邪匪者"，则一律予以"逐革"③。民国时期，绩溪宅坦胡氏家族认为："身体发肤，受之父母，不敢毁伤。乃暴戾之徒，逞英雄之概，凶毙无词；恃气矜之隆，恶终弗顾。自召其殃，甘投法网，此等并皆黜革。"④

总之，为避免家族成员因嫖赌、奸盗与凶暴等行为而导致败家、亡家的覆辙，徽州家族的家训采取了立足家族教育、施行族内处罚和送官究治等并举的措施。徽州家族之所以能够绵延持续，形成良好的家风传统，在某种程度上说，确实得益于此。这些措施和做法，即使在今天看来，仍有其值得总结的经验和汲取的教训。

---

① 雍正《潭渡孝里黄氏族谱》卷四《家训》。

② 乾隆《重修古歙东门许氏宗谱》卷八《家规》。

③ 光绪《梁安高氏宗谱》卷十一《家法》。

④ 民国《明经胡氏龙井派宗谱》卷首《明经胡氏龙井派祠规》。

三、治国平天下家训

儒家伦理强调从修身、齐家做起，进而达到治国、平天下的目的，这也是徽州传统家训始终贯彻的一个指导思想和实践典范。

在南宋以后科第兴盛的徽州，传统家训不仅对家族所有成员的言行举止进行规范，而且对科第入仕的子弟，给予了特别的关注，对孝、悌、忠、信、礼、义、廉、耻这一为人处世的"八德"强调有加。清代道光婺源龙池王氏家族专门设置《庭训》一节，以"八德"告诫族人："孝：生我者谁？育我者谁？择师而教我者谁？虽生事葬祭，殚力无遗，未克酬其万一。苟其或缺，滔天之罪，尚何可言？弟：易得者资财，难得者同气，乃或以资财之故而伤同气之谊，是谓难其所易而易其所难，其惑孰甚？忠：求忠臣者，必于孝子之门，公尔忘私，国尔忘家，非云忠孝难以两全，正谓君亲本无二致。信：无欺之谓信。试观阴阳寒暑、日月晦明，何曾有一毫假借。故欲人信我，切莫欺人。果能不欺，则至诚可感豚鱼，而况同类？礼：人之有礼，犹物之有规矩，非规矩不能成物，非礼何以成人？故凡一身之中，动息作止，慎毋以细行忽之。义：尚义之与任侠者固大不同，任侠者邻于慷慨，不无过举；尚义者审事几揆轻重，非穷理尽性不能。廉：好利谓之贪，沽名亦谓之贪。世有却千金而不顾者，名心未忘，可谓廉乎？四知是畏，当取以自勖。耻：羞恶之心，人皆有之，斯为改过迁善之几。苟漠然无所动于中，岂非小人而无忌惮者乎？故曰人不可以无耻。"[①]

那么，在现实生活中，如果出现"忠"与"孝"难以两全的情况，徽州家族如何处理这些在治国平天下中产生的矛盾呢？

明万历祁门清溪郑氏家族强调"忠""孝"之间的统一，认为："家国虽殊，忠孝则一，保守宜同。故窃土叛君者不忠也，废祀灭祖者不孝也。

---

① 道光《龙池王氏宗谱》卷首《庭训》。

不忠之徒，常刑罔赦；不孝之徒，比例宜然。否则，人将轻犯，此刑期无刑意也。"①民国绩溪宅坦胡氏家族则调和"忠"与"孝"的关系，云："扬名显亲，孝之大也。然能仕而父教之忠，在位而恪共乃职，始不负于朝廷，乃有光于宗祖。"②其实，在"忠""孝"难以两全的情况下，徽州传统家训还是倾向于舍"孝"取"忠"的。清光绪绩溪南关惇叙堂许氏家族在阐述"五伦"中"君臣有义"时指出："君是君王，臣是官员，君王要仁爱百姓，要做仁君，不可做昏君；臣子要尽忠报国，要做忠臣，不可做奸臣。君明臣忠，叫做君臣有义。"③这里虽未明说，其中之义当已不言自明。

清嘉庆祁门中井冯氏家族在《家规》中要求，家中成员为官一定要牢记忠君爱民、以义为利的宗旨，廉于律己："子孙仕宦，不拘职任内外、大小，皆当存心于忠君爱民，廉以律身，仁以出治，恕以处事，宽以御众，而辅之以勤谨和缓，公正明决，未有不保终者。设不幸而横灾挠抑，亦安于天命，但思己无所以致之之由，则君子奚愧焉？"④

为训诫家族子弟为官勿贪，清同治绩溪华阳舒氏家族在《庭训八则》中一再重申："君子爱财，取之有道，非一无取也，盖取所可取也。是故一物之投，必辨所从来，无处而馈，宜却而弗受。得所当得，虽千驷不为贪；取非其有，虽一介亦为盗。宁廉洁留清介之名，毋苟得贻贪污之诮。畏四知于暮夜，期清白以传家，庶知细行克矜，无累大德。"⑤雍正歙县潭渡黄氏家族的《家训》还以古今成败得失的教训，来规劝家族中从政的官员："览往事之成败，察将来之吉凶，未有干名要利、贪欲无厌而能保世持家、永全福禄者也。夫物速成则疾亡，晚就则善终。"⑥民国歙县吴越钱氏家族则告诫族中为官子弟尽心尽力、奉公守法，做忠臣廉吏："夫既皆

① 万历《祁门清溪郑氏家乘》卷三《世墓祀产》。
② 民国《明经胡氏龙井派宗谱》卷首《明经胡氏龙井派祠规》。
③ 光绪《绩溪县南关惇叙堂许氏宗谱》卷八《家训》。
④ 嘉庆《中井河东冯氏宗谱》卷一《家规》，清嘉庆九年木活字本。
⑤ 同治《华阳舒氏统宗谱》卷一《庭训八则》。
⑥ 雍正《潭渡孝里黄氏族谱》卷四《家训》。

居王土而为王臣，则凡分所得为者，尽其在己，皆谓之忠也。如朝廷有令，奉公守法，不敢为非，是即奉法之忠也。朝廷有工役，急工趋事，毋敢或后，是即趋事之忠也。朝廷有赋税，及时输将，无敢逾期，此即纳供之忠也。"[1]绩溪西关章氏《宗训》将个人、家族、国家和社会联系起来，对家族子弟进行规劝，要求他们"休存猜忌之心，休听离间之语，休作生忿之事，休专公共之利。吃紧在尽本求实，切要在潜消未形"[2]。明朝永乐三年（1405年）正月，曾官至广东监察御史的金希贤被授为江西临江府推官。抵任初，即书门联曰："谳狱惟凭三尺法，居官不受一文钱。"[3]

清康熙时绩溪旺川曹氏家族在《家训》中要求族中无论男女，都要砥砺名节，把持操守。对违背规训者，先进行教育劝导，若寡廉鲜耻、怙恶不悛、不顾名节者，将被家族视为罪人，开除族籍，生死不许入祠："三代以上，惟恐好名；三代以下，惟恐不好名，名所以励天下之节也。虽然名者实之宾，节之不立，名胡由成？男儿以忠孝成名，女子以节烈成名，是固在人之克自树立，而非作而致之也。然此等高谊，昭垂史册，显辉宗祊，祠中当特置一座，以配享祖祀，俾后之人慕而效之，则其奋也勃焉。至于寡廉鲜耻、身名不顾者，姑与再三劝之，而亦未遽绝之也。若其怙恶不悛，其为祖宗罪人，则鸣鼓聚众，大书'某也无良'，摈出祠外，生死永不许入，庶人知所戒而莫之犯也。"[4]故罗愿在《新安志》中总结性地指出："宋兴则名臣辈出，其山挺拔廉厉，水悍洁，其人多为御史、谏官者。"[5]

总之，徽州传统家训以儒家传统修齐治平观为中心，并以此来处理个人、家庭、国家和社会的关系："古之欲明明德于天下者，先治其国；欲治其国者，先齐其家；欲齐其家者，先修其身；欲修其身者，先正其心；

---

① 民国《吴越钱氏七修流光宗谱》卷一《家训》。

② 民国《西关章氏族谱》卷二《旧存宗训》，1916年木活字本。

③ 隆庆《玚溪金氏族谱》卷八《明故文林郎广东监察御史希贤公事略》，明隆庆二年刻本。

④ 民国《曹氏宗谱》卷一《家训·旺川家训十则》。

⑤ 淳熙《新安志》卷一《州郡·风俗》。

欲正其心者，先诚其意；欲诚其意者，先致其知。致知在格物，物格而后知至，知至而后意诚，意诚而后心正，心正而后身修，身修而后家齐，家齐而后国治，国治而后天下平。"[①]修身、齐家、治国、平天下，正是能够正确地处理个人和家庭的私权至上与国家、社会的公权至上两者之间的关系，并在其中找到平衡与联系的纽带，才使得徽州传统家训和家风得以不断传承与发展。明乎此，我们便能从复杂的社会表现中寻觅出底蕴厚重的徽州文化繁荣发展的根由来。

---

① 朱熹注：《大学 中庸 论语》，上海古籍出版社1987年版，第1页。

第七章 明清徽州的族规家法

明清时期，通过科举制度跻身仕途和商业经营迅速致富的徽州宗族，不仅没有放松对聚族而处的徽州乡村社会的控制，反而形成儒贾联动，以政治、文化权力和经济渗透等方式，与封建国家和地方政府相配合，以纂修族谱、营建祠堂、修缮祖墓和开展祭祀等方式，不断制定和完善内容丰富、种类繁多诸如族规、家规、家法、家典、祠规、祀规和堂约等名目纷杂的族规家法，全面强化对聚族而处的徽州乡村社会的控制，维护相对封闭而落后的宗族社会秩序，使整个徽州地区的乡村社会失去了一次向近代化转型的机会。

本章着重从功能和作用的视角，对明清时期徽州宗族的族规家法进行考察和分析，进而从整体上考察这一时期宗族社会得以维系的深层次原因。

一、维护封建等级名分制度，规范宗族内部秩序的族规家法

明清时期的徽州社会是一个尊卑有序、宗族控制森严的封建等级社会，官僚与商人、地主与农民、主人与奴仆、长辈与晚辈、男子与女子、族长与族众之间，政治经济地位悬殊，尊卑贵贱等级森严。为使这种等级名分制度长久地维护下去，明清以来，徽州的强宗大族在朱熹创立的新安理学思想的指导下，从族谱的纂修、祠堂的创建、祖先的祭祀和族规家法

的制定与完善入手，以宗亲血缘关系为纽带，将族内所有成员进而将整个社会纳入一个等级森严、尊卑有序、秩序井然的等级社会之中。"规约者，约同堂之人也。"①在宗族内部，这种等级制度必须得到维护，不容有丝毫的紊乱和僭越。在徽州宗族现存许多族谱的族规家法中，很多都专门辟有"别尊卑""严内外""驭奴仆"等条款，以约束族众和奴（佃）仆等成员。明嘉靖绩溪宅坦村胡氏宗族，还专门在《龙井胡氏族谱》罗列《戒约》十二条，其内容全部围绕维护尊卑等级秩序这一中心，其中四条内容如下：

> 一、世道不古，人心滋伪，不待亲尽，已若途人，恶乎可哉？辑修谱系之后，凡亲疏交接之间，当明尊卑之礼。有德业则相劝，有过失则相规，有患难则相恤，不失故家之遗俗也。
>
> 一、谱所以别尊卑也，凡称呼当正名分，切勿以富欺贫、以势凌弱，妄诞称呼。贫弱虽不能与较，岂不见哂于贤哉？
>
> 一、自今而后，凡生子嗣取名，务以行序称呼，勿以缪错紊乱班次也。
>
> 一、吾因以前取名者，未有规则，是以隔房疏远，不知尊卑所以相接，称呼未免错乱，名分何由而正也？取字五十个，拟作五字一句，句法不拘意义。惟吾同宗后之取名者，世世务可将此五十字依次□取，以成班列。虽居隔远，房分亲疏，路途相接之间，得其名则知其或父辈、或子辈，昭然明白，称呼自然便当，不致卑逾尊、尊降卑也。若不遵依，非吾之族也。②

明代中叶以后，随着嘉靖十五年（1536年）夏言关于《请定功臣配享及臣民得祭始祖立家庙》的奏疏被准奏施行，民间祭祀祖先四代的限制被打破，在徽州各地，不仅单一宗族的支派纷纷纂修族谱、营建祠堂，祭祀本支族的始迁祖，而且甚至出现了跨地域联宗纂修统宗谱和创建统宗祠，

---

① 雍正《潭渡孝里黄氏族谱》卷四《家训·敦睦堂家规引》。
② 嘉靖《龙井胡氏族谱》卷一《戒约》，明嘉靖三十五年刻本。

并制定统宗祠祠规，进行跨地域的联宗祭祖。"夫宗之为言从也，从其步趋，有所统也。统宗必有规，岂独别源流、分疏戚、序世次云乎哉！天叙有典，天敕有礼，自修身齐家以至治国平天下，皆不能外此，得此则伦叙，失此则伦斁。凡故家文献，亢宗睦族，舍宗规其奚称焉？治平言矩，而此言规者何？规者，矩之别名也。圆之则规，方之则矩，一也。规则运之，以情立法；矩则挈之，以义推心，亦一也。"①在徽州，无论是单一宗族支派的宗族，还是跨地域联宗的大宗族，都相继推出了族规家法，两者互相配合，对宗族内部的主仆、尊卑、长幼、夫妇、兄弟的等级秩序进行规范和约束。万历休宁林塘范氏七族支派联合在其所立的《统宗祠规》和林塘支族的《林塘宗规》中，都专门列有"名分当正"和"闺门当肃"条款，对七支相连的统宗大宗族和林塘支族的范氏宗族内部的尊卑等级秩序与严肃妇女内外之别，进行明确而具体的规范，云：

统宗祠规

名分当正。非族者辨之，众人所易知易能也。同族者，实有兄弟、叔侄名分，彼此称呼，自有定序。晚近世风浇漓，或狎于亵昵，或狃于阿承，乃有称朝称官、称某老者，意虽亲而反疏之，非礼也。至于拜揖必恭、言语必逊、坐次必依先后，不论近族、远族，俱照叔侄序列，情实亲洽，心更相安。名门故家之礼，原是如此。又有尊庶母为嫡、跻妾为妻者，大乖纲常，反蒙垢笑。又女子已嫁而归，辄居客位，是何礼数？吉水罗念庵先生宅于归宁之女，仍依世次，别设一席，可法也。若同族义男，亦必有约束，不得凌犯疏房长上，有失族谊，且寓防微杜渐之意。……闺门当肃。男正位乎外，女正位乎内，圣训也。君子正家，取法乎此，其闺门未有不严肃者。纵使家道贫富不齐，如饁耕采桑、操井臼之类，势所不免，而清白家风自在，仪度自别。或有不幸寡居，则丹心铁石，白首冰霜，如谱内所载贞烈双

①万历《休宁范氏族谱》卷六《谱祠·统宗祠规》。

节、一门三节、一门四节及侧室守节诸妇女，炳耀后先，相传不朽者甚多，皆风化之助，亦以三从四德、姆训凤闲养之者素也。若徇财妄娶，门阀不称，家教无闻；又或赋性不良，凶傲妬忌，惰僻长舌，私溺子女，皆为家之索，罪坐其夫。若本妇委果冥顽，化诲不改，夫亦无如之何者，轻则公堂不齿，重则告祠除名，或屏之外氏之家。祠中据本夫告词，询访的确，当祖宗前，合众给以除名帖付证，亦少有所警矣。要之，教妇在初来，择妇必世德。《语》曰："逆家子不娶，乱家子不娶。"《颜氏家训》曰："娶妇必欲不若吾家者。"盖言娶贫女有益，非谓迁就族类，娶卑鄙之女以贻祸也。倘能慎此，庶无前患。

林塘宗规

闺门严肃者，其妇流必深居简出，良以风化攸系，阀阅名族之所称为清白者也。然正家之责，在于男子，四德三从之训，亦须粗为讲明。若以姑息为爱，稍听妇言，则非但唇舌渐多，伤残一家和气，而昏惑日深，酿祸不小矣。务相禁戒各妇女，非本宗嫁娶吊丧，毋得轻出。斋婆、尼姑又其甚者，尤加严禁，不许往来。违者，罚及夫男。……村中住屋众仆，虽各房多寡不同，收养久近不一，其为主仆之分均也，均当待以恩义。即有小犯，原情宽贷，未必分尔仆我仆，多生计较。回视祖宗时气象，便可见矣。但仆等或有恃力互争、酗酒生事、凌虐同村里邻、诈欺经过商贩者，送该门房主，即行责戒，以儆其后，不得偏护，自遗伊戚。若其事关系主仆体统，则合力禁治，无致效尤。盖主仆分严，徽称美俗。倘有暗地助党，纵其犯分，甚至构讼，反为得计者，是与仆辈为类矣，祖宗鉴察，必阴殛之。[1]

显然，在明万历年间的休宁范氏宗族聚居地林塘村，无论是七族联宗的统宗祠规，还是各支祠的祠规，对宗族内部尊卑等级秩序的维护与强

----

① 万历《休宁范氏族谱》卷六《谱祠·林塘宗规》。

化，都是惊人的一致。而对族中妇女的约束，其实自始至终贯穿的都是儒家伦理特别是程朱理学的三从四德思想和理念，林塘范氏宗族如此，徽州其他地区聚居的宗族也是如此。康熙黟县《横冈胡氏支谱》在《家规》中，把"正名分""谨闺范"和"驭仆婢"当成宗族的急务加以强调，曰：

正名分：尊卑有定位，不可混也；亲疏有定制，不容紊也。纲常之重，伦纪之修，洵于是乎受裁矣。所以古今有一定不易之闻，上下有不相假借之典。人而昧乎辨名定分，尚安可以为人乎哉？务使家庭出入之际、间里来往之间，不令幼以先长而卑以凌尊，一循其序，而不致少有紊乱于其间者。其于跪拜坐立之节、疾徐进反之文，咸彬彬乎盛世之遗也，又何有侵夺僭越之虞乎？则正名分之为急也。……谨闺范：《易》系阴阳，实肇男女之始；《诗》咏关雎，用著室家之正。所以治外者，尤必需乎治内也。古者女子之生，著有明训，斑斑可考矣。近见世俗之于闺范，多有不及古所云者，岂无故哉？夫亦世风使然，而教之不豫，以至此也。吾族中老成模范，难以详述，兹惟是严内外之所别，谨邪正之辨，使内言不出，外言不入，一以循乎妇道之规，庶几无愧乎诗书所载也已。谨闺范之为急也。……驭仆婢：自国家有大人之事，有小人之事，则事诚非一人之可以独治之也。夫家国一致也，有大人以综其成，自必有小人以分其治，则虽小人分属卑贱，亦必驭之以道，而初非可以一概轻责之也。故圣人之教曰：唯女子与小人为难养，诚非无说也。凡我族中役使仆婢，势不可无，务必驭之以礼，抚之以恩，示之以威，戒之以惰，用之以时，安之以业，则我心既尽，彼心自服，又岂有尾大不掉之虞，而致背逆逃窜之患也耶？则驭仆婢之为急也。[①]

雍正歙县潭渡孝里黄氏宗族，也是冀图通过强化家长权威和严格管束

---

① 康熙《横冈胡氏支谱》卷下《家规》。

族内妇女的所谓《家训》，来达到维护既定的封建尊卑等级秩序的目的。该《家训》强调："家长总治一家之务，必须谨守礼法，为家人榜样。不可过刚，不可过柔，但须平恕容忍，视一家如一身。在卑幼固当恭敬，而尊长亦不可挟此自恣，至于攘臂奋袂，忿言秽语，皆足启后人暴戾，尤宜首戒。若卑幼有过，当反复告诫；屡诫不悛，则以家法惩之。""男女不亲授受，礼之常经。故子女虽幼，不共圊溷，不共湢浴，无故不出中门，夜行以烛，无烛则止。家中燕享，除舅姑礼宜馈食外，男女不得互相献酬。至于妇之母家，二亲存者，礼得归宁，无者不许。除有服亲属庆吊外，无得轻出。女子年及八岁者，不许随母至外家。其余姻戚，除本房至亲外，俱不许相见。即有服亲属，亦须子弟引导，方入中门，见灯则止。又如亲族之中有为僧为道者，不许往来。至于三姑六婆及走街之妇，类多奸匪之流，最能引诱邪僻，不可纵其入门。凡我子姓，均宜遵守。违者，议罚。"①民国《平阳汪氏宗谱》在《家规》中就立有这些条款，在"别尊卑"条款中，该《家规》规定："益年养老，帝王且然，况乡党莫如？齿理宜尊敬，彼与我祖父，非属雁行，则在诸父之列。至族长，尤为一姓纲领，非可等夷目之。每见风俗浇漓，小加大，幼凌长，齿让之道蔑有。愿族人以为戒。"而在"严内外"条款中，该《家规》更是对妇女的行为进行了严格的约束与限制："《内则》云：男不言内，女不言外。非丧非祭，不相授器。男女相渎，便非佳事。要慎闺门、别嫌疑，非同父子侄，不得穿房入户；奴仆无令，不许进中堂；妇女无事，不得出外游。至于入寺赛愿并观演剧，尤宜禁绝。"②

为了强化等级名分制度，维护宗族内部的社会秩序、纯洁宗族血缘关系，宋明以来，徽州宗族的族规家法还对宗族成员的婚姻和继子制度进行了极其严厉的规范和约束。嘉靖绩溪宅坦村《龙井胡氏族谱》于《戒约》中规定："今后凡嗣者，当就亲房摘继。国有正法，切不可摘养异姓及赘

---

① 雍正《潭渡孝里黄氏族谱》卷四《家训·潭渡孝里黄氏家训》。
② 民国《平阳汪氏宗谱》卷一《家规》。

婿，紊乱宗族。"①万历休宁城北周氏宗族《宗规》专列"慎婚姻"一节，对宗族子弟婚姻嫁娶对象的良贱、门第、品行和家教等，作出了具体的规定，要求族人慎婚姻、不贪财，云："婚姻为人道之始，须当择其门第，辨其良贱，必察其婿与妇之行及家教何如，勿听媒妁之言，轻易许聘，苟慕一时之富贵。婿苟贤矣，今虽贫贱，安知异日不富贵乎？倘为不肖，今之富贵，安知异日不贫贱乎？妇者由家之所盛衰也，贪图奁仪装饰而娶之，使妇挟其富贵，亵慢其夫而傲舅姑，嫉妒姒娣而藐视宗族者，养成骄妒之性，异日为患不小。殊不知婚姻论财，夷虏之道，此文正公言是也。吾族婚娶者，当熟详之。"②至于康熙年间绩溪周家坑周氏《宗训》，更是于本族之男女嫁娶作出详尽规定，并一再告诫族人，对童养媳等婚姻"尤须慎重"，曰："大婚合二姓之好，以为宗庙社稷主，固宜若此。今人结婚，多慕达官富室，殊不以择德为重。曾不思膏粱骄悍之女，岂堪菽水、礼仪之闲？跨夫子、杀奴婢不足计，将使舅姑无所容其身。原其始，固将借以光门户；究其终，门户因以销削者多有之。我本以儒世家，但非逆家子、乱家子，可以共承宗祀足矣，切勿倾产高攀，用伤雅道。若女之适人，尤须慎重。如以势力之故，孩提缔结，固有济恶残废，追悔而不可及者。此后，务须长成，择婿不得轻于徇诺，乃可。若夫奁仪厚薄，称家有无。"③而于继子，明清徽州宗族尤为慎重，围绕继子而发生的纠纷与诉讼，在当地的各类诉讼案件中，占有很大比例。正如明弘治年间程敏政所云："徽之讼，非若武断者流，其争大抵在于产墓、继子。"④因此，有关继子的族规家法，在明清时期徽州宗族的族谱中，大都保持一种非常慎重的态度。明万历时，歙县岩寺百忍程氏宗族在《族约》中明确规定："不孝有三，无后为大。族人有不幸无子者，思欲继祀，务请族长、房长取名分相当之人，或依世次，或择贤能，立之为后，以承宗祀。不可以弟为

①　嘉靖《龙井胡氏族谱》卷一《戒约》。

②　万历《重修休邑城北周氏宗谱》卷九《宗规》。

③　康熙《周氏族谱正宗》卷一《宗训》。

④　康熙《徽州府志》卷二《舆地志下·风俗》。

子，以侄为叔，紊我天伦；亦不可收养异姓，混我宗枝。如不得已而有外戚来继者，明注其人之下，俾异世子孙各有所考，而本宗不为所乱也。"①绩溪县墈头涧洲许氏宗族则立有家法，对立继问题进行规范，曰："无后为不孝之大，立继以承嗣，礼也。照例立继，先择亲房昭穆相当者，谓之'应继'。亲房若不得其人，或有其人而不肖，则择远房贤能者，谓之'爱继'。盖承继所以承祧，非承产也。应继则无论继产有无，皆应承继。若爱继，必视继产厚薄，酌贴本生父若干，一贴之后，本生父不得干预继产。其亲房应继，本生父贫苦者，亦视此为准的。若本房有人，尚无不肖情事，而因事不睦弃亲就疏、择继于远房者，便以越分夺继例论，不许接系。至立继之后，或继子游荡破产，准其禀明宗族退继，另立继子。断不许擅令异姓入绍，及螟蛉他人子，以乱宗祧。违者，亦不得入祠。"②总之，在立继子问题上，明清时期徽州宗族的族规家法基本遵循着同房同宗亲疏远近之同辈为继的原则，严禁异姓及螟蛉子继承。"继子依旧谱例，于所生父下注继伯叔某人，于所后父下续系列图。其出继异姓、异姓来继、丐养拾弃、随母胎产与从释老者，皆不书。躐等越继者，于继支系下悬空世次，使复本位。其倒置降继者，亦正归本宗，仍以继者支下应继子孙辈继之。"③在男女婚娶问题上，明清时期徽州宗族的族规家法则重在强调门当户对、良贱不婚、品行家教等，严禁攀附富贵、婚姻论财、指腹为婚、童养婚等。无论婚姻还是继子，事实上并不在于婚姻或继子本身，而在于对宗族血脉香火的延续。这是明清时期徽州宗族族规家法关于婚姻和继子规定的实质之所在。

从以上所列举的明清时期徽州宗族各类族规家法的内容来看，以儒家伦理纲常特别是程朱理学为指导思想，来维护宗族内部的尊卑等级名分制度，严内外之别，大体上都是以儒家所提倡的封建三纲五常、三从四德为基本准绳。而明太祖的《圣谕六条》和清圣祖的《圣谕十六条》则是其制

---

① 万历《歙西岩镇百忍程氏本宗信谱》卷十一《族约篇第九》，明万历十八年刻本。

② 民国《涧洲许氏宗谱》卷十《祠规附家法》，1914年木活字本。

③ 嘉靖《祁门金吾谢氏宗谱》卷首《凡例》，明嘉靖抄本。

定族规家法的主要指圭。对此，明万历婺源江湾的《萧江全谱》之《祠规》有着深刻的揭示。该《祠规》制定者钦差总督漕运都察院右都御史兼户部右侍郎萧一麟在《祠规》序言中指出："特立规若干条，勒之贞珉，昭示族众。首以太祖高皇帝圣谕，遵王制也；继以宗祠，保墓祀田，报宗功也。"①在分别阐述了何谓孝顺父母、何谓尊敬长上、何谓和睦乡里、何谓教训子孙、何谓各安生理和何谓勿作非为等"圣谕六条"之后，该《祠规》一语道破了天机，即"圣训六条无非化民成俗，为善致祥，凡我族人，务要洗心向善，有过即改，共成仁里，永振宗祊，听，听，听。"②一旦违犯这些规条，即是破坏了宗族内部既定的尊卑和等级秩序，破坏了内外有别、男不言内、女不言外的清规戒律，轻则遭到教训斥责，重则被施以笞杖，情节特别严重者，甚至可能会被处以削除族籍和鸣官处置的惩罚，受罚者不得有任何反抗。休宁茗洲吴氏宗族在《家规八十条》中明确要求："一、卑幼不得抵抗尊长，其有出言不逊、制行悖戾者，姑诲之，诲之不悛，则众叱之；一、子孙受长上苛责，不论是非，当俯首默受，无得分理。"③绩溪宅坦村《明经胡氏龙井派宗谱·祠规》中"正名分"条款，对严重触犯尊卑等级名分制度者，规定了严厉的惩处措施："下不干上，贱不替贵，古之例也。间有主弱仆强、主懦仆悍者，逞其忿戾，不顾统尊，或至骂詈相加，甚且拳掌殴辱，虽非犯其本主，然以祖宗一体之例揆之，是则凌其本主也。族下如有此婢仆，投明祠首，祠首即唤入祠内，重责示惩，仍令其叩首谢罪。倘本主不达大义，护短姑息，合族鸣鼓攻之，正名分也。"④

---

① 万历《萧江全谱》仁集卷一《祠规》。
② 万历《萧江全谱》仁集卷一《祠规》。
③ (清)吴翟辑撰，刘梦芙点校：《茗洲吴氏家典》卷一《家规八十条》，第19页。
④ 民国《明经胡氏龙井派宗谱》卷首《祠规》。

二、配合国法,调整宗族内外财产和救济关系的族规家法

"法为规矩之原,规矩为法之用,而始国齐家行之者一也。然国法立而天下治,家法立而内外肃,则法不可废也。"①作为国家法的一种补充与延伸,明清徽州宗族的族规家法一般都在不违反国家法的前提下,对国家法条款加以细化,成为约束和惩治宗族成员的基本依据。因此,徽州宗族族规在处理宗族内部的财产时,首先要求宗族成员必须"遵国法",及时足额完纳封建国家的"皇粮国税"。正如清光绪绩溪《梁安高氏宗谱》在《高氏祖训·畏王法》中所说的那样:"王法者,朝廷所设以治吾民者也。无王法,则天下乱。苟平日不畏王法,恐一旦犯法而不自知,及遭刑戮,悔之晚矣,此君子所以怀刑也。故为绅、为士、为民,皆当畏法,畏法则敬官府、早完粮。苟非万不得已,不可轻与人结讼,自能远耻辱而保身家矣。"②该宗谱还在《家法》中进一步对国法与家法的关系进行了阐述,指出:"或谓罪无大小,皆待治于国法,而家法止治小罪,立之何益?不知小过不惩,将成大恶,故小惩而大戒,为小人之福,此《周易》履霜所以戒坚冰也。既立家法,期于必行。又恐行之不善,或行家法而遂僭国法,或行家法而反坏家法,此岂立家法之意哉?何谓行家法而僭国法?盖国法有五刑之属,而家法不过杖责与驱逐二条。若罪不止此,即非家法所得而治矣。假使泥家法之名,因而置人于死,如打死及活埋之事,此行家法而僭国法也。何谓行家法而坏家法?杖责、驱逐皆祖父施于子孙,尊长施于卑幼者。假使尊长有过,而卑幼遂假家法之名以施于尊长,是欲行家法而先为悖逆,此行家法而反坏家法也。"③从《梁安高氏宗谱》的《祖训》和《家法》中,我们不难发现,家法和国法之间是彼此互动的,家法的立法必须在国法的框架下进行,不得与国法相抵触,不得违反国法的基本精

①《徽州会社综录》下册《抄白众所支年老簿规则常贮》,清抄本。
②光绪《梁安高氏宗谱》卷十一《家政·高氏祖训十条》。
③光绪《梁安高氏宗谱》卷十一《家政·家法》。

神。在维护社会秩序和统治阶级利益方面，家法和国法的目的和宗旨是相同的。这也就是康熙黟县《横冈胡氏支谱》于《家规序》中所说的："国重国法，所以惩刁顽；家尚家规，实以儆败类。固以见国、家之一致，而知非有歧道也。"①

既然族规家法是在"遵国法"的前提下制定和执行的，那么，一旦族中子弟违犯国法，便会遭到家法和国法的双重严惩。明万历《休宁范氏族谱》的《林塘宗规》对违反"圣谕"的族众，即采取先家法、后国法处置的原则，规定："今后但有子弟不遵圣谕，经犯过恶，各房长指事晋责之；不改，鸣与该门尊长，再三训诫之。又不改，于新正谒祖日，鸣于宗祠，声罪黜之。罪重者，仍行惩治。"②万历休宁《商山吴氏宗法规条》对有关族内成员犯罪行为，同样规定了先家法处置、后国法惩处的原则，云："族中或有一等棍徒，名为轿杠，引诱各家骄纵败子酗酒、习优、宿娼、赌博，不顾俯仰，必致倾家破产丧身而后已。此等恶俗，犹为可恨，宗正、副约会族长，呈官惩治。""圣谕（四）［六］言，至大至要，木铎以徇道路，妇皴亦当禀持。即有至愚至鲁之辈，纵难事事孝顺，亦岂可作忤逆？虽难事事尊敬，亦岂可肆侵侮？虽难事事和睦，亦岂可日寻争斗？虽难事事尽善，亦岂可甘为奸盗诈伪？致庭内有被捶之老人，门前有尊拳之鸡肋，道途有冤号之负贩，淫溺有家鸡野鹜之喻，当炉倚门之渐。以若所为，上玷祖德，辱及门风，贻诮路人。彼顽恬不知怪，为之族长、宗正者，宁无覥颜乎？今后有此辈，初当理谕之；不改，鸣鼓攻之；三不改，合族赴公廷首治之不贷。"③万历休宁《重修休邑城北周氏宗谱》也于《宗规》中规定："吾族贤否不一，或有等不肖子孙，游手好闲，不务生理，不遵圣谕，撒泼抵触父母，殴骂尊长，天理不容，致使衣食不给，贻玷先人，莫大之祸。倘有如此者，本房访出，鸣于宗祠，责罚警戒。不悛者，

---

① 康熙《横冈胡氏支谱》卷下《家规序》。
② 万历《休宁范氏族谱》卷六《谱祠·林塘宗规》。
③ 万历《商山吴氏宗法规条》（不分卷）。

族长告官治罪。"①光绪休宁《葆和堂冠昏丧祭及扫墓差遣各仆条规》就严格要求堂下各仆遵守国法，云："朝廷号令甚严，于斗牌、打降、赌博、盗贼四事，法在必究，更觉凛然。尔等小心安分，庶可以保身及家。设有犯此四事者，鸣官究治。"②宣统绩溪《泉塘葛氏宗谱》在《祠规》中，对既犯家法又犯国法的忤逆不孝之辈，规定了严厉的惩处条款："忤逆不孝，派丁败类；忤逆不孝，法所不容。抑或愚夫愚妇偶因口角，不侍不养，发觉即用草索缚索入祠内，律以家法，惩予重责。如怙恶不悛，或忤逆大甚，送官惩治，生死勿许入祠。"③

在明清徽州宗族族规家法中，我们还发现这样一个现象，即触犯国法或受过国法惩治的宗族成员，往往还要受到家法的惩治。这一现象说明，家法和国法是互相配合的，当家法处治不了时，执行家法者会要求呈官究治；而明显违犯国法者，则肯定会由家法再加以补充处罚。康熙祁门《善和程氏仁山门支谱》即对违犯国法"十恶"及弃卖祖墓、盗鬻族谱的宗族成员予以追加处罚，规定："一犯十恶及弃卖祖墓、盗鬻族谱者，众议黜之示戒。"④绩溪《仙石周氏宗谱》在《凡例》中明确对触犯国法与家法者，采取了削除族籍、不入族谱的惩罚："男子犯刑戮非冤，及犯家法革逐，与为僧道、出继异姓者，世不书名。"⑤该宗谱的《家法》部分专门罗列了触犯刑法族众由《家法》处以"男女逐出，永不归宗"的几种情况，它们分别是："子孙悖逆其祖父母，祖父母生前维祠堂照家法屡戒不悛，使其祖父、父母含恨以死，罪无可解者；凶恶莫制，欲伤害人命者；淫秽逆伦，丑迹明确，合族共见无疑者。"其具体的处罚措施是："以上由合族族长、宗长、房长公同告祖，具书犯家法之男女名字于板，钉于祠门边，

① 万历《重修休邑城北周氏宗谱》卷九《宗规》。
② 光绪《葆和堂需役给工食定例·葆和堂冠昏丧祭及扫墓差遣各仆条规》，转引自叶显恩:《明清徽州农村社会与佃仆制》，第330页。
③ 宣统《泉塘葛氏宗谱》卷末《祠规》。
④ 康熙《善和程氏仁山门支谱·凡例》，清康熙二十一年刻本。
⑤ 宣统《仙石周氏宗谱》卷二《凡例》。

其人生不得入族居住，死不得进主，不得上谱。"①光绪《绩邑北门张氏宗谱》规定："逆子乱伦、变祠产、违祖制，及凡为娼优之属，生不修谱，死不入庙，明其不善，承人后不足为人祖也。"②明清徽州宗族的族规家法就是这样，时刻体现并贯穿着与国家法精神相一致的宗旨，从而在一定程度上起到了补充和延伸国家法的作用。

徽州宗族的族规家法体现"遵国法"、调整宗族内外财产和救济关系的又一表现，即是动员和约束宗族成员及时完纳国家征收的赋税和金派的差役，免致遭受国法的惩处。在明清至民国时期徽州宗族大部分族规家法中，"输赋税""早完纳"和"赋役当供"等规条几乎成为不可或缺的条款。明万历《重修休邑城北周氏宗谱》之《宗规》将"输赋税"当成"国家重务"，要求族人："有丁当差，有田纳粮，任土作贡，亦籍少伸报国勤劳王事之意也。今之条编事例，依期完纳，免累身家，乃为良民也。吾族子姓，或同甲朋户，秉公均派，则上不紊官府，下不贻累一人，方为尚义人家也。勉之，勉之。"③万历婺源江湾《萧江全谱》在《祠规》中，要求族中子弟："时供赋。有田有租，有丁有役，岂得贻累里排，致重烦官府，宗祠江光裕户一应粮差，祠正、副要行依期解纳，其各户毋论贫富，各宜体悉。"④万历《休宁范氏族谱》的《统宗祠规》对族众及时完纳和承担赋役，也有着教化式的劝导，云："赋役当供：以下事上，古今通谊。赋税力役之征，国家法度所系。若拖欠钱粮，躲避差徭，便是不良的百姓，连累里长，恼烦官府。追呼问罪，甚至枷号，身家被亏，玷辱父母。又准不得事，仍要赋役完官，是何算计？故勤业之人，将一年本等差粮，先要办纳明白，讨经守印押，收票存证，上不欠官钱，何等自在！亦良民职分所当尽者。"⑤清康熙黟县《横冈胡氏支谱》则于《家规》中，独辟"急赋税"条款，并将其视为"忠君爱己之要务"，云："惟正之供，上取乎下，

① 宣统《仙石周氏宗谱》卷一《家法》。
② 光绪《绩邑北门张氏宗谱》卷首《凡例》，清光绪刻本。
③ 万历《重修休邑城北周氏宗谱》卷九《宗规》。
④ 万历《萧江全谱》仁集卷一《祠规》。
⑤ 万历《休宁范氏族谱》卷六《谱祠·统宗祠规》。

下供乎上，分固应尔也。苟三时不害而时和年丰，其于税也，又何损于民之膏脂矣乎？然而今之人视催科无与乎己事，而任意拖延，恣情罔利，致累图役责比之不堪者，诚足悯也。同我族中赋税，惟期日增而务要及时以完公事，庶几上无负于朝廷官长，下不累乎胥役。问之于心，不诚忠君爱己之要务乎？则急赋税之为急也。"①民国祁门《平阳汪氏宗谱》则在《家规》中甚至引用谚语和钱鹤滩言论，来告诫族人遵守国法，及时完纳国课："三限两税，国有常典。须办官税，先期输纳。即或年荒岁歉，亦要设法以杜官债。盖钱粮分毫为重，谚云：'若要宽，先了官；完了粮，盖了墙，门前犬吠莫惊惶。'切不可拖欠，至差拘比较，有碍脸面也。"在该条家规之后，还专门附有钱鹤滩关于完纳国税的议论，云："以下事上，古今通义。赋税之征，国家法度所系。若拖欠钱粮，便非良民。故国课早完，何等自在？亦为义务所当尽者。"②民国婺源《济阳江氏统宗谱》则在《江氏家训》中引录陆游之诗，敦促族人安分守法、早完国课："国家惟正之供，自有定制，例分上、下二忙，投柜完纳。吾族当安分守法，国课早完。陆放翁诗云：'最喜先期官赋足，经年无吏叩柴荆。'此老成练达之言也。"③

总而言之，作为尊祖敬宗收族的工具，明清时期徽州宗族的族规家法始终是在"尊国法"的前提下制定和执行的。因此，最能体现族规家法"遵国法"精神的便是对触犯国法的宗族成员加以处治，并在国家赋役征派方面予以支持和配合，"赋役当供""早完赋税"等族规家法条款的制定和实施，是对族规家法"遵国法"为封建国家政权提供经济支撑的最集中反映。

在宗族内部成员的财产关系上，明清时期徽州宗族大多也是以族规的形式加以制约和调整，其基本立法宗旨和原则是维护宗族统治的物质基础。作为主要生产和生活资料的田宅山场，徽州宗族在严格遵守国家法及

---

① 康熙《横冈胡氏支谱》卷下《家规》。
② 民国《平阳汪氏宗谱》卷一《家规》。
③ 民国《济阳江氏统宗谱》卷一《纪述四·江氏家训》。

传统习惯法的基础上，确立了包括族产、祖（墓）坟、祠产、祭（祀）田等宗族公有财产不得买卖侵犯，以及田宅买卖遵循宗族亲邻优先购买的原则。"如有不孝不义，盗卖祀产，听自为首之人捡举，责令取赎，仍行犯一赔九。如有敢恃强梁，听众立文排名金押，告祖捶杀之。此虽较之律法以为颇重，但家国虽殊，忠孝则一，保守宜同。"①关于宗族祭田等公产不得买卖的思想，直接来源于朱熹《家礼》的规定："置祭田。初立祠堂，则计见田，每龛取其二十之一，以为祭田，亲尽则以为墓田，后凡正位祔者，皆放此，宗子主之，以给祭用。上世初未置田，则合墓下子孙之田，计数而割之，皆立约闻官，不得典卖。"②素以朱熹理学和《家礼》为圭臬的徽州各地，其祭（祀）田产在明清时期依然严格禁止盗买盗卖。对此，明清时期徽州宗族的族规家法大都有着明确的规定。明万历《重修休邑城北周氏宗谱》在其《宗祠条规》中严格规定坟山、祭产禁止侵葬盗卖，云："凡各处金业坟山及乐取田地，登入祭产簿，其苗利以作祭费，本姓子孙毋得侵葬、盗卖。或外姓谋买，会同各支，通知族长，执令改正。不服，告官惩治。"③万历婺源江湾村《萧江全谱》的《祠规》明确指出："守祀田。祀田为祭品之资，各处祀田，支下子孙务宜勤加照管。其田租自置祭品外，有余赢，增置附近膏腴，以广孝思，毋许子孙侵克私鬻，重取罪罚。"④康熙黟县《横冈胡氏支谱》于《壮卿公老家规》中对祠内祭田及各处山场庄业不仅严格禁止买卖，而且对违规买卖者进行极其严厉的处罚，规定："祠内祭田及各处山场庄业，俱系祖宗创遗，务期永远遵守。若私行鬻卖，则破坏体面，滋生衅端，开罪祖宗多矣。违者，立令赎回，仍削其谱名，永不许入祠。"⑤雍正休宁江村洪氏宗族也一再谆谆告诫族人："今祠内之田，皆沃上也，况此田为宗祀攸关，尤非寻常可比者。后

---

① 万历《祁门清溪郑氏家乘》卷四《祀产条例》。

② （宋）朱熹：《家礼》卷一《通礼·祠堂》，朱杰人、严佐之、刘永翔等主编：《朱子全书》第7册，第876页。

③ 万历《重修休邑城北周氏宗谱》卷七《宗规》。

④ 万历《萧江全谱》仁集卷一《祠规》。

⑤ 康熙《横冈胡氏支谱》卷下《壮卿公老家规》。

世子孙，即有公用急需，勿得妄动祀田。如弃田，是绝祖宗血食也。"①可见，祭（祀）田产作为祖宗血食的主要经济来源，在明清时期的徽州地区，其买卖受到了宗族的严格限制。

坟墓是祖先躯体魂魄之所在，对祖坟的侵葬和盗买盗卖，在聚族而居、最重宗法的徽州乡村社会，是最不能容忍的严重事件。由此而引起的关于祖坟的纠纷与诉讼，在徽州地区也是极其繁多的，所谓"徽俗重坟墓，树枝草石，才动分毫，即称挖骸无踪，到官涕泣"②，以致"祖坟荫木之争，辄成大狱"③。的确，明清以来，徽州宗族的族规家法于坟茔侵葬和盗卖之规条，不仅内容丰富繁琐，而且有关惩处的条款极为周密和严厉。万历《休宁宣仁王氏族谱》之《宗规·祠墓当展》条指出："祠宇，宗祖神灵所依；墓冢，宗祖体魄所藏。子孙思宗祖不可见，见所依所藏之处，即如见祖宗也。祠祭、墓祭，皆属展亲大礼，必加敬谨。凡栋宇有坏葺之，罅漏补之；垣砌碑石有损整之，蓬棘剪之，树木什器爱惜之。或有奸人侵害，盗卖、盗葬，则同心合力复之。患无忽小，视无逾时。若使缓延，所费愈大。此事死如事生、事亡如事存之道，亦圣谕孝顺内第一件急务，族人所宜首讲者。"④万历休宁《重修休邑城北周氏宗谱》在其《宗规》的"守茔业"条款中指出："坟山系祖宗体魄所藏之处，子孙发源之自，责任匪轻。每遇清明祭扫，躬身督令，务加培整。来龙发脉，左右护卫，乃坟墓根本所系，尤当蓄养荫木，以加兴隆。吾族子姓，遵守祠规，务加严禁。"⑤万历祁门善和村程氏宗族把墓茔看作人之根本，要求族人切勿轻易动之。对各房子孙侵葬祖墓、盗伐墓茔树木等行为，该族将予以从重惩治："古不修墓，非不修也，慎之于初，无庸于修也。盖以人之根本在是，不宜轻动耳。苟轻动之，犹植木而戕其根，欲枝叶之茂，得

① 雍正《江村洪氏家谱》卷十四《宗祠祀田记》。

② （明）傅岩撰，陈春秀校点：《歙纪》卷五《纪政迹·修备赘言》，黄山书社2007年版，第49页。

③ 民国《歙县志》卷一《舆地志·风土》。

④ 万历《休宁宣仁王氏族谱》卷六《谱词·宗规》。

⑤ 万历《重修休邑城北周氏宗谱》卷九《宗规》。

乎？……自今以上祖墓，各得山水环聚之所，俱系前人积德所致，有非偶然。然所据一席之地，已尽翕聚之理，再无余蕴，观其发散于后人者可验。其尼而侵衬者，斯两失之。以往勿论，日后倘有各房子孙侵衬祖墓者，众共攻之，责令立时改正，仍加重罚。如有不伏，众即立时举起，仍行告鸣理治，以不孝论。……各处墓茔树木，属前遮蔽者，可少剪除；系庇荫者，宜慎保守，各房毋得纵容奴仆擅自盗伐及外人侵损，管理者查访，从重处治。"①万历休宁《商山吴氏宗法规条》对盗卖祖坟、富豪谋买和恃强侵葬者，课以不孝之罪，规定："凡各支祖坟，倘有不孝子孙盗卖及有富豪谋买，或恃强侵葬，甚至斩棺裁脉、紊乱昭穆者，此皆欺蔑祖宗之徒。倘有此犯，宗正、副据实呈治，以不孝论。"②康熙黟县《横冈胡氏支谱》之《壮卿公老家规》则将各处祖墓坟冢视为"上妥先灵而下荫子孙"之地，告诫族人："历年既久，福庇攸深。若盗一抔之土，神既不宁，祸必旋至。凡支下子孙，不得魃行侵害，蔑祖自便。如违禁者，族众即行起举鸣官，以不孝罪论罚。"③乾隆《古林黄氏重修族谱》在《祠规》中，要求族众对侵害祖坟行为，要不惜情面、不吝费用加以制止和挽回，规定："贤子慈孙，入祖祠则知祖宗神灵之所依，过祖墓则识祖宗体魄之所藏，则祠祭、墓祭如见宗祖一般，可慢视欤？故凡有坏则补葺之，有弊则整涤之。或被外人侵害，及支下不肖子孙败群玩法者，则同心同力以御之，勿惜情面，勿吝小费，必如是庶乎可以世守。"④雍正休宁《江村洪氏家谱》的《祠规》规定："各祖墓山地，不许不肖者盗卖丝毫。其上蓄养荫木，不许擅伐。虽有枯树，亦听其自倒。其既倒之树，收取入众公用。违者，逐出宗祠，仍行惩处。"⑤由此可见，徽州对盗卖祖坟山地和砍伐祖坟荫木之行为惩罚的严厉程度，比其他地区乡村社会的族规家法要严厉得

----

① (明)程昌撰,周绍泉、赵亚光校注:《窦山公家议校注》卷二《墓茔议》,第17—18页。

② 万历《商山吴氏宗法规条》(不分卷)。

③ 康熙《横冈胡氏支谱》卷下《壮卿公老家规》。

④ 乾隆《古林黄氏重修族谱》卷下《祠规》。

⑤ 雍正《江村洪氏宗谱》卷十四《祠规》。

多。即使到了民国时期，徽州这种祖坟及其荫木不得买卖、不得盗砍盗葬的族规家法依然森严，歙县《府前方氏宗谱》的《祠规》即规定："始祖坟山，遵照禁示，永远不许扦葬一坟，不许变卖寸土。如违，条革，永远不许入祠。凡属子孙，皆有保护之责。""坟山荫木，非本祠兴作及置办祠产，不准妄行斫拼，或有枯倒出拼，树价归公，不得入私。违者，照数倍罚。"①在素有"健讼"传统的徽州各地，其诉讼的标的物就总量而言，有关祖坟及荫木侵害盗砍、盗卖的诉讼占据了很大的比例。明代嘉靖九年（1530年），歙县呈坎罗氏宗族祖坟因被寺僧佛海、法椿等侵占而讼于官，前后"讦奏七本，首尾八年，始得归结"，其"受祸之惨酷"，堪称少见②。清乾隆五十八年（1793年）歙县棠樾鲍氏宗族坟山屡有势豪贪吉谋葬、坟山荫木屡被盗砍，致使鲍氏宗族"缠讼不休"③。关于明清以来徽州乡村社会因祖坟荫木之争而导致的旷日持久的诉讼，充斥于各地官府的案头，不胜枚举。对此，明末歙县知县傅岩在《歙纪》中不无感慨地叹息道："徽尚风水，争竞侵占，累讼不休。如洪包、方惟一等多案，结而复起，历年未已。"④

明清时期，徽州宗族的族规家法还致力于保护宗族私有财产，对宗族内部财产关系进行调整，严格限制族内财产的外流。买卖田宅山场，首先要求先尽宗族成员和亲邻等，他们不买，才能向族外人等出卖，所谓"其田请问亲房、族内人等，不愿成交"⑤。康熙黟县《横冈胡氏支谱》即在《壮卿公老家规》中告诫族人近宅冢基地不得变卖于族外之人，云："近宅冢基地田产，有出卖者，无得变卖他姓，须尽本家商量，从公估值。卖者不得故意高价，买者亦不得借禁篼谋。违者，责令赎回，仍听族众议妥。"⑥我们看到，在清代顺治十四年至雍正七年（1657—1729年）婺源县

---

① 民国《府前方氏宗谱》卷二十《祠规》，1931年刻本。

② 嘉靖《杨干院归结始末》，明嘉靖刻本。

③ 嘉庆《棠樾鲍氏宣忠堂支谱》卷十七《祀事》。

④ （明）傅岩撰，陈春秀校点：《歙纪》卷五《纪政迹·事迹》，第54页。

⑤ （明）陈继儒：《尺牍双鱼》卷七《契帖》，明刻本。

⑥ 康熙《横冈胡氏支谱》卷下《壮卿公老家规》。

一位胡姓地主的33件土地买卖案例中，有31件是在兄弟、叔侄和承孙等宗族成员内部进行的，另有2例系房东胡某，当亦系胡姓宗族成员①。我们还统计了明崇祯六年至清雍正五年（1633—1727年）休宁县三都二图《金氏置产簿》中共93件土地买卖契约，其中有76宗买卖是在金氏宗族叔祖、族（房）叔、族（房）兄、族（房）侄之间进行的。至于17件之异姓卖于金姓者，属金姓亲戚者当有一定比例②。不过，在宗族贫困成员不得已而鬻产时，宗族族规会从保护弱者的角度，对买卖价格进行调节，严禁乘人之危，低价购置族内成员田宅等产业。如清代雍正休宁《茗洲吴氏家典》即在《家规八十条》中重申："贫困将产业典鬻，此是万不得已。凡受产之家，须估时值，如数清缴，不许货物抬算，并不许旧逋准折。此祖宗数百年遗训，违者天必诛之。"③至于宗族共有的族田、祠产、祀田和山场等财产，徽州宗族的族规是严禁在族外买卖的，否则即是盗卖和不孝行为，一旦发觉，将以族规家法严厉予以惩治。祁门善和程氏宗族即在《窦山公家议》中严格规定：祖宗产业"俱毋许秩下子孙私业私卖"④。不仅不能私自买卖，就是连私自租佃都不行。祁门箬溪王氏宗族为捍卫宗族安全，严禁私召棚民佃种，保持生态平衡，专门立有《环溪王履和堂养山会簿》，责令："合族山场，无论公私，合议条规，以期划一。……秩下人等，不得私自召佃。如违，定行禀究。"⑤总之，明清时期，徽州宗族的族规家法已经成为在"尊国法"的前提下，调整宗族内部财产关系的一种重要的民间法律规范。

为体现宗族血脉一体，明清以降，徽州宗族还在族规家法中规定了贫富互相周济、体恤的种种条款，以期使宗族成员在尊祖宗和孝义、仁爱的

---

①《婺源县胡姓誊契簿》，转引自章有义：《明清及近代农业史论集》，中国农业出版社1997年版，第441—457页。

②《崇祯至雍正（休宁）金氏置产簿》，原件藏南京大学历史学院资料室，编号000047。

③（清）吴翟辑撰，刘梦芙点校：《茗洲吴氏家典》卷一《家规八十条》，第18页。

④（明）程昌撰，周绍泉、赵亚光校注：《窦山公家议校注》，第29页。

⑤嘉庆《环溪王履和堂养山会簿》。

名义下，获得族内的救助与关怀，从而达到和睦宗族、稳定乡村社会秩序的目的。万历《休宁范氏族谱》在《统宗祠规》的"宗族当睦"条款中指出：

> 《书》曰"以亲九族"，《诗》曰"本支百世"。睦族，圣王且尔，况凡众人乎？观于万石君家，子孙醇谨，过里必下车，此风犹有存者。末俗或以富贵骄，或以智力抗，或以顽泼欺凌，虽能争胜一时，已皆自作罪孽。况相角相仇，循环不辍，人厌之，天恶之，未有不败者，何苦如此？尝谓睦族之要有三：曰尊尊，曰老老，曰贤贤。名分属尊行者，尊也，则恭顺退逊，不敢触犯；分属虽卑而齿迈众，老也，则扶持保护，事以高年之礼；有德行族彦，贤也，贤者乃本族桢干，则亲炙之，景仰之，每事效法，忘分忘年以敬之。此之谓"三要"。又有四务：曰矜幼弱，曰恤孤寡，曰周窘急，曰解忿竞。幼者稚年，弱者鲜势，人所易欺，则矜之。一有矜悯之心，自随处为之效力矣，鳏寡孤独，王政所先，况吾同族得于耳闻目击者乎？则恤之。贫者恤之善言，富者恤之财谷，皆阴德也。衣食窘急，生计无聊，虽或自取，命运亦乖，则周之。量己量彼，可为则为，不必望其报，不必使之知，吾尽吾心焉。人有忿则争竞，得一人劝之，气遂平；遇一人助之，则气愈激，然当局而迷者多矣。居间解之，族人之责也，亦积善之一事也。此之谓"四务"。引申触类，为义田、义仓，为义学，为义冢，教养同族，使生死无失所，皆豪杰所当为者。善乎，陶渊明之言曰：'同源分流，人易世疏。慨焉寤叹，念之厥初。'文正公之言曰：'宗族于吾固有亲疏，自祖宗视之，则均是子孙，固无亲疏。'此先贤格言也。人能以祖宗之念为念，自知宗族之当睦矣。

万历婺源江湾《萧江全谱》也在《祠规》中告诫族人无论同姓异姓，俱要"谦和敬让，喜庆相贺，患难相救，疾病相扶持。彼此协和，略无顾忌。"①万历休宁城北周氏宗族鉴于该族"贫富不等,兼之迁徙不一,居处杂逖,吉凶庆吊之礼,前人不废也。今之世态炎凉,趋富远贫多矣。谚云:婚姻丧祭,邻里相助。况同本一脉,亲亲之义,至此荡然而废,无异途人"的社会变异,专门制定了"睦宗族"的《宗规》,责成族人:"凡遇吉凶庆吊,无论贫富,吉则庆,凶则吊,谅力资助,以尽其敬。"并云:"如能守此,则风俗淳厚,宗族亲睦矣。"②休宁商山吴氏宗族在其《宗法规条》中,从尊祖敬宗的高度,对富贵者"施仁仗义、扶贤助能、解纷息争、周贫给匮"提出了要求,并对"为富不仁、损人利己、害众成家、嫉贤妒能、酝酿祸胎"者进行了挞伐,曰:"族中家事殷富者,固自己勤力所致,实祖宗积德而发。若能施仁仗义、扶贤助能、解纷息争、周贫给匮,不为怙昵之态,而且光大之志,不为一身之谋,而有举族之虑,此皆上念祖宗笃厚之意,下体宗族一本之思,诚尊祖敬宗之辈、孝子慈孙之流也。宗正、副无没善泯行,须扬表而旌异之以示劝。如有为富不仁、损人利己、害众灭家、嫉贤妒能、酝酿祸胎、起灭词讼,闻人之衅,喜灾乐祸,陷人之阱,阴设阳施,此皆刻薄存心,酞毒造意,悖逆祖宗,欺蔑族类,诚一乡之大蠹、百世之罪人也。宗正、副无畏势阿纵,须举首而明正之以示惩。"③雍正休宁茗洲吴氏宗族在《茗洲吴氏家典》的《家规八十条》中,广泛动员族中为商为官者慷慨捐输,对族内贫穷孤寡者进行周济,规定:"族内贫穷孤寡,实堪怜悯,而祠贮绵薄,不能周恤,赖族彦维佐输租四百,当依条议,每岁一给。顾仁孝之念,人所同具,或贾有余财,或禄有余资,尚祈量力多寡输入,俾族众尽沾嘉惠,以成钜观。"④崇祯休宁古林黄氏宗族在其族规家法中,亦强调睦族"三要"和"四务",谆谆教诲族人,一定要以休恤族众、和睦宗族为重,以使宗族大昌。

为了周恤和救济族内鳏寡孤独及贫困阶层和弱势群体,明清以降,徽

---

① 万历《萧江全谱》仁集卷一《祠规》。
② 万历《重修休邑城北周氏宗谱》卷九《宗规》。
③ 万历《商山吴氏宗法规条》(不分卷)。
④ (清)吴翟辑撰,刘梦芙点校:《茗洲吴氏家典》卷一《家规八十条》,第19页。

州乡村聚族而居的宗族往往以"睦族敦宗"的名义，置办族田和义田等，作为周恤和救济本族鳏寡孤独及贫困阶层和弱势群体的主要经济来源。清乾隆末至嘉庆初，歙县棠樾鲍启运，"哀鳏寡，恤孤独，赈困穷，解不足"[①]，"承其父宜瑗遗志，积资置义田，以赡族中之鳏寡孤独者"，"前后凡十年，共置田五百四十亩，名其田曰'体源户'"[②]。在设置了体源户义田之后，鲍启运"嗣恐经费不充"，再次续置了敦本户义田，"两户田凡共一千二百余亩，零星收置，历十七载"[③]。为使族田、义田等收入用于救济、周恤宗族内贫困阶层和弱势群体等，避免侵损或挪作他用，徽州各地宗族还专门制定了族田、义田等宗族公共财产的管理规条。清嘉庆年间，歙县棠樾宣忠堂鲍氏宗族制定并经徽州知府和歙县知县批准的《义田禁碑》《公议体源户规条》和《公议敦本户规条》等，即是徽州宗族管理义田和族田等公共财产最具代表性的宗族规约，尤其是《公议体源户规条》《公议敦本户规条》，其对义田的管理和收入的分配范围（即给与不给者的规定）等，规定得极为详细而具体，可操作性很强。乾隆、嘉庆之际，同在歙县的桂溪项氏宗族也设置了规模较大的义田，嘉庆《桂溪项氏族谱》在《义田》序文中这样写道："窃惟均民田，等贫富，齐生死，古圣所未能行；哀鳏寡，恤孤独，养废疾，君子胥能立法。第博施济众，四海之量固难周；而睦族敦宗，一家之力较易赡。然能体文王施仁之心，考朱子社仓之法，行范文正公恤族之事，则一族之茕民无告者，皆有所养。"[④]项氏义田名"余岸义庄"，其管理条规除祠祀外，分别由分给与不给两部分组成，具体内容如下：

分给条规

一、公议每人每季支干谷四斛，定期三、六、九、十二月初五

---

① 《清嘉庆二年十月歙县棠樾义田禁碑》，原碑现嵌于安徽省歙县棠樾村男祠墙壁中。

② 嘉庆《棠樾鲍氏宣忠堂支谱》卷十九《义田·鲍氏义田记》。

③ 嘉庆《棠樾鲍氏宣忠堂支谱》卷十九《义田·敦本户田记》。

④ 嘉庆《桂溪项氏族谱》卷二十二《义田》。

日，缴票领谷，又随付下一季票。不预支，不积存。

一、乏嗣男妇，男年过六十五岁，女年过六十岁，贫寒不能自给者，给养终身。

一、男人年虽未合，若系笃疾残废，不能自食其力者，照给。

一、妇人丧夫，年在三十六岁以内，无子守志者，给养终身；抚孤者，孤与母并给，孤照幼男式。孤年至二十一岁，并母亦停止不给，以孤成立，当奉养也。孤或痴迷笃疾，则不与成立者比，给发照议，随时变通。

一、幼男三岁以下、八岁以上，半给，每季支干谷二斛交；九岁至十四岁，则全给，十四岁后停止。扣存十五、六、七、八岁该给之谷于公厫，候其娶妻有日，一齐给付，不准他事支借。

一、给谷男妇，设有病故，支谷八斛殡葬，缴票。

一、孤儿父母俱亡，贫寒无依者，有服属收养，亦照给。

一、妇人守志乏嗣，继族子承祧，关系最大，所继之孤，自应照规给养。然必告之祖庙，明诸族房，立有凭约，方为慎重。若仅女流口头相许，类多翻悔。及长大乖离，则公家给养、继母抚字均成虚掷。为母者，仍然无所依倚，岂能复按规给养终身耶？继子不合例，不给。

计开，今查明：

门　世某人，现年　岁。

门　世某妻　氏，现年　岁，　年守志。

门　世某子名　现年　岁，　年　月生。

嘉庆　年　月，门长某　亲房某　公同查开。[1]

附：不给条规

一、本人丰足有力者，不给。或本人不愿领，亦从其便。

一、男妇素行有亏，曾经祠厅革退者，虽合条规，亦不给。

---

[1] 嘉庆《桂溪项氏族谱》卷二十二《义田·分给条规》。

一、妇人丧夫守志，有成人之子，不给；有子非笃疾而不养其母，亦不给；有翁姑而不侍奉者，不给。

一、妇人守志抚孤，给母子外，余子半给，女不给。

以上各定规，各门自将本人按款核实，符合方可开送司事，然后给票发谷。①

以上关于对鳏寡孤独等宗族内部生活困难成员的周济与救济，体现了明清以降徽州宗族族规家法在社会救济与社会保障方面的安排。这种安排实际上补充了国家与地方官府社会保障及社会救济事业的不足与缺陷，对调整宗族内部的财产关系、促进宗族成员的团结和宗族内部的互帮互助，以及维护宗族进而维护乡村社会秩序与社会稳定，起到了十分重要的作用。

三、维系社会秩序，强化宗族子弟教育和伦理教化的族规家法

唐宋以来，徽州就已形成重文兴教的传统："当其时，自井邑田野，以至远山深谷，居民之处莫不有学、有师、有书史之藏。"②在婺源，"十户之村，不废诵读"③。注重子女的教育，已成为徽州各地普遍存在的一种家庭和宗族的优良传统。在聚族而居的当地人群的思想观念和行为举止中，"承先裕后，励学为先"④是保持宗族良好家风、代代相传的最有效的重要途径。因而，各个家庭和宗族几乎都对子女教育给予了特别的关注，并为此而制定了大量的族规家法，从而在宗族制度上给宗族的子弟教育，提供了坚实的支撑与有力的保障。万历《歙西岩镇百忍程氏本宗信谱》之《族约篇》即对程氏宗族立约规范子孙教育，进行了详细记录，曰："宗族

① 嘉庆《桂溪项氏族谱》卷二十二《义田·附不给规》。

② 道光《休宁县志》卷一《疆域志·风俗》。

③ 嘉靖《婺源县志》卷四《风俗》，明嘉靖十九年刻本。

④《清光绪十年三月二十三日婺源永禁霸收霸吞和私相典卖养源书屋膏火田碑》，原碑现嵌于婺源县汪口村养源书屋入首墙壁中。

之大，子孙贤也；子孙之贤，能读书也。能读书则能识字，匪特可以取科第、耀祖宗，即使未仕，亦能达世故、通事体，而挺立于乡邦，以亢厥宗矣。先孝长公尝为文示后人曰：'吾之子若孙，须学问，须修谱牒。比见位高金多者，至疏族以陵，吾不愿汝曹为也。三世不学问、不仕宦、不修谱，即流为小人。'呜呼！前人铭训如此，凡我族属，宁惜以一经教子？"①万历休宁《重修休邑城北周氏宗谱》在"端蒙养"的《宗规》中，对族内子弟教育的重要性有着深刻的阐述，认为："教养蒙童，人家之首务。"规定："凡我族人，有子弟者，当要择师，竭力教养习学，达则为之上人，不达者亦通明礼、行正道、做好人，不致卤莽愚顽，终身有益。人生幼小无知，内有贤父兄，外有严师友，未有不成者也。"②如休宁茗洲吴氏家族就在《家规》中明确要求："子孙自六岁入小学，十岁出就外傅，十五岁加冠入大学。当聘致明师训饬，必以孝悌忠信为主，期底于道。若资性愚蒙，业无所就，令习治生理财。"③修成于明隆庆年间、补刻于清雍正年间的歙县《潭渡孝里黄氏族谱》于《家训》中专门辟有《教养》一节，对潭渡黄氏宗族子弟的教育和培养，加以全面而深刻的阐释和规范。黄玄豹在该《家训》的序文中称：

　　夫教养子弟之道，亦奚以异于植木者哉？彼虫蚁之内穴、萌蘖之旁生，以及藤萝之纠缠、草棘之蔓延，无一非害木者也。苟不袪其穴蚁、折其旁蘖、茇其纠藤而伐其蔓草，欲木之遂其生也，得乎？故教养子弟无以异于植木也，惟去其害子弟者而已矣。

　　害子弟者，莫大于戕贼其天良。彼子弟食欲其甘，衣欲其华，虽嗜欲已萌，然其初也，天良尚未戕贼，去其害也犹易。为父兄者，宜慎之于其始，虑之于其微，所谓蒙以养正，圣功也。当其孩提之时，即思所以裁之抑之，勿使其浸淫滋蔓而至于不可收拾。若坐视其知识

① 万历《歙西岩镇百忍程氏本宗信谱》卷十一《族约篇》。
② 万历《重修休邑城北周氏宗谱》卷九《宗规》。
③ (清)吴翟辑撰，刘梦芙点校：《茗洲吴氏家典》卷一《家规八十条》，第20页。

既开，志日以骄，气日以盈，食必如何也而后甘，衣必如何也而后华，得之则欣然以喜，不得则戚然以忧。于是狡诈生焉，欺伪滋焉，甚至娄财渔色，损物凌人。至此，如木之蚁穴已成，旁蘖已长，藤缠已坚，草蔓已深，势必日就萎薾萧索，而天良之所存者几希矣。天良不存，则肆无忌惮，何事不可为，何恶不可作？以至于悖逆伦理，干犯刑宪，皆父兄以姑息为教，溺爱为养，不能如植木之务去其害者，以至于如此之极耳。故我前人于教养之道，凡戕贼夫天良而害我子弟者，防之也周，虑之也密；其言之也谆谆，语之也恳恳。如植木者虑虫蚁之窟穴于木也，必嘱其后之人袪之塞之；虑萌蘖之旁出于木也，必嘱其后之人折之龁之。若此者，皆所以冀其成材也。迨材既成矣，犹虑夫藤萝之纠缠其枝干也，草棘之侵蔓其根柢也，于以遮蔽其雨露而分吸其滋膏也，必嘱其后之人芟之使清，伐之使净，不留害木之一事一物。揆诸植木者之不惮烦如此，不过欲使木之得遂其生焉而已，然则为父兄而欲使子弟之得遂其生者，舍教养一道无由矣。

潭渡黄氏宗族《家训》之"教养"条，共由六部分组成，内容涉及子弟入学教育、言语教育、行为教育、职业教育、道德伦理教育等各个方面，可谓是集明清时期徽州宗族子弟教育族规家法之大成者。

明清以降，徽州宗族于子弟教育之重视，在其整个族规家法中占据着重要的地位。毕竟子弟的教育不仅关乎个人和家庭的前途与未来，而且更为重要的是，它还直接关系到宗族的兴衰与家风的传承，所谓"子孙不论贫富，年六七岁，即令亲师教以诗书，使知礼义，以至长大问学有成，气质亦变。大则立身扬名以显父母，次亦必为谨厚之士，可免废坠家业，且行事亦不失故家气味。其资性鲁钝者，学果不通，亦必责以生理，拘束心身，免使怠惰放逸，陷于邪僻。"①正因为如此，明清时期的徽州宗族，在教育子弟方面才舍得慷慨投入，并不惜以宗族族产对宗族中困难子弟读书

---

① 民国《西关章氏族谱》卷首上《宗训》。

予以资助和奖励。明代休宁商山吴氏宗族在其《宗法规条》中规定："凡在学，家事贫乏，有志向上，勤苦读书，每岁祠中量给纸笔灯油之费。"①万历婺源江湾村江氏宗族在《祠规》"育人才"条款中对以祠产资助族中子弟读书，也作出明确规定："族中子弟天资颖异，富者自行择师造就，贫者祠正、副于祭内量贴灯油，四季会考，敦请科第者主其事，以次给赏纸笔，以示劝勉，其费皆动支祠银。"②明清时期徽州家庭和家族为鼓励子弟读书入仕，往往专门辟有膏火田、学田或专门出资资助贫困家庭子弟读书，如黟县碧山李氏家族就在《家训》中劝谕族人，云："创书院以育英才，捐田亩以给膏火，厚俸延师，严勤是尚，无徒慕其虚名，春、秋有课，超特有旌，贫寒赡粮，考试赠费。"③总之，明清时期徽州宗族子弟的培养与教育，是围绕封建儒家伦理纲常这一总的宗旨进行的。正如民国婺源人江峰清在《济阳江氏统宗谱》之《江氏家训》中所指出的那样："子孙不可姑息，少时即当教以孝悌忠信之道与本卷《江氏蒙规》，使之读书明理，后日自然为孝子顺孙。"④在族规家法的制度保障和学田、祠田、族田等经济保障下，明清以降徽州宗族子弟的教育和培养基本上是成功的，虽然其总的教育宗旨是把子弟培养成符合封建宗法统治目的的"孝子顺孙"，但在客观上它确实起到了净化社会风气，维护包括乡村社会在内的整个徽州地区社会秩序和社会稳定的作用。

明清以降，徽州宗族族规家法的一个主要目的就是惩戒梗顽、维护社会秩序和基层社会稳定。为达到这一目的，徽州地区各大聚族而居的宗族特别重视教化，在许多宗族制定的族规家法中，厉行教化往往是最首要的条款。万历祁门清溪郑氏宗族在其《训规》中，希图通过祭祀、读圣谕和祖训的方式来达到教化的目的："谓始祖之祭似禘者，疑僭也，教民义也。谓祀始祖为非僭者，礼秩异也，教民仁也，而始祖之祀不容已也。每岁以

①万历《商山吴氏宗法规条》(不分卷)。
②万历《萧江全谱》仁集卷一《祠规》。
③民国《碧山李氏宗派谱·家训》(不分卷)，民国抄本。
④民国《济阳江氏统宗谱》卷一《纪述四·江氏家训》。

腊月二十四日为期，先期族贤及司礼者出告示、具仪式，质明行礼，肃明齐一。祭毕，读圣谕、祖训及堂壁旌善牌，默示惩恶籍，已乃行合食礼，歌诗三阕。"①祁门《平阳汪氏宗谱》的《家规》还专门立有"敦孝悌""训子孙""别尊卑""严内外""业耕读""尚勤俭""睦宗族""明嫁娶""慎交友""戒健讼""禁邪巫"等条规，以期以教化的手段，将整个宗族成员纳入一个秩序井然、各安本分的稳定的社会状态中。为使这些条款能得到有效遵守，一些宗族还强行规定了宣讲族规的条款。如休宁《茗洲吴氏家典》就于《家规八十条》中规定："族讲定于四仲月择日行之。先释菜，后开讲，族之长幼俱宜赴祠肃听，不得喧哗。其塾讲有实心正学，则于朔望日，二三同志虚心商兑体验，庶有实得。"②绩溪《华阳邵氏宗谱》则将该族《祠规》视为"整齐一族之法"，要求"每季定期由斯文、族长督率子弟赴祠，择读书少年善讲解者一人，将《祠规》宣讲一遍，并讲解《训俗遗规》一二条。"③显然，华阳邵氏宗族也是通过宣讲本宗族的族规家法和解读《训俗遗规》的方式，来达到整齐划一宗族、统一宗族成员意志的目的。

正是教化这一强有力的手段，才使得明清以降徽州宗族的族规家法得以执行和实施，宗族内部等级秩序和基层社会稳定也才由此得到维系。当然，教化并不是唯一的手段。族规家法是一把双刃剑，教化只能防患于未然。如果宗族子弟怙恶不悛、不听教化，族规家法严厉惩戒的一面就会立即呈现。《茗洲吴氏家典》之《家规八十条》首先立足于对族内赌博无赖之徒进行教化，教化不成，则视情节轻重层层加以惩处："子孙赌博、无赖及一应违礼法之事，其家长训诲之；诲之不悛，则痛箠之；又不悛，则陈于官而放绝之。仍告于祠堂，于祭祀除其胙，于宗谱削其名。"④可以这样说，徽州宗族促成了徽州商人的成功崛起，奠定了徽州宗族社会的基

①万历《祁门清溪郑氏家乘》卷四《训规》。

②（清）吴翟辑撰，刘梦芙点校：《茗洲吴氏家典》卷一《家规八十条》，第25页。

③宣统《华阳邵氏宗谱》卷首《新增祠规》。

④（清）吴翟辑撰，刘梦芙点校：《茗洲吴氏家典》卷一《家规八十条》，第19页。

石。而自南宋以来以朱熹为代表的新安理学，则又在某种程度上成为了宗族扩张和徽州商人发展的思想基础。在徽州，人们冠婚丧祭，事事恪守朱熹《家礼》"必以《家礼》为准绳"①的做法，对朱熹的顶礼膜拜是其他地区所无法相比的。徽州商人群体亦以朱子所倡导的儒家伦理纲常相砥砺，把封建的三纲五常思想发展成为自己的经商理念，从而获得了巨大的成功，成为独执明清商界之牛耳的最大的地域性商帮。

明清以降徽州宗族的族规家法十分严格，几乎每一个家庭或家族都有自己独立的家法以约束家庭成员，著名的有歙县潭渡黄氏宗族的《家训》，休宁商山吴氏宗族的《商山吴氏宗法规条》、茗洲吴氏宗族的《茗洲吴氏家典》，祁门善和程氏宗族的《窦山公家议》和文堂陈氏宗族的《文堂陈氏乡约家法》等。这些家法大都经过当地官府的认可，具有一定的民间习惯法性质。这些族规家法的内容涉及家庭和宗族的管理、生产和生活的组织、尊卑长幼等级秩序的维系、家庭或家族子弟的教育、和睦乡邻的强调、扶贫济困的实施、皇粮国税的劝纳、危害社会行为的惩治、祠堂坟墓的保护以及各种陋俗的革除等。应当说，历史上，徽州宗族族规家法的规定是全面的、具体的，它构成了徽州乡村社会的主要规矩和准绳。这些内容丰富、类型繁多的族规家法，打着尊祖敬宗的旗号，希冀在明太祖《圣谕六条》和清圣祖《圣谕十六条》的指导下，在"遵国法"的前提下，认真加以制定和执行。它们从修身齐家入手，进而冀望达到治国平天下即稳定乡村社会的目的。万历休宁林塘范氏《宗规》云："夫宗之为言从也，从其步趋，有所统也。统宗必有规，岂独别源流、分疏戚、序世次云乎哉？天叙有典，天秩有礼，自修身齐家以至治国平天下，皆不能外此。得此则伦叙，失此则伦斁。凡故家文献亢宗睦族，舍宗规其奚称焉？治平言矩，而此言规者何？规者，矩之别名也，圆之则规，方之则矩，一也。规则运之，矩则挈之，以义推心，亦一也。""右宗规十六款，总之皆遵《圣谕》之注脚。我族中贤父兄，必不肯以不善望其子弟，各须叮咛遍戒。每

①隆庆《溪南江氏族谱·江氏家礼仪节》，明隆庆抄本。

听《圣谕》后，洗心向善，尽作好人。有过即改，不可护短。日积月累，自有无穷福泽。祖考鉴临在上，共默相之。"①万历婺源江湾萧氏宗族《祠规》云："凡此宗规，修身齐家，敦伦善族，句句切要，诸我族人，各宜身省遵守。"②万历休宁桑园吕氏宗族也谆谆告诫族人："家规所以修身齐家之道，慎终追远之意。众尚礼义，遵守而行之，以新先前，上报祖宗德荫之流裔，以思裕后；下使子孙不失之孝敬，瓜派绵绵。相传世世，修其业，承其志，感其德。"③

明清以降，徽州宗族的族规家法作为约束宗族内部成员言行与思想的基本规范，其在维护徽州各地乡村社会的尊卑、长幼、夫妇和邻里等既定的社会秩序和乡村社会的稳定等诸多方面，曾经发挥了巨大的作用。对此，我们应予以高度的关注和充分的重视。

① 万历《休宁范氏族谱》卷六《谱祠·统宗祠规》。
② 万历《萧江全谱》仁集卷一《祠规》。
③ 民国重印万历《新安吕氏宗谱》卷五《休宁桑园祭祀规序》。

第八章　明清徽州的宗族公约

　　明清时期的徽州聚族而居，宗族成为整个乡村社会的基础，"聚族而居，经千百年罕分徙者，故宗族之睦、谱系之明，常甲于他郡。"①宗族控制着整个村庄特别是聚族而居的大姓村庄，其族规家法既是宗族的规范，同时也是村庄的一种极其重要的社会规范。但是，族规家法毕竟是综合性的，它在一定时间和范围内具有相对的稳定性。在这一背景下，围绕乡村社会日常生产与生活中经常出现的种种因时、因人、因事而进行的某些临时性调整，往往非相对笼统而综合性较强的族规家法所能解决。故而因地制宜、因时制宜地制定内容较为单一、针对性较强的宗族公约，成为明清时期徽州宗族行使对某人、某事和某物进行临时性调整的重要社会规范之一。

　　就类型而言，明清时期徽州宗族公约十分丰富，形式也复杂多样，其所反映的内容几乎涉及徽州乡村日常生产与生活的各个方面，而且与族规家法相比，它具有适用时效短、管理范围集中和针对性强等特点。有的宗族公约实际上就是族规家法的具体化，或者说是相对较为原则性的族规家法之实施细则。

　　本章仅根据所见明清时期徽州乡村社会的宗族公约，着重就其类型与内容、制定与执行、特点与功能等进行探讨和分析。

---

① 嘉庆《棠樾鲍氏宣忠堂支谱》卷二十二《文翰》。

一、明清徽州宗族公约的类型与内容

明清时期徽州宗族公约存在和表现的形式多种多样，就内容而言，诸如村庄规约、乡村告示、宗族规约、条例等，都是宗族公约存在的具体形式，所涉及的领域极为广泛。

明清时期徽州宗族公约大致可分为如下几类。

（一）生态环保类的宗族公约

作为明清时期徽州山区宗族公约的一个重要组成部分，保护聚族而居的村民生产、生活与生态环境的宗族公约较为集中和典型。

徽州地处山区，山多田少、人众地寡，加上当地堪舆风水观念根深蒂固，"我新安沐朱子遗泽，称文物之邦，而讼风反甚于他处，大抵为风水居其半"①。因此，有关保护村民生产、生活与生态环境的宗族公约尤为众多。在诸多徽州村民生产、生活与生态环境保护的宗族公约中，有关村庄龙山水口和坟墓荫木保护的公约占有一定的比重。徽州山川纵横，溪流湍急，在村庄的水口栽植树木以涵养水源，保持村庄居民生活环境不受侵害，显得尤为迫切。清乾隆五十年（1785年）十二月婺源俞氏宗族聚居的汪口村《严禁盗伐汪口向山林木告示》就指出："乡聚族而居，前籍向山以为屏障，但拱对逼近削石巉岩，若不栽培，多主凶祸。以故历来掌养树木，垂荫森森。自宋明迄今数百年间，服畴食旧，乐业安居，良于生乡大有裨益。"由于乾隆四十三年（1778年）以来，"无藉之徒，盗行砍伐，……旦旦而伐，山必童赭；事关祸福，害切肌肤"。因此，在生员俞大璋等众议下，"酌立条规，重行封禁，永远毋得入山残害"。②

居住在祁门石溪和凌村的康、凌二姓，为保护两村共有的金竹税洲水

---

① 光绪《绩溪县南关惇叙堂许氏宗谱》卷八《家训》。

② 《清乾隆五十年十二月婺源严禁盗伐汪口向山林木告示碑》，原碑现嵌于婺源县江湾汪口村旧乡约所墙内。

口，在清乾隆四十八年（1783年）六月联合制定并经祁门知县钤印颁发的告示中指出："凌务本、康协和堂原共金竹税洲，为申饬文约，请示演戏严禁，蓄养树木，庇荫水口，保守无异。近因无耻之徒，屡被偷窃，锄种无休，是以二姓合议公禁。水口命脉攸关，本应指名控理，免伤亲族之谊，违犯自愿封禁，鸣锣扯旗示众。自后，家外人等，毋许入洲窃取，税洲地毋许锄种。如违，罚戏壹台，树木入众。如有梗顽不遵，指名赴县，赍文控理，断不宽恕。二祠倘有外侮，费用均出。各宜凛遵，毋贻后悔，凛之慎之。"①可见，保护水口林木不受侵害，已成为明代徽州乡村社会宗族公约中保护村民居住环境和生态环境的一项基本内容。其实，水口林木，对涵养水源，维系人与自然的和谐，保护村民生产、生活与生态环境，确实具有不可低估的意义。

徽州人还十分重视阴宅风水的选择与保护，"向来徽俗拘泥风水，委弃暴露，甚至数代不葬，子以贻孙，孙以贻不可知之人。俗弊至此，惑之甚矣"②。在徽州人看来，为自己的祖上觅得一块风水宝地安葬，不仅可以使先人魂魄安宁，而且还可为自己及后人带来福荫，"徽人既信风水，以希福荫"③。因此，对破坏祖坟荫木及周围环境的行为，不少村庄聚族而居的宗族族规家法和公约，都规定了较为严厉的惩处条款。祁门县文堂陈氏宗族即在明代隆庆六年（1572年）制定的《文堂陈氏乡约家法》中明确指出："本里宅墓，来龙朝山、水口，皆祖宗血脉，山川形胜所关，各家宜戒谕，长养林木，以卫形胜，毋得泥为己业，掘损盗砍。犯者，公同众罚理治。"④《清乾隆五十一年十一月婺源汪口村奉邑尊示禁告示碑》《清嘉庆十八年仲夏月祁门叶源村勒石永禁告示碑》等，皆属于此类保护村庄龙山水口及坟墓林木之宗族公约。如果说徽州宗族的族规祖训中，几乎都有"戒争讼"的规条，告诫宗族成员"止词讼"的话，那么只有祖坟

①《清乾隆四十八年六月祁门县凌务本、康协和堂二姓兴养树木、庇荫水口、严禁锄种公白》，原件藏安徽大学徽学研究中心特藏室。

②(明)傅岩撰，陈春秀校点：《歙纪》卷五《纪政迹·修备赘言》，第49页。

③(明)古之贤：《新安蠹状》下卷《行六县劝士民葬亲》。

④隆庆《文堂陈氏乡约家法·文堂陈氏乡约》。

被侵等少数事项，宗族是坚决进行诉讼的，如"坟山系祖宗体魄所藏之处，子孙发源之自，责任匪轻。每遇清明祭扫，躬身督令，务加培整。来龙发脉，左右护卫，乃坟墓根本所系，尤当蓄养荫木，以加兴隆。吾族子姓，遵守祠规，务加严禁"①。正如许多族规家法中所指出的那样，"如果已葬祖坟被占而讼，尚属万不得已"②。祁门县左溪汪氏对祖坟被盗葬侵占等事，则在《家规》中明确规定："倘有派下不肖子孙钻穴窃葬、盗伐荫木者，皆以不孝论。或外姓暗侵飞占，合族协力同攻。一有推诿徇情，即合族之蟊贼也，立绌其丁。"③保护村庄的风水及其附属设施，实际上就是保护了村民的生活和生态环境。

值得注意的是，清代乾隆至道光年间，是徽州乡村社会中关于村民生产、生活与生态环境保护所立宗族公约最多的时期。之所以出现这一现象，主要是由于毗邻徽州地区棚民的大规模徙入。自清代乾隆以后，来自安徽安庆、池州、宁国等府和浙江、江西甚至福建等地的流民，携家挈口，大规模进入徽州山区。他们于深山中搭棚居住，或开山种田，或采煤烧炭，从事种种谋生或营利的生产经营活动："徽（州）、宁（国）在万山之中，地旷不治，有赁耕者即山内结棚栖焉，曰棚民。棚民之多，以万计也。"④棚民的大规模进入，并进行无序的垦山种田和煤炭等矿物开采，造成了水土流失，使徽州山区的生态环境受到了严重的破坏。"乾隆年间，安庆人携苞芦入境，租山垦种，而土著愚民间亦效尤。其种法必焚山掘根，务尽地利，使寸草不生而后已。山既尽童，田尤受害，雨集则砂石并陨，雨止则水源立竭，不可复耕者，所在皆有。大溪旱不能蓄，涝不能泄，原田多被涨没。一邑之患，莫甚于此。"⑤

为保护村民的生产、生活与生态环境，清代乾隆以后至道光初年，徽州各地乡村纷纷制定和颁布了一系列旨在保护村庄环境的宗族公约，对棚

---

① 万历《重修休邑城北周氏宗谱》卷九《家训》。
② 宣统《仙石周氏宗谱》卷二《祖训》。
③ 民国《平阳汪氏宗谱》卷一《家规》。
④ （清）高廷瑶：《宦游纪略》卷上，清同治刻本。
⑤ 道光《祁门县志》卷十二《水利志·水碓》。

民的无序开垦行为予以打击和制止。棚民活动最烈时期，也是徽州历史上保护村庄环境的宗族公约最为发达时期。在休宁聚居棚民最多的地区——浯田、江田、岭南、牛岭、青山、方圩和璜源七村，以程氏宗族族长程元通、祠长程绍兰为首的乡绅组织，在制定并恳请休宁知县颁布《严禁棚民入浯田岭种山告示》的宗族公约之后，还不远数千里，差人亲赴北京呈控棚民方会中等。在祁门，善和程氏宗族以附贡生程国华为首的乡绅，邀集合族父老，以棚民"开垦锄种为虑，嘉庆年间，控请张宪驱逐棚匪五十四座，合境胥安"[1]，并亲撰《驱棚除害记》，云"棚匪之害地方也，甚于兵燹"[2]。在祁门县黄古田、环砂、渚口、社景、箬溪等棚民垦山最烈的地区，宗族和乡绅都奋然而起，组织起了规模庞大的乡村力量，对棚民进行驱逐。宗族、乡约和会社在这一时期发挥了积极的基层堡垒作用。祁门善和、环砂和休宁浯田岭的程氏宗族、休宁商山和儒村的吴氏宗族、祁门黄古田的汪氏宗族和箬溪的王氏宗族，祁门侯潭和婺源汪口的乡约，都相继制定了驱逐棚民、捍卫家园的公约。以上所有驱逐棚民的宗族公约，在维护徽州乡村村民的生产、生活和生态环境方面，发挥了极大的作用。宗族公约实施的结果，最终迫使封建统治者对棚民采取了以驱逐退山回籍为主、编入保甲为辅的政策，制定了《棚民退山回籍章程》，从而实现了乡村社会与国家政权之间的良性互动，保护了徽州各地乡村村民的生产、生活环境和脆弱的生态环境，其作用是积极的。

（二）管理宗族事务的宗族公约

明代中叶以后，随着徽商的异军崛起和徽州社会转型的加快，徽州乡村社会也处在不断的剧烈变迁之中。万历《歙志》对这一变迁的历程，作了真实记录："寻至正德末、嘉靖初，则稍异矣。出贾既多，土田不重；操资交捷，起落不常。能者方成，拙者乃毁；东家已富，西家自贫。高下

---

① 光绪《祁门善和程氏仁山门支谱》第一本卷十二《东房新春显派泰支昂分世系》。

② 光绪《祁门善和程氏仁山门支谱》第三本卷一《村居景致·驱棚除害记》。

失均，锱铢共竞；互相凌夺，各自张皇。"①"世道不常，人心多诈，奉盈持满以得之，安危利益以失之。"②在这种"世道不常，人心多诈"的社会变迁过程中，为了增强宗族的凝聚力，稳定乡村特别是宗族内部的社会秩序，徽州乡村中聚族而居的宗族组织在明代中期以后，除掀起大规模的编修谱牒、制定族规家法等活动之外，还积极创建了致力于管理宗族事务的宗族公约，冀以尊祖报远、敬宗收族的名义，维系宗族内部的团结和统一。

在明嘉靖年间的祁门十西都谢村，剧烈的社会变迁，使得谢氏宗族内部的贫富分化和矛盾不断加剧，宗族内部成员在争夺土地财产等方面的纠纷与诉讼不断。嘉靖二十年（1541年）正月间，该宗族内部就发生了"五大房同心奉葬高祖蕙友公于本家金业斗水岭坟山，却被豪族谢浥、谢道生等向谋未遂，遂买拴邻保，扯绝户谢鸾友罩夺，讦告府县，缠害不已"的诉讼案件，大伤宗族的和气③。因此，为统一宗族成员的思想和行为，使"人心自协于一"，谢氏宗族中的乡绅谢琏遂致力于对宗族成员进行整合。嘉靖二年（1523年），谢琏在正德年间兴建的原"望耕楼"基础上，创建了祭祀和安妥祖先神魄的"善则堂"："又造正堂五间，堂名'善则'。两边献廊各三间，门屋五间，外砖门围墙，照墙路土皆献地及溪。"④为维持善则堂运转，使其作为一种制度固定下来，嘉靖二十二年（1543年）正月十五日元宵节这天，在谢琏的主持和操纵下，其子侄谢知龙、谢知远、谢知虎、谢知化、谢知麒、谢知麟和谢知学等宗族成员，在善则堂的基础上，共同订立了旨在全面管理谢氏宗族事务的公约——《善则义约》，即《善则规约》，"谢村谢知龙、知远兄弟，各思承父创业，迁构善则堂，以

---

① （明）谢陛撰，张艳红、王经一点校：《歙志》考卷五志六《风土》，黄山书社2014年版，第99页。

② 王钰欣、周绍泉主编：《徽州千年契约文书》（宋元明编）卷七《万历方氏祖业录》，第3—4页。

③ 《明嘉靖元年五月十五日祁门十西都谢景辉、谢景明二大房等值年轮充徭役派定合同》，原件由卞利收藏。

④ 《明祁门谢村谢琏分家阄书抄白》，原件由卞利收藏。

遗我后人。肯构名义，不为不善，我后昆欲以继述绵长于不者，匪材则弗裕。故咸矢心，义立条约，名曰《善则规约》，以为生财之计。财既生，遂则人心自协于一，庶几不堕先人之业"①，明确而具体地规定了每人的权利和义务，以期在"不堕先人之业"这面大旗下，重新整合宗族成员之间的和睦关系，维系宗族内部团结，巩固来之不易的家业。通过善则堂的创立和《善则规约》的订立，以谢琏为长的十西都谢村谢氏宗族成员基本上统一了意志，明确了权利和义务，使整个宗族成员在"孝义"的名义下团结了起来。不按《善则规约》的条款行事，即可能会面临"不孝"的惩罚："凡居我善则堂者，继自今以往，各宜顾名思义。规约所载者，一一遵守，毋许以一己之私，而坏乃义举。如违，闻官治以不孝罪，仍遵斯规以行。"②可见，《善则规约》这一所谓的宗族"义约"，对谢氏宗族成员之间关系的整合，可谓是恩威并举。其实，年老的谢琏此时已经意识到，在血缘与宗族这层温情脉脉的面纱下，深刻地掩盖着宗族的危机，毕竟此时激烈的社会变迁已经降临到徽州社会的各个角落，正如洪文衡所云："成（化）、弘（治）以前，民间椎少文，甘恬退，重土著，勤稿事，敦愿让，崇节俭；而今则家弦户诵，夤缘进取，流寓五方，轻本重末，舞文珥笔，乘坚策肥。世变江河，莫测底止。"③因此，谢琏在此时主持由其子侄订立签署《善则规约》，其最主要的目的无非是为了谢氏宗族的稳定和防止家庭财产流失，这体现了谢琏作为一族之长的权威和对维持宗族稳定所付出的艰辛努力与良苦用心。谢琏在"尊祖敬宗"旗帜下所采取的这一举措，实际上完成了一次对谢氏宗族成员精神和心理上的整合。谢琏建善则堂之举，其于孝道之强调和宗族内部关系之整合，可谓是用心良苦。

祁门善和乡绅程昌在嘉靖年间所从事的《窦山公家议》起草与制定工作，把明代中叶以后徽州宗族致力于宗族同构和对宗族成员进行整合的活

① 《明嘉靖二十二年正月十五日祁门谢村谢知龙、谢知远等兄弟共立善则堂规约》，原件由卞利收藏。

② 《明嘉靖二十二年正月十五日祁门谢村谢知龙、谢知远等兄弟共立善则堂规约》，原件由卞利收藏。

③ （明）谢陛撰，张艳红、王经一点校：《歙志》卷首《序》，第9—10页。

动推向了高潮。作为一套内容完整、分工精细、管理规范的系列宗族公约，由程昌等参与发起和制定的善和程氏宗族公约——《窦山公家议》，可以说是明清时期徽州调整宗族内部各种关系的代表性宗族公约。该公约共由"叙家议""管理议""墓茔议""祠祀议""田地议""山场议""庄佃议""银谷议"和"附录"等部分组成。其中"管理议"至"银谷议"共七卷，构成了《窦山公家议》的主体，是祁门善和程氏宗族综合管理宗族内部行政、墓茔、祠堂祭祀、田地买卖与租佃、山场经营、庄佃生产与生活、银谷收入与支出等各类事务的公约，也是明清时期徽州一部最为详尽的分类管理宗族事务系统而典型的宗族公约之一。程昌在《叙家议》中对有关《窦山公家议》的编纂背景和性质，曾有具体阐述，指出：成化至嘉靖初年，善和程氏内部团结和睦，井然有序，"聚居一堂，事出一体，且则各事其事，夜则课其勤怠而劝诫之，莫敢不安分，敦实以率规教。闺阃之间，尤致严肃，雍睦成风，达于内外，而无不率不足之人，故乡邑称有家教，必首推焉"。嘉靖十三年（1534年）一场大火前后，善和程氏宗族内部发生了变化："迄后老成渐远，子孙日繁，又值嘉靖甲午之火，正堂仅存，私居一燎殆尽。自是多故，而资计不足者有矣。家教罕闻，而所为有不率者矣。盖因各便散居，相聚日少，或有劝勉，或有商榷，无从而罄矣。宜乎议论弗浃，而事件多舛也，将贸贸焉习为因循，盖有可虑者。于是众相协议，以为窦山公所存未分之产尚厚，能培而植之，亦足以为维系鼓舞之机。"①万历三年（1575年）孙钫在续刊《窦山公家议后跋》中，再次强调了作为宗族公约的《窦山公家议》对划一程氏宗族的"治法"作用，指出："以天下有治人，斯有治法，故首之以管理。人本乎祖，情莫切焉，体魄所藏，事莫重焉，故受之以墓茔。以傧鬼神，则有祠焉，以仁祖考，则有祀焉，故受之以祠祀。牺牲粢盛，必有所供，故受之以田地。谷与材木，相为表里，故受之以山场。粟米力役，咸寓于农，故受之以庄佃。五谷熟则人民育，财用足则百事成，故受之以银谷。东、西边饷，又

---

① （明）程昌撰，周绍泉、赵亚光校注：《窦山公家议校注》卷首《叙家议》，第1—2页。

我祖远虑之所在也，故受之以军业终焉。祛弊剔蠹，类聚条分，焕然一家之良规矣。"[1]显然，万历三年（1575年）的续刻本《窦山公家议》，与嘉靖四十四年（1565年）即乙丑本相比，又根据形势的变化作了细微的调整。

　　类似祁门十西都谢村谢氏《善则规约》与善和程氏《窦山公家议》等兴办和创建管理宗族全面事务的宗族公约，在明清时期徽州各地乡村还有许多。这类宗族公约由于涉及宗族的全面综合管理，故而在明清时期徽州宗族制度建设与乡村社会稳定方面，发挥了其他规约所难以发挥的功能和作用。与通常的族规家法相比，宗族公约（尽管宗族公约也可划归广义的族规家法范畴）更具有适时进行修改和调整的灵活性特征。大凡某一类宗族公约总是在特定的历史条件下制定和实施的，它所反映或者说所折射的内容，往往是当时社会经济发展的集中体现。如乾隆中期至道光初年徽州乡村普遍出现的动员族众驱逐棚民、保护环境和家园的宗族公约，就是当时棚民大规模进入徽州给徽州环境、生态、社会和经济等方面带来破坏的直接反映。对此，相对稳定的置于谱牒之中的族规家法则反映较少。因此，就明代中叶以后徽州乡村社会出现的大量兴办和创建管理宗族全面事务的公约而言，其所反映的社会变迁和宗族制度建设的内容，显然是当时徽州社会经济发展最为直接的体现。通过宗族公约的制定和实施，徽州乡村社会完成了一次宗族重构的过程。在剧烈的社会变迁中，徽州乡村社会能够维持基本稳定的状态，尽管有诸多原因，但宗族公约对整合与凝聚宗族成员的心理和行为、强化宗族对乡村社会的控制，应当说起到了不可小觑的作用。

　　（三）保护公共财产的宗族公约

　　明清时期徽州乡村社会宗族的公共财产数量巨大，名目繁多。宗族祠堂、族田、祀田、学田、坟山等公共财产是宗族制度存在的物质基础，是

---

[1] （明）程昌撰，周绍泉、赵亚光校注：《窦山公家议校注》卷末《〈窦山公家议〉后跋》，第139页。

宗族开展祭祖、教育、文化活动与救济、周济族内鳏寡孤独者等弱势群体的经济支撑。因此，围绕管理与保护宗族公共财产所订立的公约对族内成员具有较大的约束作用。

明清时期徽州乡村社会的保护公共财产类宗族公约大体可以划分为宗族祠堂类、土地山林类和坟墓荫木类等。

在视祠堂为"祖宗神灵所依"的徽州，"宗祠内所以栖先灵、修祀事，所贵尊严，不容亵玩"①。"贤子慈孙入祖祠，则知祖宗神灵之所依，过祖墓则识祖宗体魄之所藏，则祠祭、墓祭如见宗祖一般，可慢视欤？故凡有坏则补葺之，有弊则整涤之；或被外人侵害，及支下不肖子孙败群玩法者，则同心同力以御之，勿惜情面，勿吝小费，必如是庶乎可以世守。"②因此，明清时期有关祠堂的创建、维修、使用与管理的宗族公约尤为繁多。

祁门桃源洪氏宗族原有承祖管理宗族各项事务的宗族公约，因"迩来子侄繁衍，多有违犯，甚为忝坏"，于嘉靖三十年（1551年）为适应形势发展的需要，进行了重申和调整。

明嘉靖三十年祁门桃源洪氏祖产规约

桃源洪氏承祖原有各项规约，向来世守无异。迩来子侄繁衍，多有违犯，甚为忝坏。今众共行申议紧要条约数款于后，世世子孙永宜遵守。如有恃顽不服者，呈官理治，准不孝论。毋违。

一、盗砍各处坟林庇荫树木枝枒及柴桩者，照旧罚银三钱；或系成材树木，估值轻重，甘倍行罚。其柴木刀斧器械，俱给赏捕捉之人。拿获之所，当时即竹板重责二十，实时拘出该罚银数。若不交出罚银，则行禀众，将犯人拴锁众厅，呈官理治。必待交讫罚银，然后疏放。

一、盗砍坟林庇荫小柴者，照旧罚银五分。拿获之所，责十五

---

① 万历《商山吴氏宗法规条》（不分卷）。

② 乾隆《古林黄氏重修族谱》卷下《祠规》。

板，追出罚银。其柴及刀斧俱给尝捕获之人，毋违。

一、盗取松毛树叶者，拿获之所，重责十板，所取毛叶器具尽行烧毁不恕。

一、本家来龙山场栽养竹笋，庇荫各项己山，亦毋许私自砍挖。每年冬听众公议，齐邀入山，谅行砍取。如有私自砍取者，每砍竹一根，罚银三分。其笋并不许掘挖。如私挖者，拿获之人将挖笋器具并笋俱给尝捕捉人不恕。

一、为首者务宜公直勤谨。如有犯约者，头首容情不举□□，亦照所犯者一体行罚。本族人等有在家者，亦须协直扶助。如有徇情，反行劝放回避者，定行罚银乙钱不恕。

一、违约之人，如有恃顽不服及故令僮仆逃走，将命图抵者，即以故杀家人、违反教令论，并不得干赖族众。

一、众厅毋许私用工匠造作器皿。如违，罚银一钱，立时逐出不恕。

一、大门前及直出正路，毋许堆放器皿柴木、拴系骡马作践，不便。如违，将作践物烧毁。如有不愿烧毁者，罚银三分。如有恃顽不服者，众行面叱，加罚不恕。

一、大厅除冠、婚、丧、祭及喜庆、斋醮外，如有设太山者，每次出银二分。做戏者，每栅出银二分。

一、大厅等门，俱要关锁，为首者收贮钥匙。本族每有正项事务，至头首处关出钥匙。事完日，打扫洁净，请头首看验厅屋洁净、椅桌存毁与否，即将钥匙交还。其会出税银，务必须先收会出银，交与钥匙。为首之人如有徇情，私与钥匙及不收现银者，罚令加倍赔出入众毋词。

嘉靖三十年正月初一日族众会议人　洪护（号）　洪耿（号）　洪锡（号）……①

---

① 张传玺主编：《中国历代契约粹编》(中)，北京大学出版社2014年版，第947—948页。

从上引的《明嘉靖三十年祁门桃源洪氏祖产规约》的文字中，我们不难看出，这是明代中叶以后徽州乡村社会中典型的管理与保护宗族公共财产的公约，其内容涉及祁门县桃源洪氏宗族坟山荫木、僮仆管理、看守祠堂、私自造作祠堂器皿、门前及直出正路堆放杂物、拴系骡马和礼仪等各个方面，是桃源洪氏宗族旨在全面整饬宗族、保护宗族公共财产的一件极其珍贵的公约。出现在这一时期的宗族公约，同编纂于此前后的族谱及族规家法一道，都与当时徽州社会变迁、国家对民间祭祀祖先制度变化以及徽商崛起相关。

我们还收集到跨清代祁门县十西都谢村关于维修该族仲宗善则祠的宗族公约多件，其中道光二十二年（1842年）二月，谢善则堂五分秩丁谢文庭等因"祠宇朽坏漏烂……思之修理，尚亦为难"，再次倡立合族人等"复议章程，同归划一"，制定的《共管祠堂规例合同文约》极具代表性。现将全文照录于下：

> 立议合文谢善则堂五分秩丁人等合同公议事。窃思先人创立祠宇，原为以笃宗族而序昭穆，使后裔亲亲之谊奕世绵绵。今因祠宇朽坏漏烂，且我秩丁见之不忍，思之修理，尚亦为难。是以合族人等复议章程，同归划一。自兹以后，祠内必须洒扫清洁，毋许堆放各物与及秩丁居住，庶几可称古风，则子孙亦有厚望，而秩丁必要踊跃修理，以免倾覆。上可以安祖先之英灵，下亦不至为子孙之不孝也云尔，是为启。
>
> 立议条规例后：
>
> 一、议祠内，秩丁人等堆放各物，概不行准。
>
> 一、议祠内两廊客房，不得擅持居住。如有恃强，听凭合族驱逐，毋得异言。
>
> 一、议祠内，倘有秩丁供给匠人之工，毕之后，务要打扫洁净，物件不得久放。
>
> 一、议祠内，秩丁毋许酗酒滋事。如有犯者，不孝论罪。

一、议祠内大门，务要关锁，无事不准擅开。

一、议祠内后进香火楼上下，理宜收拾清洁，不准放一切物件。如违，公处。

一、议祠内所办各样，动用物件，均不准自私擅用。

一、议祠宇门前众地，秩丁铺筐晒物，每筐交纳租钱十五文一个入匣。

以上各条，自立之后，众等务要永遵。如有违者，听凭合族处治，不得恃强。特此众议合文一样六纸，五分为首人各执一纸，善则堂匣内众收一纸，永远为据。

道光二十二年二月初六日，立议合文谢善则堂五分秩丁经手人等谢文庭（押）

文德（押）

家谕（押）

家棣（押）

声芝（押）

凭族中见　日起（押）

代笔　家煋（押）[1]

以上所录祁门十西都谢善则堂秩丁修缮和管理祠堂的宗族公约，是明清时期徽州乡村社会关于修缮和管理祠堂的最具典型性和代表性的宗族公约之一。从该纸公约所记录的内容来看，祁门十西都谢善则堂显然遭遇到了宗族成员的冷落。尽管徽州祠堂具有严肃性和神圣性等特点，但社会变迁的加剧、人心涣散的形成，事实上使宗族祠堂陷入了自然的朽坏和人为的侵损之中。这纸旨在修缮祠堂、强化祠堂管理、安妥祖先英灵的宗族公约，究竟在多大程度上实现了这一目标，囿于史料原因，我们尚不得而知。如果再进一步深入探究的话，我们似乎发现，宗族祠堂管理的好坏并

---

[1]《清道光二十二年二月初六日祁门十西都谢善则堂五分秩丁谢文庭等立共管祠堂规例合同文约》，原件由卞利收藏。

不是孤立的，也不是一纸规约就能将其管理得井然有序的。更为重要的是，支撑祠堂背后的宗族祠产雄厚与否，或者说宗族的经济实力强弱，才真正是问题的关键所在。

除以上类型的宗族公约外，由宗族族长和族众订立的祠规、堂约、墓约、祀产条例等，依然在明清徽州保护与管理宗族公共财产公约中占据了一定比重，且呈专门化的趋势。明万历祁门清溪郑氏宗族的《祀产条例》、清雍正歙县潭渡黄氏宗族的《祠约》和《墓约》以及嘉庆歙县棠樾鲍氏宗族的宣忠堂《堂约》《体源户规条》《敦本户规条》《义田禁约》等，都是这种宗族公共财产保护与管理的极具代表性和典型性的专门化公约之一。

(四)兴办教育文化事业的宗族公约

明清时期徽州教育文化事业发达，为培养和鼓励宗族子弟读书入仕，光宗耀祖，聚族而居的徽州乡村宗族对教育文化事业极其重视。创办包括书屋、书院、家塾等在内的学校，捐输设置学田、校舍，延请教师或有一定专长的人来村庄或宗族教学，已成为明清时期徽州乡村社会宗族兴办教育文化事业的首要任务。

在明清时期徽州的乡村社会，无论是兴办学校、设置学田、延请教师，还是兴办文化事业，倡办者一般都会采取订立宗族公约的方式，来具体进行筹划与管理。我们在浩若烟海的徽州文书和碑刻中，发现了几件关于明清时期徽州宗族创办教育文化事业的公约类资料。

其一是关于兴办学校的碑刻资料。

> 奇峰郑氏塾学序
> 一、蒙学，每名送先生束修三钱，不交本家。
> 一、应县试，每名三钱，招复每试加一钱。
> 一、应府院试，每次每名一两，府招复每试加一钱。
> 一、已进岁考，每名一两。
> 一、乡试，每名十两，以五十两为率，人多照派。

一、会试，每名五十两。

一、每年四季会课阅卷，送笔资五钱。

大清乾隆五十三年戊申岁冬月立[①]

这是一件清乾隆五十三年（1788年）祁门奇峰即奇口村郑氏宗族创办私塾的规约，从内容上看，它更像是一份郑氏宗族兴办私塾教育的公约，它真实地记录和反映了明清时期徽州宗族输银输租创办包括私塾在内的学校教育的状况。在强宗大族和富商巨贾聚居的村庄，创办私塾和学校，往往会得到他们的大力支持和响应，他们会为此而慷慨解囊。我们大约统计了《清乾隆五十三年冬月祁门奇峰郑氏塾学序碑》中各门输入塾学田租和银两的数字，其总额达到了田租729秤484斤39两2分，另皮田二号，银两1994两23钱22分。（按：明代徽州习惯以秤计田，根据统计，祁门乡村1秤大约为18~35斤）可见，奇口村郑氏宗族私塾资金相当雄厚。捐租、捐银者主要是郑氏宗族族众和各支祠，尽管我们从碑文中尚无法弄清捐输者的具体身份，但从培林个人和义信仁公祠分别一次性捐输白银100两的情况来看，显而易见的是，其中必有郑氏宗族的富商大贾。毕竟奇口郑氏宗族木商在整个明清两代，曾经取得了辉煌的业绩。除乾隆五十三年（1788年）之外，《清祁门奇峰郑氏塾学序碑》还记录了嘉庆二十四年（1819年）、道光二十二年（1842年）、咸丰三年（1853年）和同治元年（1862年）各支祠和个人四次捐输郑氏宗族塾学田租和银两的数字[②]。雄厚的塾学资产，为奇口郑氏宗族子弟就学、赶考和延请塾师，以及宗族塾学的发展提供了充足的资金保障。根据清代祁门奇口郑氏宗族兴办塾学公约所提供的史实，我们至少可以这样认为，明清时期徽州宗族对捐资助学、兴办学校教育，是极为重视的。兴办学校教育，不仅可以培育宗族子弟科

---

①《清乾隆五十三年祁门奇峰郑氏塾学序碑》，原碑现立于安徽省祁门县芦溪乡奇口村一本堂祠屋内。

②《清祁门奇峰郑氏塾学序碑》，原碑现立于安徽省祁门县芦溪乡奇口村一本堂祠屋内。

第入仕，光宗耀祖，而且更重要的是，它可以从整体上提高宗族成员的文化素质和修养，从而为宗族经济和文化的可持续发展提供强有力的支持。

我们在徽州文书中还发现一份内容更为细致的宗族办学公约。这份公约系清同治元年（1862年）三月祁门石溪康氏宗族所立，其具体内容如下：

> 立议束心预储塾学合文，石溪康永清祠派下衢、逸二祠人等，缘高祖迁徙分派以来，世世芳名。切思十九世吾祖建立祠产，创业开基，标明选榜。自英泮之后，未有望焉。明末至今数百载矣，思无博儒，出无塾学，读书者亦未津贴，由因秩丁贫乏，而子弟以习学业者寥落多年，门户亦难支持，甚致举持乏人，良由塾学未立，财产未兴。是以秩丁商议，立一塾学，缣相黄卷之际，执经问难，何愁无志？所以行之者，一也。事致以成，后必有望。故将祠内田租递年除钱粮标祀公用之外，扒田租二十秤及祠，并各己欲以鼓励同立志者，束心立文，一体登名注簿。又将本都三保经理自七百七十九号起，至八百零一号止，土名胡家坑，系五二派下先年卖与祠内契据。今查明认契，退来山六股，归于永清祠契买，亦归塾学管业。设立塾学，培养人才，惟读书者选其贤才而学之。其增贴之费，候五年之内生息，分作经、蒙二馆，习读经书者，初入蒙者，其各项条规公议开载于后。自立合文之后，各宜遵守，毋得违文。如违文，听凭执文鸣官究治。今欲有凭，立此合文一样三纸，公存一纸，各收一纸存照。即批：五二派下退来胡家坑山六股，系经纬、栢安二祠已买契分。又照。
>
> 公议条规于后：
>
> 一议习读四书者，每名贴钱八百文，兼经学业者，加四百文；一初入蒙者，每名贴钱一百文，递年加一百文。如能读四书兼经者，照上贴给。此行不发。又照。
>
> 一议应试生童，县考，贴钱五百文，每场加一百文；府考，贴钱

八百文，复试终场，仍议加倍；院考，贴钱一千文；入泮，赏花红二千四百文。又照。

一议入泮者，贴灯油谷十五秤，递年由首人经收发付，不得坐佃。如西游，不给。又照。

一议乡试，贴钱八千文。

一议入经馆从师，立意习业，每名贴钱六千文。又照。

今将各输租数于后，土名注簿（略）。

同治元年三月十八日，立议束心塾学合文康永清祠等

秩下经手允庶　允例　上英（押）　国富（押）

上林（押）　上清（押）　上泽（押）

振林　龙得　成意　上洋　荣榜（押）

荣瑞（押）　荣宗（押）　荣福（押）

嘉倍（押）　嘉伸（押）　嘉侩（押）

起梁（押）

中见亲郑胜云（押）

代笔秩下上烽（押）①

以上是清同治元年（1862年）三月十八日祁门县石溪康永清祠派下街二祠秩丁共同订立的创办宗族塾学的公约。这件公约内容极其丰富，形式独特，是明清时期徽州宗族兴办学校教育不可多得又具有典范意义的宗族公约。该件宗族公约告诉我们以下几个问题：第一，石溪康永清祠为什么创办塾学？其办学的宗旨是什么？显然，自明末至清咸丰以来，宗族财产贫乏，无力办学，由此导致宗族教育文化落后，进而影响到经济的发展，是其立志兴学的主要原因。而办学的宗旨则是为了培养宗族子弟成材，振兴康氏宗族。第二，兴办塾学的经费如何筹措？答案是利用宗族力量，动员宗族子弟慷慨解囊予以捐输，同时鼓励有志同心者自愿捐助。利用捐输

①《清同治元年三月十八日祁门县石溪康永清祠秩丁等立束心塾学合同议约》，原件藏安徽大学徽学研究中心特藏室。

的田产和资金生息，作为办学经费，并以津贴的形式，根据具体情况，资助和奖励读书人及应考者。第三，对违规者如何处理？公约告诉我们是"执文鸣官究治"。总之，这份宗族办学公约，给我们提供了很多信息，在明清时期聚族而居的徽州乡村社会，拥有重文兴教传统的徽州乡民，对兴办教育、培养人才以振兴宗族是不遗余力的。他们往往以订立宗族公约的方式，多渠道筹集办学资金，并克服重重困难，最终完成办学的任务。从宗族公约所提供的教育内容来看，儒家经典的《四书》《五经》是其学生的必读之物，而科第入仕培养宗族模楷，以及培育其基本的素质涵养或者技能，使其"各安生理，毋作非为"，才是宗族致力于兴办教育的宗旨与目的。

对以上兴办教育类宗族公约的研究，可以为我们了解和洞察明清时期徽州乡村社会兴办学校、致力乡民教育的状况，提供最有价值的第一手文字凭据。同时，它也为我们更深入地探讨和研究明清时期徽州社会、经济与文化，提供了一个崭新的视角。因此，该类宗族公约的学术价值是不可估量的。

(五)同心诉讼和调解和息类宗族公约

明清时期徽州向有"好讼"和"健讼"传统，事无巨细，稍有不合，即可能会诉诸官司，形成词讼。"徽民健讼成风，人思争胜，百计钻营。陋弊相沿，由来已久。"①造成"健讼"现象的原因，明清两代徽州各地统治者曾有透彻的分析，如万历《休宁县志》分析道："夫民各有争心，而献说者开之衅，舞文者启之诬，用壮者激之斗，谋利者导之关，说无厌者锢之，反复守胜而莫顾其所终。彼早夜所趋事者在公门，利于争而不利于息。邑称繁讼，皆此属之由。"②实际上，导致徽州"健讼"的最关键因素还是明清时期徽州宗族与徽商的强有力介入，他们不惜金钱，不惜人力物

---

① (清)吴宏:《纸上经纶》卷五《禁钻研》,郭成伟、田涛点校整理:《明清公牍秘本五种》,中国政法大学出版社1999年版,第219—220页。

② 万历《休宁县志》卷一《舆地志·风俗》。

力，甚至不惜生命，为的就是赢得官司，成全宗族的体面。"至于商贾在外，遇乡里之讼，不啻身尝之，醵金出死力，则又以众帮众，无非亦为己身地也。"[1]

明清时期徽州的诉讼文书繁多，特别是宗族为动员和号召全体成员歃血誓盟，不惜以族产作为诉讼资金来源所订立的束心合同文书，数量极其繁众。而且从诉讼的标的上看，基本上集中在祖坟、山林、婚姻继子和主佃（仆）等方面。

下面，我们仅以《清康熙二十二年六月（祁门）程明衡等（为恶佃私自盗砍）立合文约》为例，对这一现象进行简要剖析。

清康熙二十二年六月十三日祁门环砂程明衡等立为恶佃私自盗砍合族诉讼公约

立合文约人程明衡、明斗、明鉴等，今有六保九奴源承祖山场数号，今因恶佃王九等混占，妄自盗砍。今通众验明，现木在山脚。思得承祖明业，今被恶佃私自盗砍，眼同商议立文，合约行印，鸣官究治。立文之后，俱要齐心合一，无得私自等情。如违文约，天诛地灭，仍执文理论。所有出官告理各项使费，悉照认、让二祀均出，不得独累一人，亦不得徇私入己。恐后无凭，立此存照。

康熙二十二年六月十三日，立合文约人　程明衡（押）

明斗（押）　明鉴（押）　明瑾（押）　明容（押）

明易（押）　明景（押）　文祥（押）　之祥（押）

中见人　程锦芳（押）[2]

以上所引录的清代祁门环砂程明衡等束心诉讼公约，在内容上措辞激烈，其主要目的是号召和动员宗族成员围绕一个共同目标，齐心协力，无

①（明）王士性撰，吕景琳点校：《广志绎》卷二《两都》，中华书局1981年版，第34页。

②刘伯山编：《徽州文书》第一辑，第6册《清康熙二十二年六月（祁门）程明衡等（为恶佃私自盗砍）立合文约》，第403页。

论在经济上还是在行动上，都要统一步调，众志成城，不打赢官司，誓不罢休。我们前文已经指出，在明清时期的徽州，"健讼"传统根深蒂固，为不致使宗族陷入旷日持久的诉讼、耗费钱财、害人害己，并配合官府严禁和打击"健讼"行为，大量的宗族族规家法都对宗族子弟提出了"戒争讼""止争讼""息词讼"的要求，云："太平百姓完赋役、无争讼，便是天堂世界。盖讼事有害无利，要盘缠，要奔走。若造机关，又坏心术。且毋论官府廉明何如，到城市便被歇家撮弄，到衙门便受胥皂呵叱。伺候几朝夕，方得见官，理直犹可，理曲到底吃亏。受笞杖，受罪罚，甚至破家。忘身辱亲，冤冤相报，害及子孙。"但是，对"关系祖宗、父母、兄弟、妻子事情"，族规家法则认为是"万不得已"，"私下处不得，无奈何闻官"①。尤其对祖墓被侵占罩夺，族规家法则一改"息词讼""止争讼"的规劝，反而号召族众诉讼："如果已葬祖茔被占而讼，尚属万不得已。"②

石溪康氏承祖朝山坞，"一次佃与比邻程志等栽垒杉木。今被三四都余家将前山浮木卖与谢文、谢元、谢神保砍斫"。环砂程氏则系"承祖山场数号，今因恶佃王九等混指，妄自盗砍"。这是徽州以族众订立诉讼公约的形式，诉诸官府的典型文本。同十西都谢氏宗族一样，环砂程氏在公约中要求各人"俱要齐心合一，无得私自等情"，明确规定："所有出官告理各项使费，悉照认、让二祀均出，不得独累一人，亦不得徇私入己。"对违反公约者，还规定了严厉的惩罚措施，即"天诛地灭，仍执文理论"。

对明清时期徽州乡村社会诉讼类宗族公约的诠释，使我们有理由相信，宗族诉讼类公约事实上发挥了维持和调节乡村社会既有秩序的功能和作用。明清时期徽州乡村社会宗族统治牢固，却很少发生宗族之间的武装械斗，大概亦可由此得到合理的解释。

除诉讼之外，我们还注意到另一类与此完全相对立的宗族公约，即调解和息讼的和息类宗族公约。尽管明清时期徽州乡村社会的"健讼"之风

---

① 万历《休宁范氏族谱》卷六《谱祠·统宗祠规》。
② 宣统《仙石周氏宗谱》卷二《石川周氏祖训》。

炽烈，但追求和谐与稳定，形成宗族内外一团和气，依然是徽州包括官府、宗族在内的各阶层人士努力追求的目标。所谓"人在世上，要一团和气。四海之内，皆兄弟也，而况宗族一脉，安可不睦？"①旷日持久的诉讼，不仅耗费精力和钱财，而且既不利己，也不利人。因此，在纠纷和诉讼发生之后，经过宗族族长或头面人物、文会等出面调解，以纠纷和诉讼双方当事人订立息讼合同的方式，最终调处和解，在明清时期的徽州乡村也是一种普遍的社会现象。

　　明崇祯十年二月二十日祁门十西都谢村谢时来、谢三善等立息讼合同

　　立公议息讼合同谢时来、谢三善等，今因土名言坑亚培山乙号，承祖五大房分为仁、义、礼、智、信五勾，各管各业。讫后因人众，契卖不全，各照买契管业无异。旧年九月，因砍木口角，以致谢时来为群伙盗砍事状告仆人周春兴等。春兴为捉生替死事诉谢应互，应互亦为唆仆蔓害事赴诉。当蒙县主樊爷②行拘一干人证研审，洪天龙刑法间，乱称谢三善、应贞、丫头、应积四人在案。犹恐奉票拘审，有失族义，今凭亲族劝谕，歃血盟神，两各输服。切念同堂一脉，不愿讦讼。此后，谢时来毋得催票，谢三善亦毋得私行告理。倘奉樊爷票拘，着仰约族老公言回报，二家不许妄言办别。自立之后，各宜遵文，二家俱不得生奸异议等情。如违，甘罚白银五两，入官公用。所有在山大小苗木，一听业人蓄养，再不许私自入山砍研。如砍木一根，听自遵文之人赍文告理。今恐无凭，立此合同一样二纸，各执乙纸，遵守为照。

　　崇祯十年二月廿日，立议约合同人　谢时来（押）　谢三善（押）　谢应祯（押）　谢应积（押）　谢丫头（押）

---

　　① 光绪《梁安高氏宗谱》卷十一《祖训》。
　　② 据同治《祁门县志》卷二十《职官志·职官表》载，"樊爷"系指"樊昌"。樊昌，江西进贤人，举人，崇祯八年起任祁门知县，十一年离任。

　　劝谕乡约　谢孟善（押）

　　族老　谢起凤（押）　谢可成（押）　谢泰运（押）　谢应元（押）　谢启龙（押）

　　亲人　康可祥（押）　谢光福（押）

　　依口代笔亲人　方国仁（押）①

　　以上诉讼劝息合同文约，实际上就是宗族的调解和息类公约。我们看到，这是因盗砍树木而引发的诉讼，诉讼双方的当事人系同族一脉，双方的诉讼，既伤了宗族之间的族谊，又影响了村内的团结。在这种情况下，由宗族的族老、乡约等出面调解和息便成为理所当然的事情。毕竟双方的诉讼已经发生，是终了诉讼还是旷日持久地将官司打下去，事关宗族和气与否。诉讼双方当事人以及同村宗族族长、族老、家长、乡绅和乡约等，似乎都不情愿看到后者的发生。"有失族义""恐伤族谊"，这是宗族调解息讼公约能够得以达成的基本前提。明崇祯十年（1637年）二月二十日，祁门十西都谢村谢时来、谢三善等订立的息讼合同，是在本族乡约谢孟善和族老谢起凤、谢可成、谢泰运、谢应元、谢启龙，以及亲人康可祥和谢光福的劝息下达成的，即所谓"凭亲族劝谕，歃血盟神，两各输服。切念同堂一脉，不愿讦讼"。宗族和息文约的广泛存在这一事实告诉我们，在聚族而居的明清时期徽州乡村社会，如何避免将族内的纠纷与诉讼扩大化，聚居该村的宗族族长、族老、家长、乡约、亲戚和乡绅等村族精英显然拥有较大的发言权。就这一角度而言，明清时期徽州乡村的宗族治理，在稳定乡村社会秩序、维持族内团结和谐方面，确实发挥了重要作用。宗族完全可以利用村规、族规家法、乡约和宗族公约等，来平息村庄可能发生的纠纷与争竞，发挥其应有的作用。即使是同村的不同宗族，在发生纠纷与诉讼时，诉讼双方当事人所属的宗族为避免结成冤仇，同样积极采取劝说双方当事人订立息讼合同文约的方式，以使双方和睦相处。

---

　　①《明崇祯十年二月二十日祁门十西都谢村谢时来、谢三善等立息讼合同》，原件由卞利收藏。

清乾隆三十一年（1766年）八月，祁门三四都陈进童因造祠平地基堆泥未撤，被康维魁"讦讼在官"。如此小事，双方所属宗族若不出面调解，其结果可能十分糟糕。在这种情况下，当事人所在的双方宗族出面予以调解，最终促成了康维魁和陈进童以订立签押"相和警后"合同文约的方式，使这桩诉讼案件得以和息结讼，用该"相和警后合同"的文字来说，就是"凭中劝释，康姓念属同村之谊，永息葛根"①。俗话说，冤家宜解不宜结，明清时期徽州乡村社会中宗族的调解和息公约，大概就是起到这"冤家宜解不宜结"的作用吧。

二、明清徽州宗族公约的制定与执行

那么，明清时期徽州的宗族公约是如何制定与执行的呢？

先来分析一下宗族公约的制定。与国家法由国家权力机关按照一定法律程序制定，并具有一定的强制性效力不同的是，明清时期徽州宗族公约的发起者和制定者则主要是来自乡村社会中的某一地域某一宗族内部的组织或人群，它主要是为了配合与协助国家法，对某一特定宗族或人群进行自我管理、自我服务和自我约束，以维护乡村社会已有的社会与经济秩序，进而达到调解矛盾、稳定乡村社会的目的而制定的。明清时期徽州宗族公约的制定者，大多是居住于乡村中宗族的精英，这些精英既包括宗族的族长，也包括宗族的头面人物，还有大量的乡绅群体。

明清时期徽州的宗族公约是"以族长为核心的房长缙绅集团"②等共同商议制定的。清乾隆五十七年（1792年）十一月，黟县济阳江氏宗族庞村派福寿公支裔江上峰等订立的《冬至祀会合墨公约》，就是由江氏宗族的庞村派和里田派族长协商制定的。该公约内容如下：

①《清乾隆三十一年八月十八日祁门三四都康维魁、陈进童立相和警后议约合同》，原件藏南京大学历史学院资料室，编号220。

②赵华富：《两驿集》，第308页。

立合墨济阳江族庞村派福寿公支裔、里田派寅简公支裔，缘于乾隆三十七年二族合立冬至祀会，追祀卓公。奈族大难联，人情多涣，纷纷不一其志，遂有妄生觊觎、希图瓜分者。乾隆五十五年冬，因将各族所输银两，兼全子母，共计若干数，原璧而归之，从此分离乖隔，祀典几为之中废。独是兴会立祀，孝子慈孙所乐为也；分会减祀，孝子慈孙弗忍闻也。忘祖者，固不能禁其聚而弗散；遵祖者，何难于既散而思聚。爰集同志，两族合议输资生息，匪云收族，聊以敬宗，不敢替也。将两族银两分注，福寿公支裔输银三百五十两，寅简公支裔输银三百五十两，共成七百两，质当赵姓庄田，计租一千零砠。递年两家眼同监割，收租办祭，两家轮流值年。其租谷除办祭外，余存贮积，日后或□置祀产，或找足田价，亦两家均齐，无得盗亏，庶立根植基，垂诸久远，不至中堕，永鉴前辙，斯则吾两家子孙之责也夫。立此合墨一样三张，存匣一张，两家各执一张，永远存照。

　　乾隆五十七年十一月　日立合同庞村派江上峰等（押）

　　　　　里田派江兴祀等（押）[1]

肩负宗族风俗教化重任的族长、宗子和乡绅等缙绅集团，在宗族公约的制定过程中，发挥着比其他宗族成员更大的作用，或者说，他们就是宗族公约的忠实倡导者和实际制定者。

同时，明清时期徽州各地村落中以宗族名义组织的各种会社，其规约也是由同一宗族会社的发起者和会首联合会社成员共同讨论制定的，大部分乡村清明会和文会等公约即是如此。如明天启元年（1621年）休宁某村友义堂程氏宗族所建立的旨在祭祀祖先、祭扫祖坟的清明会，其会规公约

---

　　①《清乾隆五十七年十一月（黟县）济阳江族庞村派福寿公支裔江上峰等立（冬至祀会）合墨》，原件藏安徽大学徽学研究中心特藏室。

即是由聚居该村的宗族族长程宏等联合"各房长议定"设立的①。清代绩溪县高迁村高氏宗族，有感于该族清代文教不及于前，乃在宗族头面人物的倡导下，创立了所谓的"学愚文会"，"合族兴立文会，名曰'学愚'。非特不忘先烈，且以愚者可学，而智者愈无不可学也。吾愿后之愚者学而不自以为智，尤望后之智者愿学而直自以为愚"②。创建于明嘉靖中叶的歙县呈坎漈川文会，其公约也是由罗氏宗族文会发起者等共同制定的③。至于一些以祭祀祖先为宗旨的清明会和以祭祀土地神为目的的春祈秋报性质的会社等组织，其会社公约的制定和调整，在宗族聚居的徽州乡村社会，宗族族长无疑起到了不可替代的作用。

还有一种宗族公约，系由少数人发起，完全出自某一特定事项，如护山保坟禁约合同、禁止赌博公约或告示，以及调解民间纠纷的和息文约等，其制定者基本上来自当地乡村基层组织的宗族会社以及纠纷当事人等群体。如清嘉庆八年（1803年）十月，休宁县二十五都五图浯田村，敦请休宁知县颁示的《严禁棚民入山垦种告示》，即是由聚居该村的程氏宗族族长程元通，保长程敬培，房（门）长程伊志、程良吉、程象符，监生程步鳌，生员程其经，司祠程汇公等精英共同发起的④。可以说，这里宗族族长、村落保长、乡绅等村庄头面人物所组成的精英集团，在制定该宗族公约中，发挥了极其重要的作用。清同治九年（1870年）三月祁门县知县周溶颁行的文堂村《禁赌告示》，也是由聚居该村的陈氏宗族族长陈龙生和监生陈寿长、陈光门、陈光斗联合村民共同制定和请示颁布的⑤。

同宗族公约制定紧密相连的是宗族公约的执行问题。由于任何一种宗族

①　王钰欣、周绍泉主编：《徽州千年契约文书》（宋元明编）卷八《天启元年休宁程氏立〈清明挂柏簿〉》，第192页。

②　光绪《梁安高氏宗谱》卷十一《学愚文会序》。

③　《漈川文会簿》抄本，该书复印本由卞利收藏。

④　《清嘉庆八年十月休宁浯田岭严禁私棚民入山垦种碑》，原碑现嵌于安徽省休宁县龙田乡浯田村一宗祠墙中。

⑤　《清同治九年三月十八日祁门文堂奉宪严禁赌博碑》，原碑现铺于安徽省祁门县闪里镇文堂村敦本祠地面上。

公约都有一定的施用空间、施用人群、施用时间和施用效力，因此，明清时期徽州宗族公约的执行和承续，就存在一个执行者与执行时间的问题。

就宗族族内公约而言，其执行者多是宗族的族长、由宗族族长委托的管理人员和宗族中的乡绅集团。明万历休宁《茗洲吴氏家记》在《家典记》中，不仅明确了族长是族规家法的执行人，而且对违犯族规家法者采取了最为严厉的革除族籍的惩罚措施。"倘有户婚田土，事不得已，尊长不恤，以至抱屈，亦当禀请族长以分曲直。亦毋得愤激，轻自犯逆。如于族长不能平决，然后听闻之官可也。"①明代休宁《商山吴氏宗法规条》等宗族公约即指出："祠规虽立，乃虚文也。须会族众，公同推举制行端方、立心平直者四人，四支内每房推选一人为正、副，经理一族之事。遇有正事议论，首家邀请宗正、副裁酌。"②在祁门善和村，聚居于该村的程氏宗族推选五大房房长轮值管理族务，执行族规家法和宗族公约，遇有重大事务，管理者必须禀明各房家长，由家长集众公议。初刻于明嘉靖年间、续刻于万历初年的《窦山公家议》规定："凡属兴废大节，管理者俱要告各房家长，集家众，商榷干办。如有徇己见执拗者，家长家众指实，从公纠正，令其即行改过。如能奉公守正者，家长核实奖劝，家众毋许妄以爱憎参之，以昧贤否。各房如有不肖子孙，将众共田地、山场、祠墓等件盗卖家外人者，管理者访实，告各房家长会众，即行理治追复，或告官治罪，以不孝论。"③不过，宗族族长执行宗族公约时，一般被要求在国家法许可的范围内进行，不得违背国法："家法止于杖责驱逐，若罪不止此，则送官究治，不得私立死刑。杖责驱逐之法，尊长可施于卑幼，卑幼不得施于尊长。行家法者，必以是为准。"④

就宗族血缘性会社公约的执行而言，尽管会首拥有一定的执行权，但宗族的族长和家长、房（门）长依然是主要的执行者和裁判人。清嘉庆十

---

① 万历《茗洲吴氏家记》卷七《家典记》。

② 万历《商山吴氏宗法规条》（不分卷）。

③ （明）程昌撰，周绍泉、赵亚光校注：《窦山公家议校注》卷一《管理议》，第13—14页。

④ 光绪《梁安高氏宗谱》卷十一《家法》。

九年（1814年），祁门箬溪王履和堂养山会对触犯禁约者，即规定了由宗族族长和各家房长依家法进行处罚的条款："兴山之后，各家秩丁必须谨慎野火。倘有不测，无论故诬，公同将火路验明。查出，罚银十两，演戏全部。如不遵罚，即令本家房长入祠，以家法重责三十板，元旦，祠内停饼十年。妇女失火，照例减半，咎归夫子。如无夫与子，咎归房长，公同处罚。外人，另行理治。"同村落和宗族的公约一样，以宗族名义组织的会社公约也规定了对处罚对象不服闻官治理的条款，王履和堂养山会的会规即规定，对"恃强不遵者，呈官处治"①。明清时期遍布徽州乡村的会社组织——文会，在执行会规、调处民间纠纷方面，起到了十分重要的作用，诚如方西畴在《新安竹枝词》中所云："雀角何须强斗争，是非曲直有乡评；不投保长投文会，省却官差免下城。"②

　　至于明清时期徽州乡村社会宗族中部分人群为某一目的而专门订立的合同文约等宗族公约，其执行者和监督者，则主要是由参与订立合同文约的本宗族当事人和中人负责。一旦出现违约行为，则允许遵守者按照合同文约规定的款项即罚则，对违约人进行处罚。如清康熙五十三年（1714年）四月，祁门县民盛思贤为保护汪家坦等处山场免遭盗伐，就曾专门恳请县令陈维素颁给告示，以增强其严肃性和权威性。这纸钤有祁门县印的告示指出："嗣后，本业主蓄养树木，一应人等不得妄行强伐盗砍。如敢有违，即鸣邻保赴县呈禀，究治不恕。"③乾隆四十六年（1781年）三月，黟县知县殷潘哲亦曾应监生姜世铨、村民姜尚仪等请求，专门颁发告示，对位于长瑶庵受侵害的姜氏合族祖坟予以保护："示仰该处地保山邻人等知悉，所有姜世铨等长瑶庵山地，照界执业，附近人等毋许再行侵挖。如敢故违不遵，许原禀人指名赴县具禀，以凭拿究。该地保、山邻及原禀人

---

　　①嘉庆《环溪王履和堂养山会簿》（不分卷）。

　　②（民国）许承尧撰，李明回、彭超、张爱琴校点：《歙事闲谭》卷七《新安竹枝词》，第207页。

　　③《清康熙五十三年四月初六日祁门县严禁盗砍汪家坦等处山场树木告示》，原件藏安徽省祁门县博物馆。

等不得藉端滋事干咎，各宜凛遵毋违。"①

总之，明清时期徽州类型多样、内容丰富的宗族公约，其制定者和执行者一般都有着明确的界定。为保证这些宗族公约能够得到有效执行，达到制定者的目的，部分地域的乡村基层组织、宗族、乡约和会社等，还专门设立了监督人员，以加强对宗族公约的执行。鉴于宗族公约的约束范围有时可能超出本地域、组织和人群范围，为强化其权威性和严肃性，一些乡村的宗族组织还"需要'邀请'国家进入"②。明清时期数量颇丰的徽州府县应各地宗族要求颁发的各类告示，就是乡村社会宗族组织不能独立解决问题，主动邀请国家权力介入的一种极为重要的路径。

三、明清徽州宗族公约的特点与功能

明清时期徽州的宗族公约类型繁多，内容丰富，但就其总体而言，一般具有以下几大基本特点：

首先是它的宗族血缘性。明清时期徽州宗族公约的一个突出特征就是它的宗族血缘性。包括宗族血缘性的会社规约、族规家法、乡约、合同和告示等在内的宗族公约，由于其成员大多为聚族而居的村民（含乡绅等），因此，这里的任何一种类型的宗族公约，都被深深地打上了宗法血缘的烙印。清道光二年（1822年）七月黟县屏山村恳请黟县知县詹锡龄颁布的《严禁盗砍屏山龙山荫木告示》，其实就是由聚居该村的朱姓宗族联合订立的宗族公约。该告示内容如下：

　　龙山禁碑

　　特授黟县正堂、加十级、纪录十次詹为吁恩赏示、勒石垂禁，永保龙脉、水口事。据族长朱永敬，耆民朱元瑞、朱树说，恩贡朱华，

①《清乾隆四十六年三月初五日黟县正堂告示》，原件藏南京大学历史学院资料室，编号000184。

② 张静：《宗族公约体现的村庄治权》，《北大法律评论》第2卷第1辑，第5页。

监生朱元试、朱隽，恩贡朱振权，生员朱文立、朱光阆、朱学涛，廪生朱辂，生员朱荣煦、朱承辅、朱培文、朱燮、朱瑶，州同朱光宅，监生朱元普、朱元昭、朱荣荐、朱振琹、朱振豪、朱荣谭、朱光屏、朱大顺、朱增谦、朱承禧，职员朱荣许、朱凤栖、朱大纲，耆民朱元鼎、朱振岐、朱元顺、朱振煜、朱有柱、朱学煜、朱世洲、朱瑛、朱振栢，民人朱社兴抱呈，朱继善禀称：生族世承阙里，派衍屏山，阖族祖墓，合葬上黄麻榨，顶上蓄养古木。来脉坦业，前人原有禁议，毋得转售他姓。尤恐扦葬，致伤来脉。村外水口关拦下首一带荫木，本为阖族阴、阳二基，丁命攸关，亦屡有禁约，戒勿剪伐，世守无异。近有无知之徒，罔顾来脉攸关，打挖黄泥园塍荫木，魇肆盗砍，剥皮挖根，搬窃枝桠。种种扰害，深堪痛恨。不急请示，肆害胡底？为此，阖族具呈，吁恩赏禁，庶使宵小寒心、贼匪敛迹，则来脉固而祖塚有安土之敦，荫木茂而水口无倾泻之虞。伏乞赏示严禁，永勒金石，德泽及于枯骨，雨露遍于甘棠，阖族蒙庥，奕世戴德，上禀。等情到县，据此，除批示外，合行出示严禁。为此，示仰居民及支丁人等知悉：自示之后，毋许在朱永等合族祖墓上蓄养古木，来脉坦业阴、阳二基，打挖黄泥园塍荫木，亦不得魇肆盗砍，剥皮挖根，搬窃散枝桠。倘敢故违，许原禀捕保等指名赴县具禀，以凭拿究，各宜凛遵毋违。特示。

右示严禁

道光二年七月初八日[①]

这纸告示告诉我们，如屏山村朱氏宗族一样，在明清时期聚族而居的徽州乡村社会中，宗族公约所具有和显示出的宗族血缘性特征是极其突出的。事实上，明清时期徽州许多地区即使是多姓共居的村庄，尽管我们还不能武断地得出徽州宗族公约呈宗族化趋势这一结论，但其宗族公约多呈

---

① 民国《屏山朱氏重修宗谱》卷八《谱后·龙山禁碑》。

保护势力较大的宗族利益倾向还是显而易见的。

其次是它的地域性。任何宗族公约都具有特殊的地域性限制，它集中"代表了一个相对独立的生活共同体"①，或者说只在公约所覆盖的地域范围内才具有效力，超出该宗族公约规定的特定地域范围，即相对独立的宗族成员生活共同体，便失去了应有的规范效力。可以说，地域性是宗族公约的主要特征。明清时期徽州的宗族公约地域性特点相当突出，不同县域、不同村庄、不同宗族之间，其所制定的宗族公约都具有其独特的地域性特征。除非是数村数族联合制定或官府钤印颁发，否则，即使像歙县棠樾、郑村、槐塘和稠墅等邻村之类的某村某姓单独施用的宗族公约，在另一村落也无任何约束力。清道光十一年（1831年）仲春，祁门桃源陈氏宗族制定的《奉宪示禁强梗乞丐入境碑》，即对该规约划定了明确的村域界限，"里至天井源，外至横岭下宝山殿"，就是该宗族公约效力所覆盖的地域范围②。超出了这一地域范围，桃源村的这一陈氏宗族公约便失去了其应有效力。

再次是它较强的时效性。任何宗族公约都有其施用的时间限制，尽管宗族公约作为乡村社会中一种重要的地方性知识和文化传承的载体，往往具有延续时间较长的特点，但是无论何地何类宗族公约，其所拥有的时效性则是毋庸置疑的。我们看到，从明末至民国延续数百年之久的休宁县西南山区十三都三图以旌城汪氏宗族为中心，联合周围村庄吴氏和王氏宗族制定的祝圣会公约，就因不同时代的变化而因时制宜地进行过多次调整，淘汰一些过时的内容，增加一些新的规范。再如，明代祁门文堂陈氏宗族的乡约戒规，到清代就失去了其存在的现实价值。同样，明清时期徽州各地的宗族公约，在今天看来，除具有历史研究价值和借鉴价值外，应当说基本没有现实的约束力了。正如清乾隆时绩溪县旺川曹氏在康熙时新增祠

---

① 张静：《宗族公约体现的村庄治权》，载《北大法律评论》第2卷第1辑，法律出版社1999年版，第35页。

②《清道光十一年仲春月祁门县桃源村严禁乞丐入境碑》，原碑现嵌于安徽省祁门县闪里镇桃源村廊桥墙壁中。

规的序文中所云："祖宗之制，尚矣。顾时异殊，容有宜于古而不宜于今者，又不可无变通之道焉。"①徽州许多乡村社区的宗族公约在历史发展进程中，如同绩溪旺川曹氏宗族一样，都处在一种因时因地因事不断进行充实和调整的动态过程之中。在某种程度上说，其都是基于这些宗族公约失去时效性而不断进行因时制宜、因地制宜、因事制宜变通的这一主要目的。

最后是它的模糊性和变通性。明清时期徽州的宗族公约，作为一种约束族众的民间法律规范，毕竟不同于国家法，在进入地方官府司法领域之前或其之外，它会对与国家法相矛盾甚至是相抵触的内容，因人、因时、因地、因事进行调整。尽管明清时期徽州的宗族公约大多是在国家法框架下制定的，但与国家法之间的细微矛盾与冲突还是经常存在的。因此，一旦进入正式的国家司法领域，这类宗族公约即可能会采取某些模糊的变通方式，来寻求与国家法的平衡与一致。当然，一些户婚、田土和斗殴等民间细故，国家法一般亦会采取尊重并向宗族公约让步或妥协的方式，来达到稳定乡村社会的目的。如清代中期以后，徽州各地乡村土地买卖中普遍存在的"小买"问题，作为一种民间约定俗成的"乡例"，其与国家法的规定就是互相矛盾和抵触的："歙邑买卖田地之契约，有大买、小买之区别。大买有管业收租之权利，小买则仅有耕种权，对于大买主，仍应另立租约。"②由于小买俗例普遍存在，经常导致各种纠纷，因此，徽州知府早在嘉庆四年（1799年）即为此专门颁布严禁告示，对此行为进行严厉禁止："徽州府太爷竣为严禁小买名色以清田业、以息讼端事。"③但代表国家行使地方立法权力的徽州知府严禁小买告示，并没有发挥作用，在此法令公布之后，徽州各地乡村的小买行为，依然按照当地宗族或村庄公约中的俗例有条不紊地进行。此后甚至到了民国年间，这种小买俗例一直存

①民国《曹氏宗谱》卷一《祠规》。

②《民商事习惯调查录》，《第九章　安徽省关于物权习惯之报告·第一节　歙县习惯·不动产之大买小买》，司法部1930年刊行，第407页。

③《清嘉庆年间黟县孙正望等为小买纠纷禀状》，原件藏安徽大学徽学研究中心特藏室。

在，而且地方官府在处理民事纠纷和诉讼时，往往还以此作为证据。在这里，代表国家行使权力执行国家法或制定地方性法规的徽州各地地方官府，显然是向宗族公约让步和妥协了。

明清时期徽州宗族公约的基本功能，就其本质而言，是为了维护聚族而居乡村的既定社会秩序和乡村社会的稳定。具体来说，其功能主要体现在以下几个方面。

第一，规范族众或乡民行为、协调宗族个体与群体关系的功能。国有国法，族有族规，家有家法，这是包括明清在内的中国封建社会的基本政治。但国法是宏观的国家法律法规，而宗族公约则是具体的，是国法在某一聚族而居的乡村地域范围内的具体表现，是国法的具体化，或者说是国法的必要补充和延伸。就宗族公约而论，其与国家法的关系，正如清宣统绩溪《仙石周氏宗谱》所云："家法治轻不治重，家法所以济国法之所不及。极重，至革出祠堂，永不归宗而止。若罪不止此，即当鸣官究办，不得僭用私刑。山乡恶俗，有重责伤人及活埋者，此乃犯国法，非行家法也。"[①]体现礼法合治的宗族公约，在大山阻隔、宗族顽固的明清时期徽州社会中，其实更具有规范乡民言论、行为、生产、生活和思想的作用。无论是村庄的规约、宗族的族规家法、乡约会社的会规戒条以及各种合同文约的规定，还是族规家法的实施细则——宗族公约，其本身都具有协调一定村庄地域范围宗族组织内部和特定人群惩恶扬善的行为规范功能，是个体行为服从群体行为的基本体现。如清乾隆五十九年（1794年）四月休宁县知县郑泰应该县二十都五图程华苍等之请颁行的《严禁召棚民垦种宁民杜害告示》，即是典型的规范二十都五图村民、程氏宗族族人和邻村村民不得贪图一己之利，滥召妄租田山给棚民垦种的宗族公约。该告示全文如下：

特授休宁县正堂加五级、纪录七次、记大功十二次郑[泰]为吁恩

---

① 宣统《仙石周氏宗谱》卷二《家法》。

示禁、宁民杜害事。据廿都五图程华苍、邦宁、公执、以同、亭占、永昌、尔康、□□、程品等，以前事呈称：身族僻处廿都五图，地连浙省，田少山多，贫民营生，半藉耕种，半藉樵采，安居乐业，共享升平。迨因异地棚民挖山垦种，地方无知贪其小利，滥召妄租，不惟山遭残废，樵采无资，砂石下泻，田被涨荒，国课奚供？况深山大泽，异族盈千，哨聚成群，恐贻害匪浅。新例森严，宪示谆切。身等住居戎字一千一百八十三号起，至贰千九百一十六止，悉系高山长林，樵牧攸赖。若不叩恩示禁，诚恐不法匪棍贪利滥召，以致异民盘踞肆害，滋蔓难图。为此，抄呈字号清单，公吁俯鉴下情，赏示严禁，勒石垂后。将见煌煌金谳，棚民自谨，凛而潜踪。湛□洪恩，群黎更翘瞻而颂德。宁民沛泽，杜患防微，上禀。等情到县。据此，除批示外，合行示禁。为此，示仰该处地邻山主及保甲人等知悉：嗣后，各业主不得贪利，将山召租棚民开种，棚民人等毋垂涎勾贿串租。倘有抗违，许业主保甲指名赴县□禀，以凭拿究，决不姑宽，各宜禀遵毋违。须至示者。

计开字号界至：

戎字：一千一百八十三号起，至一千一百八十六号止。

戎字：一千三百一十六号起，至一千三百五十六号止。

戎字：一千四百七十六号起，至一千五百二十二号止。

戎字：一千七百三十八号起，至一千七百六十九号止。

戎字：二千五百七十四号起，至二千六百〇九号止。

戎字：二千六百九十四号起，至二千七百八十六号止。

戎字：二千八百七十号起，至二千九百一十六号止。

东至：外田拗岭头，石马凹头，陈尖杪头，白石尖头。

西至：里外中溪源头，长拗岭头高鼻□。

南至：观音尖头，太坱尖头，柴九湾，大栏檐。

北至：青池坱，龙坑降头，大山领头。

乾隆五十九年四月　日

　　右仰知悉。

　　告示，仰该保甲勒石通衢。①

　　通过这样一纸告示以及诸如宗族聚居的村庄、会社等的宗族公约，居住于某一乡村社区或某一宗族组织的村民，其言论和行为便得到了有效的规范，村庄或宗族组织的各种关系便得到了协调。事实上，只要这一规范明确并能得到有效的执行，国家与地方官府同聚族而居的乡村基层社会良性互动便会得到真正的实现。正如祁门文堂陈氏宗族《文堂陈氏乡约家法》所云："立约本欲人人同归于善，趋利避害。"②而制定宗族公约也正是基于家国一体的目的，所谓"治国本乎齐家，以是见家国之通也。……太史公谓'礼禁于未然，而法治于已然'。治国如斯，治家无异术也；治家如是，治国无异术也。"③

　　第二，救济与互助的功能。从明清时期徽州宗族公约的类型和内容中，我们不难看出，在山多田少、人众地寡的徽州山区，生产和生活上的互助在为数众多的宗族公约中占据了很大的比重。明清时期休宁城北周家坞周氏宗族的《宗规》告诫族人要互相周恤："凡遇吉凶庆吊，无论贫富，吉则庆，凶则吊，谅力资助，以尽其敬。"④明万历时期，翕县谢氏宗族在其《家规》中，一再告诫宗族成员："亲戚邻里，诚当相亲相爱，凡往来之礼，不可缺略，礼不在厚，但当以敬为主。古人千金买邻，盖重其事也。睦邻之道，当患难相恤，有无相济，语言相戒，饮馈相酬。"⑤"顾仁孝之念，人所同具，或贾有余财，或禄有余资，尚祈量力多寡输入，俾族众尽沾嘉惠，以成钜观。"⑥清嘉庆初年的歙县棠樾鲍氏宗族体源户义田宗

---

　　①《清乾隆五十九年四月休宁县严禁召棚民垦种、宁民杜害告示碑》，原碑现嵌于安徽省休宁县龙田乡龙田村程氏宗祠墙上。

　　②隆庆《文堂陈氏乡约家法·会诚》。

　　③光绪《梁安高氏宗谱》卷十一《家政叙》。

　　④万历《重修休邑城北周氏宗谱》卷九《宗规》。

　　⑤万历《古歙谢氏统宗谱》卷六《家规》。

　　⑥(清)吴翟辑撰，刘梦芙点校：《茗洲吴氏家典》卷一《家规八十条》，第18—19页。

族公约《公议体源户规条》就对宗族之间的救济和互助作出了明确的规定："一、谷系给本族鳏寡孤独四穷之人，须合例者，不得徇情滥给。一、四穷及废疾与例相符给谷者，执事之人知会督总，给与经折，孤子注明年庚，以备查考，再行给谷，以专责成。一、四者之外，有自幼废疾不能受室，委实难于活命者，一例给发。一、鳏独年至六十岁，给领食谷后，有愿继与为子者，亦一体给领，全其宗祧，其子年至十八岁停止。其父母仍照例给发。一、孀居有子，俟其子年至二十五岁停止。二十四岁有，二十五岁无。一、孤子年至十八岁停止。十七岁有，十八岁无。一、孤女出嫁日停止。"①类似茗洲吴氏宗族和棠樾鲍氏宗族这类对宗族成员进行互助与周恤安排，在其他相关类型的宗族公约中基本都有体现。即使是宗族血缘性会社规约，也几乎都含有或具备成员之间互助与周恤的功能。如创建于明万历十五年（1587年）的徽州某村程氏余庆堂清明会，其建会目的主要是为了报本祭祀先人、标挂祭扫祖墓，但其生息会银作为周恤族人的行为一直贯穿于清明会的始终："每年多余，周恤要公议，该周者与，不得顺情，以致争端。倘多余，存积生息，又可周殡葬之需。每人以二斗为止，随时量其出入，孤子以十六岁止。"②重建于清道光五年（1825年）的祁门善和村利济会，其根本目的就在于"利物济人"，正如《重新议定（利济会）会规》所云："复兴此会，原为继志贻谋、利物济人之事。"③明清时期徽州的宗族公约，其救济与互助的功能，由此可见一斑。

第三，奖惩的功能。明清时期徽州的宗族公约还具有奖励和惩戒的功能，对成员中认真遵守宗族公约规定的事项，履行宗族公约所赋予的各项责任和义务者，宗族公约一般都列有专门的奖励条款予以奖励。清道光六年（1826年）三月祁门文堂村陈氏宗族《公约演戏严禁碑》，作为规范族众和村民采茶、拣拾苞芦和桐子、入山挖笋、纵放野火和松柴出境等行为

①嘉庆《棠樾鲍氏宣忠堂支谱》卷十九《义田·公议体源户规条》。
②《程氏东隐房清明会簿·顺治十四年丁酉岁清明后程时达自执笔批》，原件藏于上海图书馆。
③《徽州会社综录·重新议定（利济会）会规》。

的宗族公约，其奖惩规定也十分明了具体。该约规定："一禁茶叶，叠年立夏前后，公议日期，鸣锣开七，毋许乱摘，各管各业；一禁苞芦、桐子，如过十一月初一日，听凭收拾；一禁通前山春冬二笋，毋许入山盗挖；一禁毋许纵放野火；一禁毋许松柴出境；一禁毋许起挖山桩。以上数条，各宜遵守，拿获者赏钱三百文。如有见者不报，徇情肥己，照依同罚备酒二席、夜戏全部。"①不唯如此，就是诸如赋役轮充合同、养山禁山合同抑或戒赌文约之类的宗族公约，其奖惩功能也是一应俱全。至于族规家法类宗族公约，其奖惩规定与功能，与其他类宗族公约相比，甚至更加完善具体。创建于清嘉庆二十三年（1818年）的婺源县浙源查氏宗族正谊文会，在清光绪二年（1876年）更定的新规中，为鼓励宗族子弟锐意向学，专门设立了资助和奖励规约，对参加各类考试的子弟予以资助和奖励。"兹预定议：小试，每名给卷费洋二员；乡试，给程仪洋四员；入泮，贺仪洋十员；中举，贺仪洋二十员；北上，贴公交车费二十员，概由会内拨支公款。"②而嘉庆十年（1805年）绩溪县城西周氏宗族文会规条对参加科举考试的宗族成员亦有资助盘缠和奖励中举等条款，即"备送中举盘缠，仍照入闱者多寡分送。中举每人送银八两，进士者及鼎甲、翰林、拔贡、上京朝考者，俱照中举例分送。"但若领受盘缠而未成行者，则予以收缴及惩罚，"赴闱盘费，临期赍赠，毋许预支，不赴闱者不给。倘已领盘费，捏故不往者，将盘费追出，仍罚诣祖前跪香一柱。"③徽州宗族公约中如此细致严密的奖惩规定，充分体现了明清时期徽州宗族公约在维护乡里社会稳定方面的基本作用，是明清时期徽州宗族公约贯彻落实国家法律法规、展开乡里社会与国家政权良性互动的最基本方式之一。

总之，明清时期徽州的宗族公约内容是丰富多彩、包罗万象的，特点也是极为鲜明的，它几乎涉及徽州山区聚族而居乡村社会村民物质和精神

---

① 《清道光六年三月初八日祁门文堂村公约演戏严禁碑》，原碑现嵌于安徽省祁门县闪里镇文堂村大仓原祠堂前照壁中。

② 光绪《婺源查氏族谱》卷九《正谊文会原始规条》，清光绪十八年木活字本。

③ 光绪《梁安城西周氏宗谱》卷二十《文会》，清光绪三十一年木活字本。

生产与生活的各个方面。作为规范和约束族众和乡民行为及思想的重要规则之一，它对明清时期徽州乡村社会的治理和维系徽州社会既有社会秩序，以及维系国家与乡村社会的良性互动关系，进而保持明清时期徽州乡村社会的稳定，起到了毋庸低估的作用。

第九章　明代中叶以来徽州总结性文献的编纂与地域文化认同的建构与强化

宋元时期，随着自东汉末年以来至南宋之初三次中原地区大规模移民徽州运动的完成，徽州山区经济得到了深度开发，特别是徽商经营成功和商业资本的回流、科第的勃兴和教育文化的繁荣，以及以朱熹为代表的徽州理学家群体的崛起，加速了徽州从"尚武之风"向"右文之习"的转变。篡修具有徽州全域性的总结性文献，建构徽州地域文化的认同，强化徽州地域文化的特殊性和自豪感，已成为徽州政治、社会、知识暨文化精英的共同认知和价值取向。明代中叶以降，随着《新安文献志》《新安名族志》《新安学系录》及《程朱阙里志》等徽州地域总结性文献的编纂、刊刻与传播，"东南邹鲁""程朱阙里""礼义之邦"和"文献之国"逐渐成为徽州地域的文化标识与认同符号。

一、明代中叶以前徽州地域文献的编纂与地域文化认同的建构

早在两宋特别是南宋时期，随着徽州山区经济的深度开发、社会相对安定局面的持续维系、教育和科举事业的勃兴，特别是主要来自中原地区三次大规模移民徽州运动高潮的结束，以及祖籍徽州婺源县的理学集大成者朱熹等文化巨匠的崛起，为了强化徽州地域自然环境和人文环境的优越性，徽州社会一批政治、社会、知识暨文化精英逐渐揭开了自觉建构地域文化认同的序幕，其中，由罗愿所篡修的《新安志》对徽州地域文化进行

总结性的叙述与概括，把宋代徽州地域文化认同的建构推向了一个新的阶段。继之而起的元代，在蒙古族上层统治者的民族和阶级的双重压迫下，两宋以来徽州经济和文化持续高速发展的势头受到遏止，而科举制的长期停摆，又使得蓬勃发展的徽州知识和文化精英向上晋升的渠道被堵塞，他们不得不转而采取消极的态度，或拒绝出仕，隐居山林，著述立说，阐发自己的思想和主张；或开馆授徒，获取微薄的收入，以维持基本的生活。这些隐居深山、开馆授徒的知识暨文化精英，并未消极地面对人生，而是以新儒学即理学或新安理学的传承与发展为己任，著述立说，传承学术薪火，提出并建构徽州作为"东南邹鲁"之地的地域文化认同，以致赵汸在应邀为休宁县商山书院增置学田而撰写记文时，不无自豪地写道：

> 新安自南迁后，人物之多，文物之盛，称于天下。当其时，自井邑、田野以至远山深谷，民居之处，莫不有学有师，有书史之藏。其学所本，则一以郡先师子朱子为归，凡六经传注、朱子百氏之书，非经朱子论定者，父兄不以为教，子弟不以为学也。是以朱子之学虽行天下，而讲之熟、说之详、守之固，则惟新安之士为然，故四方谓"东南邹鲁"。[①]

赵汸的《商山书院学田记》，是继罗愿《新安志》和朱熹《休宁县新安道院记》之后，又一次对徽州地域文化进行概括性总结的代表性作品。如果说罗愿在《新安志》中，对徽州的自然环境、唐末为躲避黄巢农民大起义兵锋而移民徽州的中原衣冠、汪华徽州乡土神灵体系和徽州丰富物产等进行概括性总结，以及朱熹对徽州民俗和徽州人性格心理进行描述，初步完成了对徽州自然环境、人文环境、地域文化和徽州人群性格心理进行概括性总结论述的话，那么，赵汸则进一步在此基础上对徽州地域文化特征进行总结，提出并初步完成了徽州作为"东南邹鲁"之地这一地域文化

---

① （明）赵汸：《东山存稿》卷四《商山书院学田记》，《景印文渊阁四库全书》总第1221册，《集部》第160册，第287—288页。

认同的建构。自此以后，"东南邹鲁"逐步成为徽州地域文化的同义语而不断深入人心，并渐次获得了社会各阶层人士的广泛认同。

宋元时期，徽州各地大宗族谱牒的不断纂修和身份与地域文化认同的建构，使得纂修一部具有自身特色的徽州境内全域性大姓名族谱成为一种现实的可能。正是在这一背景下，拥有纂修谱牒实践经验的休宁籍理学家陈栎，开始了汇辑各地族谱，纂修《新安大族志》的工作，从而为建构徽州作为聚族而居的宗族社会这一地域社会文化认同进行了艰辛的努力。尽管因种种原因，陈栎最终未能完成这部跨越徽州路婺源州及歙县、休宁、祁门、黟县和绩溪五县地域空间的《新安大族志》的定稿与刊印任务，但他基本完成了《新安大族志》的初稿，并为明代中后期《新安名族志》和《休宁名族志》的编纂打下了坚实的文献基础。对此，程尚宽在为《新安名族志》所作的《引》中云："新安，天下望郡也。《名族志》所以别嫌明微，缘人情而起以义者也。元儒陈氏定宇尝编有《新安大族志》，其书惜未盛行。顷者，双溪郑公、觉山洪公因其遗编增益而梓布之，彬彬乎可以观新安人文之盛矣，骎骎乎可以占世道亨昌之机矣。"①戴廷明和程尚宽在其纂修《新安名族志凡例》中，重申了其对《新安大族志》的继承与发展，并阐明了《新安名族志》编纂的意义，指出："《名族志》因元儒陈氏定宇旧本而补辑之者也。观者于此不惟见新安礼乐文物之盛，抑以彰国家化民成俗之意，相与庆甄陶之有自，以自保乐利于无涯者，不为无助也。……本志元儒陈定宇栎著有《新安大族志》，惜未梓行，间见抄本，疏略未备，且立例混于他郡姓名。今之采辑，惟著姓于吾新安有足征者悉书之；其无所考据及迁徙外郡者遗之。"②

---

① (明)戴廷明、程尚宽等撰，朱万曙等点校：《新安名族志》卷首《程尚宽引》，第14页。

② (明)戴廷明、程尚宽等撰，朱万曙等点校：《新安名族志》卷首《新安名族志凡例》，第15—16页。

二、明代中叶以降徽州各类总结性文献的编纂、刊刻与徽州地域文化认同的强化

继《新安大族志》之后，明代中叶以后，随着徽州社会经济的繁荣、教育、文化、科第的兴盛，徽商的崛起，以及徽州各地大姓名族谱牒的纂修，特别是统宗谱的纂修，建构以科举仕宦、簪缨世家、"东南邹鲁""文献之国""礼义之邦"和徽州儒商群体等为地域标识与文化认同的总结性文献——《徽州名族志》之时机已完全成熟。继承陈栎纂修《新安大族志》的未竟事业，汇集徽州各地大姓望族的地域性名族谱，便成为展示徽州宗族社会人文昌盛，彰显徽州地域特殊性和优越性，以及强化徽州地域文化认同的一项重要任务。歙县双溪郑佐、婺源觉山洪垣曾先后接续《新安大族志》因其遗编而增益，纂成《实录新安世家》[①]。之后，祁门县叶本静、休宁县戴廷明等人又"勤勤搜辑，垂十年矣"，但叶本静和戴廷明所搜辑的资料依然存在不少问题，"阅其名家，尚多缺略，此盖情限于力之所弗及，而义睽于势之所弗能故也"。于是，程尚宽乃承继前贤之功，"仍其旧本而续补之，考其姓氏迁次而更定之，校其讹谬出没者而厘正之，约其异而归之同"[②]，最后完成了前后二卷（不含卷首序和卷末跋）八册本《新安名族志》的续补、定稿工作，并于嘉靖三十年（1551年）付梓。

由戴廷明、程尚宽编纂的《新安名族志》，汇辑了徽州六县92个大姓名族徙入徽州和繁衍播迁的历史，简要记录了各大名族精英人物的生平与谱系。除个别姓氏有目无文外，整个《新安名族志》体例严谨，内容丰

---

① 对陈栎是否纂修《新安大族志》，郑佐、洪垣有无续纂《实录新安世家》，日本学者多贺秋五郎在其所撰的《关于〈新安名族志〉》（中译本载刘淼辑译：《徽州社会经济史译文集》，黄山书社1988年版，第96—124页）一文中是持肯定态度的，而郑力民则持反对意见，认为陈栎并未撰有《新安大族志》，更无郑佐等纂修的《实录新安世家》存在。参见郑力民：《〈新安大族志〉考辨——兼谈〈实录新安世家〉》（载《安徽史学》1993年第3期）、《〈新安大族志〉考辨——兼谈〈实录新安世家〉（续）》（载《安徽史学》1994年第3期）。

② （明）戴廷明、程尚宽等撰，朱万曙等点校：《新安名族志》卷首《程尚宽引》，第14页。

富，在徽州地域宗族历史与文化认同的建构上，堪称是徽州地域性望族历史的标志性之作，显示出徽州与其他地域宗族与文化迥然不同的文化特征，是徽州单一宗族血缘和身份认同向地域性名门望族林立的地域性宗族社会、文化和身份认同转化的重要标识。从此，徽州作为极具地域特色的聚族而居的宗族社会，成为徽州人引以为豪的区别于其他地域历史与文化的重要标识。诚如胡晓在为《新安名族志》所作的《序》中所云：

> 族志者，所以明本宗、纪世系也。粤自浑茫始开，民物未繁，则天下一家、中国一人。迨夫人文渐盛，类聚群分，而其势也斯涣。方是时，鸟官龙氏所以别殊称焉。黄帝封爵赐氏，而系百代之宗、明一本之义者，实肇于此。故傅岩纪氏于傅，东蒙立宗于蒙，杨孙、贾孙因族系派，颜成、惠叔缘氏分支。兹顾唐虞三代之名族，载之坟典，史传可稽也。历秦而汉、晋、唐、宋，或强合于世胄，或阴夺于天亲，若魏瞒之窃曹叔，刘裕之冒元王。世绩赐李，娄敬易刘；吕秦牛晋，真妄杂糅，求族之不紊者，盖寥寥矣，矧名族乎？

> 新安则异是矣，山峭水厉，燹火弗惊，巨室名族，或晋唐封勋，或宦游宣化，览形胜而居者恒多也。其故家遗俗，流风善政，宛然具在。以言乎派，则如江淮河汉，汪汪千顷，会于海而不乱；以言乎宗，则如泰华之松，枝叶繁茂，归一本而无二；言乎世次，则尊卑有定，族居则间阎辐辏，商贾则云合通津；言乎才德，则或信义征于乡闾，或友爱达于中外，或恬退著述，或忠孝赫烈。至于州里之镇定，六州之保障，诸儒之大成，宗庙血食，千载不磨，又名族之杰出者。

> 呜呼！族以人名，名以行显。才德之著既开于先，则绍述之烨，吾知名于新安，至于天下，以御于后世者莫之或知，不必泥于秦、汉、唐、宋之矫强，而唐虞三代建宗赐氏之芳名，于是重熙而累浃矣，谓之名族奚疑？[1]

---

[1] (明)戴廷明、程尚宽等撰，朱万曙等点校：《新安名族志》卷首《胡晓序》，第3—4页。

　　尽管《新安名族志》刊行后在社会上引起了强烈反响，但曾任监察御史并为《新安名族志》撰序的洪垣并不十分满意。为此，洪垣于万历七年（1579年）造访礼部祠祭司郎中、钦差谕祭官休宁人曹诰，以《新安名族志》相示曰："此属草创未了事也，公同志者，幸为我卒之。"[①]正当曹诰拟着手对《新安名族志》进行修订时，恰逢朝廷有命急召，不得不中断并放弃对《新安名族志》的续编与修订工作。曹诰去世后，其子曹嗣轩自谦无力胜任《新安名族志》的续编和修订重任。但在友人向其出示《新安名族志》后，曹嗣轩"恍然自失……乃三复披阅，见其犹有阙焉者，盖备于簪笏而略于氏族也，予或可以羊革补裘矣。于是尽发所藏，参而考订。乃承藉先子之遗意，率循吾师之旧章，不敢妄加笔削，模仿古式原规，寻源浚派，不遗三家之村；述旧增新，岂失一人之行。三台五鼎之贵悉载，一官半职之荣亦书。邑里同前，次序照旧"[②]。在戴廷明和程尚宽纂修之《新安名族志凡例》基础上，曹嗣轩增订了若干《凡例》，并起草了拟修订的《六邑名族姓氏总目录》，可惜最终并未能如愿，曹嗣轩仅仅完成了《休宁名族志》的编纂，此即天启六年（1626年）付梓的《休宁名族志》。

　　由程敏政主持纂修的《新安文献志》既是明代徽州总结性文献的奠基性和集大成著作，也是徽州文化认同建构过程中的扛鼎之作。这部前后耗时达30年方才完成的徽州历代重要文献汇编之鸿篇巨制，总卷数达100之多，其中甲集60卷，专门收录自汉至明徽州本土乡贤的诗文，乙集则兼收徽州本土之外士人记述徽州乡贤行实之文。全书共收录诗1034首、文1087篇，卷前列有《新安先贤事略》上、下二卷。该书"工巨役繁……盖是书之编，以字计者，一百二十万有畸；以板计者，一千六百有畸。非诸君子垂意斯文，固不能致此"[③]。

---

　　①（明）曹嗣轩编撰，胡中生、王亹点校：《休宁名族志》卷首《曹诰〈新安名族志引〉》，第18页。

　　②（明）曹嗣轩编撰，胡中生、王亹点校：《休宁名族志》卷首《刻名族志通知帖》，第20—21页。

　　③（明）程敏政辑撰，何庆善、于石点校：《新安文献志》卷一百下《〈新安文献志〉跋》，黄山书社2004年版，第2614页。

程敏政，字克勤，号篁墩，休宁县陪郭人，父程信以卫籍居北直隶河间府，并曾仕至兵部尚书。敏政自幼聪慧，读书过目成诵，有"神童"之誉。中成化二年（1466年）罗伦榜进士一甲第二名榜眼，授翰林院编修。历仕左谕德，直讲东宫。在诸翰林中，"学问该博称敏政，文章古雅称李东阳，性行真纯称陈音，各为一时冠"①。明孝宗即位后，以宫僚恩擢少詹事兼侍讲学士，直经筵。因才高而遭人忌，弘治元年（1488年），为御史王嵩等弹劾，被勒令致仕，遂返乡著书立说。五年（1492年）复官，寻改太常卿兼侍读学士，掌院事。后升礼部右侍郎，专典内阁诰敕之事。十二年（1499年）与李东阳主会试，举人徐经、唐寅预作文，与试题合。给事中华昶劾其鬻题，时榜未发，诏敏政毋阅卷，其所录者令东阳会同考官覆校。二人卷皆不在所取中，东阳以闻，言者犹不已。敏政遂与华昶、徐经、唐寅俱被下狱。次年出狱后，程敏政因愤恚致发痈而卒，卒后被赠礼部尚书。程敏政一生著述勤奋，计编著有《道一编》《明文衡》等数十余种，其中尤以对徽州暨休宁文献著述最丰。其所纂修之《休宁志》38卷，为休宁县现存最早一部县志。而其对本族谱牒文献之收集和纂修等，用力尤勤，贡献卓著，计纂有《休宁陪郭程氏本宗谱》（不分卷，刊于成化十年）、《新安程氏统宗世谱》20卷（不含首、末二卷，刊于成化十八年）、《程氏贻范集》30卷（其中甲集7卷、乙集20卷，丙集、丁集、戊集各1卷，梓于成化十八年）和《篁墩文集》93卷等。在程敏政编纂和撰著的各类关于徽州的文献与著作中，尤以《新安文献志》为最著，堪称徽州地域文献的总结性和奠基性之作。对此，《四库全书总目提要》曾给予极高评价，云："是书乃采录南北朝以后文章事迹之有关于新安者，其六十卷以上为甲集，皆本郡先达诗文，略依真德秀文章正宗之例，分类辑录。其六十一卷以下，则皆先达行实，不必尽出郡人所论撰，分神迹、道原、忠孝、硕儒、勋贤、风节、才（武）［望］、吏治、遗逸、世德、寓公、文苑、材武、列女、方技十五目，其中有应考订者，敏政复间以己意，参核

---

① （清）张廷玉：《明史》卷二百八十六《文苑二·程敏政传》，中华书局1974年版，第7343页。

而附注之，征引繁博、条理淹贯。凡徽州一郡之典故，荟萃极为赅备。遗文轶事，咸得藉以考见大凡，故自明以来，推为巨制。"①程敏政在其所撰《新安文献志序》和王宗植所撰《跋》语中，对《新安文献志》的纂修目的、过程、刊刻及意义有着较为详细的交代。

为说明问题，谨分别将其文字照录于下：

新安文献志序

新安在国朝为畿辅，踞大鄣山之麓，地势斗绝，视他郡独高，昔人测之，谓其地平视天目尖。而水之出婺源者，西下为鄱湖；出休宁者，东下为浙江。其山川雄深若此。秦汉以来多列仙，意犹不足当之。于是我开府忠壮公及越国汪公，前后以布衣起义旅，坐全其土地民人于祸乱，没而为神，千余年不替益灵。迨中世，则休宁之程北徙洛，而得两夫子；婺源之朱南徙闽，而得文公，嗣孔孟之统，而开绝学于无穷。其人物卓伟若此。一时名公硕儒与夫节孝、材武、遗老、贞媛之属，文焕乎简编，行播乎州里。而记载之书，散出无统，有志于稽古尚贤者，盖屡属意焉。然或自秘而失于兵燹，或据所见而为之详略，读者不能无憾也。斋居之暇，窃不自揆，发先世之所藏，搜别集之所录；而友人汪英、黄莆、王宗植暨宗侄隐充，亦各以其所有者来馈，参伍相乘，诠择考订，为甲集六十卷，以载其言；乙集四十卷，以列其行。盖积之三十年始克成也。

呜呼！宣子聘鲁，而嘉周公典籍之大备；孔子说二代之礼，而叹杞宋之难征。则生于其地，而弗究心于一乡之文献，非大阙与？凡吾党之士，抚先正之嘉言懿行萃于此，发高山景行之思，而日从事乎身心，由一家以达四海，使言与行符，华与实称，文章德业，无愧前闻；又进而诵法程、朱氏，以上窥邹鲁，庶几新安之山川所以炳灵毓秀者，不徒重一乡，将可以名天下；不徒荣一时，或可以垂后世。而

---

① （清）纪昀等：《新安文献志提要》，《景印文渊阁四库全书》总第1375册，《集部》第314册，第1—2页。

此编亦不为无用之空言也哉。[①]

王宗植跋

右《新安文献志》，分甲乙两集，共一百卷，文凡一千八十七篇，诗凡一千三十四篇，今太常学士篁墩先生旧所编也。先生编意肇自齐梁而讫于我大明永乐，此后则嗣续编者。宗植盖尝在校勘之列，窃谓宜少引而伸之，否则近世名卿，若亚参方公、宪副庄公、都宪程公、大司寇杨公、少司马吴公、大司马程公及乡先生鲍谥斋、吴可筠诸硕儒，皆不及登载矣。既而郡侯下令，俾六邑先贤之子孙助刊书之费，乐从者甚众众。乃以为是编也既公其事于人，则先生亦有不得专者。宗植乃与高明尹张君旭、上舍郑君鹏、庠生李君汛、程君曾辈，僭取宣德以来诸先达之文五十一篇、诗五十九篇，以类增入，用以满愿见者之心，而一郡之文献益备。虽然先生有功于新安，若山海然，不可尚已。宗植辈乃以篑土涓流助之，诚不自量，而与人为善之美，则先生素心，天下所共志者，不可以不白也。

弘治十年丁巳秋九月望，歙南后学王宗植谨识。[②]

积三十年之功，几乎以一己之力编纂而成的《新安文献志》，汇辑了齐梁以来至明代初年历代有关徽州文献，堪称徽州文献的集大成之作，程敏政对徽州地域文献整理之贡献可谓功莫大矣。程敏政编纂《新安文献志》的目的，并不仅仅在于整理乡邦文献，表彰徽州前哲，以垂教后世，而且更重要的是借抢救、整理和汇辑徽州文献，以弘扬博大精深的徽州地域文化，激发人们对徽州丰厚人文的认同、景仰和自豪之感。在程敏政心目中，建构和强调徽州地域文化认同，其实也是在强化国家认同，毕竟徽州是地大物博的中国之一部分，徽州文化则是中华文化的重要组成部分，

①（明）程敏政辑撰，何庆善、于石点校：《新安文献志》卷首《程敏政·序》，第1—2页。

②（明）程敏政辑撰，何庆善、于石点校：《新安文献志》卷一百下《王宗植跋》，第2613页。

"凡吾党之士，抚先正之嘉言懿行萃于此，发高山景行之思，而日从事乎身心，由一家以达四海，使言与行符，华与实称，文章德业，无愧前闻。又进而诵法程、朱氏，以上窥邹鲁，庶几新安之山川所以炳灵毓秀者，不徒重一乡，将可以名天下；不徒荣一时，或可以垂后世"①。正是基于这一宗旨，程敏政才不惜耗半生之力，广征博引，详加考订，荟萃赅备，最终完成了《新安文献志》的编纂任务。可以说，程敏政及其所纂修的《新安文献志》，在徽州文献抢救、整理和徽州文化地域认同的建构中，做出了奠基性和开拓性贡献。如果再加上他纂修的《道一编》《新安程氏统宗世谱》和《程氏贻范集》等著作，那么，无论是对徽州学术思想文化的整理和传播，还是对徽州宗族文献的汇辑与总结，程敏政都堪称是徽州地域文化认同建构与强化过程中的标杆式人物。

继程敏政之后，程曈、赵滂和赵吉士等又次第对徽州学术思想暨文化等进行了系统的梳理和总结，分别为徽州地域文化认同的强化做出了各自的努力与贡献。

如果说程敏政编纂的《新安文献志》吸收了宋元以来前贤的考证成果，正式将程颢、程颐祖籍视为徽州歙县黄墩的话，那么，程曈所编著的16卷本《新安学系录》，则完全将程颢、程颐纳入了徽州的学术谱系，并将其与朱熹前后接续，实现了程朱理学为新安理学正脉的学术谱系建构，并进而使徽州成为传承被认为绝续的孔孟道统衣钵的"云之泰山、河之昆仑"②。在《新安学系录》的《序》中，程曈开宗明义地写道："孟子没而圣人之学不传，千有余岁。至我两夫子始得之于遗经，倡以示人，辟异端之非，振俗学之陋，而孔孟之道复明。又四传至我紫阳夫子，复溯其流，穷其源，折衷群言，集厥大成，而周程之学益著。新安为程子之所从出，朱子之阙里也。故邦之人于程子则私淑之，有得其传者；于朱子则友之事之，上下议论，讲劘问答，莫不充然各有得焉。嗣时以还，硕儒迭兴，更

---

①（明）程敏政辑撰，何庆善、于石点校：《新安文献志》卷首《程敏政·序》，第1—2页。
②（元）胡炳文：《云峰集》卷二《乡贤祠记》，《景印文渊阁四库全书》总第1199册，《集部》第138册，第750页。

相授受，推明羽翼，以寿其传。由宋而元，以至我朝，贤贤相承，绳绳相继，而未尝泯也。"①清康熙三十五年（1696年），程瞳族孙程应鹏进一步对程瞳的思想予以阐发，云："吾家河南二夫子出，越千余载而上接洙泗，非同汉晋隋唐之学者味其糟粕而未尝精华者比。吾二夫子也，实绍先圣之绝学。迨及考亭夫子，又集诸儒之大成。新安之学出于伊洛，伊洛之氏本于新安，此吾家筱山先生所以作《新安之学系录》而首之以二夫子也。"②

从上述文字记述中，我们不难看出，程瞳所建构的徽州学术谱系，在致力于弘扬和传承徽州地域学术文化认同的同时，更是将二程和朱熹视为孔孟道统的承继者，进而阐发了徽州作为"东南邹鲁"和"程朱阙里"的合法地位。因此，程瞳所建构的徽州理学学术谱系的文化认同，其实也具有国家认同的性质。诚如吴曰慎所云："盖举道之全体而归于一人谓之'统'，承其统绪而垂于后世谓之'系'，其实一也。慨自孟子既殁，圣学失传，儒者惟记诵辞章是务，而异端虚寂之教、百家邪诐之流，纷然并作，圣贤统系绝者，千有余年。至宋濂溪周子默契道体，著图与书，上继孔孟，下启二程，天下渐知正学，圣道自此复明。又四传而至紫阳夫子，集诸儒之大成，发先圣之蕴奥，教育英才，四方辐辏，而新安发祥之地，及门私淑，兴起尤多，时则有'东南邹鲁'之号。此富溪程筱山先生《新安学系录》所由作也。然是学也，即尧舜以来之所传，而天下古今之所共者也。乃独归重于新安，何哉？盖二程夫子实忠壮公之后裔，见于印章。朱子以迁闽未久，新安自表，而吾郡继起诸贤，笃守其学，代不乏人，其与金溪之顿悟、新会之静虚、姚江之良知，不啻薰莸判也。是以道统归于程朱三夫子，而学系之正，莫如新安，故独标之，以见上自唐虞，下迨鲁邹，其所以相授受者，皆由此可溯其源，探其本也。"③

---

① （明）程瞳辑撰，王国良、张健点校：《新安学系录》卷首《程瞳·新安学系录序》第1页。

② （明）程瞳辑撰，王国良、张健点校：《新安学系录》卷首《程应鹏·筱山先生新安学系录跋》，第6页。

③ （明）程瞳辑撰，王国良、张健点校：《新安学系录》卷首《吴曰慎·新安学系录序》，第4—5页。

明万历年间，歙县人赵滂汇辑各种文献，并详加考订，纂成《程朱阙里志》，并于万历四十四年（1616年）付诸剞劂。《程朱阙里志》除卷首序外，共有8卷，其目分别为地灵、崇祀、世考、实录、道统、锡典、艺文和识余。关于程朱阙里的得名和《程朱阙里志》的纂修背景与宗旨，参与《程朱阙里志》编次的歙县士子鲍应鳌所撰之《程朱阙里志序》云：

　　程朱之学大明于天下，天下之学宫，莫不崇祀程朱三夫子矣。乃若三夫子肇祥之地，又举而合祀之，则独吾歙。歙之合祀三夫子，则自邑大夫刘侯始。其称"阙里"，盖宋理宗皇帝所表文公宅里，若曰文公朱子绍明孔子之道者也，宜阙里也。而朱学原本二程，二程与朱之所自出，其先世皆由歙黄墩徙，故称"程朱阙里"，所从来远矣。朱久有专祠，二程则始元泰定间，以乡贤祀，云峰胡氏记之，然未与朱合祀也。

　　至国朝，乡先达武城令赵诚之先生作《三夫子源流考》，始欲以三夫子合祀。既而司徒方定之先生亦有合祀议，然未及举也。而刘侯乃毅然撤梵宇，创阙里三夫子之庙貌，一日森严，莫不庆辟邪崇正盛举。又召太学滂，以《阙里志》属之。滂乃精心搜集，遍索群书，掘撼见闻，凡一言一事有关于程朱者，无不载笔。历两载，寒暑不辍，盖用力若斯之勤也，而书且成，日与余往复商订，加纂组删润焉，凡八卷，为志七。志地灵，则星精岳降，光远有耀之秘阐矣；志崇祀，则清庙閟宫，裸献骏奔之仪肃矣；志世考，则勋庸爵里，代有闻人，而祖功宗德之烈彰矣；志实录与道统，则真儒体用，正学宗传，云云煜煜，而圣修道脉之懿昭矣；志锡典与艺文，则宲诰扬芳，鸿篇喝德，斐斐翼翼，而表章翊赞之藻焕矣。余读而叹曰：数百年旷典，一旦鼎新，猗与盛哉！①

---

　　①（明）赵滂辑：《程朱阙里志》卷首《序·鲍应鳌〈程朱阙里志序〉》，清雍正三年紫阳书院刻本，《四库全书存目丛书》总第305册，《史部》第85册，第225页。

　　继《新安学系录》之后，赵汸《程朱阙里志》的纂修与刊刻，标志着程颢、程颐同朱熹一道，作为祖籍歙县黄墩的"三夫子"，在徽州学术史和地域文化史上之地位取得了广泛的社会认同。至清康熙年间，赵吉士辑撰《寄园寄所寄》，于《泛叶寄》卷中专设《新安理学》和《故老杂纪》二目，对新安理学的谱系进一步展开说明与阐释，最终使新安理学学术体系得以完整建构，并使极富地域文化特色的徽州文化得以彰显。尽管其篇幅不大，却以简明扼要的总结性文字，将新安理学和徽州地域文化认同向全国传播，产生了极为广泛的社会影响。

　　延至民国初年，两位来自歙县的徽州乡贤许承尧和黄宾虹，一生致力于乡邦文献、名人和文化掌故、书画、篆刻艺术等文化遗产的抢救、整理与研究，为徽州文化的总结与地域文化认同在新的历史背景下的建构和提升，作出了重大贡献。1908年，署名"黄质"即黄宾虹的作者在《国粹学报》上发表《滨虹羼抹》系列论文，首次从学术上对新安画派及其代表人物进行了系统的梳理和总结，初步勾勒了新安画派源流和演变的轨迹。此后，无论是在其往来书简，还是其撰写的人物传记中，黄宾虹对新安画派及其代表人物的生平特别是绘画风格与成就，都有较多的论述。不过，他对新安画派的研究及其成果，集中体现在《新安派论略》《新安画派源流及其特征》《渐江大师事迹佚闻》《黄山丹青志》《增订黄山画苑论略》和《绩溪画家传略》等数篇宏文上。关于新安画派的名称由来，黄宾虹经过认真考订之后，撰文《新安画派论略》，指出："昔王阮亭称新安画家，宗尚倪黄，以渐江开其先路。歙僧渐江，师云林，江东之家，至以有无为清俗，与休宁查二瞻、孙无逸、汪无瑞，号新安四大家，新安画派之名，由是而起。"[1]关于新安画派的发展脉络，尽管囿于时间和精力等原因，黄宾虹终其一生未能完成一部完整的《新安画派史》的撰写，但他确实为我们厘清了新安画派的基本轮廓及其代人物。他将新安画派分为新安画派之先、新安派同时者、新安四大家和清代新安变派画家，并列出了其代表性

---

[1] 卢辅圣、曹锦炎主编：《黄宾虹文集·书画编（下）》，第20页。

人物。在《新安画派之先》中，他把明代新安画家作为新安画派之先。在《清代新安变派画家》中，他将程士镳、僧雪庄、程松门、方士庶、黄椅和吴之驎作为清代新安画派的变派画家。在对这些新安画派画家及其成就的评价中，黄宾虹有一段十分精彩、画龙点睛的阐述：

> 论者独以新安画派为近雅。然新安画家，前乎渐江者，为丁南羽、郑千里，道释仙佛，山水花鸟，靡不精妙，兼工诗词；李长蘅、程孟阳，品行文章，见重于世，文翰之余，雅擅水墨。后乎渐江者，程松门、方循远，师资授受，家学渊源，各有专长，无愧作者。至若萧尺木、汪元植、吴去尘、李杭之、凌起翔，虽与渐江同时，尚沿文、沈之旧，惟戴鹰阿、程穆倩、汪璧人、谢承启、郑遗甦、汪素公、汪允凝，多宗倪黄。而程士镳、僧雪庄，已变新安派之面目，黄柳溪、吴子野，转移于江淮之余习，尽失其真。要之山林野逸，轩爽之致，未可磨灭，犹胜各派之萎靡，独为清尚之风焉。①

由此可见，黄宾虹对历史上新安画派及其代表人物艺术特色与贡献的总结，依然是宋明以来诸多徽州先贤对徽州地域文化认同建构的继续。特别是其在与许承尧的通信中，率先提出了"徽学"概念，指出："歙中他姓族谱记载轶闻，往往有所见。如见书画篆刻之人，能分类录存，亦徽学之关于国粹者，祈公赞助之"②，并阐释了徽学和国粹之间的关系。可见，在黄宾虹的心目中，"徽学"对中国的国粹具有重要影响，是国粹的重要组成部分。后来，他还在与许承尧的通信中提出了"歙学"的概念。1937年，在与许承尧的信函中，黄宾虹进一步提出了"宣歙国学"的概念，认为"宣歙国学占中邦最高地位，至今任其销沉，极为可惜"③。

从"徽学""歙学"到"宣歙国学"概念的不断提出，反映了黄宾虹

---

① 卢辅圣、曹锦炎主编：《黄宾虹文集·书画编（下）》，第20—21页。

② 卢辅圣、曹锦炎主编：《黄宾虹文集·书信编·与许承尧》，第162页。

③ 卢辅圣、曹锦炎主编：《黄宾虹文集·书信编·与许承尧》，第154页。

对徽州历史文化、文物文献研究价值认识的不断深化，同时也说明作为一门独立学术研究领域，徽学所处的萌芽阶段的稚嫩和不成熟。但不可否认的是，黄宾虹对徽学学科发生和早期建设确实做出了卓越的贡献，是徽学学科萌芽阶段的奠基人和开创者，更是徽州文化认同建构中发挥卓越作用的绝响。

许承尧则一生致力于徽州乡邦文献的抢救、收集、整理和研究。除主笔总纂并于民国二十六年（1937年）出版了16卷本《歙县志》，对歙县历史文化进行总结与阐释外，许承尧还广泛搜罗搜辑有关歙县暨徽州的各种文献与掌故，汇编成31卷本的《歙事闲谭》（又名《歙故》）。诸伟奇在为点校整理许承尧《歙事闲谭》一书所作的《序》文中，对许承尧的学术贡献进行了高度评价，指出："二十世纪二三十年代以许承尧、黄宾虹为代表的学人对徽州文化的关注和所做的大量工作，可不可以视作徽学研究的早期阶段或预备阶段？这些问题，当然尚有待学术界通过深入的研究，从而得出科学的结论。……本书几乎揽括了当今徽学研究领域的所有问题，对徽歙文化的各种现象都进行了较为全面的整合和展示，为徽学研究提供了一系列的重要资料和线索。可以这样说，在许承尧之前没有任何人、在《闲谭》之前没有任何书，如斯人斯书这样对徽歙各种文化现象给予如此丰富而精致的载述。即使在《闲谭》问世以后的六十余年间，尽管徽学界在研究的学理性和专题的深度、力度上有了重大的进展，但像《闲谭》这样从原始文献出发、全面展示徽歙历史文化、具有学术见解的史料长编，仍告阙如。从这个意义上说，许承尧为徽学研究的先导，《歙事闲谭》为徽学研究的开山之作，似尚不为过誉。"[1]

可见，在民国改元后这一新的历史条件下，许承尧和黄宾虹对历经近千年徽州地域文化认同完整体系建构的最终完成和现代意义上的徽学学科建设，作出了不可磨灭的贡献。

---

[1]（民国）许承尧撰，李明回、彭超、张爱琴校点：《歙事闲谭》上册《序二》，第18—20页。

第十章　明清徽州本土和域外对徽商形象
认同的差异

作为由徽州府歙县、休宁、婺源、祁门、黟县和绩溪六县商人所组成的地域性商人群体，徽商起源很早，南宋时期初具规模，但形成特定专有名称——"徽商"，则是在明代。据王振忠考证，"徽商"一词最初出现在明代正德年间（1506—1521 年），至万历（1573—1619 年）时，"'徽商'一词在社会上的使用已极为普遍"[①]。

其实，在"徽商"一词成为徽州府属六县商人的专有名词之前，徽州本土和域外知识与文化精英就已有目的地开始塑造徽商"儒商"形象了，而且两个不同精英群体对徽商形象的塑造呈现出巨大的差异。

那么，徽州本土精英塑造的徽商形象如何？徽州域外精英笔下的徽商又是怎样？两者产生差异甚至是巨大差异的动机、目的和深层次原因何在？本章在学术界现有成果的基础上，根据所掌握的史料，对以上问题进行探讨与分析。

一、徽州本土精英及乡土文献对徽商形象的塑造

明清时代的徽商秉承中国传统儒家文化的宗旨和教条，将三纲五常特别是五常思想与经商实践相结合，从而创造了独具特色的儒商文化。正是

---

① 王振忠：《明清文献中"徽商"一词的初步考察》，《历史研究》2006年第1期。

凭借儒家的五常思想，依靠灵活的经营方略，徽商在变幻莫测的商海中辛勤开拓，矢志拼搏，获得了空前的成功，成为富甲一方的地域性商帮群体。徽商也因此被徽州本土精英塑造为讲求仁、义、礼、智、信的道德楷模，"虽为贾而超于贾，不为儒而深于儒"①的"儒商"，并在徽州本土形成了较为广泛的社会认知与形象认同。

概括而言，在明清乃至民国的徽州族谱、方志、文集和杂记中，徽州本土精英塑造徽商"儒商"形象，主要有以下几个方面：

一是宅心仁厚、好义乐施的仁商。在明清时期的徽商队伍中，不乏科场失意而被迫弃儒从贾者，徽州本土精英由此而不惜笔墨地盛赞他们拥有不为良相、即为良贾的品质，称其在商业经营中，能秉持"宅心仁厚……，好义乐施"②的理念。嘉靖休宁县《率东程氏重修家谱》就曾盛赞该族明代商人程世瑞（1457—1521年）"以勤俭拓家，以忠厚接人，以恩爱睦里闬，故人咸以长者目之。间挟资游吴越，随意所适，不作登垄态"③。明代歙县许村商人许天志（1479—1535年）则被塑造为诚信积善的道德楷模，称"公贾黄池，义声浃洽，虽童稚亦以公为信人"。他曾诫谕诸子曰："世有祖富贵而孙无宿粮者，吾见之可为太息。吾家丰衣足食，盖六世于兹矣，皆祖宗积善之所留也，汝等得无念？"又曰："凡事合理，便是积善，彼供佛持斋者，非善念也，乃徼福耳。……心田不肯荒，何用置田庄。"④在徽州各大宗族的谱牒和方志等乡土文献中，明清时期的徽商常常被形塑为恪守传统儒家五常精神的儒商典范。

二是贾道儒行、以义为利的义贾。在明清时期的商业经营活动中，大部分徽商都能按照传统儒家的道德规范进行经营，在竞争激烈的市场中，坚持贾道儒行、以义为利的原则，做到义利兼顾、诚信经营，并最终赢得顾客和市场，取得了成功。无论从事何种商业经营，在徽州本土的文献

① 崇祯《古林黄氏族谱》卷四《谱文苑·处士仲纯公传》。
② 万历《新安许氏世谱》卷六《寿永弼许君七旬序》，清康熙抄本。
③ 嘉靖《率东程氏重修家谱》卷四《十六世·世二公》，明嘉靖四十二年刻本。
④ 隆庆《新安歙北许氏东支世谱》卷八《处士立斋许公行状》，明隆庆三年抄本。

中，徽商总是被形塑为"浑厚中正，光明洁白。苟非其义，一介不取"①的义贾。明代休宁县古林典商黄志垕在回答其家世业儒至其父时转业贾之区别问题时，曾指出："儒固所以成吾身，商亦所以利其家也。古人有儒而隐于商者，要之勿以利害义焉斯已矣。"事实上，黄志垕身体力行，践行了自己的诺言，胡大器在《处士黄公志垕行状》中，不惜笔墨地称颂黄志垕"服食淡薄，不事华靡。宾祭诚笃，不用虚饰。其游于外，交友惟敬，接下惟宽。虽处交易争利之场，一以礼义自律而弗苟也"②。

三是艰辛开拓、锐意进取的"徽骆驼"。明清时期的徽商具有艰辛开拓、敬业执着的精神，他们不惮劳苦，备尝艰辛，任重致远。万历《休宁县志》在描绘休宁商人开拓进取的行为时，称其"籍怀轻资，遍游都会，因地有无以通贸易，视时丰歉以计屈伸。诡而海岛，窅而沙漠，足迹几半寓内。近者岁一视家，远者不能以三四岁计矣。夫捐家室，冒风波，濒死幸生，求哺嗷嗷之数口"③。在瞬息万变的市场中，徽商能抓住机遇，奋志经营，并创造了"无徽不成镇"④的局面。许多徽商终年奔波于江湖，一生营商不止，"往往挟轻资以贾四方，贸平而取廉，多获赢利，老乃倦息"⑤，直到耗尽了青春和生命，方才停息。徽商的这种开拓精神，不仅仅表现在其本人一生无悔投入商业的行为方面，更体现在商人家族对商业世代不懈、前赴后继的执着和追求之中。举族经商是其在经营活动过程中形成的一个重要特色，故"一家得业，不独一家得食焉而已，其大者能活千家百家，下亦至数十家数家，且其人亦皆终岁客居于外，而家食者亦无几焉"⑥。用万历《歙志》的一段文字来说，就是：

---

① 万历《新安许氏世谱》卷六《序·寿东井许君裒六华诞序》。
② 崇祯《古林黄氏族谱》卷四《谱文苑·处士黄公志垕行状》。
③ 万历《休宁县志》卷一《舆地志·风俗》。
④ 民国《歙县志》卷一《舆地志·风土》。
⑤ 万历《休宁县志》卷首《序》。
⑥ (明)金声：《金正希先生文集辑略》卷四《与歙令君》，《四库禁毁书丛刊》总第173册，《集部》第50册，北京出版社2000年版，第522页。

　　吾邑之不能不贾者，时也，势也，亦情也。太史公之时，江淮以南，地广人稀，食土之毛，人足自给，无事贾也。乃今邑之人之众，几于汉一大郡，所产谷粟，不能供百分之一，安得不出而糊其口于四方也？谚云"以贾为生"，意不贾则无生，奈何不亟亟也？以贾为生，则何必子皮其人而后为贾哉？人人皆欲有生，人人不可无贾矣。……总之，则其货无所不居，其地无所不至，其时无所不鹜，其算无所不精，其利无所不专，其权无所不握。[1]

　　"不贾则无生"，徽商就是在这样一种时、势和情的逼迫下，为了生存和生计，踏上了捉摸不定的漫漫经商之路，并在不断的开拓进取中获得了经营上的成功。

　　四是诚实经营、信誉至上的诚信商人。在商业活动中，明清时期的徽商大都能恪守诚信原则，注重商业信誉，信守商业承诺，拒售伪劣商品。歙县许村商人许文才在经营中"贸迁货居，市不二价"，建立了良好的信誉，以致"适市有不顾之他而顾之公者，亦信义服人之一端也"[2]。歙县《丰南志》曾引用该村成功商人吴南坡的话云："人宁贸诈，吾宁贸信，终不以五尺童子而饰价为欺。"[3]制售过期变质的假冒伪劣商品，以假充真，以次充好，历来是投机奸商获取商业暴利的惯用伎俩之一，徽商则拒绝出售假冒伪劣商品。清代婺源县官桥茶商朱文炽贩运茶叶至广东销售，因路途耽搁，新茶已经成陈茶。本着诚信的原则，朱文炽在与客户的交易文契上，"必书'陈茶'两字，以示不欺。牙侩力劝更换，坚执不移"，以致所售茶叶"屯滞二十余载，亏耗数万金，卒无怨悔"[4]。清代休宁县冰潭商人吴鹏翔在贩运四川稻米数万石至汉阳时，适逢当地饥荒，"计之可获利数倍"，但他义无反顾悉数将米"减值平粜，民赖以安，自大吏至郡县，

---

① (明)谢陛撰，张艳红、王经一点校：《歙志》传卷十志二十《货殖》，第415页。

② 隆庆《新安歙北许氏东支世谱》卷八《逸庵许公行状》。

③ 康熙《古歙岩镇东礀头吴氏族谱·吴南坡公行状》(不分卷)，清康熙抄本。

④ 民国《婺源县志》卷四十一《人物十一·义行七》。

咸与嘉奖"。随后，在一起800斛胡椒的交易中，有人辨其有毒，在"售者请毁议"的情况下，吴鹏翔"卒与以直（同'指'——引者注）而焚之，惧其他售而害人也"①。就这样，吴鹏翔宁可自己蒙受巨额损失，也不愿销售含毒的伪劣胡椒商品，并以"焚毁"的方式，有效避免了一起可能发生的食物中毒事件。徽商这种诚信经营的理念，至清末绩溪县胡里商人胡雪岩时被发展到了极致。胡雪岩在其经营的杭州庆余堂药店营业大堂上方，专门悬挂一块"戒欺匾"，匾上镌刻数行文字，云："凡百货贸易，均着不得'欺'字，药业关系性命，尤为万不可欺。余存心济世，誓不以劣品弋取厚利，惟愿诸君心余之心，采办务真，修制务精，不至欺余以欺世人，是则造福冥冥，谓诸君之善为余谋亦可，谓诸君之善自为谋亦可。"②

五是善观时变、懂经营、会管理的智慧商贾。明代休宁县古林黄一渠经营于浙江德清，因"持筹有心计，观百货之情，逐时斗捷"③，善于观察和把握市场行情，很快即获大利而成为富甲一方的大贾。清初歙县傅溪徐次公经营于芜湖，"择人任时，足不履市，市不二价"④，因而致富。雍正《潭渡孝里黄氏族谱》在总结先后经营于福建和山东的明代歙县商人黄谊的成功经验时，称其"稍长贾于闽、鲁，基之以勤俭，参之以筹画，将之以果敢，颇以奇胜。未足自协，遂转毂于温、于杭及汴、扬都会之区，盐与子钱并举，择人而任时间出，廉贾能度，息更倍入，厚积而速成，同侪莫之或及"⑤。休宁藤溪陈氏宗族亦在记述该族商人成功的原因时云："吾都雅尚商贾，挟智而游者，受上报。"⑥也就是说，徽商利用自己的商业智慧与谋略，因时因地制定有针对性的营销策略，从而使自身在经营中不断取胜。

六是贾而好儒、风雅倜傥的儒商。在明清时期徽州本土的精英与民众

① 道光《休宁县志》卷十五《人物·乡善》。
② 匾现仍悬于浙江省杭州市胡庆余堂药店大堂上方。
③ 崇祯《古林黄氏族谱》卷四《谱文苑·处士一渠黄公行状》。
④ 乾隆《傅溪徐氏族谱》卷十二《徐次公行状》，清乾隆二年刻本。
⑤ 雍正《潭渡孝里黄氏族谱》卷九《黄东泉处士行状》。
⑥ 康熙《藤溪陈氏宗谱》卷三《本宗列传第十六》，清康熙十二年刻本。

心目中，徽商形象大多"商名而士行，不汩汩于声利之域"①，堪称儒商典范。不少徽商在总结其成功实践经验时指出："服商贾之事，而心否计然之术，惟延访诸士人，乐闻礼义以自褆式，故家虽殷裕而接物樊事敬让以和，罔旷逸骄纵之习。"②曾为徽商撰写了大量墓志铭、传记、行状和寿序的明代歙县岩寺人、兵部右侍郎、号称"文坛两司马"之一的汪道昆，因祖父即从事盐业经营而成为商人世家，故对徽商贾而好儒、风雅倜傥形象的描述与建构用力最勤。在他笔下，一个个贾而好儒的徽州儒商形象跃然纸上，汪道昆亦因此成为徽州籍精英对徽商正面形象建构的最具代表性的人物之一。在为歙县溪阳里商人吴良儒撰写的墓志铭中，汪道昆写道："人言诸吴固多上贾，而处士之贾也良，其握算如析秋毫，其计赢得如取诸外府，其发也如贾大夫射雄，其掇之也如丈人之承蜩……暇则闭户翻书，摹六书、古帖，其知交率远贵游而亲尔雅，无不当人人心。"③汪道昆还借吴良儒之口，深刻阐发了贾儒和名利之间的关系，曰："儒者直孳孳为名高，名亦利也；藉令承亲之志，无庸显亲扬名，利亦名也。不顺不可以为子，尚安事儒？"④在盐商聚居的清代扬州，贾而好儒的徽商"盛馆舍，招宾客，修饰文采"⑤，不惜斥巨资资助文人致力于学术文化事业的探讨。在扬州经营的徽州盐商周围，聚集了一批又一批学者与文人，以致"怀才抱艺者，莫不寓居于此"⑥。徽商对学术事业的资助，直接促成了"徽扬学派"的产生，所谓"徽郡大姓，如汪、程、江、洪、潘、郑、黄、许诸氏，扬州莫不有之，大略皆因流寓而著籍者也。而徽扬学派，亦因以

---

① 崇祯《古林黄氏族谱》卷四《谱文苑》。

② 万历《新安许氏世谱》卷六《寿节妇罗孺人六十序》。

③ （明）汪道昆撰，胡益民、余国庆点校：《太函集》卷五十四《明故处士溪阳吴长公墓志铭》，第1044页。

④ （明）汪道昆撰，胡益民、余国庆点校：《太函集》卷五十四《明故处士溪阳吴长公墓志铭》，第1143页。

⑤ 民国《歙县志》卷一《舆地志·风土》。

⑥ 汪蔚林编：《孔尚任诗文集》卷七《札·与李曔佩》，中华书局1962年版，第540页。

大通"①。在苏州，歙县商人潘之恒"以文名交天下士"②。在南京，婺源商人李廷芳"与留都诸缙绅游，皆以行谊相推重"③。贾而好儒的徽商参与对经商地教育和学术文化事业的活动及资助，实现了同当地官员、商人、文人和百姓在文化交往与交流中的互动、共识与认同。

明清时期，徽商还酷爱书籍、书画、碑帖和古器物的收藏。对此，黄次荪曾慨叹道：

> 余生也晚，里中耆宿，多不及见，犹及见王杏骊、汪艺梅、曹芙裳诸先生，皆风雅，好奖进后学，兼工鉴赏。而是时休、歙名族，如程氏铜鼓斋、鲍氏安素轩、汪氏涵星研斋、程氏寻乐草堂，皆百年巨室，多蓄宋元书籍、法帖名墨、佳砚、奇香、珍药，与夫尊彝圭璧盆盎之属。每出一物，皆历来赏鉴家所津津乐道者。而卷册之藏，尤为极盛。诸先生往来其间，每至，则主人为设寒具，已而列长案，命童子取卷册进，金题玉躞，锦贉绣褫，一触手，古香经日不断，相与展玩叹赏，或更相辨论，断断不休。某以髫龄随侍长老座隅，盖往往见之。恨尔时都无所知，百不能一二记忆也。④

明清时期的徽商，就是这样一代一代被包括其所在宗族在内的徽州籍文化和知识精英描绘成贾而好儒的"儒商"形象，不仅在经商地，而且在徽州本土也获得了广泛的社会认同。

七是节衣缩食、勤俭起家的廉贾。因山多田少、人众地寡，且少量的耕地又十分贫瘠，所产之粮难以自给，故自唐宋以来，徽州就形成了节约

---

① (民国)陈去病：《五石脂》(不分卷)，(清)顾公燮、(民国)陈去病等撰，甘兰经等点校：《丹午笔记　吴城日记　五石脂》，江苏古籍出版社1999年版，第326页。

② (明)汤显祖：《玉茗堂全集·文集》卷十三《有明处士潘仲公暨吴孺人合葬墓志铭》，《续修四库全书》总第1362册，《集部》第62册，第506页。

③ 万历《三田李氏统宗谱·仲父光禄寺署丞冲源先生行状》，明万历四十二年刻本。

④ (民国)许承尧撰，李明回、彭超、张爱琴校点：《歙事闲谭》卷二十《咸丰前歙人收藏之富》，第707页。

勤俭的风气。对此，弘治《徽州府志》曾云："六县山壤限隔，俗或不同。歙附郭，其俗与休宁近，读书力田，间事商贾；绩溪之俗有二：徽岭以南，壤瘠而民贫，岭北，壤沃而民饶；黟则民朴而俭，不事商贾；祁门则土隘，俗尚勤俭，男耕女织，以供衣食；婺源乃文公桑梓之乡，素习诗礼，不尚浮华。"①嘉靖《徽州府志》亦称徽州人"贫者日再食，富者三食。食为饘粥，客至不为黍。家不畜乘马，不畜鹅鹜。其啬日日以甚，不及姑苏、云间诸郡"，至于女人，则"尤号能俭，居乡者数月不沾鱼肉，日挫针治缲纫绽。黟、祁之俗织木绵，同巷夜从相纺绩，女工一月得四十五日"②。徽商大都小本起家，在辛勤经营、勤劳致富后，大多能维持淳朴俭约的生活。明代休宁西门汪岩福经商致富后，"务为节约，与家人同艰苦，大布之衣，大帛之冠，脱粟之饭，身自甘之"③。珰溪人金应宿在其纂修的《珰溪家谱补戚篇》中，将依靠经商致富的明代族人金文海视为"以勤持己，以俭率诸人"④的典型而倍加赞赏。清初歙县籍商人江演于扬州经营盐业致富后，"处家至俭，一布袍屡浣不易，一茧被数十年不更，制非筵宴，尝蔬茹，无浓鲜之奉"。对此，道光《济阳江氏族谱》赞其"有齐晏子风"⑤。直到晚清时期，徽商的勤俭形象一直被徽州本土精英们所建构和推崇。宣统元年（1909年），婺源人汪镜芙在徽州知府刘汝骥提交的《婺源风俗之习惯》调查报告中，对婺源商人衣着服饰崇尚朴素节俭的传统有着细致的描述与说明，云："婺邑二十年前，服饰崇朴素，富商大贾往来江淮、吴越间，皆穿土布衫。虽茶寮酒肆之中、楚舞吴歌之地，

---

① 弘治《徽州府志》卷一《地理志一·风俗》。

② 嘉靖《徽州府志》卷二《风俗》。

③ 顺治《休宁西门汪氏宗谱》卷九《明光禄寺署丞乡大宾岩福公暨配金孺人墓志铭》，清顺治九年刻本。

④ 万历《珰溪[金氏]家谱补戚篇》卷五《文翰·明故盛四十五金君墓志铭》，明万历十四年刻本。

⑤ 道光《济阳江氏族谱》卷九《清诰赠光禄大夫演公原传》，转引自张海鹏、王廷元主编：《明清徽商资料选编》，第381页。

莫不称婺源朝奉。"①尽管徽州籍精英在徽州方志、文集和杂记等文献中，对个别徽商的奢侈性消费行为亦有所提及，但多以批判的口吻予以告诫。

八是善于公关、官商一体的红顶商人。在长期进行商业经营与管理实践中，明清时期的徽商深谙公关之道，善于利用公关艺术，同官府中的徽州籍官员以及经商地的地方官府和士绅进行周旋。所谓"休俗，挟资豪侠者，多往来达官贵人，以相炫耀"②。清康熙年间，在安庆经营盐业的歙县徽商徐枚频繁与安徽巡抚、布政使、按察使等官员往来："居皖年久，惠泽及人，不特都人士爱慕之，即大中丞张公、靳公、徐公相继抚皖，胥重公名，以布衣见，莫不改容而礼，以故新安戚属道经于皖，必诣公门，上而藩臬，亦逶迤造庐焉。"③把善于公关、结交官府发展到极致的，还有绩溪商人胡雪岩。这位被誉为"江南财神爷"的红顶商人，不仅广交官府如浙江巡抚王有龄等，操纵商场，穿梭洋行，而且为清政府镇压太平军和协助左宗棠平定阿古柏叛乱、收回新疆主权捐款捐物，做出了突出的贡献，被授予了江西候补道员的官衔。

最后是以众帮众、相互支持和抱团取暖的商帮群体。徽商经商于外，商海茫茫，人地两生，险恶难测。他们深知"波涛千派，挂风帆益励战兢之心；星月一天，摇夜橹更防窥伺之辈"④。凶险的江湖社会，迫使徽商不得不团结起来，抱团取暖，集中全力，共同对外。在异地他乡，徽商大量建立会馆和行业公所，并以此为据点，团结同乡之人，互相帮助，协力并进。在清嘉庆年间的六安直隶州，来自歙县等地的汪贞吉等为创建新安会馆，和六安土著发生了矛盾纠纷与诉讼，被当地绅士熊步芳等以"建造会馆，有碍学宫风水"而控告。为打赢官司，维护徽商的群体利益，以汪贞吉、程辉宇等为代表的徽商不惜动用全部力量，越诉至两江总督、安徽巡抚等处，同当地士绅进行诉讼，并直接导致六安直隶州知州沈南春因处

① (清)刘汝骥编撰，梁仁志校注：《陶甓公牍》卷十二《法制科·婺源风俗之习惯》，第246页。

② 顺治《休宁西门汪氏宗谱》卷六《乡善狮公墓志铭》。

③ 乾隆《皇呈徐氏族谱》卷十二《外传·汉枚徐公传》，清乾隆五年刻本。

④ (清)佚名：《生意手册·标舡规单》，清抄本。

置不力而被革职，最终赢得了诉讼，"高竖梁柱，掘挖丈余坑坎"，建立起了新安会馆，并按"必须壮丽，以足瞻观"①的标准，同时创建了徽国文公祠。当然，这一官司之所以能够最终获胜，悉赖六安徽商的同仇敌忾、一致对外。

二、徽州域外文人学士笔下的徽商形象

徽州籍知识和文化精英所塑造的徽商正面形象，在徽州本土赢得了普遍的社会认同，这种认同与徽州地域文化认同一样，深深扎根于徽州六县的土壤和士民心中。

然而，在徽州本土之外，明清时期徽商的形象却并非如此。恰恰相反，除了收取不菲润笔费的部分官员和文人在其所撰写的墓志铭、行实和寿序等文字中，对徽商贾而好儒、以义为利和诚实守信形象发出言不由衷的赞誉之外，其他诸如徽商经商之地的方志和杂记文献中，对徽商形象的描述实在不堪。在徽州域外的知识和文化精英笔下，徽商被塑造成悭吝、奢侈、鄙陋、薄情、猥琐、巧取豪夺、附庸风雅和为富不仁的暴发户，个别白话小说或笔记文献，甚至借主人公之口将徽商痛斥为"徽狗"②。

概括而言，明清时期徽州本土之外文献所描述的徽商主要有以下几个负面形象。

其一是为富不仁、敲骨吸髓的重利轻义之徒。明清时期的徽商尽管乐善好施、以义为利，对捐助公益和慈善事业投入了大量的资金③，赢得了"轻利重义"④的"儒商"和"义商"赞誉，但在徽州本土之外特别是在其经商之地，徽商则被视为为攫取商业暴利不惜敲骨吸髓、为富不仁的"徽

---

① （清）汪家麟：《嘉庆朝我徽郡在六安创建会馆兴讼底稿》（不分卷），清抄本。

② （明）凌濛初：《初刻拍案惊奇》卷十五《卫朝奉狠心盘贵产，陈秀才巧计赚原房》，黄山书社1995年版，第133页。

③ 参见卞利：《徽商与明清时期的社会公益事业》，《中州学刊》2004年第4期。

④ 道光《济阳江氏族谱》卷九《明处士世禄公传》，转引自张海鹏、王廷元主编：《明清徽商资料选编》，第288页。

狗"。明代中叶以降,徽商几乎垄断了江南地区的典当业,在为当地民众调剂余缺、解决一时燃眉之急的同时,也确实存在轻义重利、盘剥和攫取不义财富的现象,从而导致当地利益受损者的忌恨。在明代松江府,"成化末,有显宦满载归,一老人踵门拜不已。宦骇问故,对曰:'松民之财,多被徽商搬走,今赖君返之,敢不称谢。'"①康熙浙江《平湖县志》甚至说:"商横民凋,湖人之髓,其足供徽人嗜吸耶?"②《此中人语》则云:"近来业典当者,最多徽人,其掌柜者,则谓之'朝奉',若辈最为势利。观其形容,不啻以官长自居,言之令人痛恨。"③清代康熙中叶,在扬州的一处徽商聚居区,数十家居民墙壁上一夜之间被神秘地贴满了"为富不仁"的揭帖。据金埴《不下带编》云:"流闻邗卤贾数十家,于康熙四十余年某月日,一夕间,家家门首墙版之上,各题曰大字,率多不祥之语。主人旦起见之,谓此不过小人忌妒,乘昏偷写,以快私忿耳。迨见家家题遍,玩其笔势,无弗逼肖董文敏,如悉出一腕者。且数十家居止参错,夜阑人静,为时几何?断非人力所能为。仙耶?妖耶?且惊且愕,一时传为怪事云。"④由斯可见,徽商的为富不仁行径,深受经商地士庶的鄙视和憎恶。

其二是充满铜臭味的附庸风雅之辈。在徽州本土知识与文化精英所编撰的族谱、方志等文献中,明清时期徽商贾而好儒,捐资助学,资助学术,作诗赋词,收藏书画、碑帖和古董等,备受推崇与赞扬。在明代中叶以降徽商聚居的"九省通衢"汉口,徽商出资创办或赞助了包括甲辰诗社和巴氏吟宴等会社组织⑤,与当地文人雅士诗词"宾主倡酬,殆无虚日,

---

①（明）李绍文:《云间杂识》卷一《松人返松财》,上海瑞华印务局1935年排印本,第9页。

②康熙《平湖县志》卷四《风俗》,清康熙二十八年刻本。

③（清）程趾祥:《此中人语》卷三《张先生》,上海申报馆1884年排印本,第4页。

④（清）金埴:《不下带编》卷五《杂缀兼诗话》,《不下带编　巾箱说》,中华书局1982年版,第87页。

⑤（民国）王葆心著,陈志平等点校:《续汉丛口谈》卷五,湖北教育出版社2002年版,第120页。

'新雨联吟''落枝倡和'之集，［曹问林］［方岩夫］两翁皆与诗会，兴不少衰"①。歙县商人黄承增、方轸等还为之刊刻了《新雨联吟集》。徽商的这些行为，深为徽州本土精英们所推崇，被其视为是徽商儒雅形象最有力的见证。然而，徽商贾而好儒、舞文弄墨和斥巨资收藏书画、古董等名品的行为，却被徽州本土之外的文人学士斥责为附庸风雅之举，受到了他们的鄙夷和不齿。即使是闻名全国的一些明清文人和学者，尽管在其著作中留下了不少称颂徽商的序文、行状和墓志铭等文字，但除了收下数额不菲的润笔费之外，在内心深处，他们还是非常鄙夷和蔑视徽商那副暴发户嘴脸的。为此，个别文人甚至用"新安耳食"②和"铜山钱库"③来嘲讽徽商购置名画附庸风雅之举。连一向同徽州商人及官员来往较密、交情甚笃的王世贞，都曾不屑一顾地当着休宁艺术家詹景凤的面，对徽商与苏州文人之间相互利用、各取所需的关系进行揶揄，云："新安富贾见姑苏文人，如蝇之聚一膻。"詹景凤倒是也不示弱，笑回之以"姑苏文人见新安富贾，亦如蝇之聚一膻，何也？"④明清知名文人和官员们很清楚，自己同徽商之间其实就是一种彼此利用的关系。因此，当崇祯十五年（1642年）钱谦益假游览黄山之机，用重金赎回被徽商购买的王维《江山霁雪图》之时，充满着对徽商的鄙夷之情。对此，钱谦益曰："冯祭酒开之先生得王右丞《江山霁雪图》，藏弄快雪堂，为生平鉴赏之冠。董玄宰在史馆，诒书借阅，祭酒于三千里外械寄经年，而后归祭酒之孙研祥，以玄宰借画手书装潢成册，而属余志之。……祭酒殁，此卷为新安富人购去，烟云笔墨堕落铜山钱库中三十余年。余游黄山，始赎而出之，如丰城神物，一旦出于狱

---

① （清）范锴著，朱忱等校释：《汉口丛谈校释》卷五，湖北人民出版社1999年版，第318页。

② （明）沈德符：《万历野获编》卷二十六《玩具》，中华书局1959年版，第653页。

③ （清）钱谦益：《牧斋初学集》卷八十五《题跋三·跋董玄宰与冯开之尺牍》，《续修四库全书》总第1389册，《集部》第89册，第434页。

④ （明）詹景凤：《詹氏性理小辨》卷三十八《攡藻下》，《四库存目丛书》总第624册，《子部》第112册，第510页。

底，二公有灵，当为此卷一鼓掌也。"①由斯可见，当时东南地区的文人名士对徽商满身铜臭气的鄙视与不屑。

其三是一副吝啬薄情、行为猥琐的嘴脸。在徽州本土，明清时期徽商的吝啬是被作为勤俭节约的美德而加以正面形塑的。而在徽州本土之外，特别是在徽商较为集中的江南地区，徽商的吝啬则被当地知识和文化精英们塑造为薄情与猥琐的形象而加以嘲讽及斥责。明代小说家凌濛初在其《二刻拍案惊奇》中曾指出："徽州人有个僻性，是'乌纱帽''红绣鞋'，一生只这两件不争银子，其余诸事悭吝了。"②清人董含则在《三冈识略》中记录了徽州汪、程二大姓富商因为鄙吝而受到因果报应的事迹，云："新安有富人二：一程，一汪，以贾起家，积财巨万。性鄙啬，虽产日广，而自奉弥俭。以重利权子母，持筹握算，锱铢必较。汪无子，病将革，族人争立，抢夺一空，奴辈各攫资散去，汪卧床不得食，引首四顾，饮恨而卒。程三子，长子获与乡荐，贪济以横，田宅益广。遇乱，怨家群起劫之，被杀，余二子、五孙皆死于兵。"③明清时期的徽商在徽州本土之外的文人学士与民众心目中的形象，远非如徽州本土文献和知识精英们所描绘的那样光鲜。其实，即使是在徽州本土，徽商的薄情与吝啬也多有记录。明清时期歙县皇呈徐氏是富商大贾辈出之望族，但在外经营致富者却乐不思蜀，任其桑梓故里先人枯骨暴露于野。对此，清乾隆歙县《皇呈徐氏族谱》作者怒云："人羡其栋宇巍峨，裘马丽都，不知其祖父枯骨日暴风凄，垒垒之高曾，泉台泣馁，是其先人之惨景也，伤哉！安用此豪富子孙为？……夫人何异于禽兽？"而当清初徐氏宗祠两庑为雷电所击而颓圮、宗族动员捐输修缮时，素称乐善好施的徐氏富贾们则呈现出另一副嘴脸，"几富饶咸及，皆吝于捐输"④。

---

① （清）钱谦益：《牧斋初学集》卷八十五《题跋三·跋董玄宰与冯开之尺牍》，《续修四库全书》总第1389册，《集部》第89册，第433—434页。

② （明）凌濛初：《二刻拍案惊奇》卷十五《韩侍郎婢作夫人，顾提控橼居郎属》，黄山书社1995年版，第163页。

③ （清）董含：《三冈识略》卷八《积财贻害》，辽宁教育出版社2000年版，第177页。

④ 乾隆《皇呈徐氏族谱》卷十二《外传·景和公必先公遗迹合传》。

其四是趋炎附势、奢侈挥霍的暴发户形象。明清时期的徽商在徽州本土和经商地慷慨捐资用于道路、桥梁、园林、书院和城市等基础设施建设，并大力资助慈善事业。这在徽州知识和文化精英纂修的族谱和方志等文献中，是被作为徽商乐善好施的儒商典范而形塑的，如清末绩溪县盘川商人王永喜"幼年学贾江苏，嗣因父年迈辞归，就近设肆于休宁之龙湾，以便归省。精于筹划，用是日即丰盈，然慷慨好施与推食解衣，乡间咸蒙其惠。公益事尤乐输将，建桥梁，筑道路，创支祠，营祖茔，恒解囊，不少吝"①。但在徽州本土之外的经商地，徽商乐善好施之举则往往被斥为趋炎附势、谋取自身利益的伎俩，这就是所谓的"广挟金钱，依托势要，钻求札付"②。在明清时期两淮盐业的中心——扬州，明代休宁商人汪新"既雄于资，又以文雅游扬［州］缙绅间，芝城姜公、金公辈名儒巨卿皆与公交欢"③。清代经营于湖南武陵的歙县江村商人江承燧，"见洞庭风涛之险，修建冷饭、舵杆二洲，以泊行舟；开剹岿山险道，以便行旅。凡诸善行，不可枚举"④。为此，乾隆十年（1745年），应湖广总督迈柱、巡抚蒋洲先后向朝廷奏请，清高宗专门颁赐"'乐善好施'四字，建坊旌表，崇祀忠义祠"⑤，对江承燧的义行给予表彰。不过，同经营于扬州的徽州盐商"竞尚奢丽，一婚嫁丧葬，堂室饮食，衣服舆马，动辄费数十万"⑥等奢侈生活相比，实在是不足挂齿。

最后是偷税漏税、巧取豪夺的不法奸商。在徽州本土的族谱、方志等各类文献中，明清时期的徽商向来被当地知识和文化精英形塑为诚信守法、以义为利的义商良贾，并凭借吃苦耐劳、开拓进取和灵活的经营方略

---

① 民国《盘川王氏族谱》卷三《传志·永喜公传略》，1921年五教堂刊印本。

② （明）贺仲轼：《冬官纪事》，《丛书集成初编》第1500册，中华书局1985年版，第4页。

③ 顺治《休宁西门汪氏宗谱》卷六《挥金新公墓志铭》。

④ （清）江登云辑、江绍莲续编，康健校注：《橙阳散志》卷三《人物志一·义行传》，第73页。

⑤ （清）江登云辑、江绍莲续编，康健校注：《橙阳散志》卷二《选举志·恩褒》，第16页。

⑥ （清）李斗：《扬州画舫录》卷六，中华书局1960年版，第148页。

而获得财富，取得成功。而在徽商聚居的经营之区，人们则将徽商获取暴利之举同偷税漏税和巧取豪夺联系在一起，认为正是通过这种偷税漏税、巧取豪夺的不法经营，徽商才最终实现了迅速暴富。明代万历二十四年（1596年）营建乾清宫和坤宁宫，徽州木商王天俊等人通过种种途径，获得了采买木材的机会。在采购木材的过程中，王天俊等徽商大肆贿赂官员，夹带私货，偷税漏税，"买木十六万根，勿论夹带私木，不知几千万根。即此十六万根木，逃税三万二千余根，亏国课五六万两"[①]。万历三十五年（1607年），河南巡抚沈季文就曾就徽商在河南经营的典当业偷税漏税问题，专门上疏明神宗，建议对徽商课以重税。疏云："征税之法，当税富民，不当税贫民；当有官税，不当有私税；当征有税之税，不当征无税之税。商贾之中，有开设典当者，但取子母，无赋役之烦、舟车之榷、江湖之险，此宜重税，反以厚赂而得轻。至于小民担负之微，市饼卖浆，稀毛牛骨，终日经营，不过铢两，反以输纳而得重，此甚非平也。今徽商开当遍于江北，资数千金，课无十两，见在河南者，计汪充等二百十三家，量派银二千六百余两，抵其全数，足免贫民。盖取之富商者，不过割其羡余；征之微末者，则如膙其膏脂。"[②]徽商在河南经营的213家典当铺，拥有数千金的资本，竟然纳税不到10两。沈季文的奏疏，揭示了偷税漏税行为的普遍性，徽商的守法诚信经营在这里被打上了大大的问号。徽商之所以受到经商地民众的痛恨，除了偷税漏税之外，还有就是巧取豪夺。明末在金坛县经营典当业的徽商，因巧取豪夺和暴利盘剥，被当地诸生呈控至官府，徽商为此而花钱雇佣乡绅，与其进行交涉："金坛当质铺俱系徽商，典利三分；银水戥头，几及五分。诸生则控之县，求减恤民。诸商敛银八百浼王、冯二绅，王则为酌之口；两外二分五厘，两内则仍三分。诸生复叫号于通衢曰：日求减典利为贫民也，贫民有两外之典乎？王、冯等又深恶之矣。诸生之出言竖议，大约多在乡绅，意复不肯扬善隐

---

① （明）贺仲轼：《冬官纪事》，《丛书集成初编》第1500册，第4页。

② 《明神宗实录》卷四百三十四，万历三十五年六月丁酉条，"中央研究院"历史语言研究所版。

恶。"①金坛诸生最终被利欲熏心的徽商狠狠地戏耍了一把，徽商这一巧取豪夺的行径，暴露了自诩为乐善好施徽商的狰狞面目。

三、徽州本土和域外对徽商形象认同差异产生的原因分析

明清时期，富甲一方的徽商，为什么在徽州本土和域外文献记载中呈现出两种截然不同的形象？徽州本土知识和文化精英与从徽商那里攫取不菲润笔费的文人学士描述的徽商，与徽州本土之外文人学士描绘的徽商，为什么会有如此迥别的差异？

揆厥其缘由，我们以为，主要有以下几种因素：

首先是地域文化差异和地域歧视所致。就明清时期经济文化最发达之区江南而言，经济的富庶、科第的兴盛和文化的繁荣，使得这一地区的知识和文化精英群体产生了天然认同感、优越感和自豪感，他们对相对较为落后贫瘠的徽州山区，以及来自徽州山区攫取巨额财富的徽商，拥有较为强烈的地域歧视和排斥心理。对此，明代书画艺术家、休宁人詹景凤曾对王世贞等为代表的江南文人歧视徽州和徽商的行为进行过揭露与分析，认为王世贞之所以"好引重其友人，夸诩其乡人，讥弹吾新安人"，其原因主要在于其恃才傲物的地域优越感和想要压制与苏州并驾齐驱的徽州。他指出：

> 王［世贞］何以好讥弹吾新安人？彼以天下之有苏、徽，犹天之有日月也，压服新安，则苏为无双四海矣。王尝恨知音希值，致美隋炀帝妒薛道衡，今幸不杀吾新安人尔。王所与新安人周旋，多富商、荡子，新安诸贤亦往往以其故，不悦司寇。见郡人有求司寇（即王世贞——引者注，下同），文交司寇，辄共诮诋，则吾新安诸贤亦

---

① （清）计六奇：《金坛狱案》，《中国野史集成续编》第27册，巴蜀书社2000年版，第719页。

过矣。①

对徽州文化有着强烈认同的詹景凤，一方面对恃才傲物的王世贞处处体现出尊重之情，另一方面对其歧视徽州的做法则不以为然。在以"姑苏文人见新安富贾，亦如蝇之聚一膻"，善意地回击了王世贞"新安富贾见姑苏文人，如蝇之聚一膻"的同时，詹景凤亦详细地列举了徽州文学的成就，以回应王世贞对徽州文学成就的轻慢，认为：

前郡人汪太学求司寇叙其诗，中有云："使新安人而能诗，则天下无不能诗者矣。"近又叙新安一少年诗，则首之曰："歙无诗，至伯玉（即汪道昆——引者注）而有诗。"夫今世所称诗宗者非唐耶？唐以吾休宁人吴少微为正始，其子吴翚又与吾家老碏相后先掩映。迄宋，则诸君子多游理窟，至如吾元晦（即朱熹——引者注）感遇诸什，彼司寇五六公信有能过之者？不即如吾家《学录》《咏怀》诸篇，亦酷似陈伯玉。又其时，吾休宁有吴儆兄弟，以诗文著天下，人以为与苏氏同称，曰"眉山三苏、江东二吴"。吴后，歙又有罗鄂州兄弟。至入国朝，而吾家太宰长歌依稀供奉。成〔化〕、弘〔治〕间，吾休克勤学士又以天下诗文著，盖实开献吉之基。献吉起，而姑苏始有徐昌榖、黄省曾。维时，吾歙亦有程自邑。假令自邑而无诗也，则献吉何以曰"黄子，吾真畏，程生尔更奇哉"？继程则吾休有陈山人达甫、吴司训瑞榖，歙有方司徒定之、江左辖民莹、王山人仲房，皆铸词汉唐，多可传述。后十五六年，而司马伯玉生歙，诗果谁始乎？或曰："司寇意非贬歙也，欲跻己于吴士上，故乃先跻伯玉，谓'吾两人辟二郡洪荒也'。"此或信然。然当时天下实靡有能出两公上者，假令司

---

① （明）詹景凤：《詹氏性理小辨》卷三十八《撷藻下》，《四库存目丛书》总第624册，《子部》第112册，第509页。

寇不言，人更望洋不见涯涘。①

　　我们之所以在此不惜篇幅，大段引录詹景凤为徽州辩护的文字，其实正是基于詹景凤对徽州文化认同、归属和自豪之感。而对于王世贞对徽州地域文化暨徽州人的贬低与歧视，詹景凤则心平气和地指出，因自然条件和风俗习惯之差异，包括徽州和苏州在内的全国各地自然会产生文化上的差异，各地之人亦各有优劣长短，要消除偏见，取长补短，而非冷嘲热讽，甚至搞地域歧视。詹景凤认为："夫五方性殊，好尚各异，互有嫩疵，类难相一。譬诸寸尺，此有所短，彼有所长，何能相笑然？而人情安于习俗，快于嘲人。如其各执习见，以此嘲彼，足当经籍，便为后世断案，则圣人奚以贵于教乎？"②从地域文化和心理接受与认同这一视角而言，詹景凤的论述是极富道理和启发意义的。

　　其次，文人的穷酸清高和徽商纵情于声色犬马，形成了巨大的现实反差，导致部分文人心理上失衡，成为部分文人抹黑徽商形象，甚至以侮辱性语言和文字痛斥徽商为富不仁行为的重要原因之一。扬州八怪中的郑板桥在贫困潦倒时，曾得到过扬州盐商祁门人马曰琯的接济。在一封家书中，郑板桥对清代扬州的文人贫困和无赖形象有着深刻的揭示，云："文人无赖，日事奔走阿谀。彼等非天生媚骨，恬不知耻，何至若是？所以若是者，为谋家庭升斗，将使儿不啼、女不哭、妻子不骂读书无用也。困穷如是，情有可原。特如黄、朱二子，力学俱优，在扬州薄有声名，愚素钦仰，乃亦追逐其间，随声附和，是何道理？或曰：亦为贫故，伤哉贫也。"③文人如此潦倒穷困的生活，与"连屋列肆，乘坚策肥，被绮縠，拥

---

　　①（明）詹景凤：《詹氏性理小辨》卷三十八《攡藻下》，载《四库存目丛书》总第624册，《子部》第112册，第509—510页。

　　②（明）詹景凤：《詹氏性理小辨》卷三十八《攡藻下》，载《四库存目丛书》总第624册，《子部》第112册，第510页。

　　③郑炳纯辑：《郑板桥外集·与起林上人》，山西人民出版社1987年版，第52页。

赵女，鸣琴跕屣"①暴富自大的徽商形象形成了鲜明的对比。在文人发迹以后，他们对徽商的痛恨和不齿，便也在情理之中了。

复次，徽州本土文献记载的倾向性和域外文献记载的片面性，直接造成了两者对徽商形象认同的差异与对立。我们注意到，记载有关明清时期徽商贾而好儒、乐善好施的原始文献史料，多源于徽商所在家族纂修的谱牒、徽州府县方志和徽州本地文人的文集、杂记，而族谱、方志本身扬善隐恶的曲笔书法，"载善不载恶"②，是徽商正面形象塑造的创始者。何况徽州很多名门望族谱牒的纂修和刊印开销又大都来自徽商的资助和支持呢？"文人发起，商人助资"③已成为明清至民国时期徽州族谱纂修和刊印的基本模式。试问怀揣商人提供的丰厚资金，受命为该商人及其家族成员树碑立传，有几人会牺牲自身利益而去求真求实书写那些坑蒙拐骗的徽商事迹呢？至于地方志中徽商义商良贾的传记，其所依据的史料和素材，亦多来源于族谱中的记载，所谓"民间家乘，有虚有实，例不为凭，各志由谱叙入"④是也。而包括徽州本土和域外的明清知名官员、文人或学者不惜笔墨塑造徽商义贾形象，则多系接受了徽商或其家族成员的礼金而不得不违心写下的应景之作。而痛斥徽商吝啬鄙陋、猥琐薄情和为富不仁等行径，除了诸如王世贞等辈所接触的多是徽州富商和浪荡之人而引起其感官上的不悦与心理上的鄙视外，显然也充满着这些文人学士的地域性歧视与心理上的偏见。诚如詹景凤所云："汪司马［道昆］好奖借其邑人而弹射吾休宁人，王司寇［世贞］好夸诩其吴人而诋訾吾新安人，盖其隘也。倘能去畦与畛，则俱化矣。"⑤当然，徽商等自身客观存在的"播弄黔首，设

---

①（明）归有光著，周木淳校点：《震川先生集》卷十三《白庵程翁八十寿序》，第319页。

②嘉靖《率东程氏重修家谱》卷首《凡例》。

③民国《龙川胡氏支派宗谱》卷首《序·章献琳序》，1924年木活字本。

④（清）佚名：《［胡姓］同王姓交涉公事》，原件藏今安徽省绩溪县胡里村。

⑤（明）詹景凤：《詹氏性理小辨》卷三十八《攟藻下》，载《四库存目丛书》总第624册，《子部》第112册，第510页。

机渔利"①等普遍行为，也是其在包括经商地在内的徽州本土之外形象欠佳的主要原因。所有这些，都是造成徽州本土和域外文献对徽商形象建构与塑造的不一、难以取得共识及认同的重要原因。

① 万历《新安许氏世谱》卷六《寿敕封征仕郎叔祖晴川翁八十叙》。

第十一章　明代湛若水在徽州的讲学活动及其与祁门谢氏家族的交往

——以新发现的祁门谢氏家族与湛若水交往文书为中心

　　明代中叶以降，随着徽商经营取得巨大成功和徽州社会变迁与转型的不断加剧，以"致良知""知行合一"为核心的王阳明心学，以及以"自得"和"随处体认天理"为宗旨的湛若水心学思想，在徽州得到了广泛的传播。特别是陈白沙私淑弟子湛若水的心学思想，受到了徽州府属歙县、休宁、婺源、祁门、黟县和绩溪六县地域一批学者的极力推崇和广泛传播。他们或师从湛若水，著书立说；或追随湛若水，旁听其讲学，从而成为甘泉学派的重要传人。其中，来自徽州府祁门县阳坑与谢村的谢显、谢铉、谢慎德、谢堂和谢知远等谢氏几代宗族成员，就是一直追随湛若水，聆听其讲学，并在祁门偏僻山村阳坑创建了神交书院的典型代表。嘉靖三十一年（1552年）十二月，谢慎德、谢堂和谢知远叔侄三人甚至不惜跋山涉水，徒步四千里，前往广东增城，拜会湛若水于天关，并恳请其为神交书院题记。可以说，祁门谢氏宗族是明代徽州倾心传播湛若水心学思想之学者的中坚。

　　囿于史料匮乏，学界尽管对湛若水在徽州的讲学活动以及甘泉学派对徽州社会影响的研究略有涉及，但尚不够深入和系统。值得庆幸的是，我们在整理近年来所收集的350件祁门谢氏宗族文书中，意外地发现了6件明代著名理学家湛若水与祁门谢氏宗族的交往文书。这批珍贵原始文书的发现，不仅为我们提供了湛若水心学思想在徽州传播和影响的第一手资料，而且对湛若水"生平所至，必建书院以祀献章"①之书院建设活动提供了最具学术价值的个案支撑。

本章拟以新发现的湛若水与祁门谢氏家族交往文书史料为中心，结合其他相关文献，对明代中叶以降社会变迁背景下的祁门谢氏家族与湛若水交往，以及湛若水的心学思想在徽州传播与其影响作一初步探讨。

一、明代中叶徽州的社会变迁与社会思潮的转变

明代中叶以降，随着社会经济的迅速发展和社会稳定局面的持续维持，地处安徽南部山区的徽州人口迅速增长，出现了突出的人多地少矛盾，所谓"徽州介万山之中，地狭人稠，耕获三不赡一。即丰年亦仰食江楚十居六七，勿论岁饥也"②。"生齿日繁，则生计日隘。"③为谋求生存之道，摆脱人多地少的矛盾，徽州人被迫背井离乡，大规模地外出经商，形成了"业贾遍于天下"的局面④。徽商在商业领域辛勤开拓，"因地有无以通贸易，视时丰歉以计屈伸。诡而海岛，罙而沙漠，足迹几半寓内"⑤，沿江区域甚至出现了"无徽不成镇"⑥的现象。在盐业、典当业、茶业和木材业等经营领域，徽商都取得了巨大的成功。

然而，并非所有徽商都取得了成功，部分徽商经营的巨大成功，不仅未能带来全民致富，反而造成了社会贫富的严重分化。毕竟"数十万以汰百万"之大贾者在成千上万的徽商中只占极少数，所谓"千金则千不能一也，巨万则万不能一也，十万、百万可知。乃若朝不谋夕者，则十而九

---

① (清)张廷玉：《明史》卷二百八十三《湛若水传》，第7267页。

② 康熙《休宁县志》卷七《艺文志·汪伟奏疏》。

③ 万历《休宁县志》卷一《舆地志·风俗》。

④ (清)金声：《金正希先生文集集略》卷四《与歙令君书》，《四库禁毁书丛刊》总第173册，《集部》第50册，第522页。

⑤ 万历《休宁县志》卷一《舆地志·风俗》。

⑥ 民国《歙县志》卷一《舆地志·风俗》。

矣"①。"富者百人而一,贫者十人而九。贫者既不能敌富,少者反可以制多。金令司天,钱神卓地;贪婪罔极,骨肉相残。受享于身,不堪暴殄;因人作报,靡有落毛。"②金钱本位主义观念和享乐奢侈之风日益成为徽州社会的浊流,不仅富商大族"争务奢侈"③,而且连肩负弘扬传统道德义务的士人,也在金钱面前发生了心态和行为失衡,把追逐金钱与物欲享受作为追求的最高目标,出现了"礼义不如文章,文章不如爵位,爵位不如金钱。是以井里之人蚊钻蝇附,以得窥金穴为荣,甚至士大夫亦或以苞苴之重轻为疏戚,遂受其牵制而唯诺无辞"④的现象。至于一般百姓,甚至出现了"富者欲过,贫者思及"⑤的畸形现象。在剧烈的社会变迁中,成化、弘治以前徽州社会那种"民俗真淳,……安土重迁"⑥"椎朴少文,里子不识城市"⑦的淳朴民风已如明日黄花,风光不再。

显然,在社会变迁与转型、追求物欲和享乐之风盛行的情况下,致富的徽商们亟需寻找新的理论和思想依据为自身正名。一些士人也在传统"四民"职业选择和"四民观"的认识上发生了转变,提出了"业儒服贾各随其矩,而事道亦相为通"⑧"士商异术而同志"⑨等新见解。这些认识同王阳明所倡导的"四民异业而同道"⑩"虽终日做买卖,不害其为圣为贤"⑪的心学思想几乎完全契合。个别徽商暨徽州籍学人甚至发出了"良

① (明)谢陛撰,张艳红、王经一点校:《歙志》传卷十志二十《货殖》,第414页。

② (明)谢陛撰,张艳红、王经一点校:《歙志》考卷五志五《风土》,第99—100页。

③ 嘉靖《竦塘黄氏族谱》卷五《黄公文茂传》,转引自张海鹏、王廷元主编:《明清徽商资料选编》,第87页。

④ 雍正《岩镇志草》贞集《迁谈》,《中国地方志集成》乡镇志专辑第27册,第264页。

⑤ 雍正《岩镇志草》贞集《迁谈》,《中国地方志集成》乡镇志专辑第27册,第264页。

⑥ 弘治《徽州府志》卷 《地理志·风俗》。

⑦ 万历《休宁县志》卷一《舆地志·风俗》。

⑧ 万历《汪氏统宗谱》卷一百六十八,明万历三年刻本。

⑨ 万历《汪氏统宗谱》卷一百十六,明万历三年刻本。

⑩ (明)王守仁:《王阳明全集》卷二十五《外集七·节庵方公墓表》,上海古籍出版社1992年版,第941页。

⑪ (明)王守仁:《王阳明全集》卷三十二《补录 旧集未刊语录诗文汇辑·传习录拾遗五十一条》,第1171页。

贾何负闳儒"①的感叹。可见，在明代中叶以降几乎是全民经商的徽州，王阳明和湛若水所倡导的心学思想得到了除官方和正统学者之外的广泛社会认同。与此同时，程朱理学那种"革尽人欲，复尽天理"②的主张则在号称"程朱阙里"的徽州受到极度冷落。在心学盛行、程朱理学岌岌可危之际，一批徽州籍学者从维护程朱理学的正统地位与权威出发，纷纷著书立说，或和会朱、陆，或鞭挞陆、王，对心学思想展开了激烈的批判。对此，明代休宁学者程曈在《新安学系录序》中指出："盖朱子之没，海内学士群起著书，争奇炫异，各立门户，浸失其真。诸先哲秉相传之正印，起而间之。故笔躬行之实，心得之妙，乃于圣人之经、濂洛诸书，具为传注。究极精微，阐明幽奥，朱子之所未发者，扩充之；有畔于朱子者，刊去之，由是朱子之学焕然于天下。"③

尽管如此，明代中叶以降，王阳明和湛若水等心学思想仍然以不可阻挡之势，在包括徽州在内的全国各地广泛传播。"自阳明树帜宇内，其徒驱煽熏炙，侈为心学，狭小宋儒。嗣后，新安大会多聘王氏高弟阐教，如心斋、绪山、龙溪、东廓、师泉、复所、近溪诸公，迭主斋盟。自此新安多王氏之学，有非复朱子之旧者矣。"④在徽州社会变迁的大背景下，一批徽州本地学者开始抛弃程朱理学，转而追随王阳明和湛若水，致力于心学的学习与传播，直接引致了明代中后期徽州社会思想的转变。而心学在徽州社会的广泛传播与认同，反过来又成为徽州社会进一步变迁与转型的思想先导。

---

① (明)汪道昆撰，胡益明、余国庆点校：《太函集》卷五十五《诰赠奉直大夫户部员外郎程公暨赠宜人闵氏合葬墓志铭》，第1146页。

② (宋)朱熹：《朱子语类》卷十三《学七·力行》，中华书局1994年版，第225页。

③ (明)程曈辑撰，王国良、张健点校：《新安学系录》卷首《程曈·新安学系录序》，第1页。

④ (清)施璜编，陈联、胡中生点校：《紫阳书院志》卷十六《紫阳书院会纪》，黄山书社2010年版，第292页。

二、湛若水在徽州的讲学活动

嘉靖三年（1524年）十月，以捍卫朱子正统之学为己任的徽州紫阳书院讲会在歙县紫阳书院举行，徽州知府郑玉亲自主持了讲会。"时心庵唐学士亦临会，听讲者甚众。太守以率教紫阳为己任，讲论每至夜分。"①尽管紫阳书院将包括王阳明和湛若水在内的心学学者摈斥于讲会之外，但徽州六县的其他书院或寺观还是盛邀王门弟子前往讲学。"故其时人人口说紫阳，而足迹不践紫阳之堂。往往于歙则斗山、汪村、崇文、向杲寺、等觉寺、福田寺，于休则天泉、建初、汶溪、落石、山斗、还古、白岳，于婺则福山、虹东、雪源、普济寺、天仙观、三贤寺、黄连山房，于黟则中天、延庆，于祁则东山、十王山、洞元观，谢氏、方氏、马氏诸宗祠，于绩则太平山房、许氏家祠，自嘉靖以迄于明末，皆是也。地非紫阳之地，学背紫阳之学。"②与阳明弟子在徽州讲学几乎同时，有一位心学家甘泉学派的创始人湛若水也来到了包括徽州在内的皖南地区开展讲学活动。

湛若水（1466—1560年），字元明，初名露，后改名雨，字民泽，广东增城甘泉都人，自称"甘泉子"，学者称"甘泉先生"。弘治五年（1492年）举于乡，次年会试落第。弘治七年（1494年）往学于江门陈献章白沙，白沙云之曰："此学非全放下，终难凑泊。"③湛若水遂不乐仕进，矢志钻研心性理之学。数年间，学业大进，提出和阐释了"随处体认天理"之说，大为陈献章赏识，云："着此一鞭，何患不到古人佳处。"④湛若水因此成为陈白沙最得意的门生而得以继承其衣钵。弘治十七年（1504年），

---

① （清）施璜编，陈联、胡中生点校：《紫阳书院志》卷十六《紫阳书院会纪》，第292页。

② （清）施璜编，陈联、胡中生点校：《紫阳书院志》卷十六《紫阳书院会纪》，第292—293页。

③ （明）湛若水：《湛甘泉先生文集》卷三十二《洪垣·湛甘泉先生墓志铭》，载《四库全书存目丛书》总第830册，《集部》第57册，齐鲁书社1997年版，第246页。

④ （明）陈献章：《陈献章集》卷二《书一·与湛民泽书十一则》，中华书局1987年版，第193页。

湛若水受母之命北上，入南京国子监。次年，中进士第，授翰林院庶吉士。明世宗嘉靖之初，湛若水次第被擢升至南京国子监祭酒、礼部侍郎，后历任南京礼、吏、兵三部尚书。湛若水一生致力于心学探索，四处讲学，传播其"天理只是心之生理"①和"随处体认天理"的思想和主张，且"生平所至，必建书院以祀献章"②。湛若水与同时代的王阳明曾有过交集和交往，双方或当面互动，或书信切磋，建立了较为密切的联系，"时天下言学者，不归王守仁，则归湛若水"③。两人在心学思想的阐幽发微上，既有共同之处，也有相异之点。"若水初与守仁同讲学，后各立宗旨。守仁以致良知为宗，若水以随处体验天理为宗。守仁言若水之学为求之于外，若水亦谓守仁格物之说不可信者四。又曰：'阳明与吾言心不同。阳明所谓心，指方寸而言。吾之所谓心者，体万物而不遗者也，故以吾之说为外。'一时学者遂分王、湛之学。"④时有为之调停者，云："阳明宗旨致良知，先生宗旨随处体认天理。学者遂以王、湛之学各立门户。其间，为之调停者，谓天理即良知也，体认即致也，何异何同？"⑤

在湛若水周围，聚集了一批徽州籍弟子和追随者，举凡歙县程大宗，婺源洪垣、方瓘、程文德、潘士藻，休宁程默，祁门谢显、谢慎德、谢芊等。尤其是洪垣，作为湛若水的私淑弟子，很早就师从湛若水。洪垣（1507—1593年），字峻之，号觉山，嘉靖十一年（1532年）进士，时任礼部侍郎湛若水"讲学京师，垣受业其门"⑥。后在温州知府任上，因救荒失误而落职，洪垣"复与同里方瓘往从若水，若水为建二妙楼居之，家食四十余年"⑦，从而成为湛若水四大私淑弟子之一，被湛若水视为"可传

① （明）湛若水：《湛甘泉先生文集》卷十一《问疑续录》，《四库全书存目丛书》总第830册，《集部》第56册，第639页。

② （清）张廷玉：《明史》卷二百八十三《湛若水传》，第7267页。

③ （清）张廷玉：《明史》卷二百八十二《吕楠传》，第7244页。

④ （清）张廷玉：《明史》卷二百八十三《湛若水传》，第7267页。

⑤ （清）黄宗羲：《明儒学案》卷三十七《甘泉学案一·文简湛甘泉先生若水》，载《景印文渊阁四库全书》总第457册，《史部》第215册，台湾商务印书馆1986年版，第617页。

⑥ （清）张廷玉：《明史》卷二百零八《洪垣传》，第5509页。

⑦ （清）张廷玉：《明史》卷二百零八《洪垣传》，第5510页。

吾钓台风月者"。湛若水曾用陈献章"放下"之语，示洪垣曰："随处体认，非待初心发乃用功也，复其见天地之心，全放下即勿忘勿助，如此天理便见。故曰：'非全放下，终难凑泊。'"①洪垣极力调停王、湛之学，"以随处体认，恐求理于善恶是非之端，未免倚之于显是矣，以致良知似倚于微，知以知此理，以无心之知为真知，不原先天，不顺帝则，致此空知何用？夫知主无心，所谓不学不虑天载也、帝则也，以此知为不足恃，将必求之学，虑失却道心之微，则倚之于显者，可谓得矣。得无自相矛盾乎？"②洪垣一生著述甚丰，其中《理学闻言》乃其代表之作。洪垣还于嘉靖十九年（1540年）编纂刊刻了湛若水文集85卷本《泉翁大全集》。湛若水去世后，洪垣专门撰写了《湛甘泉先生墓志铭》。方瓘，字时素，号明谷，婺源人，初从湛若水于南京时，即得湛若水提携，"令其为诸生向导，甘泉北上及归家，皆从之而往，以学为急，遂不复仕"③。方瓘还与洪垣一道远赴广州师从湛若水学习，湛若水建二妙楼以居之。

在湛若水众多徽州籍弟子中，来自祁门山区阳坑与谢村的谢显、谢铉、谢慎德、谢堂和谢知远等谢氏几代宗族成员是其中的典型代表。谢氏宗族是祁门县的名门望族，自南唐银青光禄大夫金吾大将军谢诠始迁谢村以来，先后繁衍成为三大支派，即阳坑孟宗、谢村仲宗和祁山季宗。谢显、谢芊和谢慎德分别系谢氏王源孟宗二十四世、二十三世和谢村二十二世孙。谢显，字惟仁，号一墩，世居王源，苦志向学，家贫如洗。或劝其治生，显曰："治生孰若治心。"后从湛若水学，屡问屡不答，乃茫然自失，求之于静坐中。湛若水见而异之曰："显有得。"及归，为构神交馆④。谢慎德（1500—1558年），字思诚，号菊潭。18岁时，曾随父外出经商，

① （明)湛若水：《湛甘泉先生文集》卷七《书·答洪峻之侍御》，《四库全书存目丛书》总第830册，《集部》第56册，第580页。

② （清)黄宗羲：《明儒学案》卷三十九《甘泉学案三·郡守洪觉先生垣》，《景印文渊阁四库全书》总第457册，《史部》第215册，第656页。

③ （清)黄宗羲：《明儒学案》卷三十九《甘泉学案三·郡守洪觉先生垣》，《景印文渊阁四库全书》总第457册，《史部》第215册，第656页。

④ 万历《祁门县志》卷三《人物志·儒林传》，合肥古籍书店1961年影印本。

失利而归，遂"肆力于书策，尚士志也"①。谢慎德与湛若水的交往，是在湛若水来徽州讲学之后。

嘉靖十二年（1533年），湛若水升任南京礼部尚书。十四年，古稀之年的湛若水上《引年疏》，恳乞致仕，未被允准。十五年六月，转任南京吏部尚书，湛若水再次上疏恳辞，复被拒绝。于是，他协同随从送长子灵柩返回广东增城安葬。八月，"过池阳，登九华之山"②，池州高士李源子出迎。湛若水作《六字诀》云："可以与吾随处体认天理之学者，其古源李子乎？夫随处体认天理，此吾之心学六字诀也，千圣千言之会也，尽之矣。苟非能终日终身而致力焉，直上达天德，无声无臭焉，至矣，李子其勖之哉，是在李子。"③此行，湛若水还在九华山中华书堂讲学，申明其"古今圣人之学，心学也"的主张，并留下了《九华山中华书堂讲章》和《九华山甘泉书院讲章》两篇讲义④。

嘉靖十六年（1537年），湛若水自广东增城启程返回南京。二月，过南昌，作有《南昌讲义》。不久，即抵达弟子洪垣的家乡徽州府婺源县，作《婺源五岭诗并序》，并在婺源的福山书院讲学。婺源讲学结束后，湛若水先后至休宁、祁门和徽州府治歙县，并分别在休宁县齐云山天泉书院、祁门县东山书院和徽州府治歙县斗山书院讲会上，宣讲其"随处体认天理"的主张。一时间，包括徽州府属六县在内的一批仰慕者和追随者，纷纷翻山越岭，会聚于上述三大书院，如痴如醉地聆听湛若水讲学。来自祁门山区谢村谢氏的二十二世孙谢慎德也聆听了这次讲学，"闻甘泉夫子随处体认天理之学"后，幡然悔悟，"忘年、忘月、忘寝、忘食以从事于

---

① 《祁门金吾谢氏仲宗文集·谢堂〈菊潭公行状〉》，明抄本。

② （明）湛若水：《湛甘泉先生文集》卷十八《记·神交亭记》，载《四库全书存目丛书》总第830册，《集部》第57册，第246页；嘉靖《池州府志》卷九《艺文·湛若水神交亭记》，载《天一阁藏明代方志选刊》，上海古籍出版社1962年版，第87页。

③ 嘉靖《池州府志》卷九《艺文·六字诀》，载《天一阁藏明代方志选刊》，第87页。

④ （明）湛若水：《湛甘泉先生文集》卷二十《讲章·九华山甘泉书院讲章》，载《四库全书存目丛书》总第830册，《集部》第57册，第55—56页；湛若水：《湛甘泉先生文集》卷二十《讲章·九华山中华书堂讲章》，载《四库全书存目丛书》总第830册，《集部》第57册，第59—61页。

心性，慕圣学也"。在湛若水于池州九华山和徽州等地书院讲学期间，谢慎德始终追随湛若水的脚步，"六邑大会，于吾祁则于东山，休则于天泉，婺则于福山，歙则于斗山，每会必至，未尝因事而为之辍者，好学然也。若夫四方师友之临，为齐云、九华之约者，虽隆冬严寒，雨雪冲冒，跣行陡涉，亦有所不避焉，笃信然也"①。

　　湛若水这次徽州讲学活动虽然时间不长，却都留下了讲章②，对心学给徽州这块程朱理学的沃壤造成了直接的冲击。

三、湛若水与祁门谢氏家族的交往与神交书院的创立

　　在徽州的六县中，祁门县向以"理学、儒林、甲科、文艺人才辈出，接踵联翩"③而享誉遐迩。"士习蒸蒸礼让，讲学不辍，诵说诗书，比户声名文物，盖东南屈指焉。"④谢氏宗族"自宋元至我皇明，为祁门著姓，累世俱以积善相承"⑤。该族对理学素有研习传统，宋理宗宝庆二年（1226年）进士谢琎，即"从祝福自讲性命之旨，其学始于格知，而笃于齐家；始于成己，而通于成物"⑥。至于专治《春秋》者，则更是代不乏人。据统计，自宋孝宗乾道八年至明神宗万历二十三年（1172—1595年），分居于阳源（即阳坑）、谢村和城西的三支谢氏宗族成员，计有13人考中进士。仅有明一代，祁门谢氏宗族即有19人成为举人⑦。祁门谢氏宗族在理学和科举上可谓是代代相传，名儒辈出，科第联袂。正如嘉靖九年四川按察使

---

①《祁门金吾谢氏仲宗文集·谢堂〈菊潭公行状〉》。

②（明）湛若水：《湛甘泉先生文集》卷二十《讲章·天泉书堂讲章》，载《四库全书存目丛书》总第830册，《集部》第57册，第64—65页；（明）湛若水：《湛甘泉先生文集》卷二十《讲章·斗山书堂讲章》，载《四库全书存目丛书》总第830册，《集部》第57册，第66—67页。

③饶世恩：《东山书院志略》卷首《梁琛·东山书院记》，《中国历代书院志》第8册，江苏教育出版社1995年版，第500页。

④万历《祁门县志》卷四《人事志·风俗》。

⑤《祁门金吾谢氏仲宗文集·赵勷〈送日修公归老序〉》。

⑥万历《祁门县志》卷三《人物志·儒林》。

⑦据同治《祁门县志》卷二十二《选举志》统计而成。

程昌在《祁门金吾谢氏宗谱序》中所指出的那样，祁门谢氏宗族"至我国朝，族愈大，人物愈繁。若硕儒、文学，若科名、宦绩，相继绳绳。藏器待用者，又济济其盛"①。

如果说宋元和明初，同徽州其他地区的望族一样，祁门谢氏宗族主要是以治朱子之学为主的话，那么到了明代中叶以后，随着徽商大量外出及徽州社会的变迁，其则转向了对心学的学习和传播，不少宗族对王阳明"致良知"和"随处体认天理"之说趋之若鹜。至少自十九世谢显之父谢兰始，祁门谢氏宗族就与湛若水有了密切的交往。据嘉靖十三年（1534年）十二月时任南京礼部尚书的湛若水为谢显毓秀斋所题之《毓秀斋训》云："祁门有隐君子者，谢其姓，兰其名。其德似兰，故乡之人又为之猗兮子。猗兮子有子曰显，学于甘泉子，一年而忘归，甘泉子归之，曰：'子盍归乎？'曰：'归与，归与，显也将何以归见家君？'家君名所居之斋曰'毓秀'。显也未尽毓秀之道，敢问甘泉子曰：'严君以命子矣。夫秀其贤也，贤其德也。猗兮子所以命德于吾子者可知矣。'曰：'请闻焉。'曰：'其德惟四，惟洁、惟生、惟正、惟幽。'"②谢显则是目前所知最早也是最为密切的追随湛若水习学心学、随处体认天理的祁门谢氏宗族成员。湛若水曾有多篇答复谢显的书札，其中在答复谢显报东山书院学规时，湛若水写道："今以五教之曰：为学之序，修身之要，处事之要，接物之要，刑为五条，的于何处下手乎？而训规诸条不惟皆原于心，而心又本于几上用功，其孰为易简烦难也。故由规而可括白鹿之五条者，则有之矣，未闻由白鹿之五条而可以引至训规者也。而使学者以先入之言为主，其复可以变乎？人皆曰：'是。'又别开一户牖也。"③嘉靖二年（1523年），在正德年间兴建的原"望耕楼"基础上，仲宗二十三世孙谢琏同侄谢知虎兄弟，共同创建了祭祀和安妥祖先神魄的"善则堂"。"又造正堂五间，堂名'善

---

① （明）谢显纂修：《祁门金吾谢氏宗谱》卷首《序》。

② （明）谢显纂修：《玉源谢氏孟宗谱》卷十《毓秀斋训》，明嘉靖十六年刻本。

③ （明）湛若水：《湛甘泉先生文集》卷七《书·答谢惟仁》，《四库全书存目丛书》总第829册，《集部》第56册，第586页。

则'。两边献廊各三间，门屋五间，外砖门围墙，照墙路土皆献地及溪。"①为维持善则堂的运转，"以为生财之计"，嘉靖二十二年（1543年）正月十五日，谢琏还组织子侄谢知龙、谢知远、谢知虎、谢知化、谢知麒、谢知麟和谢知学等，共同订立了《善则义约》即《善则规约》，以期在"不堕先人之业"这面大旗下，重新整合家庭成员之间的和睦关系，维系家庭的团结，巩固来之不易的家业。湛若水应邀欣然为之题《善则堂铭》，并序云："谢生惟近、知远伯父松峰、严君三峰，甫名其堂曰善则之堂，盖欲正身、正家以正俗也。喜而铭。曷谓善则？维善维则。家则自身，和亲乃则。匪人其则，实维帝则。慈思父则，孝思子则。友思兄则，恭思弟则。义思夫则，顺思妇则。其则不远，维中维正。维天之则，是为谢氏松峰、三峰之公之家则。"②

嘉靖三十一年（1552年），为纪念湛若水在祁门东山书院讲学，并表达谢氏宗族对湛若水"自得"和"随处体认天理"学说的信仰与追随，谢显等在家乡阳坑的缉功山创建了神交书院，以为会讲之所。是年腊月，谢慎德"以吾泉翁之老也，恐不得终承其教"，携侄谢堂与侄孙谢知远，不远四千里，徒步前往广州，拜访87岁高龄的湛若水于天关，前后在广东停留长达一月之久。其间，谢慎德等还诚请湛若水为神交书院题记。对此次岭南之行，谢慎德、谢堂和谢知远三人均留有诗篇以记之。谢慎德《登广东镇海楼次韵》云："雅会层楼百尺间，此心无往亦无还。浮云事业看尧舜，经世文章法孔颜。风雨不妨今日醉，乾坤知有几人闲。凭阑欲弄江门笛，吹破人间名利关。"③谢堂《天关即事》则写道："天关一入与天游，岂复人间尘累忧。随地皆同春浩浩，燕居常与日休休。等闲月弄和风咏，都是云行与水流。莫讶孔门今不及，天关即是古尼丘。"④谢知远的《南游纪怀》，更是抒发了前往岭南路途的艰辛："一酌新泉敢自休，今朝复艒岭

---

①《明代祁门谢村谢琏分家阄书抄白》，原件由卞利收藏。

②《祁门金吾谢氏仲宗文集·湛若水〈善则堂铭有序〉》。

③《祁门金吾谢氏仲宗文集·谢慎德〈登广东镇海楼次韵〉》。

④《祁门金吾谢氏仲宗文集·谢堂〈天关即事〉》。

南舟。四千路杳云间度，十八滩高天际流。风月有情堪远到，江山无恙谩迟留。罗浮春色知多少，且弃归囊次第收。"①

对谢氏三代人跋山涉水，不远数千里赴岭南拜会之举，湛若水深为感动，并于嘉靖三十二年（1553年）二月，专门应邀为谢慎德等撰写了《祁门神交精舍记》以赠，云："嘉靖壬子之腊，谢氏三子者慎德也堂也、知远也，轻四千里之途而来访甘泉子于天关，甘泉子与之语耳说焉。喟然叹曰：'其进矣，其进矣，夫交也者，交夫道也，所以纪纲人伦之本也。'予昔之所铭者，执德机矣。今之所进者，化德机矣。吾闻之改德改玉，今祁门之风勃焉而兴，宜进之全交为'神交'，馆曰'精舍'。"②根据《祁门神交精舍记》记载，阳坑神交精舍基址为谢慎德侄孙谢铉所置，其费则四方同志者襄助。神交精舍堂名为"神交堂"，楼前建有两庑斋房共四楹，为路亭一，名曰"朋来"③。

在我们收集的6件湛若水与祁门谢氏宗族交往文书中，其中有一件残缺的《神交书院记》。本来，我们以为该《神交书院记》应为湛若水书《祁门神交精舍记》原本。但与《湛甘泉先生文集》收录的湛若水撰写之《祁门神交精舍记》文字进行比对后，我们发现该《神交书院记》与湛若水题赠的《祁门神交精舍记》内容完全不同。下面，谨将该件《神交书院记》残文照录于下：

神交书院记

宇宙一而已矣，一且神乎；不一则不神，不一则其神不交也。是故学在致一而已矣。寒暑之相推也，日月之更代也，阴阳、人物之生化，相出入而呼吸也，交也。而且其所为交者，不见也；见则有时而不交，而其交也，乃得于不可见而忽然有见之时。是其交也，通古今

① 《祁门金吾谢氏仲宗文集·谢知远〈南游纪怀〉》，明抄本。
② （明）湛若水：《湛甘泉先生文集》卷十八《记·祁门神交精舍记》，载《四库全书存目丛书》总第830册，《集部》第57册，第7页。
③ （明）湛若水：《湛甘泉先生文集》卷十八《记·祁门神交精舍记》，载《四库全书存目丛书》总第830册，《集部》第57册，第7页。

而一息合，先后圣而一心矣，神也，吾又何一之哉？圣人太虚，学者致虚，虚中不见，而自无不交者，神交也。虚中不见，未交而求所以交之者，神交也。神其在人乎？在我乎？反是则人我尔矣。是故古之言神交者，莫如尧舜，尧舜之道精一，至于今莫能易。然言同而见异也，行同而功异也，不可以一二数，是故有交与不交者出焉，禹汤文武，其去尧舜也远矣。假闻知而知非闻者，交也，伊尹、太公望则见而交之矣五百年余。其善交者，又莫如孔子。孔子曰："好古敏求，夫好何心哉？"颜子以不言如愚悦之，乃亦曰"好学"。盖以好学交也，漆雕开之，交于未信。子贡之交于不闻性与天道，而余诸子之交不交，夫子不许也。专门曲学，遗教渐殊，汉以下交焉者，鲜矣。董仲舒、王通二氏其几焉？唐有韩愈氏而不得与于大道，唐无交也，神安往哉？天不变，则神亦不变，其所不变者，自尧舜以至今，而其所交者固在也。交则周、程诸夫子生矣，濂溪之交以无欲，明道之交以识仁，无欲则一，识仁则一者，纯也。伊川其交乎？深造独悟，盖龟山、上蔡之交之也，一也。再交而为五峰，又交而为南轩，同心之言，吾曷疑焉。慈湖之交于象山，勉斋之交于晦翁，当时自以为断金矣，而或者乃起而号咷之曰："不似。"盖交而未得其心者也。

　　噫！交之道，其利至于断金，而犹不能无疑于心，此其所以难与。他山之石，可以攻玉，神之至，无难矣。语曰："考诸三王而不谬，建诸天地而不悖，质诸鬼神而无疑，百世以俟圣人而不惑，其斯道哉！神之不可以有二也。"神不可知，而神之交也不可知。察其交与不交之故，虚心求之，而因异致同，不以意识入我参焉。庶几……①

　　然而，湛若水并未等到神交书院落成，便于嘉靖三十九年（1560年）四月溘然去世。在湛若水卒后第九年，即隆庆三年（1569年），谢宜生、

---

　①《神交书院记》，原件由卞利收藏。

谢铉叔侄将神交精舍更名为"神交书院",并捐助水田,建造书院讲堂,以便"永为后学继往开来之所"。明隆庆三年(1569年)八月十二日谢宜生、谢铉义助的两件水田文契,真实记录了这一事实。

现将二纸文契内容照录于下:

明隆庆三年八月十二日祁门县阳坑谢宜生义助神交书院建造讲堂水田文契

拾西都谢宜生,今将承祖标分水田一备,坐落本保,土名塘背梨树下,系经理唐字号,本身该得老租二秤。今自情愿立契,义助族众建造书院讲堂,永为后学继往开来之所,并立湛公祠。一切余屋,自助之后,一听族众诸支兴工做造书院。日后,本家子子孙孙永远遵守,毋许异言争论,亦毋许族众托故更移变卖。如违,听自赍文告理。今恐无凭,立此义助文契为照。

再批:前田税粮,因众未立书院户籍,且系义助,本家永远供解毋词。

隆庆三年八月十二日,立义助文契人　谢宜生(押)

中见人　谢　梯(押)

谢世华(押)

谢德厚(押)

谢知远(押)

谢德华(押)①

明隆庆三年八月十二日祁门县阳坑谢铉义助神交书院建造讲堂水田文契

拾西都谢铉,今有承祖价买受水田贰备,坐落本保,土名塘背花园坵梨树下,系经理唐字号,本身该得贰处,田租共计伍秤有零。今

---

① 《明隆庆三年八月十二日祁门县阳坑谢宜生义助神交书院建造讲堂水田文契》,原件由卞利收藏。

自情愿立契义助族众建造书院讲堂，永为后学继往开来之所，并立湛公祠。一切余屋，自助之后，一听族众暨诸支兴工做造书院。日后，本家子子孙孙永远遵守，毋许异言争论，亦毋许族众托故更移变卖。如违，听自贵文告理。今恐无凭，立此义助文契为照。

　　再批：前田税粮，因众未立书院户籍，且系义助，本家永远供解册词。

　　隆庆三年八月十二日，立义助文契人　谢铉（押）

　　　　　中见人　武佑（押）

　　　　　　　谢知远（押）

　　　　　　　谢祖泽（押）

　　　　　　　谢宗周（押）

　　　　　　　谢德华（押）①

　　尽管湛若水"生平所至，必建书院以祀献章"②，但有关书院建设的具体过程，却付诸阙如。上述祁门谢宜生和谢铉捐助水田并动员宗族其他成员捐助创建神交书院的文契，不仅让我们了解了神交书院建设的艰辛历程，而且为明代中后期书院建设的细节提供了坚实的个案支撑，其学术价值弥足珍贵。

四、祁门谢氏家族对湛若水的缅怀与祭奠

　　湛若水去世讣闻传到祁门阳坑，谢知远和谢铉等谢氏家族成员如丧考妣，并拟亲赴广东进行吊唁。但碍于江河阻隔，路途遥远，日因宗族之事及江广兵变而未能成行。直到六年之后，谢知远等才得以前往广东增城，于湛若水墓前凭吊。他在途中赋有《舟中梦亲，再往南海》诗一首，云：

---

　　①《明隆庆三年八月十二日祁门县阳坑谢铉义助神交书院建造讲堂水田文契》，原件由卞利收藏。

　　②（清）张廷玉：《明史》卷二百八十三《湛若水传》，第7267页。

"底事亲哀忍远违，苦心端祇自家知。只缘斫丧从前日，敢负全归到没时。虚却旨甘供膝下，空劳魂梦绕亲帏。矢心匪懈明诚力，庶赎兹行悖慢非。"①并留下了祭文一篇。该祭文是明代祁门谢氏宗族与湛若水交往文书之一，现谨将该祭文全文照录于下：

奠甘泉老师文

曰先生之殁，既六年矣。当先生讣至时，相与哀恸于神交。方欲走南海吊奠执绋，谋筑场，而有沮于事力之弗逮，兼江广之兵变。今墓木且拱矣，始得修奠于墓下。其不敏之罪，更复何言？然先生想能谅生辈之贫薄，虽未克即事，而念念未尝敢一息忘。矧先生之德之学，朝野夷夏，无弗知；禄位名寿，有古今人臣之所未有。而先生以一身会其全，则有不随大化之变迁，形迹之聚散，而先生之所以与天地日月相为久长者，立心立命，继往开来。揭心性浑然之统体，发中正自然之宗奥，使人复睹天地日月四方之大全，而直接江门、濂洛、洙泗之正脉，纯然不杂者，则亦惟先生见之。故其孳孳汲汲，觉民育才，忘年，忘老，忘身，忘家，所至风动云集。宇内名区，多起讲院，以为之应。大明斯道，一时辅相皇极左右，六经誉髦斯士者，多出其门，则先生之功于斯世亦可谓盛且大矣。乃先生取善闻过于四方之心，则无穷然。

呜呼！非夫豪杰而必为圣人者，其孰能与于斯乎？某等独惧仪刑既以日远，学术渐失其真，以空疏之意见为开大，以任情之放逸为自然。而论者乃谓先生之门多忠信狷介，而予则惧非好学之中行多厚重简默，而予则惧非仁者之不佞，慨离索之多过，使人疑夫子之道者，有之矣。然精一自信，以江汉秋阳为不可尚者，则亦有其人，此其继继明明，照于四方焉，弗终晦蚀也已。某等虽不敏，然不敢不勉从事斯义，以无忘先生之教。惟先生神明默成，通徹宇宙，冀有以用之。

① 《祁门金吾谢氏仲宗文集·谢知远〈舟中梦亲，再往南海〉》，明抄本。

尚飨。^①

　　祁门阳坑谢氏宗族致力于传播甘泉心学和祭奠湛若水的活动，并未就此终止。直到万历元年（1573年）六月初六日，谢铉在久病不愈且经济非常困难的情况下，依然责成其子谢宗元亲书契约，将原捐助泉翁书屋的欠款补足，并将鱼塘一间立契变卖于神交书院，作为祭祀湛若水和维修神交书院的专项经费。下面一纸由谢铉画押立约、子谢宗元奉书的文契，真实地记录了这一事实，特照录于下：

　　　　拾西都谢铉原欠泉翁助书屋银贰拾壹两伍钱，又砖瓦银拾肆两，除移旧书楼及门屋还过银两外，仍欠书屋砖瓦银拾肆两伍钱整。今情愿将己买本保土名塘背鱼塘一间，四边墙围为界，西边无墙，于内尽数立契出卖与神交书院，永为祭祀修理作会支用。所有税粮分，书院交纳。其旧书楼门屋在土名花园坵田内，俱是本身乐助外，仍批写花园坵原买惜保等分租叁拾伍斤，以补宜生公所助田数，前项塘并田，本家子孙永无争论。今恐无凭，此立卖契为照。

　　　　万历元年六月初六日，立卖契人　　谢铉（押）
　　　　　　　　　　　　　　奉书男　　宗元（押）
　　　　　　　　　　　　　　见侄　　　宗周（押）
　　　　　　　　　　　　　　　　　　　宗正（押）^②

　　补足欠款文约书立后的第三天，即万历元年（1573年）六月初八日，谢铉再次让谢宗元代立契约，将七公坞田土租谷捐助，作为永远尊奉湛若水神主的祭仪经费。其文约全文如下：

---

　　①《奠甘泉老师文》，原件由卞利收藏。
　　②《万历元年六月初六日祁门县阳坑谢铉立卖塘义助神交书院契约》，原件由卞利收藏。

王源谢铉，年三十，从一墩先生学甘泉老先生之学，特建祠楼三间，永奉泉翁神主，奉配一墩师、芊叔、慎德叔堂兄神主。祀典未立，铉今病笃，同志知远来议祀典，铉批写土名七公坞二保所种早租陆秤，内取贰秤，远批写土名山背扦保种早租贰科。自癸酉秋起，一家俱挑租付守祠人二保收，备办开后祭仪，候宗元、大生至元宵日斋戒，赴祠诚祭，少伸报德之思。二家子子孙孙永远遵守，递年送租无违。如违，以不孝论。今恐无凭，立此义约合同，各收候登志，永为照者。

一备办

鸡一只，重二斤，五分。猪肉三斤，六分。鲜鱼一斤，四分。鸭弹（蛋）九个，四分。素面一斤，一分。饭羹米五升，四分。纸半斤、烛一对，钱银一百，四分。麻糖一斤，麻二升，二分。常酒三并（瓶），四分。腐，一分。共计银二钱三十五分，租照时价六十三分六秤算，仍多银二钱，另议。用前肴物，每品三碟，猪与骨六碟，共设三桌，务宜净洁，毋许亏宿。

万历元年六月初八日，立义约合同人　谢铉（押）

奉书男　　　　宗元（押）

同立人　　　谢知远（押）

见侄　　　　宗周（押）

宗正（押）[1]

以上关于祁门阳坑和谢村谢氏宗族几代人同湛若水的交往史料，真实地记录和反映了明代徽州山区一个宗族对湛若水心学的执着追求以及所取得的成就。正如湛若水在《送祁门三谢西归序》中所云："夫学变化气质而已，士可贤，贤可圣，变化也。……气质变化，学之征也。否则，虽学犹不学也。可以言此者，祁门之三谢乎？其轻四千里之途，讲二十年之雅，东所诗有云：'末路此一着，天人避下风。'此为谢子发矣。相处三

---

[1]《明万历元年六月初八日祁门县阳坑谢铉立捐租助祭湛若水祠楼祭祀义约合同》，原件由卞利收藏。

旬，一语而合，为忘形之交。充然有得，浩然而归，且行且讲，其有容于变化之学乎？曰：慎德也近刚，堂也近柔，知远也近敏。以刚化柔，以柔化刚，以敏化讷。《书》曰：'不刚不柔，厥德允修。'有若无，实若虚，以其化益求其未所化，刚柔合体，阴阳合德，体用合原，心事合一，以优游于神化不测之妙，则予日望之，与诸君共勉焉。"①这批祁门谢氏宗族与湛若水交往珍稀的原始史料，从一个侧面反映了徽州学者在极力维护程朱理学思想的同时，王、湛心学却在徽州民间广泛地传播，并日益深入人心这一不争的事实。同时，该批文书的发现和问世，对研究号称"程朱阙里"的徽州山区宗族在社会变迁中的思想转型具有重要的学术价值，对湛若水及其心学思想的研究也势必会起到重要的推进作用。

---

①《祁门金吾谢氏仲宗文集·湛若水〈送祁门三谢西归序〉》。

第十二章　清代休宁首村朱氏与安东丰山金氏诉讼比较

中国徽州地区和韩国安东地区有着相同或相似的山区地理环境及儒家文化形态，两者都是儒家文化特别兴盛的地区。同时，两个地区也存在很多观念的差异，特别是在诉讼领域。本章选取清代中前期徽州休宁首村朱氏和安东丰山金氏两起宗族诉讼案件进行比较研究，指出：同属东亚儒家文化圈的休宁首村朱氏宗族与安东丰山金氏宗族在诉讼行为上，确实具有相同或极为相似的地方。这一现象也告诉我们，开展跨国家、跨地区的比较研究，对了解东亚地区不同国家、不同地域之间人们的生产、生活与文化，具有极大的学术价值。

一、休宁首村朱氏与安东丰山金氏宗族的演变

明清时期中国徽州和韩国安东都是儒风繁茂之地，徽州因系"程朱阙里"而号称"东南邹鲁"，朱熹所开创的新安理学在徽州源远流长，影响深远；安东是韩国儒教文化的摇篮，是李滉（1501—1570年）创建的"退溪学派"的故乡，朝鲜时代曾涌现出众多堪称儒学先驱的学者，并拥有当时全国最多的书院和乡校。

徽州和安东还是宗族聚居之区，每一村庄大都由一大姓宗族聚居。在徽州，"吾徽敦本追远，视他郡较盛。聚族而居，一姓相传，历数百载，衍千万丁，祠宇、坟茔世守勿替。间有贸迁远地者，一旦归来，丘垄无

恙，庐舍依然"①。休宁县是徽州府的重要组成部分，休宁首村即是朱氏宗族聚居的村落。安东的村落也是宗族林立之区，举凡河回柳氏、水谷金氏、固城金氏等名门望族聚居，安东丰山五美洞则是金氏的聚居村。

首村位于休宁县城南部山区，明清时期属于该县二十六都五图，系朱氏宗族聚居村，号称徽州朱氏宗族之首，故称"首村"。据《休宁名族志》和《新安朱氏宗祠记》记载，首村距休宁县南 30 里，唐代乾符年间（874—879 年），南宋理学家朱熹始祖朱环之兄、进士朱师古出任宣歙观察使②，由姑苏饮马桥迁至歙县黄墩。师古之子朱璋迁休宁鬲山，朱璋长子朱春迁首村，是为首村朱氏之始祖，"此诚三代之鼻祖也，为新安朱氏万派朝宗之源流也"③。由于朱师古为徽州朱氏之始迁祖，其后代"子孙远迁楚、汉、江、浙，近迁宣、歙、宁、池，何计亿万"④。朱师古也因此成为徽州朱氏的统宗鼻祖。在"俗重墓祭，往往始迁祖墓自唐宋迄今，犹守护祭扫惟谨"⑤的徽州，位于"程朱阙里"黄墩朱家巷的朱师古夫妇合葬墓，每年都成为包括首村朱氏远近朱氏族人标挂祭扫的圣地。

首村朱氏宗族在其繁衍发展的历程中，重视宗族活动特别是祭祀活动的组织与管理，从明代崇祯二年（1629 年）创建宗祠开始，朱氏宗族势力逐步得到强化，宗族活动极为频繁，至今尚留存清代至民国年间各类宗族文书 73 件（册），其中不少属于诉讼文书。

丰山是朝鲜李朝时代安东府的属县，这里大姓巨族荟萃，丰山五美洞金氏是其中重要的一支。五美洞金氏始祖为金文迪，当时，聚居在五美洞的宗族姓氏主要有金、洪、陈、柳四姓。高丽王朝时期，洪、陈二姓因在朝中任职，政治地位显赫，成为贵族，先后迁出五美洞，只有金姓和柳姓留居下来。延至十一至十二世时，金杨震（1467—1535 年）和金义贞

---

① （清）江登云辑、江绍莲续编，康健校注：《橙阳散志》卷十二《艺文志三·存志户墓祀序》，第 226 页。

② （明）曹嗣轩编撰，胡中生、王薆点校：《休宁名族志》卷三《朱》，第 520 页。

③ 光绪《新安朱氏宗祠记》（不分卷）。

④ 光绪《新安朱氏宗祠记》（不分卷）。

⑤ 民国《歙县志》卷一《舆地志·风土》。

（1495—1547年）的虚白堂及幽敬堂逐渐崛起，特别是到了十四世金大贤（1553—1602年）时，九子除一子夭折外，其余八子在朝鲜李朝文官科举考试中，全部考中司马榜莲榜，其中金奉祖（1572—1630年）、金荣祖（1577—1648年）、金延祖（1585—1613年）、金应祖（1587—1667年）和金崇祖（1598—1632年）又考中文科榜桂榜，并分别在朝中任职，号称"八莲五桂"。这是丰山金氏宗族发展的鼎盛时期，完全奠定和确立了丰山金氏安东望族的地位。至二十七世时，丰山金氏再创辉煌，金应燮（1878—1957年）、金鼎燮（1862—1934年）、金昌燮（1870—1938年）、金履燮（1876—1958年）、金祉燮（1884—1928年）、金兴燮（1903—1950年）、金普燮（1911—1942年）等在抗日独立运动中，发挥了中坚的作用，有的甚至为之捐躯。今丰山金氏专门在五美洞村头建有"五美洞光复运动纪念塔"，以纪念为国捐躯的金氏族彦。由于历史上丰山金氏重视教育文化，科第联袂，因而留下了大量的文集、随笔、杂记等文献和教旨、祭文、通文、简札等文书，为我们今天开展丰山金氏宗族的研究提供了最为珍贵的史料依据。

综上所述，休宁首村朱氏和安东丰山金氏两个宗族，虽然远隔千山万里，并分属不同政权的管辖与治理，但在儒家传统文化的濡染浸淫下，却显示出了许多共同的特征。

二、休宁首村朱氏与安东丰山金氏宗族的诉讼观念之比较

（一）休宁首村的"健讼"观念

包括休宁首村在内的徽州一向是诉讼案件繁多之地。自宋代以来，经过历史上三次移民渉入高潮后，徽州社会经济与文化教育逐渐走上了繁荣发展之路。兴文与重武之风并重，使得徽州自宋以来即养成了好讼与健讼观念。至明清时期，包括休宁县在内的徽州的健讼观念已经发展成为诸种习俗中极为重要的一种社会习俗。即使是极其微小之事，徽州人都可能会

诉诸官司。"歙故喜讼，讼者至相牵钩，累百牍不解。"①

包括休宁首村在内的徽州健讼观念主要表现在以下几个方面：

第一，"事起渺忽，讼乃蔓延"②。受健讼风气的驱使，明清时期徽州经常会发生因某些细微纷争而引起的旷日持久的诉讼。对此，休宁《茗洲吴氏家记》云："外侮之来，自我招之，由小隙以成巨衅，微不谨以至大不可救，比比皆然。"③徽州地处山区，山场和田地绵延相连，界限往往难以划得很清。因此，围绕山场和田地侵界的纠纷便层出不穷。"山多地窄，寸土寸金，或因税亩未清、界址相连、鼠牙雀角，在所不免。"④在明清时期徽州的各类诉讼中，尤以山场和田地界限纷争而引致的诉讼为多。所以，"地讼之为累，在新安为尤多"⑤。

第二，"勇于私斗，不胜不止"⑥。明清时期徽州的健讼还集中体现在诉讼双方为求得胜诉而不惜一切代价上，特别是富商大贾和强宗巨族的倾资介入，往往使得案情简单的诉讼最后演变成为讼而不结、结而不止的复杂诉讼。徽州宗族势力庞大，且重视墓祭，重视风水，"往往始迁祖墓，自唐宋迄今，犹守护祭扫惟谨。因之坟地迷信，受病亦深，祖坟荫木之争，辄成大狱"⑦。"今不求自己，而惟葬地是营，兴大讼，构大狱，竭其智计，厚其财贿，以与人争揜，必胜以求，必得识遇。不畏人非，不惧鬼责。"⑧清代康熙年间，休宁张绥控告张德泓侵葬其祖坟一案，"历经□审，抗不服断。……久争不决，朱太尊命耿师临勘，不服；又命单二公，仍不服，乃委夫子。夫子躬诣争所，持罗盘按形审脉，当山喝破，断其起辇。"

① （明）王世贞：《弇州史料》卷十六《后集》，载《四库禁毁书丛刊》总第59册，《史部》第49册，北京出版社1997年版，第400页。

② 万历《祁门县志》卷四《人事志·风俗》。

③ 万历《茗洲吴氏家记》卷七《家典记》。

④ 乾隆《绩溪县志》卷一《方舆志·风俗》。

⑤ （民国）许承尧撰，李明回、彭超、张爱琴校点：《歙事闲谭》卷二十六《〈知新录〉记徽俗二则》，第930页。

⑥ （明）李维桢：《大泌山房集》卷六十六《何中丞家传》，明万历刻本。

⑦ 民国《歙县志》卷一《舆地志·风土》。

⑧ （清）廖腾煃：《海阳纪略》卷上《义冢记》，清康熙刻本。

经过三次审判，此案才最终以张绶胜诉而告了结[①]。徽州佃仆制顽固存在，即使经过雍正五年（1727年）等多次开豁世仆为良令的实施，但均未能废除这一制度。导致这一状况的原因，主要是徽州宗族势力异常强大。每有佃仆萌生越分之念或有叛逆之行，宗族往往不惜任何代价进行诉讼。正如民国许承尧在《歙事闲谭》中转引江绍莲《歙风俗礼教考》所云："婚配论门户，重别臧获之等。即其人盛资厚富，行作吏者，终不得列于辈流。苟稍脱主仆之分，始则一人争之，一族争之，既而通国争之，不直不已。"[②]明代天启四年（1624年），休宁余显功等因所买佃仆潘镀等违约，不向主人拜节、听役，而将其告官理治。此案中间迭经曲折，屡结屡起，直至崇祯三年（1630年）方才以余显功胜诉告结，"六年三讼，至此结矣；主仆之分，至此定矣"[③]。至于徽州宗族卷入诉讼，不惜以族产为讼资者，也是所在多有，举不胜举。如祁门历溪王氏宗族在族内成员出现婚姻不缔于不重之门时，就联合宗族所有成员立下《同心合文》，要求"伊等如有恃强逞凶等事，大家俱要入局，不得退缩。推重一人，其费用尽系中秋神会出备，不得累及出身之人。禀案者务要同心协力，不得临事退缩；敷合者务要费用随时，不得推故短见。讼完之日，誓神交帐"[④]。

第三，诬告之风盛行，自杀图赖泛滥。明清时期，徽州人为了打赢官司，不惜夸大其词，大行诬告之风，甚至不惜自杀图赖。在康熙年间的休宁县，"或因口角微嫌而架弥天之谎，或因睚眦小忿而捏无影之词。甚至报鼠窃为劫杀，指假命为真伤，止图诳准于一时，竟以死罪诬人而弗顾。庭讯之下，供词互异"[⑤]。因此，清末徽州知府刘汝骥说，包括黟县在内

---

① （清）廖腾煃：《海阳纪略》卷下《勘审张绶张德泓等坟山看语》。

② （民国）许承尧撰，李明回、彭超、张爱琴校点：《歙事闲谭》卷十八《歙风俗礼教考》，第605页。

③ 《不平鸣稿》，明抄本。

④ 《清咸丰六年九月初二日祁门王洪锦等同心合文契》，转引自张海鹏、王廷元主编：《明清徽商资料选编》，第32页。

⑤ （清）吴宏：《纸上经纶》卷五《禁健讼》，郭成伟、田涛点校整理：《明清公牍秘本五种》，第221页。

的徽州诉讼大都"诬多实少"①。至于轻生自杀图赖现象，更是明清时期徽州健讼的最突出特征之一。"休宁风俗，尚气轻生，小事小忿，俄顷之间，动即自杀。原其不惜一己之命，不过欲破其所相怨毒之家，甚至移甲就乙，牵连不止。从来作令者，莫不喜有命案，利其牵连，以为己上下其手、奇货可居之局。计一月之内，图赖命案或数家，或十余家，至今犹然。"②"化之不改，禁之不悛。目击心伤，情不能已。"③

以上就是明清以来徽州健讼观念的由来及其主要表现。应当说，同徽州其他地区相比，休宁的健讼观念表现得尤为突出。正如清代康熙年间曾担任休宁知县幕友的吴宏所云："刁健之风，虽所在有之，从未有如休邑之甚者。每见尔民或以睚眦小怨，或因债负微嫌，彼此互讦，累牍连篇，日不下百十余纸。"④

徽州的诉讼大抵集中在坟墓、山林、继子和主仆等方面，特别是坟墓诉讼，"祖坟、荫木之争，辄成大狱"。这主要是徽州重视祖先的缘故。在徽州人看来，祠堂是祖先灵魂依托的地方，而坟墓则是体魄所掩藏的所在，"礼莫大于尊祖"⑤，其他争执和纠纷都可以容忍，唯独坟墓，则是万万不能容忍的。因此，一旦发生祖墓被盗藏、荫木被盗砍等事件，徽州宗族都会竭尽全力进行诉讼。休宁首村朱氏二世祖春公墓被黄氏宗族侵占后，从康熙四十七年（1708年）为始，朱氏集中宗族各派力量进行诉讼而未能恢复，直至光绪十一年（1885年），朱氏宗族人念念不忘，耿耿于怀，甚至在其编纂的《新安朱氏统宗祠规家法》中发誓云："各派中有能复春公墓地、重建宗祠者，十三宗朱祖宗容上画像。"⑥

---

① (清)刘汝骥编撰，梁仁志校注：《陶甓公牍》卷十二《法制科·黟县民情之习惯·从行为上观察民情》，第263页。

② (清)廖腾煃：《海阳纪略》卷下《两江总制傅、安徽巡抚江详文》。

③ (清)廖腾煃：《海阳纪略》卷上《上郑藩宪》。

④ (清)吴宏：《纸上经纶》卷五《词讼条约》，郭成伟、田涛点校整理：《明清公牍秘本五种》，第219页。

⑤ 光绪《新安朱氏宗祠记》（不分卷）。

⑥ 光绪《新安朱氏祠记·新安朱氏统宗祠规家法》。

(二)安东丰山金氏的诉讼观念

安东丰山金氏过着聚族而居的生活，以诗书传家，致力于儒家学问的探讨和道德涵养的修炼，幽敬堂是丰山金氏宗族的宗宅。丰山金氏宗族自十一世虚白堂金杨震以来，科第勃兴，人才辈出，政治地位显赫一时。根据《丰山金氏五美洞》一书统计，自十一世金杨震之后，先后有文科及第者21人，司马进士试入阁者26人、生员54人。自十四世金五贤以来，武科及第者共30人。丰山金氏讲求儒家传统的伦理道德，据《丰山金氏五美洞》记载，该宗族历史上被表彰为双孝子者2人、孝子1人、五虎榜三殉国者3人、烈女2人、抗日殉国义烈志士5人。丰山金氏创办有竹岩书室、道林讲堂、芦峰精舍、花树精舍等作为学习和讲学的场所。

这样一个诗书礼义、官员辈出的安东望族，对于诉讼则是绝对不齿的。特别是有身份和地位的官员，即使在万不得已的诉讼中，也不直接出面，而是囿于身份，在诉讼状中隐藏在幕后，另书一张别帖，以显示其姓名。因此，就诉讼观念而言，安东丰山金氏宗族是保守的，它不像包括休宁在内的徽州人那样，直接以本族的官员或生员地位与身份出面进行诉讼。虽然在安东的诉讼中，同徽州一样，也包括山林、土地、财产和坟墓等诉讼，但其诉讼的复杂程度远没有徽州那样扑朔迷离。

不过，安东的诉讼观念在传统儒家思想的支配下，并未显示出如徽州那样强烈。何况安东地广人稀，主仆之间关系等级森严，诸如土地等诉讼几乎很少发生，山林和主仆诉讼偶尔出现，倒是堪舆风水观念和祖先信仰极为突出。只有涉及祖先坟墓被盗葬、被挖掘的情况，安东望族才会不遗余力地进行诉讼。记录丰山金氏发生在18世纪中期即乾隆年间的坟墓诉讼《石役记》，就是一个最好的佐证。

可见，虽然休宁首村和安东丰山两地有着较为相似的山区自然地理环境和儒家传统文化的人文环境，但因二地分属两个不同政权统治，且一为人烟稠密、山多田少、人众地寡；一为人烟稀少、山多人少，且相距遥远，因此，在对待诉讼问题上，以休宁首村朱氏宗族和安东丰山金氏宗族为代表的徽州和安东地区民众之间的诉讼观念存在着较大的差异，一个是诉讼强烈，一个则是趋于保守。

三、休宁首村朱氏宗族诉讼文书及其诉讼内容

（一）休宁首村朱氏宗族的整合

从休宁首村朱氏宗族遗留下的文书中，我们发现，首村朱氏宗族在明末清初势力渐趋强大，其诉讼也基本上是围绕宗族内部整合发生的。为了重整和振兴宗族，首村朱氏宗族以祠堂为核心，不断增殖祠产，置有《朱氏祠簿》，建立祠产管理组织，这从清康熙三十五年（1696年）四月二十五日乡约朱希茂和保长朱天锡具呈经管祠事的呈文中可以看出。该文书内容如下：

> 　　具呈乡约朱希茂、保长朱天锡呈为遵奉回报事。蒙宪批谕，役等将《朱氏祠簿》清交新管之人，今遵公谕，原管之朱任康、朱有光等眼同当凭八门房长逐一立簿清交，新管朱朝益、朱邦遵、朱邦积、朱国英四人接管祠事。理合具呈回报，伏乞宪天验交。感恩上呈。
> 　　右具
> 　　呈
> 　　准交朱朝益等四人经管
> 　　康熙三十五年四月二十五日具呈，乡约朱希茂
> 　　　　　　保长朱天锡①

为保障宗祠运行的资金来源，使宗族管理制度化，清康熙三十五年（1696年）五月，朱世德联合首村朱以治、朱希茂等14人共同订立签署了

---

① 《清康熙三十五年四月二十五日休宁县首村朱希茂、朱天锡等呈报宗祠新管人员名单文》，原件藏安徽大学徽学研究中心特藏室。

《议墨合同》，详细规定了宗祠和宗祠资产运营管理各项条规。《议墨合同》内容如下：

> 立议墨合同人〔朱〕世德、以治、元亮、希茂、朝郁、朝禄、朝清、自熙等，吾族创立宗祠，始于明季崇祯二年，阖族批丁各出乐输，共建祠宇，以尽人子报本之忱。构工将半，缘与邻村讦讼，以此未得告成。至于顺治十五年，阖族批丁乐输约计百有余金，以为递年修葺祠屋兼纳钱粮。其银虽有批领，不能生息，于事无济。至康熙四年，支丁贡自客外归来，见祠宇损漏，邀同志倡议，阖族公举，凡支下嫁女公堂、诞男长口，取其两项，公贮入匣，系之与朝纲管理，递年于长至日果酒敬祖毕，公同族众清算注簿，向无异议。至康熙十六年，复举元凯、自盛、希茂、希珪管理，照遵前人规议，所贮祠匣银两，递年运筹生息，收支出入，皆如前规。至康熙二十三年，复交自盛、希珪、德魁、可松管理无异。岂于康熙三十三年，有田来当祠银，祠内不从，因此讦讼，是以任康、可松等不愿管理。今奉县主金批，议立管祠。今阖族公议，共举朝益、邦遴、邦积、国英等，蒙批在簿，准任管理，但执事者务要洁己奉公，廉贞自守。既无瑕疵，族众自无异议。设有恃强任事者，传知各门支下子孙，集众公论。恐后人心不一，立此议墨合同一样三张，两社各执一张，存匣一张，永远遵守为照。
>
> 康熙三十五年五月日，立议墨合同人　世德（押）　以治（押）希茂（押）
>
> 世宰（押）　元亮　朝郁（押）　以恬（押）
>
> 朝禄（押）　以愉（押）　朝清　自熙（押）
>
> 希雅（押）　希祝　希盂（押）
>
> 见议人　朝珍（押）　朝聘（押）　杰寿（押）
>
> 一、议膺任祠务，原非自愿乐从，因下为族众推举，上为祖宗出力。吾族长幼，人各虚心体贴，无得妄生异议，肇起争端。但执事者

既任其劳，无使再任其怨。族中倘有无知不法、恃强横逆者，传集族众，呈官究治。

一、议任事者务要洁己正人，不得徇情怀私。今既议执事者三年交换，现任者自宜敬谨其事。倘遇事有疑难，即商之于众，抑可以杜无知妄言之口，又可以为后接任者之规。

一、议坐谷价照时银，先付银，先发谷；后付银，后发谷。但佃户来约看谷之日，即议付某人收，轮流挨次，不得争执高低。倘有将首饰来抵押，计重一两，只押七钱，议定冬日清偿。如不清付，将原首饰与内押银票付本家取赎。金珠、宝石概不押，免后争执。

一、议各项条规，当遵前簿举行，无得异说。[①]

从上引的《议墨合同》中，我们不难看出，清代康熙年间，首村朱氏宗族通过旨在规范宗族内部行为和管理机制的方式，对宗族进行了整合。

在完成了宗祠建造和管理制度制定等宗族内部整合之后，首村朱氏宗族的凝聚力和经济实力迅速得到了空前加强。接着，他们便开始了向外拓展和扩张，最能体现朱氏宗族扩张行为的事件是争夺春公墓诉讼的展开。

(二)春公墓诉讼文书及其内容

康熙四十七年（1708年）五月，休宁县首村朱世观等联合该县上伦堂、范庄等地朱氏族人，在"孝"的旗帜下，共同输银出力，立下《永言孝思》文约，誓与侵占朱春祖墓的黄氏宗族进行诉讼，以期重振朱氏宗族的辉煌。

永言孝思

吾宗自二世祖春公始迁海阳，派十有三，支分繁衍，屹为望族者，今十八村矣。自春公葬溪口庙岭龟山，佑启后人。向者系前人厥谋弗臧，遂致失业，使祭扫缺典。历经百有余年，虽子姓常怀激愤，

---

① 《清康熙三十五年五月休宁县首村朱世德等立议墨合同》，原件藏安徽大学徽学研究中心特藏室。

然报复无因。今幸际县主龙图再世，洞察民冤，犀照黄氏之奸谋，而吾宗各派为孙子者，不乘此时之机，以复春公之墓，泄数百年之积恨，纵不能效襄公复九世之仇，然木本水源，使后世知忠孝之大节，愿吾宗各派诸公竭力输资，共襄盛举，以尽孝子贤孙之志，不胜幸甚。请书其名于左。

康熙四十七年五月日谨启

首村

世观字尚宾，输银二十两。

家鼎字文九，输银十两。

邦礼字季和，输银十两。

邦超字汉升，输银十两。

　字景佰，输银十两。

可官字登吉，输银十两。

又输银二十两。

上伦堂

士谌字永符，输银一百两。

邦孚字媚雪，输银五十两。

绣字我文，输银十两。

范庄

朗字元昭，输银三十两。

阳字天宜，输银十两。

恒字心如，输银三十两。

帜字汉旌，输银十两。

镇字公戚，输银十两。

濂字若周，输银十两。[1]

---

[1]《清康熙四十七年五月休宁县首村朱世观等捐输诉讼春公墓银两启》，原件藏安徽大学徽学研究中心特藏室。

　　这是居住于休宁县首村的朱世观等联合首村、上伦堂和葩庄朱氏族人为通过诉讼夺回被黄氏罩占的春公祖墓而进行诉讼的捐款动员会。尽管在我们掌握的首村朱氏文书中缺少围绕春公墓诉讼文书的原始文本，但从这张动员誓文中，我们完全可以将其理解为首村朱氏宗族的诉讼文书。

　　康熙四十七年（1708年）五月二十八日，首村朱氏宗族在族长朱世德等率领下，再次发起与龙湾黄氏诉讼夺回春公祖墓的动员，并联合以首村为中心的朱氏宗族13派族人共同签署合同议约。其内容如下：

　　　　立合同众派、首村等，今为春公古墓向被龙湾黄氏势占平抹，抽除鳞册保簿一页，使我子姓无凭申诉，迄今百有余年，祖冤莫雪。今又奸谋复萌，侵占溪口坟茔，以致讦告在案。幸蒙县主张公①吊对原丈信字、新丈短字二千一百七十九、八十、八十一等号经册、纬册，察出洗补盖印情弊。其八十一号，即我春公所葬之处。庭质之下，诘究其实。龙湾词穷，莫能掩饰，随即通详督抚各宪。是百余年平抹之祖冢，遇此大可为之机，不可谓非春公在天之灵赫濯于今日也。祖墓显晦，在于子孙，今日一举，毋负平日报复之素志。今此急务，首在议费，各村或照丁派，或支众匣，以为使用。再，各举贤能，协同任事，踊跃争先，以雪积世之仇。功成之日，酌议配享，以彰其勋。犹恐人心不齐，立此合同为照。

　　　　康熙四十七年五月二十八日，立合同　首村　世德（押）　以愉（押）

　　　　伦堂（以下略）②

　　从上述所引录的首村两张合同议约文书中，我们不难发现，首村朱氏

---

①据道光《休宁县志》卷七《职官志·题名》载，此处"县主张公"系指休宁县知县张韬。张韬，字权六，浙江海宁人，廪贡生，康熙四十七年任休宁知县。

②《清康熙四十七年五月二十八日休宁县首村朱世德等立合同文约》，原件藏安徽大学徽学研究中心特藏室。

宗族在晚明清初勃兴以后积极向外扩张的过程中，是以团结宗派、收复祖墓、强化宗族凝聚力为核心的。我们虽然未在朱氏文书中查寻到诉讼文书，但两张文书都显示，康熙年间，首村朱氏宗族的扩张，是通过一系列诉讼活动来完成的。可惜，这场诉讼因为面临的对手龙湾黄氏势力过于强大，并没有取得成功，达到胜诉并收回春公墓地的目的，这也成为首村朱氏宗族永远难以释怀的隐痛。对此，该族在《祠规》中明确规定："各派中有能复春公墓地、重建宗祠者，准十三朱祖宗容上画像。"①可见，首村朱氏宗族对祖墓被占之极度愤懑的心情。

(三)大商地坟山厅屋诉讼文书及其内容

首村朱氏宗族另外一起诉讼，是乾隆十年（1745年）十一月至十二年（1747年）二月与看守大商地坟墓地仆黄姓侵占坟山厅屋而展开的诉讼。

据《清乾隆十年十一月至十二年二月讼理大商地仆侵占公厅案存览》记载，首村大商地坟山厅屋，自唐宋至清代，一直系首村朱氏十三派标挂祭扫的世业。黄姓世仆受命住居看守，"众支祭扫，黄姓应役，世代相承，自古无异。其后，黄姓子孙猖獗，伐树盗坟，本家处治，自成化以至雍正，历有甘墨，及送官呈责案卷"②。但乾隆十年，地仆黄福荣等欺大商地所在之霞堡朱姓"地弱人希，侈肆益甚"，假造图册，恣意侵占。

乾隆十年（1745年）十一月十九日，首村朱茂文、朱周明、朱彩云等以"逆仆贿谋、弑占灭伦"为名，联手上诉至知县周其祚。随后，周其祚批示："地保查复"。

十二月初三日，黄廷侯以"诬良为贱，埋机横占"为名，具禀诉称朱茂文等祖墓葬其图内，因标祀借其厅屋歇息，继而图占。周其祚于诉状批云："候开期吊册查验"。

乾隆十一年（1746年）二月初六日，朱茂文等再次禀呈，请求根据吊册查验结果，缉拿黄福龙等审讯。周其祚批示："准提讯"。

---

① 光绪《新安朱氏宗祠记·新安朱氏统宗祠规家法》。

② 原件藏安徽大学徽学研究中心特藏室。

　　三月初十日，首村朱氏宗族生监朱文玺、朱世茂、朱祈善等为"仆已输服，叩恩销案事"具呈。周其祚批曰："候饬销案"。

　　三月二十八日，地仆黄廷侯立下挽约，承认了自己地仆的身份，并承诺"自后照旧承管□□众厅，每逢标祀，务必预先洒扫，不敢堆积柴薪。如违，任罚无辞"①。

　　这起诉讼案件最终以首村朱氏宗族胜诉了结。于是，朱氏宗族买石刻碑，划界定标，永志此事。

四、安东丰山金氏宗族诉讼文书及其诉讼过程

　　在安东丰山金氏文书中，一桩记载祖墓被偷葬而导致的诉讼文书引人注目。

　　乾隆六年（1741年）正月，洞内常汉李石彬"恃其豪悍族盛，而蔑视山下子孙之弱，敢生横占之计"，偷葬位于金浦郡卢长里龙头村的高丽奉议大夫三司左尹金安鼎②之墓。五月，"李石彬六寸李时兴欲葬其母于李石彬偷葬之上偏"③。

　　族中拥有功名的金安鼎之墓被偷藏，引起了丰山金氏族人的极大愤慨。是年八月，金锡夏等丰山金氏后裔128人联名起草《呈畿营文》，与李石彬进行诉讼。在诉讼过程中，丰山金氏外孙、大司宪李夏源和在李朝任职的丰山金氏大臣、监司也同时具名参讼。这场山坟、祖墓诉讼，最终以丰山金氏大获全胜而告以结束。

　　丰山金氏宗族胜诉后，金儇等六人发出《通文》，历数祖墓碣石甚薄、损毁折断之患迫在朝夕、荒芜崩颓、无人祭扫等而为李石彬等偷葬之状，云：

---

　　① 以上引文均来自《清乾隆十年十一月至十年二月讼理大商地仆侵占公案存览》，原件藏安徽大学徽学研究中心特藏室。

　　② 据《丰山金氏五美洞》载，金安鼎系丰山金氏七世孙，为金允坚之子。

　　③《石役记·呈畿营文》，抄件，原件藏韩国安东市国学振兴院。

碣石甚薄，蟆隙渐生，自面至背，横折几透。中断之患，迫在朝
夕。阶砌圯夷，沙土崩颓。举目瞻拜，殆若无子孙之古墓。……为先
祖孙者，岂不赧然羞愧，溢然欲死乎？石彬辈偷葬之患，莫非职此之
故？而抑又思之，我先祖子孙之居在徽岭者，可谓繁衍，大小科庆，
五马荣光，无日无之，而一无省扫于山下，莫祭于墓前。常汉贱隶皆
以为此墓子孙于今为庶矣。少无顾忌之心，敢生偷犯之计者，尤岂不
痛伤于心者矣？[1]

为此，金儣等倡议丰山金氏成年族人根据家庭力量各自出钱出资，
"输送有司家，俾为改筑茔域，增竖石物，以遂报本追远之地"[2]。

金儣等的倡议，得到了丰山金氏族人的响应和支持。荣川梧溪门会、
龟江书院门会等丰山金氏支派纷纷捐钱捐资，以25两买石刻碑，成文时又
费1两，与刻工论价，刻字价及供亿杂费合计70两。又设置祭田，作为香
火之需，族人金梦彦与金相儒各捐款200两，成全此事。乾隆五十一年
（1786年）端阳日，金相默专门撰写一篇《跋文》，对丰山金氏宗族这次整
饬祖墓、整合族人的过程予以记载。

五、休宁首村朱氏与安东丰山金氏诉讼的比较研究

首村朱氏宗族与地仆黄廷侯大商地坟墓厅屋案件的胜诉，主要得益于
宗族内部的团结和地亩图册的完备。他们敢于面对强大的龙湾黄姓宗族，
有钱出钱，有力出力，共同将这场官司打赢。为了赢得这场诉讼，首村朱
氏宗族总共联合了杨冲、资庄、伦堂、新屯、里田、巴庄等16个村庄的朱

---

① 《石役记·呈畿营文》。
② 《石役记·呈畿营文》。

氏各派，共计捐款输银50余两①。乾隆十二年（1747年）二月初一日，首村朱氏宗族对大商地坟墓厅屋诉讼费用进行了结算，主要开支项目及费用包括：（1）起初明心请神三牲等物共支银1.2两；（2）宗祠众派两次会议共支银3两；（3）进词纸笔饭食以及差房提前任惩责黄姓案卷共支银12两；（4）金业请禁、送图正礼共支银13两；（5）买石2块，写字刻碑供给谢礼及匠工，共支银12两。此外，尚有收税主户牌礼、来往宗族各派交通及伙食等。总之，收支账目明晰，并无假公济私、从中取利行为。所有账目，"永存首村宗祠公匣"②。

同首村朱氏宗族一样，安东丰山金氏宗族祖墓诉讼的胜诉，也得益于宗族成员的团结一致、协力共谋。首村朱氏宗族联合了朱氏13派成员，共同捐款出力，同仇敌忾，一致对外，才最终取得了胜利。虽然在文书的格式上，处在中国清朝和朝鲜李朝不同政权统治之下，两者有着明显的差异，但在诉讼的对象和诉讼的标的方面，两者确有许多共同之处，那就是首村朱氏诉讼的对象是侵占看守坟墓厅屋的地仆黄廷侯等，而丰山金氏诉讼的对象则是偷葬祖墓之贱隶李石彬等；首村朱氏诉讼的标的是看守祖墓地仆黄廷侯所居住的大商地祖墓厅屋，而丰山金氏诉讼的标的则是高丽奉议大夫三司左尹金安鼎之墓。两者胜诉后，都采取了刻石立碑、予以铭志的举措。

因此，我们看到，虽然休宁首村和安东丰山在地理上相距遥远，但同在厚重的儒家传统文化背景下，两者在对待祖墓及祖墓厅屋被侵占后所采取的诉讼态度和行为上，却显示出极为相似或相同的特征。所不同的是，首村朱氏宗族包括生监等精英人物全都站在了最前列，团结一心，竭尽全力进行诉讼，而安东丰山金氏宗族的官员虽然亦坚决支持诉讼，但却退居到幕后进行指挥和协调，倒是作为外戚的外孙、大司宪李夏源反而在诉讼

---

①《清乾隆十一年十一月至十二年二月休宁县首村朱氏讼理大商地仆侵占公厅案存览》，原件藏安徽大学徽学研究中心特藏室。

②《清乾隆十一年十一月至十二年二月休宁县首村朱氏讼理大商地仆侵占公厅案存览》，原件藏安徽大学徽学研究中心特藏室。

中挺身而出，发挥了决定性的作用。

透过休宁首村朱氏和安东丰山金氏宗族的诉讼文书及诉讼行为的比较，我们不难看出，同属东亚儒家文化圈的中国徽州休宁首村朱氏宗族与韩国安东丰山五美洞金氏宗族在诉讼观念及诉讼行为上，确实具有许多相同或相似的地方，但也有显著的差异。这一现象也告诉我们，开展跨国家、跨地区的比较研究，对我们了解东亚地区不同国家、不同地域人们的生产、生活与文化之间相同、相似之处以及存在的差异，无疑具有极大的帮助，这种比较研究的前景非常广阔而光明。

第十三章　黟县宏村万氏宗族与安东丰山和敬堂柳氏宗族经济活动与经济观比较

地处徽州西北、人口不足十万的山区小县——黟县，和徽州其他地区一样，在明清时期特别是清代，曾经创造了辉煌的商业成就，举凡西递的胡氏宗族、屏山的舒氏宗族和宏村的汪氏宗族等，都曾是富甲一方的经济实力强劲的强宗大族。即使是宏村的小姓——万氏宗族，也不甘落伍，在经商和农耕上取得了较好的成绩。在山多田少、人众地寡的徽州山区，不少县域的宗族都意识到仅靠农耕难以维持生计，因此，在传统的四民观上，渐次发生了改变，形成了"读书好，营商好，效好便好"、以经商为第一等生业的经济观念，人们在努力进行农耕活动的同时，积极参与商业经营，大者经营盐业、典当业、茶叶和木材，小者甚至从事日用商品的批发和零售业务。宏村是以汪姓为主宗族聚居的村庄，而万氏宗族则族小人寡，主要从事后一种经营。但在这样一个村庄里，土地和山场的买卖活动依然十分频繁，这实际上既是徽州耕读为业的传统，也是徽州经商致富、以本守之观念的反映。

与徽州的黟县一样，韩国安东也处于山区。但情况不同的是，这里山地虽多，但人口稀少。和敬堂柳氏宗族作为安东地区的望族，主要依靠读书治学、科第考试而成为朝鲜李朝政权中的强势势力。这一宗族所从事的经济活动基本上以农业耕种为主，在农本商末的贱商观念支配下，和敬堂柳氏并不直接进行商业经营活动。他们支配着数量可观的奴仆，依靠奴仆出面从事耕作并参与田地买卖等经济活动。

下面，我们仅以土地买卖文书为中心，对黟县宏村万氏宗族和安东和敬堂柳氏的经济活动与经济观进行比较研究，并通过比较，找出黟县宏村万氏宗族与安东丰山和敬堂柳氏相同或不同的地方。

一、黟县宏村万氏宗族土地买卖文书所见经济活动与经济观

（一）黟县宏村万氏宗族的谱系与社会生活

据明朝嘉靖年间戴廷明、程尚宽等编纂的《新安名族志》，列入徽州大族的万氏宗族仅有黟县东街一支，"在邑东隅。世居于此，历传至曰高甫者，以医名于时。国朝洪武二十四年，辟授医学训术，子曰友仁，洪武三十年袭职。友仁子曰腾远，永乐十三年袭职；腾远弟曰腾懋，永乐二十二年袭职。腾懋侄曰文清，天顺三年袭职，子二：曰贯、曰硕，俱敦义睦族，乡人颂之。贯子曰盛，正德四年袭职。硕子二，长曰芳，有善行，尤精于医，活人不责其报，侍御刘公按考优赏，飞章奖之；次曰辉，早卒，妻程氏，年十八守节抚孤。盛子曰觊，笃于义让。芳子二：长曰赐善，承祖父之志，益振前业；次曰福，嘉靖二十九年袭医官职，有儒雅，缙绅咸推重之。"[1]据宏村万氏宗族敦睦堂《寄公会祖宗簿》[2]记载，宏村万氏宗族源自陕西扶风郡，始迁祖为佛童公。而佛童公则系陕西扶风郡万氏宗族的五十六世。或者说，宏村万氏的始迁祖佛童公是陕西扶风郡万氏宗族的第五十六代。

根据《寄公会祖宗簿》记载，佛童公之后，宏村敦睦堂万氏宗族的谱系如下：

佛童公（居宏村雷岗）	宗保	志通（居上水碓）	寄宝	祥
				壹
				安
		志全（居上水碓）		
		志安（居古城）		

---

① （明）戴廷明、程尚宽等撰，朱万曙等点校：《新安名族志》后卷《万》，第619页。
② 《寄公会祖宗谱》（不分卷），传抄本。

续　表

始迁祖	二世祖	三世祖	四世祖	五世祖
壹	鑫宝	友好	有孙	元高
		有德		元亨
		有顺		元应
六世祖	七世祖	八世祖	九世祖	十世祖
嘉祠	廷默		士能	纯诏
	廷勋	兆霈		
		兆雯		
嘉社				纯谟
嘉袍	廷凤	兆惠(继三房)		
嘉祺(未娶亲)				
十一世祖	十二世祖	十三世祖	十四世祖	十五世祖
学补	懋熙			
学种	懋桃	龙元		
学禾唐	懋喜			
十六世	十七世祖	十八世祖		

以上是宏村敦睦堂万氏宗族从始迁祖佛童公至十八世祖龙元公的谱系发展演变情况。宏村敦睦堂万氏宗族是否系从黟县县城东街迁徙而来？从上引史料中，我们尚难以发现其中的线索。但从现存宏村万氏宗族的文书来看，第一件文书便是康熙二十四年（1685年）八月万长龙购买宏村汪氏地基的契约，这是否可以说明宏村万氏宗族是在清代康熙年间才开始迁徙至宏村定居的呢？如果是的话，那么，宏村万氏宗族的始迁祖即是万长龙。

万氏宗族定居宏村后，基本呈现出聚族而居的格局，同此前早已迁居宏村的汪氏宗族和睦共处，并保持着与汪氏宗族世代通婚的传统。

宏村万氏宗族继承了徽州崇文重教的传统，对本族子弟教育特别重视，无论是耕种还是经商，督促子弟读书都是必不可少的。万氏文书中的《门人姓名附录典故》系立于清代同治三年（1864年）春月万氏塾师教授塾学的真实记录，在塾学中读书的当然有不少万氏敦睦堂的子弟。所学内容包括传统的识字、诗文和算术等，还有就是孝的教育，在其《课程》的

《本源》一节中，就专门编有朗朗上口的句子，教育子弟自幼即要养成孝顺双亲的品格："好男儿，孝双亲；念勤劳，养育恩。此恩报答真难尽，怀胎生产耽惊险；就湿推干受苦心，饥寒举动勤相问。切须要竭力尽孝，莫忘了天地高深。"①民国二十二年（1933 年）腊月，宏村卢松寿在致杭州裕康恒宝号商行主人万子忆的书信中，虽然特别感谢万子忆荐举小儿至严州做伙计学徒，但强调"小儿刻下仍在家读书"，"日后小儿有寸进，自将感报大德"②。

在社会生活方面，对祖先的祭祀是万氏宗族的一项重要内容。为了报本追远，聚族而居的万氏敦睦堂，与徽州其他地区一样，专门成立了祭祀的组织——寄公会，通过宗族成员入会摊派的方式筹集祭祀祖先的资金和物品。根据《寄公会祖宗簿》记载，该会系宏村万氏敦睦堂祭祀祖先的组织，"寄公会爱例清明前三日，如初十日清明，即为初八日是也。备算封、钱帛、香烛、边炮、食盒等物，率子孙至坟山祭扫，须要老在家之司事指示后辈，曰此某世祖考之荣，此某世祖考之纯之墓，此某世祖考妣合葬之所，左右前后，毗连界至，逐一教点明白，一则强豪不致侵占，一则上传下悉，永远不忘"③。可惜，这一局面维持至咸丰年间，太平军和清军交战之兵燹浩劫，使万氏敦睦堂家乘荡然无存，祭祀活动为之中断。直至光绪二十年（1894 年）季夏，因参与祭祀的七十一世孙万杰发现祖宗簿往往以讹传讹，错误百端，"甚至值年之家妄知所自"，方才重加修订，装成两本，"做会之日，将此簿同饼馍交第二年会首各自领去，庶几无复错落，多寡不均，此又全靠在家有功名之司事者于期检点，祖宗簿同饼馍收回，查点零清，交付次年下手。如此循环转辗，虽历万纪轮流，并传不朽"。

为此，万氏敦睦堂还专门为新恢复厘定的寄公会制定了较为详细的规则，其内容如下：

---

① 刘伯山编：《徽州文书》第二辑，第 8 册，《清末〈课程〉之十五》，第 478 页。

② 刘伯山编：《徽州文书》第二辑，第 9 册，《民国二十二年古历腊月卢松寿致万子忆信函之二》，第 51 页。

③《寄公会祖宗谱》（不分卷）。

一、寄公会饼馍六个，各领三个。

二、新立祭祀簿两本，各领一本。

三、议白免米工之斗，各丁之斗合计每个计重七两。

四、上坟钱帛需要三十根，各剪十五根。

五、议算封共四十八函，各照簿写二十四封。①

此后，宏村万氏敦睦堂便按照新制定的祭祀规则，每年准时开展对祖先的祭祀活动了。这也成为宏村万氏敦睦堂社会生活中不可缺少的一项重要活动。

(二)黟县宏村万氏宗族的土地买卖和经商等经济活动与经济观

宏村万氏宗族在定居的初期，主要以农耕为主，购买屋基和土地成为这一时期的基本经济活动。我们仅将宏村万氏宗族购买屋基和土地的文书情况列表说明于下②：

序号	时间	买者	卖者	标的	价钱	买卖原因	中人	备考
1	康熙二十四年九月一日	万长龙	汪名化	屋基地1片，税7厘7毫5丝8忽	价银12两	不便	汪启猷、赵道甫、汪名洪、汪子高	经理商字535号(赤契)
2	乾隆十九年四月	汪间修	韩阿金	田1处，计籼租9石且，计田税8分2厘1毫	19两8钱	无银支用		经理拱字518号(赤契)
3	嘉庆十年十月	万周	卢树滋	田1处，计租6石且，计田税6分	22两8钱	无	卢硕南	经理章字276号(赤契)

①《寄公会祖宗簿》(不分卷)，传抄本。

②本表相关数据和文字来源于刘伯山编：《徽州文书》第二辑，第8册，第3—242页。

序号	时间	买者	卖者	标的	价钱	买卖原因	中人	备考
4	嘉庆二十一年八月	万姓	汪卢氏	出大小2丘，计租14石且，计田税1亩2分5厘8毫	41两	急用	吴克昌、汪介堂	经理商字不等号（赤契，有契尾）
5	道光十一年九月	万姓	汪春明	田1处大小2丘，计田租10石且，计田税9分7厘	河平价银17两	急用	叔汪鸿谷、弟汪心田、汪玉麟、汪利峰、汪以成、汪戟门、万廷源、万继唐、万灶光、金国全	经理章字不等号（赤契，有契尾）
6	道光十一年十月	万姓	汪门毛氏	田1处，计田租7石且10斤，计田税6分5厘；又田1处，计田租9石且5斤，计田税8分5厘5毫	河平价银38两3钱4分	无	无	经理章字不等号（赤契，有契尾）
7	道光十二年五月	万姓	汪惟吾等	田1处，计籼租9石且，计田税8分2厘1毫	河平价银22两5钱	钱粮急迫无措	汪东有、汪含书、万廷源、汪继堂、汪泽远	经理拱字518号（赤契，有契尾）
8	道光十二年五月	万姓	汪荣廷	田1处，计租9石且，计田税8分5厘6毫	河平价银25两2钱	正用	汪时霖、汪昆三、万继堂、万廷源、万吴氏、金国全	经理章字号（赤契，有契尾）
9	道光十三年八月	族再叔廷源	万淳谦	田1处，计客租9石且10斤	河平价银24两	无	万兆煌、万兆敦	（白契）

序号	时间	买者	卖者	标的	价钱	买卖原因	中人	备考
10	道光十三年八月	族再叔廷源	万淳谦	田1处，计租99石且10斤，计田税1亩1分5厘	河平价银26两	无	保长汪启、万继唐、万兆煌、万兆敦	经理发字号（白契）
11	道光十三年十二月	万姓	胡万氏	田1处，计田租9石且10斤，计田税5分4厘5丝、3分5厘4毫	河平价银29两	急用	王秉中	经理商字136、146号（赤契，有契尾）
12	道光十五年十二月	房叔兆楹	万罗氏同媳万刘氏全孙淳机	田1处，计租10石且	曹平纹银36（两）	正用无措	万兆洲、万兆龄、汪氏、金国全	无字号（白契）
13	道光二十三年三月	万姓	汪泽远	田1处，计租5石且，计田税2分7厘2毫5丝	河平价银13两4钱	急需	汪自南、万兆权	经理章字914号
14	道光三十年十月	万姓	胡廷阶	厝屋罗园1所并上连豆坦1块，计豆租8斤	价银32两	正用	万兆龄	无字号（白契）
15	道光三十年十一月	万姓	胡廷阶	厝屋罗园1所并上连豆坦1块，计豆租8斤	价银32两	正用	万春圃、万兆龄、万方来、万兆煌、万盈吉、万廷旺	正用经理章字号不等（赤契，有契尾）
16	同治八年四月	万纯鹤	万新成	屋1所	价英洋100元	正用	万加金、万学瑛、万余氏	（赤契，有民国契照）

续　表

序号	时间	买者	卖者	标的	价钱	买卖原因	中人	备考
17	光绪七年二月	族侄纯鹤	万查氏	出 1 处，计实租 14 石且，计田税 1 亩 2 分	纹银 23 两 4 分	囚子出门应办衣箱、铺盖正用	万王氏、裴庆余、万德福	经理商字号（白契）
18	光绪十七年三月	汪姓	汪江氏同男延祺	田 1 处，计田税 1 亩 3 分 5 厘，计租 15 石且并佃在内	曹平纹银 46 两	正用无措	汪舒氏、汪胡氏、汪志大、汪金亮	道字不等号（白契）

从上面所列的宏村万氏宗族屋基和土地买卖活动的情况来看，其所发生的时间全部集中在清代。土地买卖契约中所涉及的买卖当事人名字，我们在前面引用的《寄公会祖宗簿》记录的谱系中无法检索到。显然，这批宏村万氏宗族文书或许并不属于敦睦堂一支。但从其名字中的辈分和字号来看，基本集中于兆、廷等辈分，在万氏宗族十二至十三世。若按 25 年为一世推测的话，宏村万氏宗族的始迁祖应当是在明末清初之际，这和万长龙购买屋基建造房屋的时间大体上是一致的。

宏村万氏宗族在清代前中期的经济活动基本上限于传统的农耕活动，这从其多从事田地的买卖活动可以印证，其经济观也主要是耕读传家。除买卖田地以外，宏村万氏宗族还从事田地的典当与租佃活动，通过出租田地给佃农耕种坐收地租。

但是，自清代后期，特别是经历了太平天国动乱之后的同治年间，万氏宗族成员一部分继续在宏村以耕种为业，还有一部分像徽州其他地区成员一样，因为土地数量不足，难以为继，逐步走上了外出经商的道路。从文书来看，宏村万氏宗族外出经商的主要中心在浙江的杭州，主要从事的是布匹的经营。这从现存《清末光绪十九年至二十八年流水日志》和清代后期《苏庄色布》两件文书中可以得到印证。

在万氏宗族经商的群体中，万子忆是较为著名的一员。万子忆生活在清代末年和民国初期，他经营的裕康恒宝号商铺位于杭州官巷口大马路，主要从事布匹的经营。我们推测，《苏庄色布》簿籍可能是万子忆裕康恒宝号商铺留下的经营记录。万子忆不仅从事商业经营，而且和宏村家乡亲友保持着密切的联系。民国初年，他曾大力举荐号称世小弟的同村卢松寿之子至浙江严州恒懋商号学徒①。后来，万子忆从杭州乘汽车经淳安、屯溪，再自屯溪坐车至黟县渔亭。在渔亭下车后，步行至桃源洞，撞遇4名土匪抢劫，虽保全了性命，但"衣服货物等件（被）劫洗（一）空"②。在外经商的万氏宗族也由此衰落下去。

从黟县宏村万氏宗族土地买卖和经商活动中，我们不难看出，万氏宗族的经济观是立足现实、讲求实效的，这就是"读书好，营商好，效好便好"。尽管万氏宗族先以农耕为主、后以经商与农耕并重，经济观也是务实的，但拥有良好文化传统和号称"东南邹鲁"的徽州，在传统士农工商的四民观中，依然把读书做官当成首要的追求，经商只是一种迫不得已的选择，宏村万氏宗族当然也不例外。正是所谓"苦读诗书二十年，乌纱头上有青天；男儿要登凌云阁，第一功名不要钱"。在万氏《课程》文书中，作者就曾对外出经商所历之苦发出强烈感慨："盖天地间，未有如客之凄苦也。……东西南北，四方甘苦尽尝；春夏秋冬，八节艰难历遍。写不尽云山之苦，描不了郁结之情。潇潇黄叶落来，片片伤心淡淡。青山望去，迢迢惨目。三朋四友，亦作红颜。五服六亲，何能对面？冠婚丧祭，闾里之音不同；父母妻孥，家道之形难睹。望家乡之鸿雁，远在天边；听异地之子规，宛然世外。梦里见儿醒来，依旧一天星月；枕边梦妇惊醒，仍然半枕风霜。想到无聊之处，独有百倍相思。愿我儿孙宁可故园耕与读，凡诸子弟莫作天涯之商客。"③可见，外出经商，前途甚为渺茫；商海沉浮，成败难以预料。不是到了万不得已的地步，或许宏村万氏宗族也会像徽州

---

①　刘伯山编：《徽州文书》第二辑，第9册，《民国二十二年古例腊月卢松寿致万子忆信函之二》，第51页。

②　刘伯山编：《徽州文书》第二辑，第9册，《民国年间韩善扬致万子忆信函之一》，第60页。

③　刘伯山编：《徽州文书》第二辑，第8册，《清末〈课程〉之十五》，第477—478页。

其他地区的宗族一样，是断然不会以经商为第一职业的。

二、安东丰山和敬堂柳氏宗族土地买卖文书所见经济活动与经济观

(一)安东丰山和敬堂柳氏宗族的谱系与社会生活

安东丰山和敬堂柳氏宗族是安东地区著名的望族之一，在李朝历史上有着显赫的政治和经济地位，流传下了大量的文书，这些文书成为我们研究丰山和敬堂柳氏宗族历史及李朝历史的重要史料。

丰山和敬堂柳氏宗族自十二世柳仲郢起，即在朝中为官，任观察使，赠纯忠积德补祚功臣领议政，配安东名门金氏。十三世柳云龙（1539—1601年）和柳成龙兄弟各有贡献，其中柳成龙致力学问，官至领议政、丰原府院君、光国三等功臣、扈圣二等功臣，谥号文忠公，享虎溪、屏山、道南、三江和南溪等书院，配全州名门李氏。十四世柳吉甫任职观察，赠掌令，配南阳洪氏。十五世柳元之任镇安县监，享仁化、花川书院，配文韶金氏。十六世柳宜河任翊赞，赠司仆寺正，配杞溪俞氏。十九世柳师春任职金知中枢府事，赠吏曹参判，配延安李氏。二十世柳台佐任参判，配真城李氏和平山申氏。二十二世柳道姓则任秘书院丞，配丰山金氏和西原郑氏。而后，因政治变动，丰山和敬堂柳氏宗族再无任职于朝廷的官员，势力渐渐趋于衰落。

号称"岭南邹鲁"①之乡的丰山和敬堂柳氏宗族成员向以著书立说闻名遐迩。柳云龙在朝鲜李朝明宗二十二年（1567年）为钻研学问与培养弟子，专门筑精舍，李退溪先生佩服其学问才华及为人实在，为之题词。柳云龙及其兄弟都有文集和大量著作诗文流传于世，柳云龙的《谦庵先生文集》《谦安别集》《谦庵逸稿》和柳成龙的《西厓文集》《西厓别集》《观化录》《锬经要诀》等，就是其中的代表作品。此外，如柳台佐的《鹤栖先

---

① 《安东柳台佐山变颠末》，原件藏韩国安东市国学振兴院。

生文集》《永阳四难倡议录》，柳元之的《奉先仪》，柳宜河的《愚讷公行迹》等，都是丰山和敬堂柳氏宗族遗留下来的珍贵文献。这些文献的留存，对我们研究丰山和敬堂柳氏宗族在治学和学问上的传统具有重要的史料价值。

可见，同黟县宏村万氏宗族相比，丰山和敬堂柳氏宗族在文化学术和政治势力方面显然更为强大，影响也更为深远。宏村万氏宗族即使在宏村本村，与号称"十姓九汪"①的徽州第一大姓汪氏宗族相比，也只能算得上是一个小姓宗族。在这个宗族中，既没有出现过朝廷的显要官员，更无富甲一方的大徽商，甚至连科举考试中进士者也无一人。

（二）安东丰山和敬堂柳氏宗族土地买卖文书所见经济活动与经济观

安东丰山和敬堂柳氏宗族土地买卖活动极为活跃。我们选取部分与黟县宏村万氏宗族土地买卖文书时间相当的安东丰山和敬堂柳氏宗族土地买卖文书，并将其基本情况列表说明于下：

序号	时间	买者	卖者	标的	价钱	买卖原因	证人	备考
1	乾隆五十八年四月一日	赵东弼	张亿山	水田11负8束6斗落只	钱文98两	要用所致	赵武山	土地所在醴泉南面裴余员
2	嘉庆二年十月二十七日	黄先伊	大谷口山纲	水田9负6束3斗落只	钱文25两	应役无路势不得已	无	吾三浦员甚字
3	嘉庆二年十一月三日	金撑爱	金得金	水田14负9束4斗落只	钱文40两	切有要用所致	崔三岩	传来水田某山员
4	嘉庆四年十二月十日	金宅淳	李廷耆	田8负6束4斗落只	钱文39两	移买次		笥池员积字

---

① 淳熙《新安志》卷一《州郡·风俗》。

序号	时间	买者	卖者	标的	价钱	买卖原因	证人	备考
5	嘉庆四年十二月十一日	金宅淳	金达根	水田15负6束7斗落只	钱文70两	师门□债□偿次		
6	嘉庆十年一月七日	李德在	黄先伊	水田9负6束3斗落只	钱文25两		李完州、柳是文	自己买得水田吾三浦员
7	嘉庆十二年十二月七日	朴万珠	金先岩	水田19负2束9斗落只	钱文110两	切用有处移买次	崔占长、李位三	妻家许给吾三浦员
8	嘉庆十八年一月十日	金善大	赵辅仁	水田9负2束4斗落只	钱文50两	移买次		自己买得水田
9	嘉庆十九年一月二十日	全学范	全守□	水田19负2束9斗落只	钱文75两	移买次	严占岩	吾三浦员
10	嘉庆二十一年六月十三日	柳校理宅奴石乙伊	大谷寺各庵所在	田15负8斗落只	钱文48两	值当大凶备纳无路		内需司进士负担
11	道光元年九月二十四日	李云玉	金达准	30负4束9斗落只	钱文50两	要用所致	金□□	县东　自己买得吾三浦员
12	道光元年十一月六日	洞中	李云玉李孙伊（兄）	水田19负2束9斗落只田10负2束3斗落只	钱文45两	要用所致	严致大、李兴太	吾三浦员
13	道光三年二月二十七日	凤坪洞中	李德三	田6负1束2斗5斗落只	钱文12两	还卖次	幼学张	吾三浦员

序号	时间	买者	卖者	标的	价钱	买卖原因	证人	备考
14	道光四年二月十五日	花川书院刊行所城上亿才	赵东弼	水田11负8束6斗落只	钱文100两	要用所致	崔	买得醴泉南面裴余员
15	道光五年八月十四日	柳奴枝三	山主尹卜三（侄允石乙）		钱文4两	孤独残民养松万无难堪		先山在于城隍山
16	道光五年十二月二十六日	柳承旨	张永镇	梅□上谷瀑岩阳地袜岩阴地□基后麓	钱文50两	要用所致	李□□	山地并松林立案文记斥卖
17	道光六年十一月二日	李孙伊	李大川	水田12负8束3斗落只	钱文45两	要用所致	李遇春、金贵千	吾三浦员水田
18	道光六年十一月七日	洞中	李孙伊	水田12负8束3斗落只	钱文45两	还上督纳之时	洞长 李严石乙 罗金先岩 严致大 李兴太 金官三	吾三浦员水田
19	道光七年十一月二十日	洞中	李大彬	（田）11负4束5斗落只	钱文47两	势不得已（累年耕食）	兄大元大先	吾三浦员
20	道光八年一月二十五日	城上亿才	奴卜赞	水田12负4束5斗落只	钱文66两	要用势不得	□谒	自己买得广德员
21	道光十一年二月二十八日	柳奴枝三	幼学金	29负5束14斗落只	钱文125两	切有用处	赵允伊	莲回员笴池员

续　表

序号	时间	买者	卖者	标的	价钱	买卖原因	证人	备考
22	道光十一年一月二十四日	柳奴石乙	金宗珏	水田15负5束12斗落只	钱文130两	要卌所致	金好荣	西邑内牛沙员
23	道光十二年二月十六日	花川刊役所库值亿才	金炳兴	水田11负4斗落只	钱文40两	要用所致	安	白也员
24	道光十三年一月十九日	金海宅奴池三	花川刊役所城上亿才	水田61负34斗落只	钱文315两	刊所有紧要处	□□俗僧处闲	石方员、裴余员、广德员等
25	道光十三年一月二十二日	奴三伊	金炳兴	水田23负9束6斗落只	钱文115两	移买次		板桥员
26	道光十四年九月十九日	白得	金	18负3束5斗落只	未记	移买次	南	遇安员
27	咸丰三年十一月二十二日	金贵哲	金召史郑寿庆权启红	田23负9束7斗落只	钱文220两	切要用处所处		丰悬内仇水员
28	咸丰九年十二月二十六日	美洞宅奴尚孙	金山宅奴寿得	田8负3束3斗落只	钱文60两	移买次		上典宅柯亭子员
29	咸丰十一年四月十五日	赵尚州宅奴圣得	自卖金永丹	自身一躯	钱文20两	当此敛岁资生无路	金须万	自己身一口乙依救活例自卖
30	同治元年十一月二十日	稷中	奴云石	田44负5束8斗落只	钱文125两	矣上典宅要用所致	（手决）	安心员
31	同治四年十一月二十九日	河回柳注书宅奴石哲	金贵哲	田23负9束7斗落只	钱文180两	切要用处	李同国	丰悬内仇水员
32	同治五年二月十七日	柳礼安宅奴石哲	申正言宅奴亿得	水田37负3束正租7斗落只	钱文250两	矣上典宅要用所致		传来牛饮洞员

续　表

序号	时间	买者	卖者	标的	价钱	买卖原因	证人	备考
33	同治五年五月二十三日	(柳)注书宅奴顺吉	奴春卿	田14负4束4斗落只	钱文130两	有要用处		丰浦马巨员
34	光绪二年五月晦日	(未记)	金斗根	水田21斗落只草家12间	钱文870两	要用所致	幼学吴周成	义城 羽(谷)面 龙峰员
35	光绪二年十二月二十一日	(未记)	李奴孟俊	水田20负5束9斗落只	钱文18两?	上典宅有用处	金贵哲	新安员
36	光绪三年一月十日	(未记)	南奴新民	水田29斗落只	钱文65两	有紧用处	良人金贵哲	新安员
37	光绪八年九月二十八日	监役宅	甲岘宅	奴婢4□	钱文160两			

从上表所列的安东丰山和敬堂柳氏宗族土地买卖文书中，我们不难看出，在清代中后期，丰山和敬堂柳氏宗族的土地买卖呈现出与同一时期黟县宏村万氏宗族几乎相同的特征，即土地买卖在丰山和敬堂柳氏宗族中已成为一种普遍的经济活动。虽然在文书的样式上，由于所隶属的政权不同，丰山和敬堂柳氏宗族与宏村万氏宗族之间显示出很大的差异，但就整体而言，两地土地买卖文书的基本要素，撇开不同的计量单位和背景而言，其卖者、买者、标的、证人（中见人）、交易价格和成交时间等基本上是相同或相似的。

丰山和敬堂柳氏宗族的土地买卖活动中，柳氏宗族的头面人物基本上很少亲自直接参与买卖，大多是由家人或奴仆进行的。当然，奴仆作为一种商品，也直接成为买卖的对象，或被卖，或自卖。这和同一时期的徽州基本上是一样的。在徽州文书中，买卖或自卖的佃仆文约还有很多被保留了下来，成为我们研究徽州佃仆制和乡村社会经济的重要史料之一。

丰山和敬堂柳氏宗族的经济观更多是立足于农耕，基本没有商业的经营。或者说，丰山和敬堂柳氏宗族对经商是不屑一顾的，只有下人才从事经商活动，传统的耕读传家成为丰山和敬堂柳氏宗族最主要的生活方式。

三、黟县宏村万氏宗族和安东丰山和敬堂柳氏宗族经济活动与经济观之比较

从上述文书和文献分析中，我们发现，尽管相距遥远，但是黟县宏村万氏宗族与安东丰山和敬堂柳氏宗族在经济活动与经济观方面有许多相同或相似的地方，耕读传家是两者最为一致的地方。只不过两者虽同处山区，但黟县宏村山多田少、人众地寡，单纯依靠土地和山场经营，难以维持最基本的生计，所以不得不走上了大规模外出经商的道路。正如嘉庆《黟县志》所云：“生齿日盛，始学远游，权低昂，时取予，为商为贾，所在有之。习业久，往来陈橡，资以衣食。”[1]清末《陶甓公牍》亦云：“黟多山，田土刚不化，农人终岁勤劬，供不给求，故商重于农，男子自髫龄时即外出学商。”[2]在无法实现耕读传家、科第入仕的美好理想时，包括黟县宏村万氏宗族在内的徽州宗族只有求其次，即“贾而好儒”、儒贾相兼，“迭相为用”。正如汪道昆所说：“新都三贾一儒，要之文献国也。夫贾为厚利，儒为名高。夫人毕事儒不效，则弛儒而张贾；既则身享其利矣，及为子孙计，宁弛贾而张儒。一弛一张，迭相为用，不万钟则千驷，犹之转毂相巡，岂其单厚然乎哉，择术审矣。”[3]包括黟县在内的徽州宗族通过经商致富，或捐资买官，或教育子弟，实现科第入仕的理想，进而最终达到官员、商人、地主三位一体的目的。

安东丰山和敬堂柳氏宗族所面临的生存环境远没有宏村万氏宗族艰难，充足的耕地基本可以实现丰衣足食，家中的奴仆和佃户成为主要的劳动生产力，只要盘剥不是很苛刻，他们自可以过着一种耕读入仕、诗书传家的理想生活。除了王朝中权力争夺导致失势之外，丰山和敬堂柳氏宗族

① 嘉庆《黟县志》卷三《地理志·风俗》。

② （清）刘汝骥编撰，梁仁志校注：《陶甓公牍》卷十二《法制科·黟县民情之习惯》，第264页。

③ （明）汪道昆撰，胡益民、余国庆点校：《太函集》卷五十二《海阳处士金仲翁配戴氏合葬墓志铭》，第1099页。

基本上能够把治学和做官有机地统一起来，进而实现治学与做官兼顾的目的。这是宏村万氏宗族与安东丰山和敬堂柳氏宗族在经济观上不同的地方。

在对待家中奴仆或奴婢的态度方面，宏村万氏宗族和安乐丰山和敬堂柳氏宗族在立场上是基本一致的，那就是尽量减轻对奴仆的剥削和压榨。宏村万氏宗族在教育子弟的《课程》中，一再告诫族人要怜悯奴婢："好男儿，恤下情；奴婢们，最辛苦。孤单冻饿谁来问，虽然贵贱尊卑体，也是爹娘一样生。何苦打骂施威令，凡百事从容教导，可怜他愚拙痴心。"[①]同样，安东丰山和敬堂柳氏宗族也不断重申恤仆的规条。因此，我们认为，安东丰山和敬堂柳氏宗族与黟县宏村万氏宗族在恤仆立场上亦是大体相同的。

区域之间的比较研究是近年来学术研究的热点，也是区域史研究未来发展的基本趋势。选择安东与徽州这两个分属东亚地区不同政权统治的区域进行比较研究，具有非同一般的意义。通过扎扎实实的史料挖掘和利用，从诸如宗族之间的经济活动和经济观等不同专题，进行多维视角的分析、比较和研究，找出其中的相同、相似以及不同之处，这不仅对区域史研究是一种推进，而且对跨国家、跨政权的东亚史研究，显然也是一种难度巨大却意义深远的挑战。

---

① 刘伯山编：《徽州文书》第二辑，第8册，《清末〈课程〉之十六》，第479页。

参考文献

一、原始文献

（一）纪传体、编年体及典章制度体等文献

（汉）袁康：《越绝书》，《景印文渊阁四库全书》总第463册，《史部》第221册，台湾商务印书馆1986年版。

（宋）司马光：《资治通鉴》，中华书局2013年版。

（晋）陈寿：《三国志》，中华书局1959年版。

（元）脱脱：《宋史》，中华书局1977年版。

（清）张廷玉：《明史》，中华书局1974年版。

《明实录》，"中央研究院"历史语言研究所校勘本。

《明会典》，中华书局1989年版影印本。

《清实录》，中华书局1986年版影印本。

《续文献通考》，浙江人民出版社2000年版影印本。

《清朝文献通考》，浙江人民出版社2000年版影印本。

（光绪）《大清会典事例》，清光绪刊本。

（明）姚思仁：《大明律附例注解》，北京大学出版社1993年版影印本。

怀效锋点校：《大明律》，法律出版社1999年版。

田涛、郑秦点校：《大清律例》，法律出版社1999年版。

薛允升：《唐明律合编》，中国书店1981年版影印本。

马建石、杨育裳主编：《大清律例通考校注》，中国政法大学出版社1992年版。

《大清律例汇辑便览》，清同治十一年湖北谳书局刻本。

（明）薛瑄：《薛文清公从政录》，刘俊文主编：《官箴书集成》第一册，黄山书社1997年版。

（明）戴金：《皇明条法事类纂》，日本古典研究会昭和四十一年影印本。

（明）张卤：《皇明制书》，《北京图书馆古籍珍本丛刊》第46册，书目文献出版社1998年版。

（清）薛允升：《读例存疑》，胡星桥、邓又天主编：《读例存疑点注》，中国人民公安大学出版社1994年版。

（清）沈家本：《沈寄簃先生遗书》甲编《明律目笺》，中国书店1990年版。

《民商事习惯调查报告录》，1930年司法部刊行；又见胡旭晟、夏新华、李交发点校：《民事习惯调查报告录》，中国政法大学出版社2000年版。

（二）文集和丛书类文献

（宋）欧阳修：《欧阳文忠公全集》，《四部备要》本。

（元）胡炳文：《云峰集》，《景印文渊阁四库全书》总第1199册，《集部》第138册，台湾商务印书馆1986年版。

（明）赵汸：《东山存稿》，《景印文渊阁四库全书》总第1221册，《集部》第160册，台湾商务印书馆1986年版。

（明）谢应芳：《龟巢稿》，《四部丛刊三编》本。

（明）程敏政：《篁墩文集》，《景印文渊阁四库全书》总第1252—1253册，《集部》第191—192册，台湾商务印书馆1986年版。

（明）程敏政辑撰，何庆善、于石点校：《新安文献志》，黄山书社2004年版。

（明）陈献章：《陈献章集》，中华书局1987年版。

（明）王守仁：《王阳明全集》，上海古籍出版社1992年版。

（明）湛若水：《湛甘泉先生文集》，《四库全书存目丛书》总第829—830册，《集部》第56—57册，齐鲁书社1997年版。

《祁门金吾谢氏仲宗文集》，明抄本。

（明）夏言：《桂洲先生奏议》，明忠礼书院刻本。

（明）程曈辑撰，王国良、张健点校：《新安学系录》，黄山书社2006年版。

（明）李维桢：《大泌山房集》，明万历刻本。

（明）吴子玉：《大鄣山人集》，《四库全书存目丛书》总第914册，《集部》第141册，齐鲁书社1997年版。

（明）江道昆撰，胡益民、余国庆点校：《太函集》，黄山书社2004年版。

（明）汤显祖：《玉茗堂全集》，《续修四库全书》总第1362册，《集部》第62册，上海古籍出版社2002年版。

（明）詹景凤：《詹氏性理小辨》，《四库全书存目丛书》总第624册，《子部》第112册，齐鲁书社1995年版。

（明）归有光著，周木淳校点：《震川先生集》，上海古籍出版社1981年版。

（明）袁炜：《袁文荣公集》，明万历刻本。

（明）唐顺之：《唐荆川文集》，清康熙刻本。

（明）吕坤：《实政录》，明万历二十六年刻本。

（明）金声：《金正希先生文集辑略》，《四库禁毁书丛刊》总第173册，《集部》第50册，北京出版社2000年版。

（清）钱谦益：《牧斋初学集》，《续修四库全书》总第1389—1390册，《集部》第89—90册，上海古籍出版社2002年版。

汪蔚林编：《孔尚任诗文集》，中华书局1962年版。

（清）林云铭：《挹奎楼遗稿》，清刊本。

（清）陶澍：《陶澍集》（上、下册），岳麓书社1998年版。

（清）张潮等编纂：《昭代丛书》，上海古籍出版社1990年版影印本。

（清）王晫、张潮编纂：《檀几丛书》，清嘉庆九年新安江氏重刊本。

郑炳纯辑：《郑板桥外集》，山西人民出版社1987年版。

（清）黄景仁：《两当轩全集》，清咸丰八年黄氏家塾刻本。

（清）俞正燮撰，于石、马君骅、诸伟奇校点：《俞正燮全集》，黄山书社2005年版。

（民国）王国维：《王国维遗书》，上海古籍书店1983年版。

（清）王锡祺辑：《小方壶斋舆地丛钞》《小方壶斋舆地丛钞补编》《小方壶斋舆地丛钞再补编》，杭州古籍书店1985年版影印本。

卢辅圣、曹锦炎主编：《黄宾虹文集》，上海书画出版社1999年版。

鲍幼文：《凤山集》，学林出版社1987年版。

华中师范学院教育科学研究所主编：《陶行知全集》，湖南教育出版社1985年版。

（三）地方政书

（明）古之贤：《新安蠹状》，明万历刻本，原件藏安徽省博物馆。

（明）傅岩撰，陈春秀校点：《歙纪》，黄山书社2007年版。

（清）吴宏：《纸上经纶》，清康熙刻本，郭成伟、田涛点校整理：《明清公牍秘本五种》，中国政法大学出版社1999年版。

（清）廖腾煃：《海阳纪略》，清康熙刻本。

（清）戴兆佳：《天台治略》，清道光五年木活字本。

（清）高孝本：《绩溪杂感诗》，清同治九年刻本。

（清）高廷瑶：《宦游纪略》，清同治刻本。

（清）刘汝骥编撰，梁仁志校注：《陶甓公牍》，安徽师范大学出版社2018年版。

（四）诸子、术数及笔记、史料文献

《周礼·仪礼·礼记》，岳麓书社1989年版。

（周）荀况：《荀子》，《景印文渊阁四库全书》总第695册，《子部》第1册，台湾商务印书馆1986年版。

（汉）王充：《论衡》，上海古籍出版社1990年版。

梁启雄：《荀子柬释》，商务印书馆1936年版。

（宋）朱熹：《朱子语类》，中华书局1994年版。

（宋）朱熹：《家礼》，朱杰人、严佐之、刘永翔等主编：《朱子全书》第7册，上海古籍出版社、安徽教育出版社2002年版。

（清）黄奭辑：《孝经》，汉学堂丛书本。

（宋）沈括：《元刊梦溪笔谈》，文物出版社1975年版影印本。

（宋）范成大：《骖鸾录》，《范成大笔记六种》，中华书局2002年版点校本。

（明）王士性撰，吕景琳点校：《广志绎》，中华书局1981年版。

（明）谢肇淛：《五杂俎》，上海书店出版社2001年版。

佚名：《黄帝宅经》，《古今图书集成》，中华书局1985年影印本。

（明）王君荣：《阳宅十书》，《古今图书集成》，中华书局1985年影印本。

（明）俞弁：《山樵暇语》，《涵芬楼秘笈》本。

（明）陈良谟：《见闻记训》，明万历三十九年刻本。

（明）沈德符：《万历野获编》，中华书局1959年版。

（明）贺仲轼：《冬官记事》，《丛书集成初编》第1500册，中华书局1985年版。

（明）凌濛初：《足本拍案惊奇》，黄山书社1995年版。

（明）凌濛初：《二刻拍案惊奇》，黄山书社1995年版。

（明）范濂：《云间据目钞》，江苏广陵古籍刻印社1983年影印本《笔记小说大观》。

（明）李绍文：《云间杂识》，上海瑞华印务局1935年排印本。

（明）冯时可：《茶录》，胡山源：《古今茶事》，上海书店1985年版。

（明）闻龙：《茶笺》，胡山源：《古今茶事》，上海书店1985年版。

（清）计六奇：《金坛狱案》，《中国野史集成续编》第27册，巴蜀书社2000年版。

（清）顾炎武：《日知录》，（清）黄汝成：《日知录集释》，岳鹿书社1994年版。

（清）符焕：《文昌帝君阴骘文直解》，清同治十年培心书室刻本。

（清）钱泳：《履园丛话》，中华书局1979年版。

（清）赵吉士辑撰，周晓光、刘道胜点校：《寄园寄所寄》，黄山书社2008年版。

（清）李斗：《扬州画舫录》，中华书局1960年版。

（清）金埴撰：《不下带编 巾箱说》，中华书局1982年版。

（清）沈复：《浮生六记》，江苏古籍出版社2000年版。

（清）董含：《三冈识略》，辽宁教育出版社2000年版。

（清）程趾祥：《此中人语》，上海申报馆1884年排印本。

（清）许葭村：《秋水轩尺牍》，中国书店1986年影印本。

（清）龚未斋：《雪鸿轩尺牍》，中国书店1986年影印本。

（清）顾公燮、（民国）陈去病等撰，甘兰经等点校：《丹午笔记 吴城日记 五石脂》，江苏古籍出版社1999年版。

（五）地方史志

雍正《浙江通志》，清乾隆元年刻本。

万历《杭州府志》，明万历七年刻本。

万历《江浦县志》，明万历七年刻本。

康熙《重修扬州府志》，清康熙二十四年刻本。

康熙《平湖县志》，清康熙二十八年刻本。

崇祯《外冈志》，《上海史料丛编》本。

民国《吉安县志》，1941年铅印本。

（清）董桂敷：《汉口紫阳书院志略》，清嘉庆十一年刻本。

（清）范锴著，朱忱等校释：《汉口丛谈校释》，湖北人民出版社1999年版。

（清）徐上镛辑：《重续歙县会馆录》，清道光十四年刊本。

（清）阚凤楼纂修：《苏垣安徽会馆志》，清光绪六年刊本。

光绪《新安笃谊堂》，清光绪十三年刻本。

光绪《新安义园征信录》（不分卷），清光绪刊本。

（民国）王葆心著，陈志平等点校：《续汉丛口谈》，湖北教育出版社2002年版。

道光《安徽通志》，清道光十年刻本。

光绪《重修安徽通志》，清光绪四年刻本。

嘉靖《池州府志》，《天一阁藏明代方志选刊》，上海古籍出版社1962年影印本。

淳熙《新安志》，清光绪十四年刻本。

弘治《徽州府志》，明弘治十五年刻本。

嘉靖《徽州府志》，明嘉靖四十五年刻本。

康熙《徽州府志》，清康熙三十八年万青阁刻本。

道光《徽州府志》，清道光七年刻本。

（清）江中侗、江正心纂：《新安景物约编》，清道光十年青云堂刻本。

何警吾主编：《徽州地区简志》，黄山书社1989年版。

（明）谢陛撰，张艳红、王经一点校：《歙志》，黄山书社2014年版。

天启《歙志》，明天启四年刻本。

顺治《歙县志》，清光绪四年刻本。

康熙《歙县志》，清康熙二十九年刻本。

乾隆《歙县志》，清乾隆二十六年刻本。

道光《歙县志》，清道光八年刻本。

民国《歙县志》，1937年铅印本。

歙县地方志编纂委员会：《歙县志》，中华书局1995年版。

黄山市徽州区地方志编纂委员会编：《徽州区志》，黄山书社2012年版。

（明）赵滂辑：《程朱阙里志》，清雍正续刊本，《四库全书存目丛书》总第305册，《史部》第85册，齐鲁书社1996年版。

（明）罗斗，（清）罗所蕴、罗大章辑，吴晓春点校：《溁川足征录》，黄山书社2020年版。

（清）佘华瑞纂：《岩镇志草》，《中国地方志集成》乡镇志专辑第27册，江苏古籍出版社1998年版。

（清）江登云辑、江绍莲续编，康健校注：《橙阳散志》，安徽师范大学出版社2018年版。

（清）凌应秋撰，邵宝振校注：《沙溪集略》，安徽师范大学出版社2018年版。

道光《潭滨杂志》，清光绪二年排印本。

光绪《新安义园征信录》，清光绪刻本。

（民国）许承尧撰，李明回等校点：《歙事闲谭》，黄山书社2001年版。

（民国）吴吉祜辑，吴晓春点校：《丰南志》，黄山书社2017年版。

弘治《休宁志》，明弘治四年刻本。

嘉靖《休宁县志》，明嘉靖二十七年刻本。

万历《休宁县志》，明万历三十五年刻本。

康熙《休宁县志》，清康熙三十二年刻本。

道光《休宁县志》，清道光三年刻本。

佚名：《徽州府休宁具都图乡村详记》，清抄本，复印件由卞利收藏。

休宁县地方志编纂委员会：《休宁县志》，安徽教育出版社1990年版。

屯溪市地方志编纂委员会：《屯溪市志》，安徽教育出版社1990年版。

（清）许显祖纂：《孚潭志》，清雍正元年抄本。

嘉靖《婺源县志》，明嘉靖十九年刻本。

康熙《婺源县志》，清康熙三十三年刻本。

乾隆《婺源县志》，清乾隆五十二年刻本。

嘉庆《婺源县志》，清嘉庆十二年刻本。

光绪《婺源县志》，清光绪九年刻本。

光绪《婺源乡土志》，清光绪三十四年刊本。

民国《婺源县志》，1925年刻本。

婺源县志编纂委员会编：《婺源县志》，档案出版社1993年版。

（清）程曧：《新安婺源程氏乡局记》》（不分卷），清抄本。

万历《祁门县志》，明万历十八年刻本，合肥古籍书店1961年影印本。

康熙《祁门县志》，清康熙二十二年刻本。

道光《祁门县志》，清道光七年刻本。

同治《祁门县志》，清同治十二年刻本。

康熙《善和乡志》，清康熙抄本。

光绪《善和乡志》，清光绪抄本。

光绪《重修历济桥志》，清光绪刻本。

佚名：《祁邑都图》，清抄本，复印件由卞利收藏。

祁门县地方志编纂委员会办公室编：《祁门县志》，安徽人民出版社1990年版。

程成贵主编：《徽州文化古村——六都》，安徽大学徽学研究中心2000年编印。

顺治《黟县志》，清顺治十二年刻本。

康熙《黟县志》，清康熙二十二年刻本。

嘉庆《黟县志》，清嘉庆十七年刻本。

道光《黟县续志》，清同治十年刻本。

同治《黟县三志》，清同治十年刻本。

民国《黟县四志》，1923年黎照堂刻本。

民国《黟县乡土地理》，民国抄本。

黟县地方志编纂委员会编：《黟县志》，光明日报出版社1989年版。

舒育玲主编：《黟县志》，黄山书社2012年版。

万历《绩溪县志》，明万历九年刻本。

乾隆《绩溪县志》，清乾隆二十一年刻本。

嘉庆《绩溪县志》，清嘉庆十五年刻本。

绩溪县地方志编纂委员会编：《绩溪县志》，黄山书社1998年版。

(六)谱牒文献

(明)戴廷明、程尚宽等撰：《新安名族志》，明嘉靖刻本。

(明)戴廷明、程尚宽等撰，朱万曙等点校：《新安名族志》，黄山书社2004年版。

弘治《新安黄氏会通谱》(徽州)，明弘治十四年刻本。

万历《汪氏统宗谱》(徽州)，明万历三年刻本。

乾隆《歙淳方氏柳山真应庙会宗统谱》(歙县、淳安)，清乾隆十八年刻本。

光绪《新安吴氏宗谱》(徽州)，清光绪二十七年活字本。

民国《济阳江氏统宗谱》(徽州)，1919年木活字本。

万历《新安吕氏宗谱》(徽州)，1935年重印明万历刊本。

嘉靖《许氏统宗世谱》(歙县)，明嘉靖十五年家刻本。

嘉靖《竦塘黄氏族谱》(歙县)，明嘉靖四十一年刻本。

隆庆《新安歙北许村许氏东支世谱》(歙县)，明隆庆三年稿本。

隆庆《溪南江氏族谱》(歙县)，明隆庆抄本。

万历《新安许氏世谱》(歙县)，清康熙抄本。

万历《歙西岩镇百忍程氏本宗信谱》(歙县)，明万历十八年刻本。

万历《新安歙西溪南吴氏世谱》(歙县)，明万历二十年家刻本。

万历《古歙谢氏统宗志》(歙县)，明万历三十二年刻本。

万历《汪氏十六族近属家谱》(歙县)，明万历刻本。

崇祯《重修古歙城东许氏世谱》(歙县)，明崇祯七年家刻本。

崇祯《临溪吴氏族谱》(歙县)，明崇祯十四年刻本。

康熙《古歙岩镇镇东墈头吴氏族谱》(歙县)，清康熙抄本。

雍正《潭渡孝里黄氏族谱》（歙县），清雍正九年校补刻本。

乾隆《傅溪徐氏族谱》（歙县），清乾隆二年刻本。

乾隆《重修古歙东门许氏宗谱》（歙县），清乾隆十年刻本。

乾隆《皇呈徐氏族谱》，清乾隆五年刻本。

乾隆《新安徐氏墓祠规》（歙县）（不分卷），清乾隆九年刻本。

乾隆《新安徐氏统宗祠录》（歙县）十卷，清乾隆二十三年刻本。

乾隆《重编棠樾鲍氏三族宗谱》（歙县），清乾隆二十五年一本堂刻本。

乾隆《汪氏义门世谱》（歙县），清乾隆刻本。

乾隆《汪氏祠规》（歙县）（不分卷），清乾隆抄本。

嘉庆《棠樾鲍氏宣忠堂支谱》（歙县），清嘉庆十年木活字本。

嘉庆《桂溪项氏族谱》（歙县），清嘉庆十六年木活字本。

道光《新安歙西沙溪汪氏族谱》（歙县），清道光五年刻本。

道光《济阳江氏族谱》（歙县），清道光十八年刻本。

民国《许荫祠收支总帐簿》（歙县），原件藏安徽省博物馆。

光绪《石潭吴氏叙伦祠宗谱》（歙县），清光绪刻本。

宣统《古歙义成朱氏宗谱》（歙县），清宣统二年存仁堂木活字本。

民国《吴越钱氏七修流光宗谱》（歙县），1914年木活字本

民国《府前方氏宗谱》（歙县），1931年刻本。

民国《巨川毕氏宗谱》（歙县），1944年刻本。

民国《罗氏历代宗谱》（歙县），传抄本。

民国重印万历《新安吕氏宗谱》（歙县），传抄本。

（明）曹嗣轩编撰，胡中生、王玅点校：《休宁名族志》，黄山书社2007年版。

成化《商山吴氏族谱》（休宁），明成化抄本。

嘉靖《休宁西门汪氏族谱》，明嘉靖六年刻本。

嘉靖《新安休宁汪溪金氏族谱》（休宁），明嘉靖三十二年家刻本。

嘉靖《率东程氏重修家谱》（休宁），明嘉靖四十二年刻本。

嘉靖《休宁邑前刘氏族谱》(休宁),明嘉靖三十八年刻本。

隆庆《珰溪金氏族谱》(休宁),明隆庆二年刻本。

万历《茗洲吴氏家记》(休宁),传抄本。

(明)程一枝:《程典》(休宁),明万历二十七年刻本。

万历《珰溪〔金氏〕家谱补戚篇》(休宁),明万历十四年刻本。

万历《休宁范氏族谱》(休宁),明万历三十三年补刻本。

万历《重修休邑城北周氏宗谱》(休宁),明万历二十四年刻本。

万历《休宁宣仁王氏族谱》(休宁),明万历三十八年家刻本。

万历《休宁西门查氏祠记》(休宁),明万历刻本。

万历《商山吴氏宗法规条》(休宁)(不分卷),明抄本。

崇祯《休宁叶氏族谱》(休宁),明崇祯四年刻本。

崇祯《古林黄氏族谱》(休宁),明崇祯十六年刻本。

崇祯《海阳吴氏族谱》(休宁),明崇祯抄本。

顺治《休宁西门汪氏宗谱》(休宁),清顺治九年刻本。

康熙《藤溪陈氏宗谱》(休宁),清康熙十二年刻本。

雍正《江村洪氏家谱》(休宁),清雍正八年刻本。

(清)吴翟辑撰,刘梦芙点校:《茗洲吴氏家典》(休宁),黄山书社2006年版。

乾隆《古林黄氏重修族谱》(休宁),清乾隆三十一年刻本。

道光《新安孙氏宗谱》(休宁),清道光十五年抄本。

光绪《新安朱氏宗祠》,不分卷,清光绪抄本。

宣统《富溪程氏中书房祖训家规封丘渊源考》(休宁),清宣统三年抄本。

万历《三田李氏统宗谱》(婺源),明万历四十二年刻本。

万历《萧江全谱》(婺源),明万历刻本。

康熙《张氏宗谱》(婺源),清康熙十三年刻本。

康熙《婺南云川王氏世谱》(婺源),清康熙四十五年刻本。

雍正《新安武口王氏统宗世谱》(婺源),清雍正四年刻本。

乾隆《济溪游氏宗谱》（婺源），清乾隆三十三年木活字本。

乾隆《萧江复七公房支谱》（婺源），清乾隆三十七年刻本。

嘉庆《敦煌洪氏统宗谱》（婺源），清嘉庆二十三年轮溪书屋木活字本。

道光《龙池王氏宗谱》（婺源），清道光二十六年刻本。

道光《馆田李氏宗谱》（婺源），清道光刻本。

光绪《婺源查氏族谱》（婺源），清光绪十八年木活字本。

嘉靖《王源谢氏孟宗谱》（祁门），明嘉靖十六年刻本。

嘉靖《祁门善和程氏谱》（祁门），明嘉靖二十四年刻本。

嘉靖《新安左田黄氏正宗谱》（祁门），明嘉靖三十七年刻本。

嘉靖《祁门金吾谢氏宗谱》（祁门），明嘉靖刻本。

嘉靖《祁门金吾谢氏仲宗文集》（祁门），明嘉靖抄本。

隆庆《文堂陈氏乡约家法》（祁门），明隆庆六年刻本。

万历《窦山公家议》（祁门），明万历三年刻本。

万历《沙堤叶氏家谱》（祁门），明万历七年刻本。

万历《营前郑氏家谱》（祁门），明万历九年刻本。

万历《祁门清溪郑氏家乘》（祁门），明万历十一年刻本。

康熙《善和程氏仁山门支谱》（祁门），清康熙二十一年刻本。

嘉庆《中井河东冯氏宗谱》（祁门），清嘉庆九年木活字本。

嘉庆《衍庆录》（祁门），抄本，原件藏安徽中国徽州文化博物馆。

道光《锦营郑氏宗谱》（祁门），清道光元年刻本。

同治《营前方氏宗谱》（祁门），清同治八年崇本祠刻本。

同治《武溪陈氏宗谱》，清同治十二年敦厚堂刻本。

光绪《祁门倪氏族谱》（祁门），清光绪二年刻本。

光绪《桃源洪氏宗谱》（祁门），清光绪二十六年木活字本。

光绪《祁门善和程氏仁山门支谱》（祁门），清光绪三十三年刻本。

民国《京兆金氏宗谱》（祁门），1921年刻本。

民国《河间凌氏宗谱》（祁门），1921年刻本。

民国《祁门倪氏族谱》（祁门），1925年活字本。

民国《平阳汪氏族谱》（祁门），1929年裕元堂刻本。

程成贵编修：《祁门善和程氏仁山门宗谱》（祁门），2000年铅印本。

康熙《横冈胡氏支谱》（黟县），清康熙四十三年抄本。

乾隆《弘村汪氏家谱》（黟县），清乾隆十三年刻本。

嘉庆《南屏叶氏族谱》（黟县），清嘉庆十七年刻本。

道光《西递明经胡氏壬派宗谱》（黟县），清道光六年刻本。

同治《明经胡氏存仁堂支谱》（黟县），清同治八年活字刊本。

（清）汪云卿：《吾族先贤大略》（黟县），清抄本。

民国《古黟环山余氏宗谱》（黟县），1917年刊本。

民国《鹤山李氏宗谱》（黟县），1917年木活字本。

民国《屏山朱氏重修宗谱》（黟县），1920年木活字本。

民国《碧山李氏宗派谱》（黟县）（不分卷），民国抄本。

嘉靖《龙井胡氏族谱》（绩溪），明嘉靖三十五年刻本。

嘉靖《绩溪积庆坊葛氏重修族谱》（绩溪），明嘉靖四十四年刻本。

万历《章氏世家源流族谱》（绩溪），明万历抄本。

康熙《周氏重修族谱正宗》（绩溪），清康熙五十五年刻本。

同治《华阳舒氏统宗谱》（绩溪），清同治九年叙伦堂木活字本。

光绪《梁安高氏宗谱》（绩溪），清光绪三年木活字本。

光绪《绩溪县南关惇叙堂许氏宗谱》（绩溪），清光绪十五年木活字本。

光绪《绩溪东关冯氏家谱》（绩溪），清光绪二十九年木活字本。

光绪《梁安城西周氏宗谱》（绩溪），清光绪三十一年木活字本。

光绪《绩溪仁里程继序堂专续世系谱》（绩溪），清光绪三十三年木活字本。

光绪《绩邑北门张氏宗谱》（绩溪），清光绪刻本。

宣统《华阳邵氏宗谱》（绩溪），清宣统二年木活字本。

宣统《泉塘葛氏宗谱》（绩溪），清宣统三年石印本。

宣统《仙石周氏宗谱》（绩溪），清宣统三年刻本。

民国《涧洲许氏宗谱》（绩溪），1914年木活字本。

民国《西关章氏族谱》（绩溪），1916年木活字本。

民国《余川越国汪氏族谱》（绩溪），1916年刻本。

民国《鱼川耿氏宗谱》（绩溪），1919年刻本。

民国《明经胡氏龙井派宗谱》（绩溪），1921年刻本。

民国《盘川王氏族谱》，1921年五教堂刊印本。

民国《龙川胡氏支谱》（绩溪），1924年木活字本。

民国《坦川洪氏宗谱》（绩溪），1927年刻本。

民国《绩溪庙子山王氏谱》（绩溪），1935年铅印本。

民国《绩邑柳川胡氏宗谱》，民国刻本。

民国《曹氏宗谱》（绩溪），1927年旺川敦睦堂木活字本。

（七）原始册籍类文书

《元至正二年至清乾隆二十八年休宁王氏文契约誊录簿》，传抄本，原件藏南京大学历史学院资料室，编号000055。

（明）余懋衡、余启元撰：《沱川余氏乡约》，明天启刻本。

《崇祯至雍正休宁金氏置产簿》，传抄本，原件藏南京大学历史学院资料室。

《崇祯十年—康熙四十九年祝圣会簿》，传抄本，原件藏南京大学历史学院资料室，编号000055。

《清康熙祝会簿》，传抄本，原件藏南京大学历史学院资料室。

《清康熙至嘉庆祝圣会簿》，传抄本，原件藏南京大学历史学院资料室。

《清道光二十四年—三十年祝圣会簿》，传抄本，原件藏南京大学历史学院资料室，编号000116。

（清）汪家麟：《嘉庆朝我徽郡在六安创建会馆兴讼底稿》，清光绪十七年抄本，原件藏安徽黄山书院图书馆。

《光绪三十年至民国三十年祝圣会簿》，原件藏南京大学历史学院资料室。

《清道光十年正月立太子神会流水账簿》，传抄本，原件藏南京大学历史学院资料室，编号000115。

《徽州会社综录》，清抄本，原件藏厦门大学历史系资料室。

嘉靖《杨干院归结始末》，明嘉靖刻本，原件藏中国社会科学院历史研究所图书馆。

崇祯《不平鸣稿——天启崇祯年间潘氏讼词稿》，明抄本，原件藏南京大学历史学院资料室。

（民国）程演生：《天启黄山大狱记》，民国抄本，原件藏安徽省博物馆。

崇祯《渭南朱世荣分家簿》，传抄本，原件藏上海图书馆。

民国《溇川文会簿》，传抄本，复印件由卞利收藏。

《程氏东隐房清明会簿》，清抄本，原件藏上海图书馆。

嘉庆《环溪王履和堂养山会簿》，清嘉庆十九年木活字本。

（清）詹元相：《畏斋日记》（稿本），原件藏安徽省黄山市博物馆，标点本载《清史资料》第四辑，中华书局1983年版。

《道光柒年岁次丁亥仲春立继善会簿》，传抄本，原件藏南京大学历史学院资料室。

道光《新安婺源程氏全礼公保祖书》，传抄本，原件藏安徽师范大学历史与社会学院资料室。

（清）佚名：《生意手册》，清抄本，原件由卞利收藏。

光绪《葆和堂需役给工食定例（功善抄存）》，叶显恩《明清徽州农村社会与佃仆制》，安徽人民出版社1983年版。

《石役记》，抄本，原件藏韩国安东市国学振兴院。

《安东柳台佐山变颠末》，抄本，原件藏韩国安东市国学振兴院。

二、史料汇编

（明）罗斗，〔清〕罗所蕴、罗人章辑，吴晓春点校：《溧川足征录》，黄山书社2020年版。

山西村政处编：《山西村政汇编》，1928年村政处铅印本。

［日］多贺秋五郎：《宗谱之研究》，东洋文库1960年刊印。

汪世清：《渐江资料集》，安徽人民出版社1964年版。

黄彰建：《明代律例汇编》，台湾商务印书馆1979年版。

谢国桢：《明代社会经济史料选编》（下册），福建人民出版社1981年版。

张海鹏、王廷元主编：《明清徽商资料选编》，黄山书社1985年版。

安徽省博物馆编：《明清徽州社会经济资料丛编》第一辑，中国社会科学出版社1988年版。

中国社会科学院历史研究所徽州文契整理组编校：《明清徽州社会经济资料丛编》第二辑，中国社会科学出版社1990年版。

王钰欣、周绍泉主编：《徽州千年契约文书》（宋元明编，20卷），花山文艺出版社1993年版。

王钰欣、周绍泉主编：《徽州千年契约文书》（清民国编，20卷），花山文艺出版社1993年版。

高绍先主编：《中国历代法学名篇注译》，中国人民公安大学出版社1993年版。

（明）程昌撰，周绍泉、赵亚光校注：《窦山公家议校注》，黄山书社1993年版。

《中国历代书院志》，江苏教育出版社1995年版。

张传玺主编：《中国历代契约粹编》（上、中、下册），北京大学出版社2014年版。

张德信、毛佩奇主编：《洪武御制全书》，黄山书社1995年版。

向燕南、张越编注：《劝孝·俗约》，中央民族大学出版社1996年版。

刘俊文主编：《官箴书集成》（全10册），黄山书社1997年版。

郭成伟、田涛点校整理：《明清公牍秘本五种》，中国政法大学出版社1999年版。

刘伯山编：《徽州文书》第一辑（1—10），广西师范大学出版社2005年版。

刘伯山编：《徽州文书》第二辑（1—10），广西师范大学出版社2006年版。

刘伯山编《徽州文书》第三辑（1—10），广西师范大学出版社2009年版。

周向华编：《安徽师范大学馆藏徽州文书》，安徽人民出版社2009年版。

欧阳发编：《安徽竹枝词征略》，《晚遂斋文存》2011年印。

卞利编著：《明清徽州族规家法选编》，黄山书社2014年版。

卞利编著：《徽州聚落规划和建筑图录》，安徽人民出版社2017年版。

卞利编著：《徽州民间规约文献精编》（全四册），安徽教育出版社2020年版。

三、研究论著

［日］滋贺秀三：《中国家族法论》，日本弘文堂1950年版。

傅衣凌：《明清时代商人及商业资本》，人民出版社1956年版。

秦佩珩：《明清社会经济史论稿》，河南人民出版社1959年版。

《和田博士古稀纪念东洋史论丛》，日本讲谈社1960年版。

杨雪峰：《明代的审判制度》，黎明文化事业公司1978年版。

［英］李约瑟著，《中国科学技术史》翻译小组译：《中国科学技术史》（多卷本），科学出版社1978年版。

瞿同祖：《中国法律与中国社会》，商务印书馆1947年初版，中华书局

1981年再版。

[日] 仁井田陞:《中国法制史研究 奴隶农奴法·家族村落法》，日本东京大学出版会1962年9月初版，1981年1月补订版。

傅衣凌:《明清社会经济史论文集》，人民出版社1982年版。

叶显恩:《明清徽州农村社会与佃仆制》，安徽人民出版社1983年版。

章有义:《明清徽州土地关系研究》，中国社会科学出版社1984年版。

《江淮论坛》编辑部主编:《徽商研究论文集》，安徽人民出版社1985年版。

乌丙安:《中国民俗学》，辽宁大学出版社1985年版。

周远廉:《清代租佃制研究》，辽宁人民出版社1986年版。

朱勇:《清代宗族法研究》，湖南教育出版社1987年版。

刘淼辑译:《徽州社会经济史研究译文集》，黄山书社1988年版。

杨国桢:《明清土地契约文书研究》，人民出版社1988年版。

章有义:《近代徽州租佃关系案例研究》，中国社会科学出版社1988年版。

[荷] Harriet T.Zurndorfer: *Change and Continuity in Chinese Local History: The Development of Hui-chou Prefecture 800 to 1800*, 1989 Printed by E.J. Beill.

《山根幸夫教授退休纪念明代史论丛》，日本汲古书院1990年版。

王沪宁:《当代中国村落家族文化——对中国社会现代化的一项探索》，上海人民出版社1991年版。

高寿仙:《徽州文化》，辽宁教育出版社1991年版。

张研:《清代族田与基层社会结构》，中国人民大学出版社1991年版。

傅衣凌:《明清封建土地所有制论纲》，上海人民出版社1992年版。

陈宝良:《中国流氓史》，中国社会科学出版社1993年版。

明清史国际学术讨论会论文集编辑组:《第二届明清史国际学术讨论会论文集》，天津人民出版社1993年版。

唐力行:《商人与中国近世社会》，浙江人民出版社1993年版。

张海鹏、张海瀛主编：《中国十大商帮》，黄山书社1993年版。

张中政主编：《第五届明史国际学术讨论会暨第三届中国明史学会年会论文集》，黄山书社1993年版。

冯尔康：《中国宗族社会》，浙江人民出版社1994年版。

钱杭：《中国宗族制度新探》，香港中华书局1994年版。

高其才：《中国习惯法论》，湖南出版社1995年版。

郭双林、肖梅华：《中华赌博史》，中国社会科学出版社1995年版。

徐扬杰：《宋明家族制度史论》，中华书局1995年版。

张海鹏、王廷元主编：《徽商研究》，安徽人民出版社1995年版。

陈宝良：《中国的社与会》，浙江人民出版社1996年版。

冯尔康：《中国古代的宗族与祠堂》，商务印书馆国际有限公司1996年版。

梁治平：《清代习惯法：社会与国家》，中国政法大学出版社1996年版。

唐力行：《商人与文化的双重变奏——徽商与宗族社会的历史考察》，华中理工大学出版社1997年版。

王铭铭：《社区的历程：溪村汉人家族的个案研究》，天津人民出版社1996年版。

王振忠：《明清徽商与淮扬社会变迁》，生活·读书·新知三联书店1996年版。

赵华富编：《首届国际徽学学术讨论文集》，黄山书社1996年版。

毛佩琦主编：《中国社会通史·明代卷》，山西教育出版社1997年版。

周绍泉、赵华富主编：《'95国际徽学学术讨论会论文集》，安徽大学出版社1997年版。

章有义：《明清及近代农业史论集》，中国农业出版社1997年版。

王铭铭、［英］王斯夫主编：《乡土社会的秩序、公正与权威》，中国政法大学出版社1997年版。

费孝通：《乡土中国　生育制度》，北京大学出版社1998年版。

［日］滋贺秀三等著，王亚新等译：《明清时期的民间审判与民间契约》，法律出版社1998年版。

周晓光、李琳琦：《徽商与经营文化》，世界图书出版社1998年版。

范金民：《明清江南商业的发展》，南京大学出版社1998年版。

栾成显：《明代黄册研究》，中国社会科学出版社1998年版。

费成康：《中国的家法族规》，上海社会科学院出版社1998年版。

常建华：《宗族志》，上海人民出版社1998年版。

赵秀玲：《中国乡里制度》，社会科学文献出版社1998年版。

唐力行：《明清以来徽州区域社会经济研究》，安徽大学出版社1999年版。

赵华富：《两驿集》，黄山书社1999年版。

毕新丁：《婺源风俗通观》，1999年铅印本。

麻国钧主编：《'98亚洲民间戏剧民俗艺术观摩与学术研讨会论文集：祭礼·傩俗与民间戏剧》，中国戏剧出版社1999年版。

唐力行主编：《家庭·社区·大众心态变迁国际学术研讨会论文集》，黄山书社1999年版。

李文治、江太新：《中国宗法宗族制和族田义庄》，社会科学文献出版社2000年版。

［美］克里福德·吉尔兹著，王海龙等译：《地方性知识——阐释人类学论文集》，中央编译出版社2000年版。

［英］莫里斯·弗里德曼著，刘晓春译，王铭铭校：《中国东南的宗族组织》，上海人民出版社2000年版。

［日］山本英史编：《传统中国之地域像》，庆应义塾大学出版会2000年版。

王振忠：《乡土中国：徽州》，生活·读书·新知三联出版社2000年版。

张研：《清代社会的慢变量》，山西人民出版社2000年版。

姚邦藻主编：《徽州学概论》，中国社会科学出版社2000年版。

梁其姿：《施善与教化——明清的慈善组织》，河北教育出版社2001年版。

方志远：《明清湘鄂赣地区的人口流动与城乡商品经济》，人民出版社2001年版。

张仁善：《礼·法·社会——清代法律转型与社会变迁》，天津古籍出版社2001年版。

［美］R.M.昂格尔著，吴玉章、周汉华译：《现代社会中的法律》，译林出版社2001年版。

李德芳：《民国乡村自治问题研究》，人民出版社2001年版。

［法］莫里斯·哈布瓦赫著，毕然、郭金华译：《论集体记忆》，上海世纪出版集团、上海人民出版社2002年版。

卞利：《徽州古桥》，辽宁人民出版社2002年版。

柯灵权：《古徽州村族礼教钩沉》，中国文艺出版社2002年版。

赵世瑜：《狂欢与日常：明清以来的庙会与民间社会》，生活·读书·新知三联出版社2002年版。

冯尔康、常建华：《清人社会生活》，沈阳出版社2002年版。

冯贤亮：《明清江南地区的环境变动与社会控制》，上海人民出版社2002年版。

王振忠：《徽州社会文化史探微：新发现的16—20世纪民间档案文书研究》，上海社会科学院出版社2002年版。

张佩国：《近代江南乡村地权的历史人类学研究》，上海人民出版社2002年版。

王尔敏：《明清时代庶民文化生活》，岳麓书社2002年版。

安东大学校安东文化研究所著：《安东历史文化纪行》，韩国国学振兴院2003年版。

陈学文：《徽商与徽学》，方志出版社2003年版。

樊树志：《晚明史》（上下卷），复旦大学出版社2003年版。

黄山市徽州文化研究院编：《徽州文化研究》（第二辑），安徽人民出版社2003年版。

李琳琦：《徽商与明清徽州教育》，湖北教育出版社2003年版。

王日根：《明清民间社会的秩序》，岳麓书社2003年版。

何宗美：《明末清初文人结社研究》，南开大学出版社2003年版。

黄山市徽州文化研究院编：《徽州文化研究》（第一辑），黄山书社2002年版。

［德］马克斯·韦伯著，顾忠华译：《社会学的基本概念》，广西师范大学出版社2005年版。

［日］田仲一成著，云贵彬、王文勋译：《明代的戏曲：江南宗族社会的表象》，北京广播学院出版社2004年版。

赵华富：《徽州宗族研究》，安徽大学出版社2004年版。

卞利：《明清徽州社会研究》，安徽大学出版社2004年版。

常建华：《明代宗族研究》，上海人民出版社2005年版。

卞利：《徽州民俗》，安徽人民出版社2005年版。

陆林、凌善金、焦华富：《徽州村落》，安徽人民出版社2005年版。

朱永春：《徽州建筑》，安徽人民出版社2005年版。

卞利：《国家与社会的冲突和整合——论明清民事法律规范的调整与农村基层社会的稳定》，中国政法大学出版社2008年版。

［日］森正夫等编，周绍泉、栾成显等译：《明清时代史的基本问题》，商务印书馆2013年版。

刘笃才、祖伟：《民间规约与中国古代法律秩序》，社会科学文献出版社2014年版。

卞利主编：《明清以来徽州社会经济与文化研究》，安徽大学出版社2017年版。

卞利编著：《徽州民间规约文献精编》，四卷本，安徽教育出版社2020年版。

后　记

2020年1月，著名徽学专家、安徽省徽学会会长王世华教授发来短信，告知安徽师范大学出版社为倾力打造徽学特色精品成果，计划出版一套"当代徽学名家学术文库"，将国内知名学者囊括进来，为每人编辑出版一本论文自选集。承蒙王先生谬爱，鼎力相邀，不佞诚惶诚恐。又因当时正忙于国家社科基金重大项目"中国古代民间规约文献集成"的扫尾工作，实在无力承担，再三推辞不获，恭敬不如从命，不得不勉力为之。

时至当年5月，王先生传来安徽师范大学出版社的《图书出版合同》，遵嘱填妥并快递返回后，即着手对手头已有成果（含已刊与未刊），根据其内部逻辑关系，按照专题，整合成13章，并以《徽州社会文化史新探》为题，于6月上旬将电子文本提交出版社。

王世华先生长我近20岁，是历史学暨徽学研究的前辈。早在20世纪80年代，我还在读大学时，即拜读过王先生的力作《隆庆、万历初年改革与反改革的斗争》。此后，无论是读研究生阶段，还是参加工作以后，王先生有关明史暨徽学研究的精品论著（文），始终是我重点关注和学习的必读之物。特别是他参与编纂的《明清徽商资料选编》，更是成为引领我进入徽学研究领域的入门之作。90年代初，在接受《胡宗宪评传》撰写任务后，我收集和阅读的第一篇论文，即是王先生发表于1986年的力作《论徽商的抗倭斗争》。世纪之交，由于参与中共安徽省委宣传部主持的"徽州文化全书"项目，特别是此后我所在的工作单位安徽大学徽学研究中心申报教育部人文社科重点研究基地及其建设过程中，随着与王先生交往和向其请教机会的增多，我对王先生的了解亦逐渐增多，深感王先生为人谦逊坦诚，朴实无华，乐于助人。虽早已是著作等身的大家，但他从不以大家自居，对我们这些徽学后辈更是以诚相待，谆谆教诲，循循善诱，呵护鼓励有加。与王先生相处，如沐春风，受益良多。在此，我谨真诚地对王世华先生多年来的悉心关爱与奖掖提携表示衷心的感谢！

安徽师范大学出版社自成立以来，即高度重视徽学原始资料与研究成果的选题与出版，在短短十余年间，即推出《安徽师范大学馆藏千年徽州契约文书集萃》（10册）、《明代徽州文书集萃》（15册）和《祁门红茶史料丛刊》（8册）等重磅特色成果，嘉惠学林，形成了自身鲜明的特色，极大地促进了徽学研究向纵深领域拓展。此次又诚邀王世华先生出山，主编"当代徽学名家学术文库"，集中出版徽学名家的最新研究成果，充分显示了其非凡的远见卓识。在以一个读者名义热烈祝贺"当代徽学名家学术文库"即将面世的同时，我还以一位忝列其中的作者身份，向安徽师范大学出版社致以诚挚的感谢！

限于时间和水平，拙作中一定还存在不少不足与问题，除了继续努力前行，不断提高自身的问题意识与学术能力之外，我也诚挚地期盼得到学界同仁的批评与指正。你们的批评与帮助，正是我负重前行的不竭动力和源泉。

卞　利

二〇二三年八月八日于南开大学

中国社会史研究中心暨历史学院